KB266942

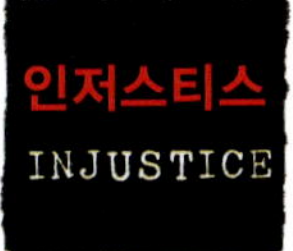

인저스티스
INJUSTICE

INJUSTICE

by Brian Harris

인저스티스
INJUSTICE

링컨 암살범에서 로젠버그 부부까지
세기의 정치범 재판

브라이언 해리스 지음 | 이보경 옮김

열대림

인저스티스

링컨 암살범에서 로젠버그 부부까지 세기의 정치범 재판

초판 1쇄 인쇄   2009년 6월 15일
초판 1쇄 발행   2009년 6월 20일

지은이   브라이언 해리스
옮긴이   이보경
펴낸이   정차임
디자인   디자인플랫
펴낸곳   도서출판 열대림
출판등록   2003년 6월 4일 제313-2003-202호
주소   서울시 마포구 동교동 156-2 마젤란 503호
전화   332-1212
팩스   332-2111
이메일   yoldaerim@korea.com

ISBN   978-89-90989-37-6 03300

* 잘못된 책은 바꿔드립니다.
* 값은 뒤표지에 있습니다.

링컨 암살 용의자인 남자 세 명과 여자 한 명이 워싱턴 올드 아스널 교소도에서
교수형을 당하는 장면.

모나크 호 갑판에서 이루어진 빙 제독의 처형 장면. 총살대의 소총 총부리에 거의 닿을 듯
가까운 위치에서 무릎을 꿇은 빙 제독이 손수건을 떨어뜨려 총살대에 신호를 보내고 있다.

뉘른베르크 전범재판 피고인들.
뒷줄 왼쪽부터 래더, 쉬라흐(발언 중), 자우켈, 요들, 폰 파펜, 자이스 인크바르트, 슈페어, 노이라트, 프리체.
앞줄 왼쪽부터 괴링, 헤스, 리벤트로프, 카이텔, 칼텐브루너, 로젠베르크, 프랑크, 프리크, 슈트라이허, 풍크, 샤흐트.

1649년 찰스 1세의 처형식 장면. 얀 로이켄의 그림.

피고석의 로저 케이스먼트. 왼쪽은 일병 다니엘 베일리. 케이스먼트의 유죄 판결 후 베일리에 대해서는 아무 증거도 제시되지 않아 무죄 방면되었다.

1938년 당시의 윌리엄 조이스. 흉터는 그의 얼굴에만 남았을까?

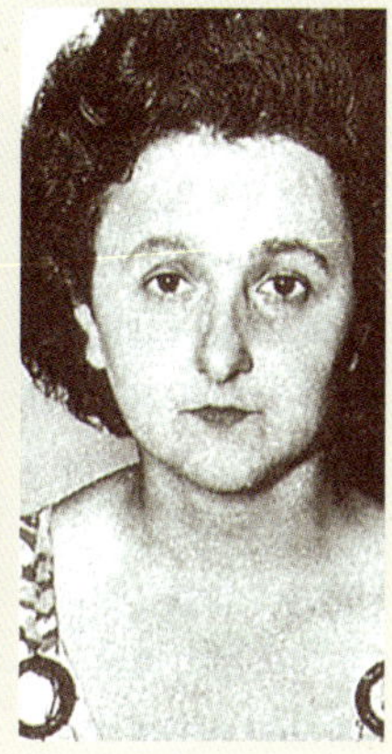

전세계적인 항의시위에도 불구하고
줄리어스와 에설 로젠버그 부부는
사형을 선고받았다.

1633년 산타마리아 소프라 미네르
바 교회에서 자신의 이론을 철회하
는 갈릴레이.

톨퍼들 항의시위 모습. 톨퍼들 순교자 재판이 끝나고 한 달 후인 1834년 4월 21일 코펜하겐 필즈에서
톨퍼들 순교자들을 지지하는 최대 규모의 항의 시위가 벌어졌다.

1927년 법정으로 향하는 무정부주의자 사코(오른쪽)와 반제티(왼쪽).
사우스 브레인트리 강도 혐의로 체포된 두 사람은 7년에 걸쳐 항소했지만
결국 대중의 동정 속에 전기의자에서 사형되었다.

대법관 시절의 토머스 모어.
헨리 8세의 충신이었지만 왕의 대사(大事)를
인정하지 않아 형장의 이슬로 사라졌다.

소크라테스가 사형을 선고받고 독배를 들고 있다. 자크 루이 다비드의 그림.

샤를 7세 대관식에서의 잔 다르크. 앵그르의 그림.

불의야말로 국가를 위협하는 그 모든 위협 가운데

가장 큰 위협이 아닌가?

— 플라톤의 〈국가론〉

공정함은 법의 아버지이자 아들이다. 법의 본질은 공정함이며 당연히 그래야 한다. 따라서 법적 절차의 결과는 공정한 것이어야 한다. 브라이언 해리스의 흥미진진한 이 저서는 대단히 다양한 법률 체계가 잘못된 결과를 가져왔던, 또는 그랬을 수도 있는 사건들에 관한 기록이다. 무고한 사람이 유죄판결을 받거나, 유죄판결에 적어도 '합리적 의혹'이 존재하는 사건을 다루고 있다.

저자는 기원전 4세기 아테네의 소크라테스 재판부터 20세기 미국의 로젠버그 부부 재판에 이르기까지 역사 속에서 부당한 재판으로 인식되는 유명한 사례를 선별하였다. 소제목 '정치범 재판'은 상식적 의미와는 조금 다르다. 저자가 말하는 정치범 재판이란 국가(뉘른베르크 재판의 경우에는 여러 국가)가 자신의 권위를 위협하는 존재로부터 스스로를 방어하기 위해 사용하는 장치이다. 또한 저자는 교회와 국가를 구분하지 않고 갈릴레오와 잔 다르크 재판까지 포함시킨다.

브라이언 해리스는 자신이 조사한 내용을 편안하고 읽기 좋은 문체로 옮겨 재미를 더했다. 링컨 암살자들과 나치 전범 등 각 인물들을 생생하게 묘사하며, 토머스 모어와 로저 케이스먼트처럼 서로 공통점은 없으나 각자 대의를 위해 목숨을 바친 순교자들의 심리를 날카롭게 분석한다. 또 판결에 대해서 균형 잡힌 검증을 시도하고 부당한 재판의 희생자들 역시 잘못이 없지는 않다는 점을 인정한다. 갈릴레이 같은 인물이 있었던 반면 호호 경 같은 사람도 있었다는 것이다.

이 책에 소개된 사건들은 시대와 배경이 전혀 다르지만 공통되는 주제가 있다. 즉 도덕적으로는 문제가 없다 할지라도 고발한 범죄의 법적 기초가 모호하면 '불의'가 발생한다는 것이다. 뉘른베르크 재판에서 피고들의 '반평화 및 반인도적 범죄'들은 사실 그러한 행위를 저질렀던 당시에는 법적으로 존재하지 않았던 범죄였다. 찰스 1세가 재판을 받은 반역죄는 왕이 저지른 범죄가 아니라 왕에 대해 저지른 범죄여야 한다.

이미 존재하는 범죄를 왜곡하여 해석할 때도 '불의'는 발생한다. 호호 경과 로저 케이스먼트 경 모두 영국 안보를 위협했는데, 여기서 복잡한 문제는 그들이 충성해야 할 국가가 영국이었느냐는 것이다.

소크라테스와 링컨 암살 사건에서처럼 피의자에 대한 혐의를 모호하고 부정확한 용어로 표현할 때도 '불의'가 일어날 수 있다.

링컨 암살 음모자들을 재판한 군사위원회처럼 해당 법정이 특정 사건을 재판할 헌법적 정당성이 결여되었거나 지금은 유럽협약에 명시된 독립성 및 공평성 기준에 미달하는 경우에도 '불의'

는 일어난다.

범죄에 비해 터무니없이 가혹한 처벌을 받은 톨퍼들 순교자들이나 로젠버그 부부 사건처럼 처벌이 적절치 않은 경우에도 '불의'가 생길 수 있다.

이 책의 주제는 시대를 초월하면서도 시의적이다. 무고한 한 사람에게 유죄판결을 내리는 것보다 죄지은 사람 백 명을 풀어주는 것이 더 낫다는 보통법의 원칙은 많은 사람들이 보기에 지금 위험에 처해 있다. 두 가지 모두 '부당한 정의'로 보는 대중의 의견에 예민한 정부들이, 배심원 재판이나 불리한 진술을 강요받지 않을 권리 등 전통적인 절차상의 보호 장치를 없애고 있기 때문이다. 사실 테러 위협으로 인해 많은 정부들이 형사 절차를 완전히 무시하고 재판도 없이(진실이 무엇이든) 무죄로 추정되는 사람들의 자유를 일부 또는 완전히 박탈하고 있다.

물론 반대되는 흐름도 있다. 진보적인 어느 재판관은 인권법에 명시된 공정한 재판 규정과 관련, 이 규정에 위배되는 절차를 통해 얻은 판결은 무효라고 주장한다. 가령 호호 경과 로젠버그 부부 사건의 경우, 한 명의 판사가 국가의 주장에 반대의 목소리를 냈다. 그런데 최근 벨마시 교도소(영국에서 반테러법에 따라 테러 혐의자를 기소 없이 무한정 구금할 수 있도록 하는 교도소 – 옮긴이) 억류자 사건에서는 아홉 명 중 단 한 명의 법관만이 국가의 주장을 지지했다.

극단적인 사건들이 악법을 만들 수도 있지만 저자 브라이언 해리스는 적법한 절차를 외면하는 것, 그리고 국가의 이익과 사법부의 이익이 일치한다는 사실을 맹목적으로 받아들이는 행위가 얼마나 위험할 수 있는지를 일깨워준다. 이 이유만으로도 이 책은 광범위한 계층의 진지한 독자들에게 법과 재판에 대해, 그리고 진정한 정의와 불의에 대해 다시 한 번 돌이켜볼 수 있는 소중한 기회를 제공할 것이다.

영국 왕실 고문변호사
마이클 벨로프

일반적으로 정치범 재판이라고 하면 어떤 대가를 치르더라도 골치 아픈 개인을 침묵시키려는 권력자의 냉소적인 시도가 연상된다. 그리고 그런 시도는 종종 비극적인 결과로 이어진다. 이 책은 바로 그런 사건들을 다루고 있다. 하지만 정치범 재판들이 언제나 그렇지는 않다. 법적 절차라는 냉정한 시선으로 바라보면 어떤 피고들은 비록 동기는 고결했으나 분명 유죄이다. 반면 무죄판결을 받았다 해도 결코 결백하지는 않았던 것으로 드러나는 경우도 있다. 재판 절차상 전혀 문제가 없었던 경우에도 대중 앞에 나선 당사자는 진실의 실체가 온전히 드러나지 않았거나 옳고 그름의 경계가 모호했기 때문에 정의가 완전히 실현되지 않았다는 불편한 느낌을 가질 수 있다. 이런 불확실함과 도덕적 모호함이 넘치는 정치범 재판은 인간의 행동 방식을 관찰할 수 있는 흥미진진한 시험대이다.

나는 2차 세계대전이 끝날 무렵 흔히 호호 경(Lord Haw Haw)으로 불리는 윌리엄 조이스가 반역죄로 교수형을 당했을 때의 소동을 기억한다. 당시 나는 이 사건의 쟁점을 거의 이해하지 못했고 사건의 핵심에 있던 인물에 대해서는 더더욱 아는 바가 없었다. 정치범 재판과 그러한 재판의 부당성을 다룬 이 책을 준비하면서야 적어도 어느 정도는 이해가 부족했던 부분을 메울 수 있었다.

사람들은 정치범 재판을 정치 범죄를 다루는 재판으로 생각하는 경향이 있지만 '정치 범죄'가 존재하거나 그 존재를 인정하려는 국가는 거의 없다. 나는 정치범 재판을 단순히 권력자가 자신을 위협하는 인물에게 가하는 행동이라고 생각하고 싶다. 그래서 반역죄, 간첩 활동, 폭동 같은 명백한 범죄뿐만 아니라 의무 태만, 비겁함, 정치적 목적의 강탈, 불경, 노동쟁의 같은 다양한 문제까지 이 책에 포함시켰다. 또한 초국가적인 가톨릭교회를 국가로 취급하여 이단의 세계까지도 포함시켰다.

어떻게 보아도 내가 선택한 사건에 명쾌한 기준이 있다고는 볼수 없다. 유명하든 덜 유명하든 내가 이 사건들을 택한 이유는, 단순히 '불의'의 좋은 본보기가 될 수 있으리라는 판단 때문이었다. 때문에 해군 제독, 배우, 왕족, 시골뜨기, 생선 장수, 철학자에 이르기까지 피고들의 직업은 아주 다양하다. 이들의 이야기는 때로는 끔찍하고 때로는 고귀하지만 대개의 경우 두 가지 요소가 공존한다. 이들의 재판은 매우 많은 창작물에 영감의 원천을 제공했다. 하지만 그런 창작물은 사건에 대한 우리의 이해를 왜곡시킬 수 있으며, 종종 위대한 작가일수록 왜곡은 더욱 심해진다. 내가 조사해 본 결과 잔 다르크와 갈릴레이, 토머스 모어의 진짜 이야기는 버나드 쇼, 베르톨트 브레히트, 로버트 볼트의 작품만큼이나 감동적이었다.

일부 재판에서는 무슨 수를 써서라도 유죄판결을 이끌어내려는 검찰 측의 추악한 결의가 엿보이는데, 이 같은 검사의 위법 행위는 때로 재판관이 유도한 것으로 드러났다. 옛 문구에도 있듯이 대부분의 법정은 '하늘이 무너져도 정의를 구현'하려고 노력한다. 하지만 법을 존중한다고 해서 법정을 무비판적으로 인정해서는 안된다. 판사도 우리와 같은 인간이다. 훌륭한 판사는 이 점을 잘 알고 그들의 본분에 충실하여 공정한 재판을 진행하려고 애쓴다. 이 책에서도 알 수 있겠지만 불행히도 모든 판사들이 이 목표를 달성하지는 못했다(물론 배심원들 역시 똑같은 함정에 빠질 수 있지만 그들은 더 좋은 핑곗거리가 있다).

반대로 '부당한 재판'으로 비난받는 사건들이 모두 확실한 근거에 따라 그런 비판을 받는다고 추정해서도 안된다. 나는 부당한 재판으로 알려진 수많은 악명 높은 사건들을 살펴본 후 실상은 전혀 그렇지 않다는 사실을 알 수 있었다. 가령, 톨퍼들 순교자들의 유죄판결 자체는 흠을 잡기가 어렵다. 이 사건의 부당함은 피의자들의 범죄에 비해 터무니없이 무거운 처벌을 내린 데 있다(어떻게 그렇게 되었는지는 개인적으로 좀더 자세히 탐구해 보고 싶은 미스터리다). 그리고 조사 결과, 로저 케이스먼트 경과 호호 경의 유죄판결은 일부 비평가들의 주장보다는 좀더 정당화될 수 있는 것으로 드러났다. 젊은 이탈리아인 이민자 사코와 반제티는 강도와 살인에 가담한 사실을 완강히 부인하며 전기의자에서 죽음을 맞았다. 30년 후 줄리어스와 에설 로젠버그 부부도 러시아에 원자폭탄 기밀을 넘긴 혐의로 같은 운명을 맞았다. 이 네 건의 유죄판결은 아직까지도 종종 뜨거운 논쟁이 되고 있지만, 그들의 흥미진진한 이야기에 대한 내 결론을 여기서 말하지는 않겠다.

옛날 사람들의 생각을 이해하려는 사람은 누구나 한 가지 질문에 직면한다. '자기 조부모의 삶과 행동을 판단하기도 어려운데 어떻게 수백 년 전 사람들의 삶과 죽음을 제대로 판단할 수 있겠는가?' 시각과 가설은 세월이 흐르면서 달라질 수 있지만 인간의 본성은 놀랄 만큼 일관적인 것 같다. 그런 이유로 나는, 오랫동안 잊혀진 법정에서 유죄판결을 받은 사람들의 삶과 죽음을 이해하려는 시도가 정당하다고 믿는다. 단, 사건에 대한 신뢰할 만한 기록을 확보하고, 과거를 현재의 기준이 아니라 과거의 기준으로 판단한다는 두 가지 조건이 충족된다는 조건하에서 말이다.

역사학도들에게 법정이 유용한 한 가지 이유는 재판 과정이 오랫동안 세심하게 기록되어 왔다는 점이다. 가령, 잔 다르크의 사법 살인을 보자. 15세기 공중인의 꼼꼼한 기록이 없었다면 우리는 이 특별한 젊은 여인에 대해 아주 희미한 개요밖에 몰랐을 것이다. 그리고 믿을 수 없을 만큼 슬픈 빙 제독의 비극은 당시 법률가가 작성한 꼼꼼한 보고서를 통해 지금까지 전해진다. 나는 그리스 철학자 소크라테스 사건에서는 '신뢰할 수 있는 기록'의 기준을 좀더 넓게 적용했다. 하지만 가장 흥미로운 재판이라고 할 수 있는 나사렛 예수의 재판에 대한 논의는 배제하기로 했다.

실제 집필 작업에 들어가자 과거의 재판을 21세기의 기준이 아니라 당시의 기준으로 판단하려 한 나의 결정이 생각했던 것만큼 그렇게 제약이 되지는 않음을 알았다. 대부분의 부당한 재판은 정교한 법률 조항을 이용한 것이 아니라 법정이나 사법 절차를 파괴하려는 속보이는 의도였던 것으로 드러났고, 이런 불법 행위는 과거 우리 조상들도 쉽게 간파할 수 있었다. 예방까지 하는 것은 상당히 힘들었겠지만 말이다.

법률가들이 부당한 재판에 관심을 갖는 부분은 거의 오로지 재판이 공정하게 이루어졌느냐 하는 점이라는 사실은 매우 흥미롭다. 이처럼 다소 편협한 접근법을 취하면 무고한 사람이 유죄판결을 받거나 그 반대의 경우라도 재판 자체는 '공정'하다고 보는 결과를 낳을 수 있다. 법을 모르는 보통 사람들도 그보다는 현명하다. 보통 사람에게 공정한 재판이란 무엇인가? 죄 있는 사람이 유죄판결을 받고 죄 없는 사람은 풀려나는 것이다. 이제 이런 관점에 좀더 관심을 기울일 때가 되지 않았을까?

형사 사건의 준비와 집행에 들어가는 엄청난 노력에도 불구하고 그 결과는 좀처럼 모든 사람을 만족시키지 못한다. 그 이유는 재판이 가설을 확인하거나 반박할 수 있는 과학 실험이 아니기 때문이다. 존엄한 법 아래에 존재하는 재판이란, 상충하는 여러 사실을 하나의 합의된 버전으로 이끌어내기 위해 만들어진 하나의 장치, 그것도 아주 불완전한 장치에 불과하다. 하지만 역사의 냉정한 관점에서 보면 모든 사실들은 잠정적이다. 그러한 이유로 나는 이 책에 소개된 불행한 개인들의 유무죄에 대해 내 자신의 의견을 제시하는 데 아무런 양심의 가책도 느끼지 않았다. 내가 내린 결론이 누구나 받아들일 수 있는 것으로 입증된다면 나는 실망하지는 않겠지만 아마 놀랄 것이다. 나는 단지 불완전하나마 내가 시도했던 것을 독자들에게 해보기를 요구할 뿐이다. 선입견이나 편견이 아니라 사실을 공정하게 검토하여 판단을 해보라는 것이다. 그것이 어떤 결론에 이르더라도 말이다.

나는 부당한 재판을 다루는 이 책에서 명백한 '누락'이 있었음을 시인하려 한다. 죄를 지은 사람이 풀려날 때마다 '불의'가 일어난다는 사실은 종종 간과된다. 법정에서 판결을 내릴 때 '무죄(innocent)'라고 표현하지 않고 '유죄가 아님(not guilty)'이라고 하며, 유죄판결을 받더라도 그 판결이 틀려서가 아니라 항고 제한이 없거나 불만스럽다는 등의 좁은 근거로 항소에서 뒤집히기도 한다. 실제로도 그렇게 되어야 한다. 하지만 그 결과 타블로이드 신문에서 무죄라고 발표해도 법정은 사람들의 혐의를 '없애' 주지는 못한다. 법정은 한 마디로 그럴 능력이 없다. 하지만 영국의 명예훼손법을 위반하면 무서운 결과를 초래할 수 있기 때문에 무혐의로 풀려났거나 상소해서 유죄판결이 취소된 동시대 사람을 두고 감히 유죄라는 주장을 펼친다면 그 사람은 대단히 용감한 사람일 것이다. 오늘날에도 잘못된 무죄판결이 흔하지만 이 책에서는 그런 예를 찾을 수 없을 것이다.

법률가로서 나는 처음에 '불의'가 제기하는 법적 문제 때문에 그 주제에 끌렸고, 법적 문제가 이야기의 핵심이 될 때에는 이를 반드시 다루었다. 가령, 빙 제독은 교전수칙을 잘못 이해했기 때문에 총살당했나? 완전히 다른 목적으로 제정된 의회법에 따라 톨퍼들 순교자들이 유죄판결을 받은 것이 타당한가? 재판 당시 법적으로 존재하지도 않았던 범죄로 나치 지도자들에게 유죄판결을 내린 것이 옳은 일인가? 이런 질문들은 흥미롭기도 하지만 기록을 살펴본 후 나는 그런 문제들 이면에 대단히 감동적인 인간의 이야기가 담겨 있음을 발견했다. 나는 특히 아무리 위대한 사람도 스스로 몰락을 초래할 수 있다는 점에 충격을 받았다. 고결한 지성과 영혼의 소유자였음에도 불구하고 소크라테스는 사형선고를 거의 자초한 듯하다. 갈릴레이의 불운을 초래한 것은 적들의 음모 때문만이 아니라 그 자신의 오만이었다. 찰스 1세는 단순히 신성한 왕권에 대한 믿음 때문이 아니라 일련의 잘못된 결정 때문에 죽었다.

이 책에 실린 대부분의 사건들은 심오한 도덕적 문제를 제기하며 그 중 많은 부분은 오늘날에도 생각해 볼 만한 가치가 있다. 가령, 사회는 반대자를 어느 정도까지 용인해야 하는가? 사회 정의를 향한 불타는 신념이 테러를 정당화시킬 수 있는가? 자국 방어를 위해 무기를 든 사람에게 반역죄 혐의를 씌우는 것이 적절한 대응인가? 그리고 아마 가장 논쟁이 되는 문제로서, 어떤 국가가 자국에게 직접적인 위협이 되지 않는 압제자를 공격하는 행위가 정당화될 수 있는가?

하지만 여기 소개된 사건들은 이보다 더 난해한 문제, 즉 인간에게서 발견되는 모순에 대한 문제를 제기한다. 휴머니티를 신봉하는 사람들이 특정한 개인들을 그토록 경멸할 수 있는가? 링컨 암살범 존 윌크스 부스는 이미 명분을 잃은 잘못된 대의를 위해 목숨을 내던졌다. 사코와 반제티는, 정의로운 사회를 건설하기

위해 무차별적 살인을 저지르는 아나키즘을 받아들였다. 지적이
며 사회의식도 높았던 윌리엄 조이스는 끔찍한 비극을 낳았던
'대의'에 대한 흔들리지 않는 신념을 당당히 주장하며 단두대로
걸어갔다. 어떻게 한 인간에게 자비와 악의, 위대함과 어리석음,
용기와 사악함이 공존할 수 있을까? 이 책에 소개된 이야기들은
이런 수수께끼를 탐구할 특별한 기회를 제공한다.

* 저자의 원고를 읽고 실수를 바로잡아준 레스터 대학의 앨리슨 쿠퍼, 런던 그레
이 법학원의 앤드류 칸스와 앤드류 타바크닉, 변호사 잭 모리스, 톰 맥모로에
게 감사드린다. 전성기 로마제국의 방대함에 견줄 만한 역량을 발휘하여 찾기
힘든 문헌까지 입수해 준 올니 도서관에도 감사를 표한다.

INJUSTICE

제1부

국사범들

훌륭한 애트킨 판사는 영국 상원에서 이렇게 말했다. "영국이 아무리 무력충돌에 시달려도 이 나라에서 법은 침묵하지 않는다. 이런 상황으로 인해 법이 변할 수도 있지만 전시에도 법은 평화시와 같은 언어로 말한다." 그러나 실제로 꼭 그렇지는 않다. 준법 수준이 가장 높은 국가도 때때로 법은 전쟁의 필요에 굴복해야만 한다는 사실을 인정한다. 가령 변호사 출신 미국 대통령 에이브러햄 링컨은 남북전쟁 중 인신보호 영장 폐지가 정당하다고 생각했다. 영국과 마찬가지로 미국에서도 인신보호 영장청구권은 자유를 지키는 핵심적 장치로 간주되었는데도 말이다.

영국은 2차 세계대전 당시 악명 높은 '18B 규정'(1939년 발효한 전시 비상권력법 규정으로 나치 동조자들의 감금을 허용하고 개인의 인신보호 영장청구권을 정지시켰다 – 옮긴이)을 통해 미국과 비슷한 조치를 취했다(법조계의 아이콘이던 데닝이 시행했다는 점을 기억해야 할 것이다). 하지만 제1부에서 관심을 두는 점은 일반 법정이 아니라 군이 설립하고 주관한 독특한 형태의 법정에 대한 것이다.

로마 공화국의 군사 호민관들이 전투에 나가 일정 장소에 주둔

할 때면 병사들이 급조한 커다란 정사각형 캠프에 막사를 지었다. 이 막사 앞에는 사열대가 있었는데 시간이 지나면서 이것이 군사법정으로 알려지게 되었다. 일반적인 편견과는 달리 군사법정의 재판에 본질적인 부당성은 없지만 군사법정도 다른 법정과 마찬가지로 오류의 여지는 있다. 적어도 16세기부터 공정한 재판을 위해 노력해 왔던 군사법원의 시스템은 빙 제독 사건에서 수치스럽게도 실패했다. 영국 정부는 해외에 파견된 빙 제독의 활동을 왜곡해서 영국 사회에 전달했고 심지어 정부의 의무 태만을 드러내기보다는 차라리 빙 제독이 총살당하는 꼴을 보려고 했다. 군사법원이 더 좋은 법률가의 자문을 받았다면 빙 제독은 목숨을 구할 수 있었을지도 모른다.

독자들은 에이브러햄 링컨 암살 사건의 용의자로 지목된 남자 여섯 명과 여성 한 명이 일반 법원이 아니라 군사법정에서 재판받은 사실을 아마 잘 모를 것이다. 당시 이 사건을 군사법정에서 처리한다는 결정은 논란이 많았고 지금도 그 논란은 가시지 않았다. 미국 정부의 수반을 제거하는 음모에 가담했다는 혐의를 받은 메리 수라트는 교수형을 받아 마땅했는가? 그리고 머드는 자신의 주장처럼 무고한 의사일 뿐이었나? 유죄든 무죄든 링컨 '암살자들'은 비인도적인 대우를 받았다.

가장 유명한 군사법정은 뉘른베르크 국제군사법정이었다. 이 법정은 2차 대전 말 나치 최고 지도자들의 중대한 혐의를 심리하기 위해 세워졌다. 요즘이라면 이런 사건들은 국제형사법원으로 가겠지만 1945년에는 그런 기관이 존재하지 않았고 연합국은 임시로 그런 법정을 수립해야 했다. 또 어떤 범죄를 어떤 절차에 따라 재판할지에 대해서도 결정해야 했다. 그것은 쉽지 않은 도전이었다. 독일이 저지른 만행의 범위와 성격은 뉘른베르크 재판을 실로 20세기 최대의 재판으로 만들었다. 법정에서 제시된 증거 분량은 너무도 방대해서 이 책에서 요약하기도 벅차다. 하지만 여기서 다루는 이야기는 가장 논란이 많았던 네 피고들의 이야기를 통해 볼 수 있듯이 이 재판에서 제기된 보다 중대한 문제에 집중한다. 헤르만 괴링은 이 재판을 "승자들의 정의"라고 표현했다. 그의 말이 옳을까?

1865년 링컨 암살자들 재판

잠 못 이루는 밤을 보내고 일어난 에이브러햄 링컨 미국 대통령은 아내 메리 토드에게 얼마 전 꺼림칙한 꿈을 꾸었다고 털어놓았다.

열흘쯤 전에 아주 늦게 잠자리에 들었소. 전선에서 올 중요한 연락을 기다리느라 늦게까지 못 자고 있었지. 침대에 든 지 얼마 되지 않아 선잠에 빠졌던 것 같소. 아주 기진맥진해 있었거든. 곧 꿈을 꾸기 시작했소. 꿈에서 난 죽은 듯 가만히 누워 있는 것 같았소. 그런데 수많은 사람들이 흐느끼듯 우는 소리가 들렸소. 난 침대에서 내려와 아래층으로 내려갔던 것 같소. 거기서도 비슷하게 흐느끼

는 소리가 들렸는데 애도하는 사람들은 보이지 않았지. 난 이방 저
방 가보았소. 사람은 아무도 안 보였는데 지나가면서 계속 애도하
며 흐느끼는 소리가 들렸소. 방마다 환하게 불이 켜진 상태였고 물
건들은 다 눈에 익은 것이었지. 그런데 가슴이 찢어질 듯이 슬퍼하
는 사람들은 다 어디 있는 걸까? 난 어리둥절하고 두렵기도 했소.
도대체 무슨 일일까?

너무도 이상하고 충격적인 상황에 어찌된 일인지 알아보려고 계속
가다가 마침내 이스트룸에 이르러 방 안으로 들어갔소. 거기서 난
너무나 놀라운 광경에 토할 것만 같았소. 내 앞에는 덮개 없는 관
이 놓여 있고 그 안에 수의에 덮인 시체가 누워 있었소. 관 주위에
는 군인들이 보초를 서고 있었지. 사람들도 잔뜩 있었는데 어떤 이
는 얼굴을 가려놓은 시신을 슬픈 눈으로 바라보고 있었고 어떤 이
는 안타깝게 흐느끼고 있었지. "백악관에서 누가 죽었나?" 한 군
인에게 물어보니 "대통령입니다. 암살범에게 살해당하셨습니다!"
하지 않겠소. 그러자 모여 있던 군중들 사이에서 크게 비통해 하는
소리가 터져나왔고 그 소리에 난 꿈에서 깼소. 그날 밤 난 한숨도
못 잤소. 비록 꿈이었지만 그때부터 이상하게 그 꿈이 마음에 걸리
는구려.

그때가 1865년 4월 둘째 주였다. 며칠 뒤 링컨은 한 암살범의
총에 살해되었다. 군인들의 호위 속에 그의 시신은 백악관 이스
트룸에 안치되었다. 역사상 유례가 없을 정도의 대규모 국장이
치러졌다. 암살된 대통령의 시신을 실은 장례 열차가 워싱턴을
떠나 일리노이 주 스프링필드의 장지로 이동할 때 2,700킬로미터

에 이르는 열차의 경로를 따라 수십만 명의 사람들이 열차를 보러 나왔다. 일부는 단순한 호기심으로 구경 나온 사람들이었지만 대부분은 조국의 구세주(꼭 옳은 말은 아니지만)이며 위대한 노예 해방자로 역사에 기록될 인물에게 조의를 표하기 위해서였다. 링컨 암살범은 곧 사망했고 공모자들도 대부분 체포되었지만 암살 배후에 대한 의문과 체포된 공모자들의 유죄 여부는 오늘날까지도 치열한 논쟁의 주제이며 지금까지 소송이 진행 중인 사건도 있다. 최초의 미국 대통령 암살 뒤에 숨겨진 진실은 무엇일까?

분열된 집안

19세기 전반기 동안 미국은 노예를 거느린 대지주가 많은 남부와 급속한 산업화를 구가하는 북부 간에 긴장감이 점점 높아가고 있었다. 1856년 시골 변호사 에이브러햄 링컨은 노예제도 확산에 저항하기 위해 2년 전에 창당된 공화당에 가입하였다. 링컨은 노예제도를 싫어했으나 연방이 깨지는 것은 더 두려웠다. 그는 전국을 돌며 연설에서 이렇게 주장했다. "집안이 분열되어 서로 싸우면 그 집안은 제대로 설 수 없습니다. 나는 이 정부가 반은 노예, 나머지 반은 자유인 상태를 영원히 지속하리라고 보지 않습니다. 나는 연방이 해체되기를 원하지 않습니다. 나는 집안이 망하는 것을 원하지 않습니다. 나는 분열이 멈추기를 원합니다."

그로부터 2년이 지나지 않아 링컨은 어떤 희생을 치르더라도 연방 해체를 막아야 하는 임무를 지니고 대통령으로 선출되었다.

그러나 때는 이미 너무 늦었다. 남부는 노예제 폐지를 작심한 연방에 그대로 남아 있을 수는 없다고 결정했다. 사우스캐롤라이나 주가 1860년 연방을 탈퇴하고 그 다음해 7개 주로 구성된 남부연합이 수립되자 버지니아, 노스캐롤라이나, 아칸소 주가 곧 합류했다. 1861년 4월, 남부연합군(또는 남군)이 사우스캐롤라이나 주 찰스턴 항 앞바다에 있는 연방군(또는 북군)의 포트 섬터 요새를 포위하고 항복을 요구했으나 거부당하자 남군 포대가 요새를 공격하면서 끔찍한 내전이 시작되었다.

머스켓 라이플, 대포, 후장식 라이플과 개틀링 기관총 등 현대 기술은 남북전쟁을 역사상 가장 피비린내 나는 전쟁으로 만들었다. 미국은 2차 세계대전과 베트남전을 합친 것보다 남북전쟁에서 더 많은 인명 손실을 입었다. 각자가 선택한 믿음에 따라 가정은 쪼개지고, 함께 훈련받고 함께 싸웠던 장교들이 이제는 총부리를 겨눈 적이 되었다. 남부에서 가장 뛰어난 장군인 로버트 리(Robert E. Lee) 장군은 사실 북군 사령관 제의를 받았으나 이를 거절하고 고향인 버지니아 주를 위해 싸웠다.

절박한 시절에는 극단적인 조치가 따르게 마련이다. 링컨은 남부연합의 수도 리치몬드에 대한 기습을 명령했는데 그 목적은 남부연합 대통령과 그 내각 각료들을 암살하는 것이었다. 훗날 켄터키 주지사가 되는 인물은 천연두와 황열병에 감염될 것을 알면서 고의적으로 북군에 옷을 팔았다. 양측은 포로를 굴욕적으로 대했다. 특히 전쟁 막바지에는 독설과 유언비어가 판을 쳤다. 패배한 남부에서는 북군의 셔먼 장군이 '바다를 향한 행군'을 할 때 링컨이 그 지역 마을을 파괴하라고 직접 명령을 내렸다고 의심하는 사람들도 있었다. 이런 분위기에서 남부의 첩보기관이 링컨 암살을 기도했을 것이라는 추측은 별로 놀랍지 않다. 이 암살 음모의 핵심에 있었던 인물은 어울리지 않게도 미국의 가장 유명한 세익스피어 배우 존 윌크스 부스라는 사람이었다.

무대에서는 어설픈 배우

존 윌크스 부스(John Wilkes Booth)는 1838년 5월 10일 메릴랜드 주에서 태어났다. 그는 응석을 잘 받아주는 어머니와 유명한 영국 배우 주니어스 브루터스 부스라는 술고래 아버지 밑에서 자랐다. 큰형 에드윈 역시 명배우로, 위대한 세익스피어 배우 헨리 어빙이 맡은 이아고의 상대역으로 오델로를 연기했었다.

어렸을 때 존은 한 집시로부터 젊어서 죽을 것이라는 말을 들었다. 그는 스타의 꿈을 안고 열일곱 살에 무대에 올랐다. 이름이 좀 알려지자 리치몬드로 갔고 거기서 남부의 생활방식을 동경하게 되었다. 1850년대, 부스는 미국을 본토박이 백인들을 위한 국가로 보존하는 것을 목표로 하는 '순 아메리카당'(Know-Nothing Party, 당의 정책에 대해 물어보면 당원들은 '아무것도 모른다' 고 대답하게 되어 있었다)에 관심을 갖기도 했다. 1859년 존은 폭력적이고 광적인 노예제 폐지론자 존 브라운의 사형을 직접 보기 위해 리치몬드 그레이(남부연합 버지니아 제1보병대 소속 부대)에 입대했다.

남북전쟁이 임박한 시기에 부스는 북부로 갔는데 그 분명한 이유는 결코 알려지지 않았다(군대와는 거리를 두겠다고 어머니와 약속을 했기 때문이라거나 본인 스스로 다치는 게 두려워서 그랬다는 등 다양한 추측이 있다. 부스가 이미 남부연합 첩보부에 관여하고 있었기 때문이라는 추측도 가능하다). 부스는 말라리아 특효약인 키니네를 밀수해서 남군에 공급하기 시작했고 1862년 봄에는 반정부 발언을 하여 체포되었다. 이 배우는 점차 링컨에 집착하며 대통령의 '외모, 집안, 저급한 농담과 일화, 저질스런 비유와 천박함'에 대해 불평하고 다녔다. 1863년 11월 링컨 부부가 워싱턴 포드 극장에 그의 연극을 보러 갔을 때 부스가 관람석의 대통령에게 접근하여 협박하는 말을 중얼거리는 모습이 목격되기도 했다.

1864년 10월, 부스는 캐나다 몬트리올로 가서 남부연합 첩보부 대표들과 몇 차례 회의를 했다. 이 회의에서 링컨 대통령을 해치려는 계획이 처음 의제로 떠올랐던 것 같다. 다음해 1월, 스물여섯 살의 부스는 모종의 계획을 위해 팀을 꾸렸다. 하지만 이 단계에서는 아직 암살 계획은 없었다.

부스는 오랫동안 알고 지내던 사람들로 팀을 조직했다. 루이스 페인으로도 알려진 루이스 손튼 파월(Lewis Thornton Powell)은 부스의 오랜 친구로, 리치몬드의 극장에서 처음 만났다. 남군의 군인이었던 파월은 부상을 입고 게티스버그에서 포로로 잡혔다. 볼티모어의 북군 병원에서 도망친 그는 1863년 가을, 남군의 존 싱글턴 모스비가 이끄는 버지니아 기병대에 들어갔다. 일 년 후 남부연합 첩보부에 관여하게 되었고, 얼마 후 북부에 충성을 맹세했다. 키 큰 미남에 숱 많은 짙은 머리에 감옥에 갇혀서도 당당함을 잃지 않았던 파월은 성격과 외모 면에서 암살 공모자들 가운데 가장 두드러지는 인물이었다.

실업자 사무엘 아놀드(Samuel Arnold)는 부스와 같은 반 친구였다. 그는 남군에 입대했지만 건강상의 이유로 제대했다. 역시 유년 시절 친구인 마이클 오로글렌(Michael O'Laughlen)은 부스와 같은 거리에서 자랐다. 덥수룩한 검은 턱수염에 몸집이 작고 다소 연약한 그는 1862년 남군에서 제대한 뒤 볼티모어로 돌아가 사료 가게의 점원으로 일하게 되었다.

남북전쟁 발발 당시 존 수라트(John Suratt)는 대학생이었다. 아버지가 세상을 떠나자 잠시 동안 지역 우체국장으로 임명되었다. 그러나 전쟁 당시 그가 주로 한 일은 남부연합 첩보부 연락관 일이었다. 존 수라트의 부모는 수라트 집안의 이름을 딴, 메릴랜드의 작은 마을 수라츠빌에서 여인숙 겸 우체국을 운영했다. 1862년 남편이 죽자 미망인이 된 존의 어머니 메리 수라트는 1864년 10월 딸 안나와 함께 워싱턴의 3층 건물로 이사해서 세를 주며 살았다. 수라츠빌의 여인숙은 존 민친 로이드(John Minchin Lloyd)라는 술고래 전직 경찰관에게 임대했다.

독일 태생의 조지 아체로트(George Atzerodt)는 반 문맹으로 마차 수리 사업을 했다. 전쟁 당시 그는 자신의 배로 남군 첩보요원들이 포토맥 강을 건너는 것을 도왔다. 아체로트로부터 도움을 받은 사람 가운데 존 수라트가 있었고, 존은 자신이 머물고 있던 워싱턴의(메리 수라트의) 여인숙으로 그를 초대했다. 그러나 조지가 방에서 술을 마신 사실을 알고 메리 수라트는 조지에게 방을 비우라고 했다.

네드 스팽글러(Ned Spangler)는 부스의 오랜 친구로 포드 극장의 목수였다.

화학자의 조수로 일하던 스물두 살의 데이비드 헤롤드(David E. Herold)는 공모자들 가운데 가장 어렸다. 그의 사진을 보면 심약한 성격이 드러난다.

납치 계획을 세우다

남북전쟁이 끝날 무렵 남부에는 군인이 절대적으로 부족했다. 1864년 10월 부스가 세운 최초의 계획은 링컨을 제거하는 것이 아니라 납치해서 남군 포로들과 교환하는 것이었다. 링컨이 워싱턴 외곽에 소재한 전직 은행가의 저택인, 여름 별장 '군인의 집'으로 가는 길에 대통령을 납치한다는 계획이었다. 정확한 이유는 모르지만 이 계획은 무위로 끝났다.

몇 달 후 부스는 워싱턴의 한 호텔에서 존 수라트와 함께 의사인 사무엘 머드와 루이스 위치맨을 만나 자신의 계획에 끌어들였다. 위치맨은 육군성 직원으로, 메리 수라트의 하숙집에서 존 수라트와 방을 함께 쓴 인물이다(위치맨은 나중에 자신은 납치 계획을 거론한 대화의 핵심 부분에는 끼지 못했다고 주장했다).

그 다음해 3월, 대통령이 워싱턴의 포드 극장에서 연극을 관람할 예정이라는 사실을 알고 부스는 다시 희망에 부풀었다. 최초의 계획은 극장의 가스등을 끄고 관람석의 대통령을 결박하여 무대로 끌어내린 다음 대기 중인 마차로 데려가는 것이었다. 네드 스팽글러는 대통령을 남부로 데려갈 사륜마차의 좌석을 제작하는 역할을 맡았다. 아체로트는 링컨을 배에 태워 강을 건널 예정이었다. 메릴랜드의 뒷골목을 꿰고 있는 헤롤드는 대통령을 마차로 이동시키는 역할이었고 파월은 팀의 행동대장을 맡았다.

이 정신 나간 계획에 몇몇이 반대했고 결국 워싱턴 근처 군인병원으로 가는 길에 마차에 탄 링컨을 붙잡아서 헤롤드의 배로 강을 건너 리치몬드로 데려가는 쪽으로 합의를 보았다. 이 계획은 마지막 순간에 대통령이 일정을 변경하고 워싱턴에 그냥 머물면서 좌절되었다. 존 수라트는 이 계획이 무위로 끝나자 상심했고 다시 남부를 위한 연락관 일을 했다(후년에 그는 실제로 이 납치 계획을 시도했고 직접 가담했었다고 자랑했지만 그럴 가능성은 낮아 보인다). 이 계획이 무산되자 오로글렌과 아놀드는 각자 집으로 돌아갔다. 덕분에 둘은 나중에 사형을 면했다.

1865년 4월 9일, 애포매톡스 법원 청사에서 남군의 로버트 리장군이 북군의 그랜트 장군에게 항복했다. 북군 병력은 남군의 6분의 1에 불과했지만 사실상 전쟁은 끝났고 포로 교환도 이제 무의미했다. 하지만 부스의 끓어오르는 감정은 여전히 뜨거웠다. 이틀 후 부스는 헤롤드와 파월과 함께 백악관 밖에서 링컨의 대통령 취임사 연설을 들었다. 대통령이 "보다 현명한 흑인들과 북부의 가치를 지지한 사람들에게" 선거권을 주어야 한다고 말하자 부스는 격분했다. 그날 부스는 일기에 다음과 같은 말을 남겼다. "뭔가 확실하고 위대한 조치를 취해야만 한다." 부스에게 곧 기회가 찾아왔다.

"연극이 기회야"

4월 13일, 부스는 링컨 대통령과 그랜트 장군이 그 다음날 포드 극장에서 영국 연극 〈우리 미국인 사촌(Our American Cousin)〉 저녁 공연을 보러 갈 계획임을 알아냈다. 부스는 그 극장을 손바닥 들여다보듯 훤히 알았고 쉽게 접근할 수 있었기 때문에 그것은 황금 같은 기회였다. 부스는 이번에는 더 야심차고 훨씬 더 치명적인 목표를 세웠다. 바로 세 건의 동시 암살을 통해 연방정부의 지도층을 제거하는 것이었다.

부스는 전보다 규모가 축소된 자신의 팀에게 암살 계획을 설명했다. 부스가 포드 극장에서 링컨과 그랜트를 죽이는 동안 아체로트는 호텔에 있는 부통령 앤드류 존슨을 죽이기로 했다. 동시에 파월과 헤롤드는 집에 있는 윌리엄 헨리 슈어드 국무장관을 죽인다는 계획이었다. 그날 밤은 남북전쟁 종결을 축하하며 불꽃놀이로 떠들썩한 밤이었다. 그러나 부스는 이런 축제 분위기를 뒤로 하고 포드 극장으로 가서 대통령 관람석 출입문에 구멍을 뚫어놓았다.

다음날 대통령 일행은 공연이 시작되고 30분쯤 지난 저녁 8시 30분경 극장에 도착했다. 그날은 4월 14일 성 금요일이었다. 까다로운 영부인이 동행한다는 사실을 안 그랜트 장군은 관람 계획을 취소했고 덕분에 목숨을 구했다(그랜트 장군의 아내는 '그 미친 여자'와 나란히 앉기를 거부했다). 그랜트를 대신해 마지막 순간에 스물여덟 살의 육군 장교 헨리 라스본 소령과 약혼녀 클라라 해리스가 참석하게 되었고 이들의 운명은 링컨 부부의 운명과 비극적으로 얽히게 된다.

대통령 일행은 2층 국빈 관람석(두 개의 관람석을 합친 것)으로 갔고, 관람석 외부는 국기와 조지 워싱턴 초상화로 꾸며져 있었다. 기립박수와 〈대통령 찬가〉 연주 후 긴 검정 외투에 중산모를 쓴 대통령이 흔들의자에 앉았다. 그날 밤 대통령의 경호는 워싱턴 시 경찰 소속 존 파커가 맡았다.

한 시간쯤 후 부스는 단발 데린저식 권총과 사냥칼로 무장하고 극장에 도착했다. 극장 옆에 있는 술집에서 한잔 하고 마음을 다진 후 그는 극장 사무실로 들어갔다. 10시 15분쯤, 부스는 극장 직원에게 신분증을 보여주고 대통령 관람석으로 이어지는 복도로 가서 전날 밤에 미리 놓고 간 나무 막대를 관람석 바깥쪽 문에 끼워 문을 열 수 없게 해두었다. 더 좋은 자리에서 공연을 보려고 그랬는지 경호를 맡은 존 파커는 자리를 비웠고 관람석 안쪽 문은 지키는 사람이 없었다(전에도 징계 대상이 된 적이 있는 이 허술한 경호원은 링컨 부인의 부탁으로 대통령 경호를 맡게 된 것 같다).

부스는 관람석으로 들어가 조준을 한 다음 대통령 머리에 딱한 발을 쏘았다. 총알은 왼쪽 귀를 관통해 오른쪽 눈 뒤에 박혔고 링컨은 다시는 의식을 회복하지 못했다.

대통령이 앞쪽에 드리워진 깃발을 붙잡으며 의자 앞으로 고꾸라지는 동안 라스본 소령은 부스와 몸싸움을 벌였다. 부스는 칼로 소령의 가슴과 어깨를 찔렀다. 링컨 부인은 비명을 질렀다. 부스는 관람석에서 3미터 정도 아래의 무대 위로 뛰어내렸다. 연기를 하면서 수없이 해본 동작이었지만 이날은 신발에 달린 박차가 관람석을 장식하는 깃발에 걸려 넘어지면서 왼쪽 발목 위의 뼈가 부러졌다. 극장은 돌연 공포에 휩싸인 가운데 부스는 피 묻은 칼을 휘두르며 관객들에게 뭔가 소리를 치다가 비틀거리며 무대를 내려가 극장 뒷문으로 빠져나갔다. 이때 부스가 버지니아 주의 모토인 "폭군의 최후를 보라"고 외쳤다는 사람도 있고 "남부의 복수를 했다"고 외쳤다는 증언도 있다.

대통령은 곧바로 죽지 않았다. 의료진의 검사 결과 병원으로 옮기기에는 너무 중상이라고 판단하여 네 명의 군인들이 링컨을 길 건너 하숙집으로 옮겼다. 침대가 너무 작아 링컨의 긴 몸을 대각선으로 뉘어야 했다. 침대에 누운 링컨의 머리 위쪽은 천으로 덮였고 아래턱은 내려앉은 상태였다. 곧 에드윈 스탠튼 전쟁부(현재의 국방부) 장관이 내각의 다른 요인들과 함께 나타났다. 침대 곁에서 남편을 지키던 링컨 부인은 극도의 중압감을 이기지 못해 방에서 나가야 했다. 부인의 요청으로 아들 로버트 토드가 침대 옆으로 불려갔다. 다음날 아침 7시 22분, 16명의 의사들의 노력에도 불구하고 대통령은 힘겹게 숨을 거두었다. 스탠튼은 "이제 그는 천사(angels)의 품으로 떠났다"고 했다(나중에 기사에서는 "이제 그는 역사ages 속으로 사라졌다"는 말로 편집되었다).

불안한 아체로트는 하루 종일 술을 마셨다. 링컨의 죽음을 알게 된 그는 겁을 집어먹고 도랑에 리볼버를 버리고는 서둘러 술에 취했다. 계획했던 부통령 암살을 위해 아무것도 하지 않은 채 다음날 그는 워싱턴 주에서 달아났다. 그러나 파월은 국무장관 살해 임무를 그대로 추진했다. 성공하지는 못했지만 그 결단력과 잔혹함에서 파월의 암살 기도는 결코 평범하지 않았다.

슈어드 국무장관은 마차사고를 당하고 집에서 회복 중이었다. 부스가 대통령을 암살하던 시각, 파월은 슈어드의 집에 가서 담당 의사가 보낸 약을 배달하러 왔다고 했다. 그러나 안으로 들여보내 주지 않자 억지로 밀고 들어가 2층으로 올라갔고 헤롤드는 밖에서 기다렸다. 국무장관의 장남 프레드릭(당시 국무부 차관보)은 파월을 아버지의 방에 들어가지 못하게 막으려 했으나 파월에게 권총으로 얻어맞았다. 국무장관의 차남인 W. B. 슈어드 주니어 소령은 방에 있다가 아버지를 도우러 달려왔다. 그 자리에 있던 또다른 군인과 아들의 모든 노력에도 불구하고 파월은 칼로 장관의 목을 두 차례 그었고 평생 지워지지 않는 흉터를 남겼다. 마차 사고로 가죽이 덮인 금속 소재의 부목을 목 부분에 대고 있었기 때문에 슈어드는 죽음을 면했다.

파월은 슈어드의 셋째아들 아우구스투스와 국무부의 전령과 싸우다 두 사람 모두에게 중상을 입히고 “난 미쳤다, 난 미쳤다” 라고 외치며 집을 빠져나갔다. 파월이 말에 올라타면서 “폭군의 최후를 보라”고 외치는 소리가 들렸다고 한다. 그는 네이비 야드 다리로부터 1.6킬로미터쯤 떨어진 곳의 나무에 몸을 숨겼다.

헤롤드는 부스를 만나서 자정 무렵 함께 수라트 술집에 들러 미리 갖다둔 망원경과 카빈총(기병총)을 가져갔다. 부스는 다리의 통증을 잊기 위해 위스키를 조금 마셨다. 새벽 4시쯤 그들은 브라이언타운이라는 작은 마을에 있는 의사 머드의 집에 도착했다.

나중에 머드의 진술에 따르면 부스는 숄로 얼굴 밑부분까지 가리고 변장을 하고 왔다고 한다. 헤롤드는 가짜 이름을 대면서 같이 온 친구가 말을 타다가 사고를 당했다고 했다. 머드는 부스의 다리에 부목을 대주었고 두 사람에게 자고 가라고 했다. 다음날 아침 머드는 잡역부를 시켜 부스에게 목다리를 대충 만들어주었고, 면도하라고 면도칼도 빌려주었다. 마차를 구하려 했으나 실패한 두 사람은 머드가 가르쳐준 습지를 통해 지름길로 떠났다. 머드는 두 사람을 도와준 대가로 25달러를 받았다고 했다.

두 사람이 떠난 뒤 머드는 아내에게 두 사람이 의심스럽다고 말했다. 아내는 그날 밤에는 가족을 두고 가지 말고, 날이 밝으면 그 지역을 수색 중인 군인들에게 소식을 전하라고 남편을 설득했다. 다음날 예배가 끝난 후 머드는 한 친구에게 두 사람에 대한 '의심'을 털어놓았지만 러베트 중위가 질문을 하러 왔을 때는 두 방문객에 대해 아무 말도 하지 않았다. 머드는 또 두 사람이 떠난 방향에 대해서도 잘못 알려주었다. 러베트 중위가 3일 후 다시 찾아왔을 때 머드의 아내는 방문객의 왼쪽 신발에서 잘라낸 승마용 장화 조각을 보여주었다. 장화 윗부분의 접힌 부분을 펼쳐보니 'J 윌크스(J Wilkes)' 라는 이름이 적혀 있었다. 머드는 그 글씨를 미처 보지 못했다고 주장했다. 그는 또 두 도망자의 사진을 보여주었을 때 모르는 사람이라고 했다.

얼마 후, 머드를 체포하라는 명령이 내려졌다. 한편, 사실상 국가 통치권을 넘겨받은 스탠튼 장관은 미국 역사상 최대의 범인 수색작전에 착수했다. 암살을 실행에 옮기기 전, 부스가 암살 음모에서 자신의 역할을 사실상 인정하는 편지를 언론에 보낸 덕분에 수색작전은 큰 도움을 받았다. 편지 서명에는 "황금이나 목숨보다 조국을 더 사랑하는 남자들, J. W. 부스, 페인, 아체로트, 헤롤드"라고 씌어 있었다.

루이스 파월은 운나쁘게도 군인들이 도착한 바로 그 시각에 수라트 부인의 여인숙 건물 앞에 나타났다. 그는 곡괭이를 갖고 있었는데, 자신은 수라트 부인이 도랑을 파기 위해 고용한 일꾼이라고 주장했다. 그때가 밤 11시 30분이었고, 또 수라트 부인이 그를 고용한 적도 없고 심지어 알지도 못한다고 하자 파월의 주장은 더욱 의심스러웠다. 파월과 수라트 부인은 위치맨과 로이드와 함께 체포되었다. 독방에 갇힌 뒤 대통령 살해 혐의로 고발한다는 협박에 위치맨과 로이드는 수라트 부인에게 불리한 증언을 하기로 했다. 이들이 암살 계획에 얼마나 깊이 가담했는지는(만약 가담했다면) 아마 결코 알 수 없을 것이다.

다른 공모자들 대부분이 신속히 체포되었다. 부스의 호텔방에서 발견된 '샘'(사무엘의 애칭)으로부터 온 편지를 추적한 당국은 부스와 절친한 친구로 알려진 사무엘 아놀드를 쫓기 시작했다. 아놀드의 방을 수색한 경찰은 장전된 피스톨 하나와 보우이 칼(사냥용 외날 단도) 서너 개를 발견했다. 아놀드는 메릴랜드의 사촌 집에서 체포되었다. 대통령의 관람석 준비를 도왔고 암살이 있던 날 밤 극장 밖에서 부스가 도망칠 말을 잡고 있었던 네드 스팽글러 역시 메릴랜드의 부스 집안 농장에서 오래 일한 일꾼이었음이 밝혀지면서 체포되었다. 오로글렌은 연방당국에 자수했다.

부스와 헤롤드, 존 수라트만 잡히지 않았다. 4월 20일 스탠튼 장관은 세 사람에게 10만 달러의 현상금을 내걸었다. 도망자들을 '숨겨주거나 정보를 숨기고 있는' 자들은 군사재판에 회부되어 사형에 처해질 수 있다고 했다. 포드 극장 소유주를 포함하여 모두 수백 명이 체포되었지만 대부분은 증거 불충분으로 풀려났다.

당국은 암살 주모자를 찾기 위해 습지와 숲을 뒤지며 맹렬한 수색을 벌였지만 부스 일당은 남군 동조자들의 도움으로 한동안 용케 수색망을 빠져나갔다. 이상하게도 이 동조자들 중에 기소된 사람은 한 명도 없었다.

가레트의 헛간

4월 26일 새벽, 에드워드 도허티 중위가 이끄는 기병대가 버지니아 주 포트 로얄 근처 가레트의 농장에서 담배 창고로 쓰는 헛간에 숨어 있던 부스를 찾아냈다. 처음에 중위는 헤롤드도 헛간에 있다는 사실은 알지 못했다. 도허티는 당시 상황을 이렇게 진술했다.

우리는 놈이 항복하지 않으면 헛간을 불태우겠다고 협박했다. 그러다 결심을 하도록 10분의 시간을 주겠다고 했다. 마침내 부스가 "중위, 여기 항복하고 싶어하는 자가 있다"라고 했다. 나는 베이커

형사와 거의 동시에 대답한 것 같다. "무기를 내놓아라." 그러자 헤롤드가 "난 무기가 없소"라고 대답했다. 베이커가 "네가 뭘 갖고 있는지 알고 있다"고 말했다. 부스가 "무기는 다 내가 갖고 있고 난 그걸 당신들에게 쓸 작정이다"라고 답했다. 약간의 협상 후에 나는 "친구를 내보내라"고 했다.

중위의 보고서는 다음과 같이 이어진다.

내가 헤롤드를 헛간에서 데리고 나오는데 그와 거의 동시에 콘거 형사가 헛간 뒤쪽의 건초에 불을 붙여 헛간에 불을 질렀다. 뉴욕 제16기병대 L중대의 보스턴 코베트 병장이 암살범 부스의 목에 총을 쏘았다. 나는 총이 발사되자마자 헤롤드를 끌고 헛간으로 들어가 쓰러진 부스를 보았다. 베이커와 콘거 형사가 내 부하들과 함께 헛간으로 들어와 부스를 붙잡았다. 나는 수갑이 없었기 때문에 헤롤드와 함께 부스를 묶을 밧줄을 구하러 갔다. 부스는 2시간 정도 있다가 죽었다. 그 사이 의사를 불렀고 의사는 부스가 죽을 때까지 옆에 있었다.

총상으로 척수가 부러진 부스는 두 손을 얼굴 앞에 올려달라고 하면서 "소용없어! 소용없어!"라고 중얼거렸다고 한다. 마지막 순간에 그는 "어머니에게 조국을 위해 한 일이었다고 말해달라"고 했다.

나머지 공모자들은 처음에는 뉴욕의 철통같은 '몬타우크'와 매사추세츠의 '소거스'에 수감되었다가 나중에 워싱턴의 아스널 교도소로 이감되었다. 스탠튼 장관은 "대화를 하지 못하도록 보안 조치를 강화"하라고 지시했다. 공모자들은 수갑을 차고 머리에는 삼베 후드를 덮어써야 했다. 씻거나 식사를 할 때도 이 후드를 벗지 못하게 했는데 그 길이는 거의 허리까지 내려왔고 호흡과 식사를 할 수 있는 구멍만 뚫려 있었다. 눈과 귀도 솜으로 단단히 막아버렸다. 끔찍하게 고통스러웠을 것이다. 파월이 감방 벽에 머리를 찧어 자살 기도를 한 이후 그의 후드는 패드를 댄 것으로 교체되었다. 이런 야만적인 조치를 정당화할 수 있는 보안상의 이유는 쉽게 떠오르지 않는다.

군사법정에 서다

스탠튼 장관은 일반 법정이 아닌 군사법정에서 이 사건을 처리하기로 결정했다. 이 결정은 정부 내에서도 논란이 되었지만 제임스 스피드 법무장관은 그 합법성을 지지했다. 재판위원회는 소장 3명, 준장 4명, 대령 2명으로 구성되었다. 데이비드 헌터 소장(법무관 겸 판사)이 재판을 주재했고 2명의 특별법무관이 재판을 도왔다. 수석검사는 미 육군 법무감 조셉 홀트가 맡았다. 이들의 사진을 보면 모두 군복을 입고 있으며 수염 길이만 다를 뿐 모두 비슷해 보인다.

5월 9일 자정 무렵, 교도소장이 죄수들의 감방으로 깜짝 방문을 했다. 처음으로 후드를 벗기고 피고들에게 죄목을 읽어주었다. 피의자들은 각각 "무장 반군의 도움으로 악의적이고 불법적이며 반역적으로 공모하여 링컨, 존슨, 슈어드, 그랜트를 살해하려 했고, 링컨을 살해했으며, 슈어드를 살해할 의도로 공격했고, 존슨과 그랜트를 살해하기 위해 잠복하였다”는 죄목으로 고발당했다. 고발장에는 의미심장하게도 피의자들이 “남부 대통령 제퍼슨 데이비스의 선동으로” 범행을 저질렀다는 내용이 있었다(사실 데이비스는 2년을 감옥에서 보냈지만 어떤 범죄로도 기소된 적이 없었다). 링컨이 사망할 경우 헌법에 따라 국무장관인 슈어드가 선거를 소집하게 되어 있었으므로 슈어드를 살해했다면 연방정부는 새 대통령을 선출하지 못했을 것이다. 이 같은 사실이 기소장에 반영되었다. 혐의 내용들이 낭독된 후 죄수들은 다시 후드를 쓰고 어두운 감방에 갇혔다. 그들은 다음날 재판을 받았다.

재판은 워싱턴 아스널 교도소 3층에 임시로 만든 커다란 법정에서 진행되었다. 재판은 5월 10일에서 6월 30일까지 계속되었다. 피고인들은 모두 ‘무죄’를 주장했고 변호사와 증인 소환도 허락되었으나 당시 관행에 따라 자신을 방어하기 위한 증언은 허락되지 않았다. 유죄판결은 재판부 과반 찬성으로 결정되고 사형선고에는 3분의 2 이상의 찬성이 필요했다.

피고들은 모두 법정에 나와 앉았고 각 피고인 사이에 군인이 한 명씩 앉았다. 베일을 쓴 메리 수라트만 다른 피고들과 떨어져 앉았다. 법정에서도 메리를 제외한 피고들 모두 손발에 수갑과 족쇄를 계속 차고 있어야 했다. 파월과 아체로트는 법정 출입시에 추가로 강철공까지 끌고 다녀야 했다. 당국은 처음에 재판을 비공개로 하려 했으나 대중의 압력이 거세지면서 언론과 일부 선별한 개인들을 재판에 입회하도록 했다. 당당한 파월은 많은 여성들의 관심을 끌었다고 한다.

재판에 앞서 머드의 변호인인 토머스 어윙 주니어(Thomas Ewing Jr.) 장군은 법정의 사법적 관할권에 대해 중대한 이의를 제기했다. 그는 평화시 민간인은 일반 법정에서 재판받을 권리가 있다고 주장했다. 메릴랜드 주는 남부연합에 속하지 않았고 그 지역의 일반 법정이 개정된 상태이므로 군사법원은 이 사건을 재판할 권한이 없다는 것이다. 그러나 어윙의 이의는 기각되었고 검찰은 증인 소환에 들어갔다.

슈어드 국무장관의 집사가 파월이 주인을 공격한 인물이라고 확인했고 파월은 이 사실을 거의 반박할 수 없었다. 파월은 사건 당시 "나는 미쳤다"고 외친 사실에 근거하여 최후의 변호 수단인 정신이상을 주장했다. 그러나 의사는 파월이 정신이상을 가장하는 것일 뿐이라고 증언했다. 헤롤드가 내세운 초라한 변론은 "체질성 겁쟁이"로서 자신은 살인에 가담할 능력이 없다는 것이었다. 아체로트에 대한 증언 역시 결정적으로 불리했다. 부통령의 습관과 일정을 캐고 다니는 것을 들은 사람이 있었고 곧 부자가 되고 유명해질 것이라고 떠벌였다는 것이다.

사무엘 아놀드가 부스에게 보낸 편지가 법정에 제시되었다. 편지에는 아놀드가 표면상으로는 재정적 이유와 불안한 마음 때문에 공모에서 빠진다고 되어 있었다. 피고 측은 그 편지를 쓴 날 이후부터 아놀드는 암살 계획에서 더 이상 책임이 없다고 주장했다. 그러나 불행히도 편지의 나머지 부분을 보면 암살 계획에서 빠지는 것이 열정이 부족해서가 아니라는 점이 분명했다. "좀더 적당한 시기가 올 거야. 경솔하거나 성급하게 행동하지 마. 머지 않아 좀더 준비를 해서 다시 함께 하겠네."

오로글렌은 링컨 납치 계획에 연루되었음을 분명히 보여주는 서면 증거가 있었는데, 암살에 공모했다는 내용은 전혀 없었다. 링컨 암살 당시 말을 대기시켰던 네드 스팽글러의 경우, 한 무대 담당 직원을 후려치며 "저 자가 어디로 갔는지 말하지 마"라고 경고했다는 것이 검찰 측 증인의 핵심 진술 내용이었다. 피고 측 은 증언이 모순된다고 주장했으나 재판부는 믿어주지 않았다.

메리 수라트의 경우, 다른 공모자들과 긴밀한 연관이 있다는 것이 주요 혐의였다. 1865년 초 부스와 그의 친구들은 수라트 부 인의 하숙집에 자주 드나들었다. 파월은 '우드 목사'라는 가명으 로 그곳에 묵었었다. 이 하숙집에서 부스의 사진이 붙어 있는 명 함이 다른 사진 밑에 끼어 있는 것이 발견되었다. 위치맨은 4월 11일 수라트 부인과 함께 수라츠빌에 갔으며 가는 길에 존 로이 드를 만났다고 주장했다. 3일 후인 암살 사건 당일, 위치맨과 수 라트 부인은 다시 그 마을에 갔다.

그뿐만이 아니다. 로이드는 존 수라트와 헤롤드, 아체로트가 자신에게 카빈총 2정과 탄약을 맡겨놓았다고 증언했다. 로이드 는 또 이렇게 말했다. "암살 당일, 수라트 부인이 그 무기들을 밤 에 쓸 수 있게 준비해 놓으라고 했고 나중에 사람들이 찾으러 올 것이라고 말했다. 부인은 종이로 싼 어떤 물건을 내게 주었는데, 위층에 가서 보니 망원경이었다. 부인은 내게 위스키 두 병을 준비해 놓으라고 말하며 이 물건들이 그날 밤에 필요할 것이라고 했다.” 수라트 부인은 그날 밤 자신은 빚을 받으러 워싱턴에 가고 없었다고 했다. 그러나 처음에는 ‘무기’ 부분을 완전히 다르게 얘기했던 피고 측 증인 하나가 막상 증인석에서 진술을 철회하는 바람에 수라트 부인의 주장은 혼란에 빠졌다.

머드 의사는 1864년 11월 브라이언타운의 어두운 길에서 부스 및 수라트와 대화를 나누었는데, 그때 존 부스를 처음 만났다. 머드는 수사관들에게 이렇게 말했다. “그때 11월에 만난 이후로 지난 토요일 아침까지 한 번도 부스를 본 적이 없습니다.” 위치맨은 그러나 그들이 그 다음달 워싱턴에서 또 만났다고 증언하며 머드의 말이 거짓이라고 했다. 증인 서너 명은 머드와 부스의 관계가 머드가 주장하는 것보다 훨씬 더 가까웠다고 결정적인 증언을 했다.

머드 밑에서 노예로 지냈던 한 여성은 남북전쟁 중에 존 수라트가 거의 주말마다 의사의 집에서 지냈으며 남부에서 군인들이 찾아오면 자신을 포함한 일꾼들에게 망을 보게 했다고 증언했다(피고 측 증인들은 나중에 이 증언에 이의를 제기했다). 머드 밑에서 노예로 지냈던 몇몇 증인은 머드의 허락하에 남군 군인들이 머드의 집 근처 숲에서 쉴 수 있었으며 머드의 지원을 받았다고 진술했다.

머드를 더욱더 궁지에 빠뜨린 것은 부스와 관련한 심문에서 머드가 보여준 태도였다. 러베트 중위는 법정에서 이렇게 말했다. “처음에 머드 의사에게 낯선 남자 둘이 거기 왔었느냐고 묻자 그는 심하게 흥분한 것처럼 보였고 마치 자신의 행동에 겁을 집어

먹은 사람처럼 얼굴이 백지장같이 창백해지고 입술이 파래졌습니다." 역시 머드를 심문했던 웰스 대령은 머드의 태도가 "대단히 이상했다"고 증언하면서 "내가 직접적인 질문을 하지 않았다면 중요한 사실들을 빠뜨렸을 것"이라고 했다. 부스를 한 번 이상 만났음에도 불구하고 머드는 그의 사진을 보고 모르는 사람이라고 했었다. 러베트와 웰스는 머드가 나중에는 부스를 알아보았음을 시인했다고 증언했다. 머드가 개인적으로 링컨 대통령을 싫어한다는 얘기를 들었다는 증언도 나왔다.

법정은 평결 심의를 위해 4주간 휴정했고 이 기간 중에 피고인들은 감방에서 계속 후드를 쓰고 족쇄를 차고 생활해야 했다.

판결

군사법원은 평결과 형량 선고에 앞서 새로 취임한 앤드류 존슨 대통령에게 사전 승인을 받아야 했는데 존슨은 모든 내용을 그대로 승인했다. 파월, 헤롤드, 아체로트와 메리 수라트는 공모 및 살인 혐의에 유죄판결을 받았고 교수형을 선고받았다. 사무엘 아놀드, 마이클 오로글렌, 머드는 공모 혐의로 유죄판결을 받았고(살인 혐의는 빠짐) 중노동과 함께 종신형을 선고받았다. 네드 스팽글러는 6년 징역형을 받았고 머드는 한 표 차이로 사형을 면했다.

피고인들은 감옥에서 판결 내용을 통보받았다. 끔찍하게도 사형선고를 받은 사람들은 바로 다음날 사형이 집행된다는 사실을 알았다. 파월은 자신의 운명을 냉정하게 받아들였지만 메리 수라트는 통곡했다.

군사재판위원회의 구성원 9명 가운데 5명은 메리 수라트가 "여성이라는 점과 나이를 고려하여" 종신형으로 감형할 것을 권고했으나 존슨 대통령은 용인하지 않았다. 사형집행 영장에 서명하면서 존슨은 메리 수라트가 "암살 음모를 꾸민 소굴을 관리했다"고 했다. 훗날에도 존슨은 이런 냉정한 태도를 그대로 유지한다. 메리 수라트의 변호인들은 절박한 심정으로 워싱턴 대법원의 와일리 판사에게 의뢰인을 법정으로 재출두하도록 하는 인신보호영장을 신청하여 이를 받아냈다. 이 소식을 접한 존슨 대통령은 호전적인 전쟁부 장관의 부추김에 따라 그런 영장은 "이와 같은 사건에서는 적용되지 않는다"는 명령서에 서명했다(링컨도 전쟁 중에는 이와 비슷한 위헌적인 태도를 취했었다). 절망한 메리의 딸이 대통령을 만나려고 여러 번 시도했으나 이루어지지 않았다.

6월 7일, 유죄판결을 받은 세 남자와 한 여자가 워싱턴의 올드 아스널 빌딩의 넓은 마당에 설치된 교수대로 올라갔다. 그들을 기다리고 있는 관과 무덤도 보였다. 날씨는 숨막힐 듯 더웠고, 당국은 사형을 앞둔 메리에게 우산을 씌워주는 잔인한 친절을 베풀었다. 군사재판위원회의 판결 내용이 낭독되었고, 피고들의 팔과 발목, 무릎이 묶이고 머리에 후드가 씌워졌다. 오후 1시 30분을 조금 앞두고 사형이 집행되었다. 메리 수라트는 죽기 직전에 "제발 죽이지 마세요"라며 애원했다. 파월은 군인답게 마지막까지 메리의 무죄를 주장하며 죽음을 맞았다. 파월의 사망 과정은 고통스러웠다. 헤롤드와 마찬가지로 파월도 교수대에서 떨어질 때

목이 즉시 부러지지 않아 교살의 고통 속에 천천히 죽어갔다.

사형집행관은 사형수들의 목에 걸린 올가미를 조각조각 잘라서 재빨리 기념품으로 팔았다.

암살 당일 밤 존 수라트의 행방은 지금까지도 알려지지 않았다. 훗날 그는 사건 당시 뉴욕에 있었으며 링컨의 사망 소식을 듣고는 캐나다로 도망갔다고 주장했다. 분명한 것은 9월 15일 그가 배를 타고 영국으로 갔다가 다시 로마로 가서 주아브 군대(교황령을 보호하기 위해 1860년에 만들어진 군대 - 옮긴이)에 들어갔다는 사실이다. 추적을 받고 체포된 그는 30미터 깊이의 협곡으로 뛰어들어 추적자들을 따돌렸다. 그러나 마침내 이집트 알렉산드리아에서 붙잡혔고 미국으로 송환되어 일반 법정에서 재판을 받았다.

한 달간의 심리 끝에 재판은 불일치 배심으로 끝나고 말았다. 연방정부는 결국 모든 기소를 취하했고, 수라트는 1868년 여름 석방되어 그후로는 전국을 순회하며 암살에 대한 강연으로 상당한 돈을 벌었다. 그는 1916년 폐렴으로 사망하여 암살 공모자들 가운데 가장 마지막으로 죽었다. 존 수라트는 평생 자신은 실패한 납치 계획에 관여했을 뿐 암살과는 무관하다고 주장했다. 유죄든 무죄든 그는 위기에 처한 어머니를 도우려는 노력은 거의 하지 않은 것 같다.

악마의 섬

종신형을 받은 사무엘 머드와 마이클 오로글렌은 포트제퍼슨

교도소에 수감되었다. 멕시코 만에 위치한 이 군 교도소는 '악마의 섬'이라 불리는 곳으로, 죄수들이 끔찍한 여건에서 수감생활을 하는 곳이었다. 바다로 둘러싸인 성곽 둘레에 만든 20미터 폭의 못에 상어가 득실대는 이곳은 머드의 변호사의 말을 빌리면 "법의 손길이 닿지 않는 곳"이었다. 머드 부인은 남편의 석방을 위해 끊임없이 탄원서를 냈으나 아무 소용이 없었다. 9월 25일 머드 의사는 포트제퍼슨에 들어온 배에 몸을 숨겨 탈주를 시도했다. 그러나 곧 발각되어 이전보다 더 가혹한 수감생활을 하게 되었다. 다시는 교도소를 나올 수 없을 것만 같았지만 운명은 도움의 손길을 내밀었다.

1867년 여름, 이 섬에 황열병이 돌아 오로글렌과 교도소 의사를 포함해서 많은 사람이 죽었다. 목공소에서 노역을 하던 머드가 교도소 의사를 대신하기로 했고 누가 봐도 영웅적으로 환자들을 돌보았다. 그 역시 황열병에 걸렸다가 회복되었다. 섬 주둔군 전체가 머드를 열렬히 지지하는 탄원서에 서명하여 대통령에게 보냈다. 탄원서는 아무 효과도 없는 듯했고 1868년 9월 인신보호영장을 받으려는 시도도 실패로 돌아갔다.

그러나 선행을 베푼 의사의 노력은 마침내 보답을 받았다. 1869년 2월 8일, 임기를 마치기 전 거의 마지막 공식 조치로서 존슨 대통령은 머드 의사를 석방하는 무조건적 사면에 서명했다. 4년 정도 복역하고 석방된 머드는 고향에서 다시 의사로 개업했고 5명의 자식을 더 낳았다. 1876년 그는 메릴랜드 주의회에 선출되었다. 1883년, 49세의 나이에 열병으로 사망한 그는 부스를 처음 만났던 브라이언타운 교회 옆에 있는 세인트 메리 공동묘지에 묻혔다.

아놀드 역시 1869년 존슨 대통령의 사면 조치로 석방되어 1906년까지 살았다. 동시에 사면된 네드 스팽글러는 볼티모어에서 일하다가 생활이 어려워지자 1873년에 머드에게 도움을 청했고 머드는 네드에게 땅 5에이커를 주었다. 네드는 1875년 죽을 때까지 그 땅에서 살았는데 그곳은 머드가 과거에 반군을 숨겨주던 곳이다.

머드의 후손 중 손자 리처드 머드 역시 의사로서, 조상의 누명을 벗기기 위해 부단히 노력했다. 그는 할아버지가 공모에 가담하지 않았을 뿐 아니라 재판 관할권이 없는 군사법원의 재판을 받았다고 주장했다.

미국 전쟁부 장관은 "군사 기록상 오류를 바로잡거나 부당한 사항을 해소할 필요가 있다고 판단할 때" 군사 기록을 정정할 권한이 있는데, 이러한 정정 신청이 있을 때 자문을 구하기 위해 군사기록정정 육군위원회(Army Board for Correction of Military Records)를 설치했다. 1992년 이 위원회는 헌터위원회의 관할권은 사무엘 머드 같은 민간인에는 미치지 않았다는 점을 근거로 머드에 대한 유죄판결은 파기되어야 한다고 했다. 당시 육군 차관보는 다르게 보았는데, 그는 "대통령 암살은 불법적인 교전국에 의해 전쟁 행위로서 자행되었다"고 단정했다.

지방법원은 차관보의 결정을 뒤집지 않았다. 리처드 머드가 101살로 죽자 아들 로버트(사무엘 머드의 증손자)는 이 사건을 연방항소법원으로 가져갔다. 2002년 11월 법원은 "사무엘 머드는 군

에 소속된 적이 없으며 그의 손자나 증손자는 법률에서 '원고'로
인정하는 법정 상속인이나 법적 대리인이 아니"라는 이유로 심
리 신청을 기각했다. 따라서 우리가 머드 재판의 합법성을 명확
하게 따져볼 기회는 앞으로 영영 없을 것 같다. 하지만 사람들이
이 사건을 조사하는 것은 막을 수 없을 것이다.

합법적인 재판이었나?

1866년, 암살 공모자에 대한 재판이 끝나고 일 년도 안되어 미
연방대법원은 당시 민사법원이 개정되어 있었다면 군사법원에는
민사사건 관할권이 없다고 판결했다(이후 이 결정에 반박 의견이 제시
된 적은 한 번도 없었다). 머드의 변호인이 재판 당시 지적한 내용과
정확히 일치하는 부분이다. 헌터위원회가 임명되었을 때 워싱턴
지역의 민사법정은 개정되어 있었다. 이런 어려운 연방법 사안에
대해 영국인 변호사가 의견을 말하는 것이 주제넘은 일이겠지만,
대법원이 이 판결을 통해 헌터위원회의 불법성을 결정적으로 인
정했다는 것이 미국 법조계의 지배적인 의견이다.

또한 헌터위원회는 당시에는 어쩌면 분명히 드러나지 않았을
또다른 문제, 즉 한쪽으로 치우친 인물들로 구성되었다는 부당함
을 안고 있었다. 재판위원회의 구성원 모두 링컨 암살 사건의 배
후로 지목된 남부연합과의 전쟁에서 최근 중책을 맡은 사람들이
었다. 수석재판관 헌터와 한 재판관은 링컨과 가까운 사이였고
심지어 링컨의 시신을 매장지로 운구할 때 동행하기도 했다. 이

런 행동으로 인해 헌터는 남부에 의해 전범으로 낙인찍히고 살해 협박까지 받았다. 그러나 이 법정의 구성이 사법기구가 추구해야 할 독립성을 지키지 못했다고 해서 법정 구성원들이 실제로 편파적이었을까?

위원회의 또다른 재판관은 저명한 골상학자였는데, 그는 재판 내내 피고인들의 두상을 살펴봐야 한다고 했다. 그는 머드에 대해 "타고난 거짓말쟁이며 사기꾼의 외모"를 지녔다고 썼다. 요즘 같으면 이런 '증거'들은 법정에서 즉각 무시되겠지만 또 누가 알겠는가? 그의 말이 맞았을지도.

공정한 재판이었나?

또 하나 중요한 문제는 재판 과정의 공정성이다. 이 문제는 까다로운 현대의 기준이 아니라 반드시 당시의 법과 관례에 비추어 살펴보아야 한다. 미국의 법률 체계는 그 기본 원칙을 상당 부분 영국에서 가져왔기 때문에 당시 미국의 법과 관례는 영국과 상당히 비슷했다.

재판 절차상의 첫번째 결점은 공소장에 관한 것이다. 당시 피고 측 변호사가 지적했듯이 검찰 측 고발 내용을 보면 암살 공모와 살인을 연결시킨 것 같았다. 법에서는 피의자의 죄목을 최대한 명확하게 제시하는 것이 무엇보다 중요하다. 만약 암살 공모뿐만 아니라 살인 혐의도 고발하는 것이었다면 각각 별개의 죄목을 적시했어야 했다. 나아가, 기소장은 "반역적으로"라는 단어를 반복해서 사용했다. 반역죄를 고발하는 것이라면 역시 이를 적시했어야 한다. 반역죄 성립의 증거에 대해서는 엄격한 규칙이 적용되기 때문이다.

마찬가지로 중대한 문제는 법정이 피고들에게 변론을 준비할 시간을 충분히 주지 않았다는 것이다. 미국 권리장전 6조는 보통법 규정과 마찬가지로 피고인은 반드시 "고발 내용의 본질과 원인에 대한 고지를 받아야 한다"고 규정하고 있다. 이 규정은 피고들이 변론 준비 기간을 확보할 수 있도록 충분한 시간을 두고 고지해야 한다는 것을 암묵적으로 나타낸다. 링컨 암살 피의자들의 경우, 복잡한 혐의 내용과 공소장의 오류 가능성 때문에 충분한 변론 시간을 확보하는 것이 그 어느 때보다 중요했지만 피의자들은 자다가 일어나서, 재판 개정 몇 시간 전에, 법적 대리인에게 제대로 알릴 시간도 없이 기소 내용을 통고받았다. 더구나 당시 법적 대리인은 선임되지도 않은 상태였다.

메리 수라트는 사실상 대리인 선택권이 주어지지 않았다. 메릴랜드 주의 한 야당 상원의원이 메리의 법적 대리인으로 나섰으나 이 상원의원이 믿을 만한 인물이 아니라는 이유로 한 동료 재판관이 반대했다고 헌터 장군이 밝혔다. 이런 반대는 나중에 철회되었지만 상원의원의 입지는 약해졌고 결국 그는 법정을 떠났다.

이 법정에서 또다른 심각한 오류는 실행에 옮기지 않고 계획만 세운 납치 음모와 성공한 암살을 명확히 구분하지 않은 것이다. 당시 법정에서는 납치 계획의 증거가 성공한 암살의 증거로 인정된 것 같다. 암살 계획을 상세히 밝힌 부스의 일기가 이미 정부 수

중에 있었기 때문에 검찰 측의 이러한 오류는 계획적이었다고 볼 수밖에 없다. 왜 일기가 증거로 제출되지 않았는지는 아무도 알 수 없다. 일기는 분명 제출되었어야 했다. 재판이 끝나고 한참 후에 일기의 존재가 알려졌을 때 18페이지 분량이 찢겨져 나간 상태였다는 사실에 중대한 의미가 있을지도 모른다.

또 한 가지 잘못된 점은 검찰이 메리 수라트에 대한 판결에 개입한 것이다. 수석검사 홀트는 법정 밖에서 심판위원회와 심의를 했다. 재판 후 메리의 변호인은 "믿을 만한 정보통"을 인용하여, 심판위원회는 메리에게 사형을 선고하지 않기로 결정했지만 홀트 검사가 이 결정을 재고하도록 설득했다고 주장했다. 홀트의 설득에도 불구하고 메리 수라트의 사형은 위원회에서 과반을 간신히 넘겼다. 법정의 규정에 따라 사형 판결은 채택하지 말았어야 한다. 그러나 동일한 소식통에 따르면, 홀트가 위원회를 설득해서 사형을 선고하되 감형을 권고하는 부가조항을 추가하게 했다고 한다. 이것이 사실이라면 이는 엄청난 사법 절차 방해에 해당하며, 이로 인해 불쌍한 한 여인은 죽음을 맞았다. 존슨 대통령의 주장과는 반대로, 재판 후 홀트는 대통령에게 메리의 감형 탄원서를 제출했다고 주장했다. 하지만 메리를 교수형에 처하겠다는 홀트의 결의에 비추어 볼 때 그의 진술은 어딘지 의심스럽다.

그 당시의 기준으로 보아도 이 군사법정은 부적절하게 구성되었으며 재판 절차는 여러 중요한 측면에서 부당했다는 점은 의심의 여지가 없다. 그런데 피고인들은 정말 기소 내용대로 유죄였을까? 정말 의문이 남는 피고는 메리 수라트와 사무엘 머드 의사인데 둘 다 지금까지 열렬한 지지자들이 있다.

메리 수라트와 머드는 유죄였나?

사무엘 머드와 메리 수라트의 공모 여부를 살펴볼 때 지리적 상황을 간과할 수 없다. 메릴랜드 주는 경계주로, 남부와 북부 지지자로 나뉘는 곳이었다. 1861년 링컨 대통령은 이 주에서 반군 혐의자를 공식 기소 없이 체포하는 것을 승인했다(머드는 한 반군에게 은신처를 제공한 적이 있다). 그리고 남북전쟁 중에 북군이 이 주에 주둔하여 엄청난 반감을 샀다. 메릴랜드 주가 남부와 북부 사이에 위치한 점과 이 지역 인구 대다수의 불만에 비추어 볼 때, 남군 첩보망이 워싱턴에서 포토맥 강을 지나 메리의 하숙집이 위치한 수라츠빌과 머드의 집이 있는 브라이언타운을 거쳐 남부로 가는 경로를 이용했다는 것은 놀라운 일이 아니다. 둘 다 남군의 안가로 사용되었던 것 같다. 부상을 입은 존 부스가 머드의 집으로 가기 위해 원래 계획했던 탈출 경로를 상당히 벗어난 점과, 가는 도중에 의사의 집이 셋이나 있었는데 모두 그냥 지나쳤다는 것도 의미심장하다.

메리 수라트의 경우, 불리한 증언뿐만 아니라 그녀의 유죄를 확인해 주는 듯한 두 가지 사실이 있다. 재판 후에 루이스 위치맨은, 수사관들이 처음 메리의 하숙집을 다녀간 후에 메리 수라트가 딸에게 "안나, 무슨 일이 생기더라도 나는 감수할 거야. 존 윌크스 부스는 이 거만하고 방자한 인간들을 벌 주려고 하느님이 보내주신 도구라고 생각해"라고 말했다는 취지의 서면 진술서를 썼다. 1977년에는 조지 아체로트가 취조 당시 당국에 제출한 서면 진술서가 처음으로 공개되었다. 이른바 '잃어버린 고백'이다. 진술서에는 이런 내용이 있었다. "수라트 부인은, 헤롤드가 미리 갖다놓은 총(카빈총 2정)을 가지러 수라츠빌에 갔다. 부스가 내게 그렇게 말했다. 그날은 금요일이었다."

메리 수라트가 링컨 납치 계획에 관여한 것은 확실한 듯하다. 암살의 경우 실제로 참여하지는 않았지만 암살 계획은 알고 있었던 것 같다. 메리가 암살에 관련되었다는 증거가 존재하기는 하지만 그런 중대한 범죄를 성립시키는 데 필요한 까다로운 증거 기준을 만족시킬 만큼 충분하지는 않았다. 메리에 대한 사형선고와 감형 권고를 고려하지 못한 것은 중대한 사법적 오류이다.

머드의 경우는 어떨까?

사무엘 알렉산더 머드는 1833년 메릴랜드 주에서 태어나 1856년 의대를 졸업했다. 2년간 대학원 공부를 하고 고향 브라이언타운으로 돌아가 의사로 개업했다. 그는 1857년 결혼해서 네 자녀를 두었다. 그러나 머드를 단지 의사로만 생각하는 것은 잘못이다. 당시 많은 의사들처럼 그 역시 노예를 거느린 담배 농장주였다. 1863년 링컨의 노예해방 선언 후, 담배 농장의 이익은 크게 감소했고 머드는 경작지를 줄일 수밖에 없었다. 그는 이런 상황에 대단히 분개했다. 오랜 세월 후에야 세상에 알려졌지만 1862년 언론에 보낸 편지에서 머드는 북부의 오만과 위선, 근시안적인 태도를 지적했으며, '지구상에서 가장 영광스러운 국가'를 파멸로 이끌었다며 북부를 비난했다.

존 부스를 한 번 만났다는 머드의 주장과는 달리 머드와 부스는 분명 적어도 두 번은 만났다. 이미 알고 있던 사람이며 또 12시간 가량 직접 치료해 준 사람을 알아보지 못했다는 머드의 주장은 도저히 믿기 어렵다. 관리의 질문에 정직하게 대답하지 못한 것과 적어도 두 명의 군인에게 부스의 신원에 대해 거짓말을 했다는 사실은 머드의 유죄 쪽에 상당히 무게를 실어준다. 나중에 더튼 대위라는 자는 머드가 교도소로 가면서 부상당한 부스를 알아본 사실을 고백했다고 진술했다. 자신과 가족을 보호하기 위해서 거짓말을 했다고 털어놓았다는 것이다(머드는 나중에 이 사실을 부인했다). 이 사건 후 36년이 지나, 링컨 암살 당시 열두 살이던 사무엘 콕스 주니어는 아버지 머드가 부스를 치료할 때 그를 알아보았다고 자신에게 말했지만 말을 타다가 다쳤다는 부스의 이야기를 아버지는 그대로 믿었다고 회상했다. 그러나 더 불리한 증언이 나왔다.

1883년, 이 사건에 대한 인터뷰에서 머드의 변호사 토머스 유잉은 이렇게 말했다.

> 법정은 머드를 거의 사형에 처하려고 했다. 그의 변명은 정말 끔찍했다. 그는 자신의 변호인이나 이웃, 가족도 신뢰하지 않아 변론의 기회를 완전히 날려버렸다. 스스로 친 거짓말의 그물에 빠진 그를 빼내는 것은 끔찍한 일이었다. 머드는 부스를 잘 알면서도 모른다고 부인했다. 그는 납치 계획이 결코 실현되지 못할 것이라고 생각

했는지도 모르지만 의심할 바 없이 납치 계획의 공범이었다. 머드
는 부스가 자신의 집으로 왔는데도 부스를 모른다고 부인했다. 정
말 터무니없다. 머드와 부스는 친한 사이였다.

그리고 조지 아체로트의 '잃어버린 고백'에는 다음과 같은 내
용이 있다. "암살 2주 전쯤 부스가 대통령을 리치몬드로 데려갈
때 필요한 술과 식량을 머드의 집으로 보냈을 때…… 나는 머드
가 그 일에 대해 모두 알고 있었다고 확신한다."

머드가 링컨 암살 공모에 연루되었는지에 대해서는 확신할 수
없지만 납치 계획에는 관련이 있었으며, 법률 용어로 링컨 암살
'사후 종범'(정범의 범죄행위가 끝난 뒤에 그를 도와주는 행위 - 옮긴이)이
었다는 데는 거의 의심의 여지가 없다.

풀리지 않는 수수께끼

미국의 가장 존경받는 대통령의 암살을 둘러싼 음모론은 지금
까지도 무성하지만 대부분 근거가 없다. 가령, 일부 공모자들이
단지 가톨릭 신자였다는 것과 존 수라트가 미국 당국으로부터 도
망 다닐 때 교황 주아브 군에 들어갔다는 점 때문에 암살 배후에
교황이 있다는 '교황 음모설'도 그 중 하나다. 남군 첩보부가 부
스의 암살 계획에 자금과 지원을 제공했다는 것은 이제 거의 기
정사실이 되었다. 하지만 부스를 지원한 또다른 세력은 없었을
까? 사람들은 다음과 같은 의문을 제기한다.

첫째, 스탠튼 육군 장관은, 링컨이 암살 당일 포드 극장에 데려가고 싶어했던 장교가 극장에 올 수 없다고 링컨에게 거짓말을 했다. 그 이유는 무엇일까? (스탠튼의 옹호자들은 대통령이 극장에 가는 것을 막기 위해 거짓말을 한 것이라고 대답할 것이다.)

둘째, 왜 무능하기 짝이 없는 경찰이었던 파커가 링컨 경호 임무를 맡았나? 그는 왜 그 중요한 순간에 자리를 비웠으며 왜 그에 대한 징계 조치 기록이 전혀 없는가? (파커의 경호 임무는 극장으로 이동할 때와 돌아올 때에 국한되는 것이었다고 한다.)

셋째, 왜 부스의 일기는 재판 당시 제시되지 않았으며 사라진 부분은 누가 없앴는가? (부스 자신이 문제의 페이지를 없앴을 수도 있다.)

넷째, 무엇보다도 가장 의문스러운 점인데, 부스가 아무 지원도 없이 단발식 권총으로 엄중한 경호를 받는 대통령을 암살할 수 있다고 판단한 이유는 무엇일까?

이런 의문은 부스가 연방정부의 고위 관리들, 가령 스탠튼이나 심지어 존슨 부통령의 도움을 받았을 것이라는 추측을 낳았다. 스탠튼과 존슨은 모두 남북전쟁에 패한 남부에 대한 링컨의 관대한 태도를 반대했었다. 그러나 추가 사실이 밝혀질 때까지 이런 추측들은 그저 추측으로 남을 수밖에 없다.

이 비극적인 사건에서 조연 역할을 한 사람들의 뒷이야기도 흥미진진하다.

- 부스에게 총을 쏜 육군 병장 보스턴 코베트는 범상치 않은 인물이었다. 신앙심이 유별난 그는 성적 유혹을 피하기 위해 스스로

거세했다. 군대를 떠난 후에는 산속 동굴에서 살았다. 그리고 훗날, 예배 시간에 경건하지 못한 말을 한다며 총으로 사람들을 위협하여 정신이상 판정을 받고 정신병원에 수감되었으나 곧 도망쳤다. 멕시코로 떠났다는 소문 이후로 행방이 묘연하다.

- 암살 재판 후 1년이 안되어 메리 수라트의 딸이 어머니의 사건에 대해 항변하려고 존슨 대통령에게 접근하려 했으나 이를 막았던 두 사람 중 한 명이 목에 납으로 된 공이 든 자루를 두르고 허드슨 강에 빠져 죽었다. 나머지 한 명은 관자놀이에 총을 쏘아 자살했다.

- 링컨이 중상을 입고 옮겨진 하숙집의 주인인 독일인 재봉사 윌리엄 A. 피터슨은 1871년 자살했다.

- 암살 당일 링컨의 초대로 포드 극장에서 같은 관람석에 앉았던 클라라 해리스와 헨리 라스본은 1867년 결혼하여 행복하게 잘 사는 듯했다. 그러나 편집증적 망상에 시달리던 헨리는 대통령의 죽음을 자신의 탓으로 돌리고 주 독일 미국 총영사로 있던 1883년 아내 클라라를 칼로 찔러 죽였다. 그후 평생 범죄 성향의 정신이상자들을 수감하는 병원에 갇혀 살았다.

- 링컨의 부인 메리 토드 링컨은 남편처럼 평생 우울증을 앓았다. 1875년 아들의 신청으로 정신이상 판정을 받고 요양소에 잠깐 들어갔다. 메리 토드는 죽기 전 몇 달 동안 상복을 입고 어두운 방에서 지냈다.

- 1893년 포드 극장은 문자 그대로 폭삭 주저앉아 22명이 죽고 68명이 부상했다. 극장은 재건되었다.

하지만 암살로 인한 파장은 더욱 컸다.

잃어버린 기회

앤드류 존슨이 대통령에 취임한 후 첫번째 과제는 분열된 국가의 화합이었다. 가난한 남부 출신 백인이었던 존슨의 흑인에 대한 감정은 기껏해야 좋은 감정과 나쁜 감정이 섞여 있는 정도였다. 그는 노예제 폐지보다는 미국 헌법 유지에 더 관심이 있었다. 1866년 해방된 노예들의 권리를 보호하는 법안들이 통과되려 하자 존슨은 이 법안이 위헌이라며 거부권을 행사했다. 존슨이 구상한 국가 재건 계획은 에드윈 스탠튼 육군 장관과 내각의 다른 세력에 의해 좌절되었다.

결국 존슨도 노예를 해방시켰다. 그러나 그것은 실패작이었다. 노예해방을 어떻게 처리하느냐에 대한 결정은 남부 백인들의 손에 맡겨졌고, 그 결과 노예 출신자들의 권리를 비웃는 일련의 억압적인 '흑인법(Black Codes)'이 제정되었다. 한 세기 반이 지난 후, 미국의 많은 흑인들은 여전히 백인 사회에서 이등 시민이라고 느끼며, 남부의 많은 흑인들은 여전히 북부에 대해 원한을 갖고 있다. 남부연합의 마지막 저항이 남부의 발전을 수십 년 간 지체시킨 억압적인 체제가 되고 말았다는 것은 아이러니다.

상황은 아주 다를 수도 있었다. 암살당하기 6주 전, 링컨은 재선 취임 연설에서 이렇게 촉구했다.

누구에게도 원한을 품지 말고, 모든 자를 품에 안으며, 신께서 우리에게 보게 하신 그 정의로움에 대한 굳은 확신을 갖고 지금 우리에게 맡겨진 일을 완수하기 위해 열심히 노력합시다. 이 나라의 상처를 치유하고, 힘든 전쟁에서 살아남은 사람들과 미망인, 고아가 된 아이들을 돌봅시다. 우리 서로, 그리고 모든 나라와 함께 정의롭고 영원한 평화를 이루기 위해 매진합시다.

링컨은 연설에서 공언한 것을 사석에서도 얘기한 바 있다. 암살당하던 날 아침 각료회의에서 링컨은 예전의 적들에 대해 이렇게 말했다.

전쟁이 끝난 후 어떠한 박해나 숙청 작업이 없기를 바랍니다. 과거의 적, 최악의 적이라도 내가 그들을 교수형에 처하거나 숙청 작업을 진행하는 일은 없을 것입니다. 그냥 이 나라에서 쫓아내 버립시다. 문을 활짝 열어주고 겁을 주어 그냥 쫓아버립시다. 희생은 이미 충분합니다. 화합과 단결을 기대한다면 원한은 버려야 합니다.

하지만 그의 기대는 이루어지지 않았다.

1757년 빙 제독 재판

1744년 2월의 어느 날 27척의 프랑스, 스페인 연합함대가 툴롱 항을 출항했다. 영국의 동맹국인 오스트리아 군대와 전투를 벌이기 위해서였다. 영국의 토머스 매튜스 제독은 이를 차단할 목적으로 함대를 출발시켰다. 그러나 역풍과 실수로 인해 제독의 군함들이 너무 넓게 산개되는 바람에 공격 대형을 갖출 수가 없었다.

다음날 아침이 되자 바람이 더욱 강해져 영국 함대의 선두와 후미 간격은 더 벌어졌다. 그럼에도 불구하고 선두에 선 전함이 적 함대의 허리 부분과 나란해지자 매튜스 제독은 적 함대의 후미를 향해 포격을 시작했다. 그러자 프랑스 함대 선두가 반격을 시작했고 매튜스는 퇴각할 수밖에 없었다. 영국 함대의 후미를 지휘하던 레스톡 제독은 깃발 신호를 잘못 이해하는 바람에 해전의 전 과정에 걸쳐 싸움에 참가하지 못했다.

다소 고루한 당시의 교전수칙에 따라 판단하면 매튜스는 함대 후미가 적 함대의 후미와 나란해질 때까지 기다리지 않은 잘못을 저지른 꼴이 되었다. 그 결과 매튜스 제독을 비롯하여 레스톡 제독과 여러 명의 지휘관들이 군법회의에 회부되었다. 1년의 군사재판 끝에 레스톡은 무죄판결을 받았고 매튜스는 처벌을 받았다. 함장들 몇 명과 함께 매튜스 제독은 강제 전역되었다.

이렇게 되자 적과 용감히 싸운 지휘관은 처벌받고 뒷전에서 맴돌던 지휘관은 무죄가 된 것처럼 보였다. 매튜스를 재판한 군사재판관 중 한 사람이 존 빙(John Byng) 소장이었다. 그로부터 10년 후 빙은 매튜스와 같은 운명에 처한다.

10여 년 후 프랑스와 영국은 또다시 치열하게 싸우고 있었다. 오스트리아 계승 전쟁이 끝나자마자 양국은 세계 각지에서 으르렁거리기 시작했다. 인도에서는 프랑스가 영국 상인들을 위협했다. 신대륙에서 프랑스는 영국인들이 앨리게니 지역을 통과하지 못하도록 했다. 유럽에서 프랑스는 러시아 및 스페인과 동맹을 체결하고 영국의 동맹국인 프로이센을 위협했다. 그러나 영국의 이익을 더 가까이에서 위협하는 요소가 있었다.

지중해의 미노르카 섬에는 천혜의 자연항이 있었다. 세인트 필립 요새가 지키고 있는 메이언 항은 자연스레 프랑스군의 공격 목표가 되었다. 그러나 지중해 서부 지역에서 영국 상선들이 끊임없이 공격을 당하는 등 여러 경고가 있었음에도 불구하고 뉴캐슬 공작인 토머스 펠햄 홀스가 이끄는 영국 정부는 미노르카 섬을 방어하는 데 어떤 조치도 취하지 않았다. 런던 시티(런던 시내 중심부의 직경 1.5킬로미터 정도 되는 지역으로, 예로부터 영국의 경제 및 금융의 중심지 역할을 해왔다 - 옮긴이)가 경제적 이익이 침해되는 것에 불평을 시작하자 영국 정부는 마지못해 행동을 시작했지만 불충분했다. 이로 인해 영국은 7년전쟁으로 알려진 전쟁에 끌려들어갔다. 일은 그렇게 시작되었다.

미노르카의 영국군은 유능하고 용감한 지휘관인 윌리엄 블레이크니 장군의 지휘하에 있었지만 82세가 된 장군은 통풍으로 움직일 수가 없어 거의 침대를 떠나지 못하는 형편이었다. 보병 4개 연대와 소수의 해병 수비대로 요새를 방어하기에는 역부족이었다. 게다가 미노르카 섬의 부총독과 4개 연대의 연대장 4명이 모두 이런저런 이유로 섬을 떠나 있었다. 위관 장교 가운데 19명은 아직 귀대하지 않았고 9명은 병력 충원 문제로 부재중이었다. 영국의 지중해 함대도 위태롭기는 마찬가지여서, 전열함 3척과 소함정 몇 척이 전부였다. 지원이 절실히 필요했다. 그런데 누가 지원군을 지휘할 것인가?

영국 정부의 선택은 존 빙이었다. 그는, 토링턴 자작이며 해군 대신인 조지 빙의 넷째아들이었다. 통통하고 자신만만하며 약간 까다로운 마흔두 살의 빙은 모든 사람에게 존경받는 인물은 아니었다. 작가 호러스 월폴은 빙을 한 번밖에 보지 못했는데 "태도가 오만하고 역겨웠다"고 회고했다. 더욱 걱정스러웠던 것은 해군사학자인 더들리 포프가 쓴 것처럼 빙은 직업군인으로서 한 가지 결함이 있었다. 실전에서 전함, 소함대, 또는 함대를 지휘해 본 적이 한 번도 없었다.

빙은 1718년 열네 살의 나이에 해군에 입대했다. 의심할 여지없이 아버지의 입김 덕을 본 빙은 고속승진을 거듭했다. 1723년에는 대위, 1727년에는 대령, 1745년에는 지중해 함대를 지휘하는 소장, 1747년에는 중장, 1755년에는 제독에 올랐다. 1756년 3월 9일, 빙은 해군본부로부터 "최근 지중해 함대로 배속된 함정들을 지휘"하라는 명령을 받았고, 그로부터 며칠 후 청군대장(후위함대 총사령관 - 옮긴이)으로 진급했다. 존경받던 템플 웨스트 소장은 빙 바로 밑의 지휘관으로 임명되었다. 웨스트 소장은 빙과 함께 일해 오면서 그의 자신감을 좋아했다.

빙은 소함대를 이끌고 지브롤터로 가라는 명령을 받았다. 프랑스 함대가 아메리카를 향해 떠났다면(해군본부는 단순히 그렇다고 믿고 있었다) 이들을 추적해서 저지하라는 명령이었다. 프랑스 함대가 지중해를 떠나지 않고 미노르카를 공격한다면 미노르카로 가서 그곳을 방어해야 했다. 아니면 프랑스 함대가 툴롱 항을 떠나지 못하도록 봉쇄해야 했다. 그렇기 때문에 '눈을 부릅뜨고' 적의 공격으로부터 미노르카와 지브롤터를 보호해야 한다는 명령이었다. 그때서야 영국 정부는 그때까지 방치하고 있던 일이 어떤 결과를 가져올 수 있는지를, 즉 사태의 심각성을 깨달았다는 얘기다.

자신이 지휘할 함대를 인수하려고 포츠머스 항에 도착한 빙은 그제야 상태가 좋지 않은 10척의 전열함을 지휘해야 한다는 사실을 알았다. 그 중 한 척인 '인트레피드(Intrepid)'는 사실 원거리 항해를 할 수 없는 상태였다. 게다가 수병도 700명 이상이 부족했는데, 그가 받은 명령에는 다른 전함으로부터 수병을 확보할 수 없다고 명시되어 있었다(이 수병들은 실제로 벌어지지도 않은 침략 위협에 대비하느라 이동이 불가능했다). 여기에 대해 빙 제독이 불만을 제기하자 본부는 빙에게 300명의 차출을 허락해 주었다. 그러나 동시에 본부는 빙에게 소총수 1개 연대를 탑승시키고 해병 분견대를 하선시킬 것을 명령했다.

1756년 4월 2일, 예나 지금이나 전함의 자체 방어에 필수적인 해병은 한 명도 없는데다 인력이 346명이나 부족한 상태에서 빙의 함대는 포츠머스 항을 출항했다. 마지막 순간에 런던에서 보낸 전령은 툴롱 항을 떠나는 프랑스 함대가(나중에 잘못된 보고임이 드러났지만) 아메리카를 향할 것이라고 알려주었다.

프랑스 함대의 공격

전투력이 부족한 상태에서 빙이 이끄는 함대가 영국을 떠난 다음날, 드 라 갈리소니에르 제독이 이끄는 12척의 프랑스 전함이 툴롱 항을 떠났다. 이 함에는 리슐리외 공작이 지휘하는 1만 6,000명의 병력이 승선하고 있었다. 프랑스 함대는 미노르카의 북서쪽 끝에 있는 시우다델라 항에 닻을 내렸고, 그로부터 겨우 이틀 전에 이러한 공격에 대해 통보를 받은 블레이크니 장군은 즉시 모든 병력을 세인트 필립 요새로 집결시켰다. 3일 후 영국 정부는 브로더릭 소장이 이끄는 다섯 척의 소함대를 보내 빙을 지원하도록 했다. 그러나 때는 늦었다. 이들은 빙이 프랑스 함대와 운명의 일전을 벌이던 그날에야 영국을 출항했다.

5월 2일 지브롤터에 도착한 빙 제독은 이곳 기지가 심하게 낡은데다가 필요한 보급품도 없다는 사실을 알고 놀랐다. 사실 빙은 여기서 군함을 수리하고 필요한 물자를 보충할 수 있을 것으로 생각했었다. 미노르카가 이미 공격받았다는 사실을 통보받은 빙은, 미노르카 수비대를 지원하러 간다 하더라도 결국 병력 손실만 발생할 것이라는 요지의 보고서를 해군본부에 보냈다. 그러나 이 보고서는 상부의 마음에 들지 않았으며, 본부는 빙 제독을 패배주의자라고 생각했다. 이것은 빙의 운명을 결정지은 몇 가지 잘못된 판단 중 하나였다.

설상가상으로 지브롤터 총독인 포크 장군이 받은 명령과 빙이 받은 명령은 완전히 상충하는 것이었다. 빙은 소총수들이 당연히 자신의 지휘하에 있어야 한다고 생각했다. 포크 장군과 그 부하들은 그렇게 생각하지 않았다. 포크 장군이 소집한 참모 회의는 소총수들을 미노르카로 보내봐야 섬을 구할 수도 없을뿐더러 지브롤터의 수비만 약해지며, 프랑스 함대가 빙의 함대에 피해를 입힐 경우 이런 사실은 더욱 분명해진다는 결론을 내렸다.

빙은 무기력하게 정부의 지시에 굴복하여 군함 몇 척과 겨우 200여 명의 수병만을 보충받은 소규모 함대를 이끌고 5월 8일 지브롤터를 떠나 미노르카로 향했다. 포프가 평한 대로 "위대한 인

물 같았으면 좀더 넓게 보았을 것이다. 그러나 존 빙은 불행하게
도 위대한 인물의 아들일 뿐이었다."

군법회의의 기억

빙이 미노르카에 도착했을 때 세인트 필립 요새는 프랑스 함대
로부터 맹렬한 함포 사격을 받았지만 여전히 영국 국기를 날리고
있었다. 빙의 소함대가 미노르카에 접근하자 프랑스 함대가 시야
에 들어왔다. 우선 정박부터 하려던 빙의 희망은 깨져버렸다. 시
간은 이미 저녁 6시였다. 밤이 되자 양국 함대는 일단 서로 물러
섰지만 다음날 아침이 되자 전열을 갖추어 교전을 시작했다.

해전은 당시의 전형적인 방식으로 전개되었다. 즉 양국의 함대
가 한 줄로 서서 서로 마주보고 있었고 두 개의 줄 사이에 35도의
각도가 형성되었다. 교전수칙에 따르면 각각의 함선이 적함의 선
수 쪽을 통과하면서 함포 사격을 가하도록 되어 있었지만, 영국
함대는 프랑스 함대보다 함선 간의 간격이 더 넓게 벌어져 있었
으므로 그렇게 할 수가 없었다. 빙이 신호를 보내자 선두에 있던
군함들은 포격을 개시했지만 워낙 적함과의 거리가 가까웠기 때
문에 별 효과가 없었고, 오히려 영국 측에만 큰 피해가 발생했다.
인트레피드 호는 적의 포격에 앞 돛대 중 가운데 돛대가 날아갔
으며, 후미에서는 혼란이 발생해서 상호간의 충돌을 피하려고 중
간 돛을 조정해야 했기 때문에 적에 대한 공격은 엄두도 내지 못
할 형편이었다. 이러한 혼란이 발생했는데도 빙은 선두 함정들에

게 전열을 갖추라는 명령을 철회하지 않았다. 빙이 이렇게 판단 착오를 일으킨 것은 말할 것도 없이 10여 년 전 매튜스 제독에 대한 군법회의의 기억 때문이었다. 뒤 갑판에서 한 다음과 같은 발언이 이러한 사실을 뒷받침한다.

> 가디너 함장, 알다시피 나는 전열을 갖추라는 명령을 내렸네. 그런데 난 지금 루이자나 트라이던트보다 앞에 있지(이 두 척이 빙의 군함보다 앞에 있어야 함에도). 함대의 제독인 내가 마치 단독함과 교전할 때처럼 돌진할 수는 없는 노릇 아닌가. 매튜스 제독은 모든 전투력을 이용해서 일시에 공격하지 않았다는 편견에 희생되었지. 나는 그의 전철을 밟고 싶지 않네.

프랑스 함대는 큰 피해 없이 퇴각했으며 전투의 승패는 가리지 못했다.

빙의 작전회의

부상자와 전사자 수는 양측이 비슷했다. 그러나 프랑스 측은 지휘관을 전혀 잃지 않은 반면 빙의 함대에서는 디파이언스 호의 앤드류스 함장이 전사했고 프린세스 루이자 호의 노엘 함장이 치명상을 입었다. 함선에 대한 물질적 피해도 영국 측이 훨씬 컸다. 빙은 작전회의를 소집했고 다음과 같은 의문에 대해 토론했으며 그 기록은 다음과 같다.

첫째, 프랑스 함대를 공격한 일이 메이언 항을 위기로부터 구출할 가능성을 높여주었는가? 만장일치로 아니라는 결론에 도달했다.

둘째, 미노르카 근해를 순찰 중이던 프랑스 함대가 없었다면 영국 함대가 포위를 풀 수 있었을까? 만장일치로 그럴 수 없으리라는 결론에 도달했다.

셋째, 우리 함대가 불운을 당하면 지브롤터도 위험에 빠지지 않을까? 만장일치로 위험에 빠지리라는 결론에 도달했다.

넷째, 현 상태에서 우리 함대가 프랑스 함대를 공격하면 그들이 지브롤터의 안전을 위협하지 않을 것인가? 그리고 지중해의 무역이 더 큰 위험에 빠지지 않을 것인가? 만장일치로 둘 다 위험에 빠질 것이라는 결론에 도달했다.

다섯째, 우리 함대가 즉시 지브롤터로 이동하는 것이 국익에 가장 부합하지 않겠는가? 우리는 우리 함대가 즉시 지브롤터로 이동해야 한다고 만장일치로 결론을 내렸다.

이러한 의견에 고무되어 빙은 지브롤터로 향했고 거기서 자신을 기다리고 있는 브로더릭의 함대를 만났다. 전투력이 보강되자 빙은 다시 한 번 프랑스 함대와 싸울 수 있다는 느낌이 들었고 이에 따른 준비를 시작했다. 그러나 모두 헛수고가 될 운명이었다.

5월 25일 빙 제독은 해군본부에 해전에서의 승리를 주장하는 상세한 보고서를 보냈고, 이 보고서에서 작전회의의 결론을 언급한 후 보급이 끝나는 대로 적을 찾아나설 것임을 덧붙였다. 그러나 이 보고서가 도착하기 전에 상부에서는 완전히 다른 내용의 보고서를 이미 받은 터였다. 드 라 갈리소니에르 후작이 프랑스 지휘본부에 보내는 보고서를 가로챈 것을 영국 정부가 입수했는데, 이에 따르면 교전 당시 영국 함대가 프랑스 함대보다 훨씬 더 강했던 것으로 오도하는 내용이 들어 있었다.

본부는 빙이 일을 다 망쳤다고 생각했고, 이에 따라 즉시 빙을 해임하고 다른 지휘관을 임명하기로 결정했다. 빙의 후임으로 소장으로 진급한 손더스 함장과 호크 경이 앤틸로프 호를 타고 지브롤터로 향했다. 이들은, 빙을 즉시 체포해서 웨스트 제독과 함께 영국으로 송환시키라는 명령서를 갖고 있었다. 이 뉴스는 언론으로 새어나갔다.

스피트헤드에 도착하자마자 빙은 체포되었다. 설상가상으로 개인적인 불행까지 겹쳤다. 어머니의 죽음을 알리러 온 동생인 네드가 열병에 걸려 죽고 만 것이다. 가족을 잃은 빙 제독은 그리니치 병원으로 보내졌고 엄중한 감시 속에 감금되었다(헨리 폭스 국무장관은 빙 제독을 런던탑에 가두라고 주장했다). 미노르카 섬을 잃은 데 대한 여론 악화와 정부 자체에 대한 비난이 두려웠던 당시 영국 정부는 이제 일련의 파렴치한 행위를 저지르게 된다. 그리고 이는 사법 살인으로 볼 수밖에 없는 결과를 낳았다.

왜곡된 보고서

빙이 보낸 보고서는 런던에 너무 늦게 도착했기 때문에 그를 소환하려는 결정에 아무런 영향을 미치지 못했다. 그러나 여론을 의식한 정부는 6월 26일 왕실기관지 《런던 가제트(London Gazette)》에 빙의 보고서를 심하게 왜곡해서 게재했다. 그들은 의도적으로 보고서의 전문을 은폐했다. 여기서는 빙의 이야기가 어떻게 해석되고 왜곡되었는지를 이해하기 위해 다음 발췌문만을 싣기로 한다.

세인트 필립 요새에서는 여전히 영국 국기가 날리고 있었습니다. 그리고 섬 여러 지역에서 세인트 필립 요새를 향해 포격이 가해지는 광경을 볼 수 있었습니다. 본인은 피닉스, 체스터필드, 돌핀 호를 먼저 보내 항만 입구를 정찰하려고 했습니다. 그리고 허비 함장을 보내 블레이크니 장군에게 서한을 전달하여 함대가 장군을 도우러 왔음을 알리려 했습니다. 물론 모두들 그래 봐야 장군에게 도움이 되지 않으리라는 의견이었음에도 불구하고 말입니다. 무슨 수를 써도 상륙 지점을 확보할 수 없었으므로 요새의 병력을 지원할 수 없었습니다.

당시 우리가 가진 전투력으로는 요새를 구원하는 것이 비현실적임을 알 수 있었습니다. 우리가 승리했다고 당당하게 주장할 수 있지만 그럼에도 우리 함선들은 적함에 비해 크기가 작았습니다. 물론 숫자는 같았지만 말입니다. 거기다 적은 부상자들을 미노르카 섬에 상륙시킬 수 있었고 수송선으로부터는 수병을, 육상기지로부터는 전투병을 보강할 수도 있었습니다. 이 모든 일을 우리가 해상에서 전열을 재정비할 때(미노르카 섬이 보이는 곳에서 한 적도 많습니다) 한 것도 분명합니다. 게다가 적함이 전열을 갖춘 모습을 우리 함대에서 관찰할 수 있었습니다.

작전회의의 결과를 보내드립니다. 작전회의에서는 어떠한 논란도 의혹도 제기되지 않았습니다. 지브롤터에 필요한 인력과 장비를 보충받을 수 있기를 진심으로 바랍니다. 그리고 보충을 받을 수만 있다면 한시도 지체하지 않고 다시 적을 찾아나서 교전을 벌이겠습니다. 물론 적은 함선의 상태나 크기에서 우리보다 압도적 우위에 있어 교전의 방식을 스스로 택할 수 있습니다. 그리고 유일한 목표가 우리 함선들을 파괴하는 것이므로(성공을 거두었습니다만), 우리 함선의 접근을 결코 허용하지 않을 것입니다. 그럼에도 우리는 적에게 타격을······.

현 상황에서는 지원을 요청할 수밖에 없습니다. 믿을 만한 정보에 따르면 툴롱에서 대형 함선 네 척이 출항 직전에 있어 수일 내로 적 함대가 보강될 것으로 보입니다.

방금 인용한 보고서를 비롯한 몇 가지 자료가 신문 독자들에게는 전달되지 않았기 때문에 독자들은 빙의 당초 의도와 노력에 대해 오해를 할 수도 있었다. 《뉴게이트 캘린더(Newgate Calender)》(런던 뉴게이트 감옥에서 처형당한 18세기 영국 범죄자 중 특히 유명한 악인의 범죄와 재판, 처형 장면 등을 기록한 간행물 – 옮긴이) 지가 나중에 보도한 것처럼 빙의 보고서에서 정부 측에 어떤 식으로든 불리한 부분은 철저히 삭제되었다. 대중의 반응은 예견한 대로였다. 《뉴게이트 캘린더》는 이렇게 보도했다.

정부 관리들은 목표를 완벽히 달성했다. 대중은 격분했고, 제독을 향한 분노를 무제한으로 쏟아냈다. 정부가 고용한 *끄나풀*들은 사회 각계각층, 유흥장 등으로 파고들어가 반감을 부채질했고, 역시 고용된 군중은 빙의 허수아비를 만들어 교수형에 처하고 불태웠다.

허트포드셔에 있는 빙의 저택인 로섬 파크는 겨우 폐허가 되는 것을 면했다. 200년이 넘는 세월이 지났어도 저만 살려고 군사작전의 결과를 그토록 폄하한 당시 정객들의 왜곡된 자세를 우리는 너그러운 마음으로 받아들이기 어렵다.

명령불복종죄

6월 29일, 70일씩이나 계속된 용맹한 저항으로 적에게 큰 타격을 입힌 세인트 필립 요새 수비대는 결국 항복했다. 나중에 온갖 무공 훈장을 받은 영국군은 프랑스 함선에 승선하여 지브롤터를 향했다. 미노르카 함락 소식은 7월 14일 영국에 전해졌다. 조지 2세는 격분했으며 뉴캐슬 공작은 공포에 휩싸였고 도시나 시골 할 것 없이 전 영국이 충격을 받았다.

8월 9일 버킹햄셔에서는 대배심 회의를 열어 "왜 이 중요한 섬인 미노르카가 적절한 지원을 받지 못한 채 완전히 함락되었는가"에 대해 해당 지역 의원들에게 조사할 것을 지시했다. 런던 시티를 포함한 여러 지역에서도 같은 요구가 올라왔다. 이 상황에서 영국 정부는 땅에 떨어진 체면이나마 유지하려면 뭔가 극적인 사건이 필요하다는 사실을 절감했다.

8월 10일에 포크가 군사재판에 회부되었다. 죄목은 명령불복종이었으며 1년간 임무 수행을 정지한다는 판결이 나왔다(1년 동안 임무를 수행하는 데 부적합하다면 영원히 부적합할 것이라는 데 생각이 미친 왕은 포크를 영구히 퇴역시켜 버렸다). 이제 빙의 차례였다. 12월 3일에 하원은 빙(해군 지휘관일 뿐만 아니라 하원의원이기도 했던)이 구금되어 군사재판 대기 중이라는 사실을 통보받았다. 빙 제독은 교전수칙 12조를 위반한 혐의로 기소되었다. 유죄판결을 받으면 어떤 결과가 생길지는 빙도 잘 알고 있었다. 제12조의 전문은 다음과 같다.

> 함대의 소속원으로, 비겁함, 태만함, 국가에 대한 불만 등의 이유로 전시에 후퇴하거나, 전진하지 않거나, 개전 또는 교전을 하지 않거나, 교전과 관련하여 적함을 파괴해야 할 의무에 최선을 다하지 않거나 영국 혹은 동맹국의 모든 함선을 지원해야 하는 의무를 다하지 않은 자는 군법회의의 결정에 따라 사형에 처하거나 혹은 해당 범죄의 정황에 적합하다고 군법회의가 판단하는 다른 처벌을 받는다.

그러나 진하게 표시한 마지막 부분은 나중에 법 개정을 통해 삭제되었다. 그러므로 12조에 의해 처벌을 받은 지휘관은 왕의 특별사면이 있는 경우를 제외하고는 죽을 수밖에 없었다.

전국적인 편견에 맞서

12월 23일 빙 제독은 포츠머스로 호송되었고, 그로부터 5일 후 그가 지휘한 적이 있는 세인트 조지 호 함상에서 재판이 시작되었다. 법정은 토머스 스미스 중장(재판장), 3명의 소장 및 9명의 대령으로 구성되었다. 재판관들은 모두 해군 대신인 앤슨 제독이 임명했다. 변호인은 찰스 피언(Charles Fearne)이라는 사람이었는데, 이 책의 내용은 주로 그의 보고서에 기초하고 있다. 재판 기간은 이듬해 1월 27일까지로 잡혔고, 일요일은 휴정하는 것으로 했다.

빙은 교전수칙 12조 위반과 관련하여 다음과 같은 혐의로 기소되었다.

> 빙은 5월 20일 후퇴하였고 프랑스 함대의 섬멸을 위해 할 수 있는 일을 하지 않았으며, 프랑스 함대와 교전 중인 영국 함선들을 지원하지도 않았고, 미노르카 섬에 있는 세인트 필립 요새를 구원하기 위해 최선을 다하지도 않았으며, 명령과는 상반되게 행동했다.

심리가 시작되자마자 재판관은 11대 2라는 표차로 매우 예외적인 결정을 내렸다. 혐의가 전투 당일에 국한되어 있음에도 불구하고, "기소장의 전반적인 내용과 5월 4일자 빙 제독의 서한"에 근거하여 "빙 제독이 지휘하는 함대가 세인트 헬렌에서 출항한 시점부터 심리를 개시해야 한다고 판단된다"고 결정한 것이다. 분명히 불합리한 이 결정(빙에게는 여기에 대해 반론할 기회조차 주어지지 않은 것으로 보인다)은, 나중에 보겠지만 일련의 법적 오류 중 첫번째에 불과했다.

웨스트 제독이 첫번째 증인으로 나섰다. 웨스트의 증언은 전반적으로 빙의 행동을 두둔하는 내용이었다. 빙의 함대가 미노르카 해역에 도착하자 적은 이미 "메이언 항을 완전히 장악하고 있어서 영국 함대가 안전하게 메이언 항을 쓸 수 없을 정도였다"는 사실을 확인했다. 상륙했다 하더라도 영국군은 전력상 "적합"(아마

'충분'이라는 뜻으로 쓴 것으로 보임)한 상태가 아니었을 것이다. 게다가 세인트 필립 요새를 방어할 만큼 병력수가 많지도 않았다. 마지막으로 웨스트는 빙이 이끌던 함대의 위태로운 상태에 대해 확인했다.

미노르카를 영웅적으로 방어한 공로로 작위를 얻은 블레이크니 장군이 두 번째 증인으로 나섰다. 처음에 그는 빙이 데리고 온 100명의 병력이 요새를 지키는 데 큰 보탬이 되었을 것이라고 말했다. 그런데 빙의 요구에 따라 다시 한 번 기억을 되살린 장군은 빙의 병력이 상륙했다 하더라도 "미노르카를 구해낼 수 있었을지"에 대해서는 "판단이 불가능하다"고 덧붙였다. 장군은 병력이 상륙했으면 추가 지원이 올 때까지 버틸 수는 있었겠지만, "적을 섬에서 완전히 몰아낼 만큼 충분한 병력이 있지 않는 한 섬을 구하는 것은 불가능했다"고 덧붙였다.

또 한 사람, 중요한 증인은 오거스투스 허비 함장이었다. 허비는 빙이 아끼던 측근으로, 이제 빙의 가장 충직한 지원자가 되었다. 증언에서 허비는 빙 제독의 전술을 두둔했으며 전투 과정 전체에 걸쳐 빙이 모범적인 지휘관으로 행동했다고 확인했다. 허비는 부당한 진술을 강요당할 사람이 아니었다. 다른 전술을 썼으면 승리할 수 있었겠느냐는 질문에 대해 허비는 이렇게 대답했다. "이는 운과 상황 전개에 따라 여러 가지 견해가 나올 수 있는 문제로, 심지어 대등한 세력의 함대 둘이 교전할 경우도 마찬가지이다."

교전 중 빙과 함께 뒤 갑판에 있던 아서 가디너 함장은 빙의 용기를 확인해 주었고, 프랑스 함대를 추격하지 않기로 한 빙의 결정을 두둔했다. 그러나 가디너는 전투 중 매튜스 제독의 군사재판에 대해 빙이 언급했다는 사실을 지적하기도 했다. 이는 재판부에게 빙이 소심한 지휘관이라는 인상을 심어주었을 수도 있다 (해괴하게도 매튜스 제독의 재판부는 자신들의 판결이 미래 지휘관들의 사기에 어떤 영향을 미칠지 전혀 고려하지 않은 것 같다).

고급 지휘관부터 해군사관학교 생도에 이르기까지 수많은 증인이 나섰으나 크게 새로운 사실이 발견된 것은 없었다.

눈병에 시달리고 있던 빙의 요청에 따라 빙 제독의 서면 변론을 변호인이 대독했다. 제독의 글은 솔직하고도 힘찬 내용의 문서였다.

빙은 자신이 "대중적, 거의 전국적인 편견"에 맞서 싸우고 있다고 주장했다. 이 편견은 "일부 인사들이 (미노르카 섬을 잃은 데 대한 비난으로부터) 자기 자신들을 지키는 데 필요한 편리한 도구"였다. 전투에 관해서 볼 때 프랑스 함대는 거의 모든 면에서 빙의 소함대보다 우위에 있었다. 자신이 지휘하는 소함대가 물러난 것이 아니라 오히려 더 강력했던 프랑스 함대가 자신의 소함대로부터 물러났다고 빙은 주장했다. 그가 지휘한 소함대는 "너무도 불충분한 상태"에 있었는데, 그 이유는 해군본부로부터 그가 받은 명령에 따르면 지중해에 있는 영국 함대가 프랑스 함대와 교전할 가능성은 "결코 없다"고 해군본부가 판단한 상태에서 자신에게 명령을 내렸기 때문이라는 것이다. 빙은 자신이 받은 해군본부의 명령에서 교전 가능성은 희박한 일이었다고 주장했다. 그는 포츠머스나 지브롤터에서 "어정거리지" 않았다. 미노르카 근처에 도착하니 세인트 필립 요새를 빼고는 온 섬이 프랑스 군에게 점령당한 것이 분명했다. 그가 해군본부에 보낸 보고서는 "처음에는 쉬쉬하며 사장되었고, 나중에는 싸울 의사가 없는 사람이 보낸 의기소침한 보고서로 왜곡되었으며 발표되지도 않았다." 해전이 벌어진 후 빙 제독은 프랑스 해군을 한 번 더 공격할 수 있었겠지만 그랬을 경우 해전의 패배는 거의 분명했으며 지브롤터의 안전마저 위협받을 수 있었다. 빙은 어떤 경우에도 소규모나마 자신의 소함대에 탑승하고 있던 병력을 상륙시킬 수가 없었다. 이 점에서는 작전회의가 그의 입장을 지지했다.

빙은 가디너와 자신의 부관 등 두 명의 증인만을 채택해 자신의 발언에 확인을 요구했다. 법정은 판결을 위해 휴정했다.

명예, 휴머니티, 정의

이 무렵 빙 제독과 대결을 벌였던 프랑스의 리슐리외 공작으로부터 재판관들 앞으로 편지 한 통이 날아들었다. 편지의 발신인은 프랑스의 철학자이자 작가인 '프랑수아 마리 아루에'로 되어 있었으며 그는 '볼테르'라는 이름으로 더 널리 알려진 사람이다. 편지의 내용은 다음과 같다.

재판장 귀하, 본인은 귀하를 거의 모릅니다만, 그럼에도 불구하고 리슐리외 원수로부터 방금 받은 편지의 사본을 귀하에게 보내는 것이 나의 임무라고 생각합니다. 명예, 휴머니티, 정의의 부름에 따라 이 편지를 귀하에게 보냅니다. 우리 프랑스인 중에서 가장 정직하고 관대한 사람 중 한 사람이 내놓은 고귀하고도 자발적인 이 증언을 읽고 나니 귀하와 귀하의 재판관들께서도 같은 정의를 구현하서야 한다는 결론에 도달했습니다.

볼테르 올림

재판으로부터 2년 후에 발표된 볼테르의 유명한 소설 《캉디드(Candide)》에서 주인공(빙을 가리키는 것이 분명함)은 이렇게 말한다. "이 나라에서는 사람들을 격려하기 위해 가끔 제독을 죽여도 된다고 생각하죠."

볼테르의 서신에 첨부된 리슐리외의 편지는 다음과 같다.

재판장 귀하, 본인은 빙 제독의 재판이 매우 우려됩니다. 본인이 제독에 대해 보고 들은 바에 따르면 그는 명예로운 지휘관이었음을 밝혀두고자 합니다. 빙 제독은 당시 합리적으로 해야 할 모든 일을 수행했으며 따라서 패배에 대해 비난받아서는 안됩니다. 두 장군이 전투에 들어가면 그들이 모두 신사라고 할지라도 한 쪽은 패배를 겪을 수밖에 없습니다. 빙 제독은 패배했지만 그것은 부끄러운 일이 아니었습니다. 그의 행동은 철두철미하게 해군다운 행동이었으며 존중받아 마땅합니다. 양측 함대의 전투력은 엇비슷했습니다. 영국 측은 열세 척, 우리 측은 열두 척이었지만 우리 함선들이 장비가 더 좋았고 민첩했습니다. 모든 전투, 특히 해전을 관장하는 운명의 여신은 적보다는 우리 편을 들어주었기 때문에 우리 측의 함포사격이 영국 측의 함포사격보다 더 큰 효과를 올렸습니다. 확신하건대, 그리고 대부분의 사람이 동의하는 바이지만 전투를 계속했다면 영국 함대는 전멸했을 것입니다. 지금 빙 제독을 대상으로 하는 박해보다 더 부당한 일은 없을 것입니다. 모든 신사분들, 해군에 복무하는 모든 지휘관들은 여기에 특히 관심을 가져야 할 것입니다.

지난날의 적장이 보낸 이 유례없는 편지는 빙의 변론 중 중요한 사실을 뒷받침한다. 그러나 불행히도 이 편지는 영국 측에 의해 탈취되어 런던에 있는 고위층에게 전달되었다. 고위층이 내용을 검토했을 때는 너무 늦어 군사재판에 영향을 줄 수 없었다. 적시에 재판장에게 전달되었다면 어떤 영향을 미쳤을까에 대해서는 단지 추측해 볼 수 있을 뿐이다.

대중의 요구와 속죄양

1757년 1월 27일, 군사법정은 만장일치로 37개 항의 결의안으로 판결문을 확정했고 결론 부분은 다음과 같다.

32. 교전 후 함선들은 상황이 허락하는 범위 내에서 최대한 재보급을 받았으므로, 제독은 소함대를 이끌고 지브롤터로 회항하기 전에 세인트 필립 요새에 그대로 돌아가 요새와 교신을 시도하거나 자신이 가진 모든 수단을 동원해서 요새를 구조하려는 노

력을 기울여야 했다.

33. 빙 제독은 세인트 필립 요새를 구조하기 위해 최선을 다하지 않았다.

34. 빙 제독은 자신의 임무인 교전을 통해 프랑스 측 함선을 나포하거나 파괴하는 데 최선을 다하지 않았으며, 프랑스 함선과 교전 중인 영국 측 함선을 지원하는 것이 임무임에도 불구하고 최선을 다하지 않았다.

35. (……)

36. 빙 제독은 교전수칙 12조를 위반한 것으로 보인다. 즉 교전을 통해 모든 적함을 나포 혹은 파괴하는 데 최선을 다하지 않았으며, 역시 자신의 임무인 아군 함정의 지원과 구조에 최선을 다하지 않았다.

37. 상기 교전수칙 12조가 사형을 규정하고 있고 법정의 재량에 따라 선택할 수 있는 다른 처벌이 없으므로 어떤 상황에서든 빙 제독은 총살을 당할 수밖에 없다. 장소는 함상이 될 것이며, 사형을 집행할 함정과 시간은 해군본부의 결정에 따른다. 그러나 로버트 버티 경, 스미스 중령, 가디너 함장을 비롯하여 빙 제독과 가까이 있던 함대의 장교들 증언을 들어볼 때 교전 중 빙 제독이 물러서거나 공포 혹은 혼란의 조짐을 보인 적이 없다고 판단되므로 본 법정은 빙 제독의 잘못된 행동이 비겁함이나 국가에 대한 불만으로부터 비롯되었다고는 판단하지 않는다. 따라서 본 법정은 만장일치로, 그리고 충심으로, 제독에게 적절한 자비가 베풀어질 것을 권고한다.

이어서 법정은 법률에 따라 빙 제독에게 사형을 선고했다. 판결 내용을 미리 전해들은 빙 제독은 담담히 받아들였다. 그는 재판관들에게 고개를 숙여 인사하고는 법정을 떠났다. 재판관들 몇 명의 눈에 눈물이 비쳤다. 부당한 판결을 내린 데서 생긴 마음의 짐을 조금이라도 벗어보고자 법정은 이 판결을 내린 직후 만장일치로 해군본부에 다음과 같은 서한을 보냈다.

본 사건과 관련하여 저희 재판관들은 교전수칙 제12조의 엄격한 규정에 따라 한 사람에게 사형을 선고할 수밖에 없는 입장에 놓인 바, 이로 인한 고뇌로 인해 해군본부에 호소하지 않을 수 없는 입장에 처했습니다. 이 자에게 적용된 제12조는 정상참작을 전혀 허용하고 있지 않으며, 해당 범죄가 판단착오에 의한 것일지라도 예외가 아닙니다. 따라서 우리 재판관들의 양심에 비추어, 또한 피고인에 대한 정의가 실현될 수 있도록 우리 재판관들은 해군본부가 국왕 폐하께 사면을 청원해 주실 것을 간곡히 요청하는 바입니다.

자신들의 판결이 어떤 결과를 가져올지 처음으로 깨달은 해군본부는 왕에게 이를 보고했지만 핵심적인 문제, 즉 빙 제독에게 부당한 혐의가 씌워졌다는 사실은 빼고 재판 절차상의 법적 하자라고 생각되는 점만 지적했다. 여기서 해군본부는 "선고의 적법성에 대한 의문이 있으며, 특히 태만죄가 심리과정에서 전혀 명시적으로 제기되지 않았는데도 함축적으로 적용하는 것이 적법한가에 대한 의심"이 생기므로 재판관들의 청원을 들어줄 것을 요청했다(이 점에 대해 해군본부는 재판관들과 관련하여 '선고의 적법성'이라는 문제를 왕에게 제기한 것으로 보이지만 전체 문맥으로 보아 문제는 재판관들의 '판단의 적법성'에 초점이 맞춰져 있었다). 이렇게 되자 왕은 법률자문을 구했고, 맨스필드 경이 이끄는 12인 위원회가 구성되어 재판관들의 판단이 적법함을 확인했다. 위원회는 이 결정에 대한 이유를 제시하지 않았기 때문에 이들이 왜 이런 결론에 도달했는지는 알 길이 없다.

이제 재판관들 몇몇이 상황을 반전시키기 위해 동분서주하기 시작했다. 마지막 순간에 이들은 의회에 청원서를 제출하여, 재판부가 사면을 청원한 사실에 대해 공개적으로 발언할 기회를 달라고 했다. 하원은 이를 통과시켰으나 상원은 고급 지휘관들을 의회의 징벌제재소로 불러 위압적인 분위기에서 의견을 조사하는 예외적인 절차를 밟은 끝에 이를 기각했다. 대중은 끊임없이 속죄양을 요구하고 있었기 때문에 허비 함장, 빙의 여동생인 사라, 국무장관 윌리엄 피트 같은 사람들의 호소는 모두 무시되었다. 결국 해군본부는 "왕은 사형집행에 대해 만족할 것"이라는 통보를 받았다. 여론과 편견으로 인해 왕은 모든 사람들이 그토록 탄원한 사면권의 행사를 끝내 거부했다.

2월 16일에 해군본부는 사형판결을 확인했다. 해군본부위원회 위원이었던 포브스 중장은 다음과 같은 이유로 사형집행 명령서에 서명할 것을 거부했다. "빙 제독에게 비겁함 또는 국가에 대한 불만이 없었음을 군법회의가 명시적으로 인정하였고, '태만'이라는 단어도 쓰지 않았다." 웨스트 제독은 지휘관에게 빙 제독과 같은 대우를 받는 환경에서 복무하느니 차라리 사임하겠다며 항의의 뜻을 밝혔다. 그러나 소용없었다. 사형선고는 집행되어야 했다.

총살 집행

1757년 3월 14일에는 폭풍이 불었으며 파도가 높았다(빙이 지휘하던 소함대의 기함인 라밀리즈 호는 총살 집행 30분 전에 닻줄이 끊어져 버렸다). 처형은 과거에 빙이 지휘한 적이 있는 모나크 호에서 집행하기로 결정되었다. 당초에는 모나크 호의 앞 갑판에서 집행하기로 했으나 이렇게 되면 빙이 일반 수병과 같은 높이의 자리에 서게 되므로 결국 집행 장소는 뒤 갑판으로 옮겨졌다. 《뉴게이트 캘린더》지는 이 광경을 다음과 같이 보도했다.

불행한 제독은 이제 정의의 심판에 맡겨졌고 체념한 듯 고요히 죽음을 맞이할 준비를 했다. 집행이 예정된 날 소함대에 속한 선박이 스피트헤드에서 함장과 장교들, 해병 분견대 병력을 비롯하여 총살 집행대를 탑승시킨 후 사형집행이 예정된 함정을 향해 출발했다. 항구는 집행 과정을 보려고 몰려든 구경꾼들을 태운 온갖 선박으로 대혼잡을 이루고 있었다. 정오쯤이 되자 성직자 한 사람과 친구 두 명의 방문을 허락받은 제독이 선실에서 걸어나와 뒤 갑판을 향해 걸었다. 뒤 갑판에는 해병 총살대원들이 이열횡대로 서서 임무 수행을 기다리고 있었다.

제독은 결연하고도 느긋한 걸음걸이로 움직였으며 침착하고 의연한 표정이었다. 그리고 얼굴을 드러낸 채 형을 받을 생각이었으나 빙의 얼굴을 정면으로 보면 총살대가 두려워서 제대로 조준하지 못할 수도 있다는 주변 사람들의 지적에 따라 모자를 갑판 위에 벗어놓고 쿠션 위에 꿇어앉아 흰 손수건 하나로 눈을 가리고, 또 하나의 흰 손수건은 손에서 떨어뜨려 총살대에게 보내는 신호로 삼았다. 총살대는 일제히 방아쇠를 당겼고 다섯 개의 총탄이 제독의 몸을 관통하자 제독은 쓰러져 즉시 사망했다. 선실로부터 나와 시신이 관으로 들어가기까지 이 비극이 진행된 시간은 모두 3분을 넘지 않았다.

존 빙 제독은 온 유럽을 경악시키며 처형되었다. 그의 과오와 무분별함이 무엇이었든 영국 정부는 그를 가혹하게 매도했고 비열하게 포기했으며 정치적 음모에 잔혹하게 희생시켰다.

빙 제독은 죽기 얼마 전에 다음과 같은 서한을 해군본부에 보냈다.

나의 적들조차도 내가 결백하다고 생각할 것입니다. 내 죄가 판단착오든, 아니면 나를 재판한 재판관들과의 의견 차이든, 그리고 재판관들이 판단착오를 저질렀든, 내가 그들을 용서하듯이 하느님이 그들을 용서하시길 바랍니다. 또한 나에 대한 부당한 판결로 인해 그들의 마음이 불편하고 양심에 거리낀다면, 나의 분노가 사그라지듯 그들이 겪을 마음의 고통도 사그라지기를 기원합니다.

위대한 저술인 《영국군의 역사(History of the British Army)》에서 포
테스큐가 간결하게 기술했듯, "뉴캐슬 공작이 교수형을 당할 만
한 행동을 저질렀기 때문에 불행한 제독은 총살을 당할 수밖에
없었다."

도대체 해전에서 승리를 거두지 못했다고 해서(패배한 것도 아닌
데) 영국군 지휘관을 어떻게 총살형에 처할 수 있단 말인가? 이 질
문에 짧막하게 답하자면 여러 가지 요인이 결합된 결과라고 할
수 있다. 그 중에서도 특히 독립성이 결여된 재판부, 심리과정에
서의 법률적 오류 및 절차상의 심각한 착오, 범죄의 정도에 관계
없이 사형을 규정한 억압적 법률 등이 그러한 요소이다. 그러나
무엇보다도 큰 문제는 빙 제독에 대한 전국적 규모의 편견이었으
며, 이를 조장한 것은 미노르카 섬의 상실이라는 대파국에 근본
적인 책임이 있는 영국 정부였다. 정부는 거짓을 근거로 한 제독
을 희생양 삼아 책임 떠넘기기에 급급했다.

독립성을 갖추었는가?

빙의 재판 후 익명의 기고가가 《이브닝 포스트(Evening Post)》에
기고한 글에서 적절히 지적한 바와 마찬가지로 "빙을 기소한 것
은 해군 고위간부들이 아니었던가? 빙에게 죄를 뒤집어씌우는 것
이 그들 자신을 지키는 데 더 유리하지 않았을까? 재판관들과 증
인들, 이 모든 사람의 진급을 비롯한 미래가 해군본부의 손에 달
려 있지 않았던가? 그래서 재판 과정에 부적절한 영향력이 행사

된 것은 아닐까?"

이 지적에는 설득력이 있다. 빙의 재판관들은 빙의 처벌에 이해관계가 있는 사람들로 구성되었다. 재판관을 비롯하여 세 명의 해군 소장들은 앤슨 제독이 선호하는 인물들이었다. 오거스투스 허비는 나중에 이렇게 말했다. "재판 과정 전체에 걸쳐 재판관들이 던진 질문 중 빙에게 유리한 진술을 할 수 있게 해준 질문은 단 하나도 없었다. 그러나 빙의 대답 중 어떤 죄목에 대해서든 유죄로 판단할 만한 대답도 없었다."

재판이 있기 이틀 전날 밤, 해군본부위원회 위원이며 빙에게 비판적이었던 보스코언 경은 저녁 식사 중에 이렇게 말했다고 한다. "상대가 뭐라고 하든 '우리'가 다수입니다. 빙은 처벌될 것입니다." 나중에 그의 말이 옳았음이 드러났다.

재판관들의 과오는 심각했으며, 특히 기소 내용의 본질에 대한 오해가 그러했다.

태만에 관하여 유죄인가?

빙이 유죄였다면 교전수칙에 따라 빙이 비겁했거나, 태만했거나, 국가에 대한 불만을 품고 있었거나, 이 세 가지 중 적어도 하나가 입증되어야 한다. 법정은 빙에게 첫번째와 세 번째 혐의가 해당되지 않음을 분명히 했고, 따라서 남은 한 가지는 태만뿐이다. 그러나 이미 당시에도 분명히 드러났지만 법정이 서면으로 제시한 판결 근거에는 '태만'이라는 단어가 등장하지 않는다. 그러나 이 사실 한 가지만으로 판결을 무효화시키기에는 불충분하다. 왕이 재판관들에게 보낸 서한 속에 함축된 바와 마찬가지로, '태만'이라는 단어가 판결문에 존재하지 않는다고 해도 상관은 없었다. 군사법정의 심리 결과가 태만을 분명히 '함축'한다고 해석할 수만 있으면 그만이었으니까 말이다. 그러나 그렇게 해석할 수 있을까?

빙의 작전회의에 참석했던 지휘관들이나 용감한 맞수였던 리슐리외도 메이언 항 교전에서의 빙의 행동을 비판하는 것이 부적절하다고 보았다. 물론 태만하지 않았다는 증거만 있다면 군사법정의 재판관들이 다른 판단을 하는 것은 얼마든지 가능했을 것이다. 하지만 태만의 증거가 있었다 하더라도 그러한 결론이 제12조 위반에 해당한다고 볼 수 있을까? 이 의문을 풀려면 제12조에서 '태만'이 어떤 의미인가를 이해해야 한다.

대개 우리는 어떤 지휘관이 자신의 임무를 수행하지 못했다면 이를 태만히 했다고 말할 수 있다. 그러나 제12조는 자신의 임무를 다하지 못한 것뿐만 아니라 이를 태만히 한 것도 찾아볼 수 있어야 한다고 규정하고 있다. 이런 규정이 존재하는 이유는 단순히 임무를 수행하지 못하는 것만으로는 처벌할 수 없기 때문이다. 간단히 두 가지의 예를 들자면 다음과 같다. 어떤 지휘관이 질병 혹은 부상 때문에 임무를 수행하지 못할 경우 누구도 그를 비난하지 않을 것이다. 그러나 해당 지휘관이 단순히 잘못된 판단을 했을 경우는 어떨까?

최근 영국 대법원장은 다음과 같이 말한 적이 있다. "중범죄에 대한 판결에서는 피의자가 작위 또는 부작위로 다른 사람에게 피해를 끼쳤다는 단순한 사실뿐만 아니라, 그러한 행동을 할 때의 마음가짐에 태만 또는 부주의가 있었는지를 놓고 판단해야 한다.”

누구나, 심지어 가장 뛰어난 사람들조차도 가끔은 실수를 하거나 판단착오를 할 수 있다는 사실을 새삼 강조할 필요는 없을 것이다. 인간 행동에서 흔히 볼 수 있는 상황을 처벌하는 법률, 특히 그 형벌이 사형뿐인 법률은 비인간적일 뿐만 아니라 무의미하기도 하다. 왜냐하면 강제할 수 없는 것을 강제하려는 것이기 때문이다. 어떤 무능한 사람의 무능함에 대해 누군가가 책임을 져야 한다면 그것은 당연히 그 사람을 그 자리에 임명한 사람이어야 한다.

따라서 제12조의 ‘태만’의 가장 적절한 의미는 ‘임무 수행에 실패한 것 중 처벌 가능한 것’이라고 할 수 있다. ‘처벌 가능한 실패’란 중대한 태만에서부터 부주의에 이르기까지 여러 가지 정도가 있겠으나, 전문가로서의 판단착오나 단순한 능력부족을 포함하지 않음은 분명하다. 재판관들이 이와 달리 판단했다면 그들이 잘못 판단한 것이다.

영원한 치욕

그러나 빙이 처벌 가능한 태만을 저질렀다 하더라도 여전히 기소 내용을 가지고 사형을 언도해서는 안되는 것이었다. 군사법정이 고려하지 않은 사실은 제12조가 ‘교전 중’의 임무 태만에 국한되어 있다는 사실이었다. 일단 교전이 끝난 후 교전을 재개해야 한다는 언급도 없으며, 육상에 있는 영국군 병력을 지원해야 한다는 임무 조항도 없고, 심지어 명령불복종에 관한 조항조차 없다. 호주의 어떤 판사가 지적했듯이 군사법정의 결정은 제12조가 적용될 수 있는 유일한 상황인 '교전 중'에 대해 전혀 언급이 없다(판결문 34항은 물론 해상에서의 교전에 대해 언급하고 있으나 빙이 교전을 재개하지 않았다는 것 이외에 달리 언급이 없으며, 교전을 재개하지 않은 것은 앞서 지적한 바와 마찬가지로 제12조의 범위에서 벗어난다).

매순간 무엇인가 죄목을 만들어내야겠다는 결심하에 군사법정은 해전과 해전 이후 빙 제독의 행동 사이의 경계를 모호하게 만들기 위해 판결문을 이런 식으로 작성했을 것이다. 재판관들은 법률 자문을 구할 수 있는 위치에 있었으므로 뭔가를 오도하기 위해 고의적으로 이런 판결문을 썼다고밖에는 생각할 수 없다.

그러므로 결론은 분명하다. 빙은 독립적인 법정에서 공정한 재판을 받지 못했으며 군사법정의 결정은 법적으로나 절차상으로 모두 용납할 수 없는 비양심적인 결정이었다. 군사법정이 만장일치로 제청한 사면을 왕이 거부한 행동에도 변명의 여지가 없다.

빙은 탁월한 해군 지휘관은 아니었지만 분명 용감한 사람이었고 스스로 선택하지도 않은 어려운 상황을 맞이하여 자신의 능력 범위 내에서 최선을 다했다. 처음부터 영국 당국자들은 메이언 항에서 승리를 거두지 못했다는 사실에서 자신들이 국익을 제대로 수호하지 못했다는 부끄러움을 감출 기회를 포착했음이 틀림없다. 빙의 죽음은 정부 고위 당국자들의 무능을 대신해 치른 희생이었다.

빙의 무덤은 한적한 베드포드서의 마을인 하우스힐의 올 세인츠 교회 가족 묘지에 있다. 이 지역에서는 빙의 묘비명을 존슨(이 의사는 이전에도 빙 제독을 지지하는 두 책자를 쓴 적이 있다)이 썼다는 이야기가 전해져 내려오는데, 묘비명은 다음과 같다.

청군 제독 존 빙은 1757년 3월 14일 정치적 음모에 희생되어 이곳에 묻혔다. 용기와 충성심도 한 해군 지휘관의 생명과 명예를 지켜주지 못했고, 그의 죽음은 공공의 정의에 대한 영원한 치욕으로 남을 것이다.

1945년 뉘른베르크 전범재판

1939년 8월 31일 오후 8시, 폴란드인으로 엉성하게 위장한 나치 친위대 특공대원들이 폴란드와의 국경 근처 글라이비츠에 있는 독일 방송국을 공격하는 시늉을 했다. 이들의 위장은 전혀 완벽하지 못했지만 상관없었다. 어차피 비밀을 오래 유지할 것도 아니었으니까.

다음날 새벽 3시 30분 '독일이 도발하지 않은 공격'에 대응하여 마침 폴란드의 그단스크 항을 '친선' 방문 중이던 독일 전함 쉴레스비히 홀슈타인 호가 베스터플라테 요새에 포격을 개시했다. 그로부터 1시간 남짓 후 3,200대의 독일군 탱크, 기계화 보병부대, 1만여 문의 야포대가 폴란드를 침공했다. 상대가 되지 않는

싸움이었다. 폴란드가 동원할 수 있는 것이라고는 경전차 몇 대와 믿을 수 없을 정도로 용감한 기병뿐이었다. 이틀 후, 영국과 프랑스는 독일에 선전을 포고했다. 2차 세계대전이 시작되었다.

독일과 그 인접국들 사이에 벌어진 1차 세계대전은 1918년에 끝났지만, 종전 과정에서 대부분의 독일인들은 인접국들에 배신감을 느꼈고 무지막지한 배상금까지 물어야 했다. 그 여파로 시작된 경제 파탄과 사회, 정치적 소요 속에서 강력한 카리스마를 갖춘 지도자가 등장했다. 그의 피해망상증적 세계관은 고대로부터 내려오는 유럽적 편협함에 뿌리를 두고 있었다. 그러나 그의 과대망상적인 야망은 영국이 현실을 외면하고 안이하게 대처하지만 않았어도 막을 수 있었다.

아돌프 히틀러는 1933년 1월 30일 매우 합법적인 방법으로 독일 수상이 되었다. 이듬해 많은 독일인들과 상당수의 영국인들은 히틀러가 독일 재건에 활력을 불어넣는다고 생각했다. 실업자에게는 직장이 생겼고, 경제장관의 현명한 선택 덕분에 경제가 회복되기 시작했으며, 독일의 옛 군사적 지위를 되찾으려는 지난날의 직업군인들이 군부를 장악했다. 1936년 3월, 아직 장비도 제대로 갖추지 못한 독일군이 라인란트를 재점령했다. 1차 대전 당시의 연합국도, 그리고 이들이 평화를 지키기 위해 조직한 국제연맹도 이를 막기 위한 어떤 조치도 취하지 않았다.

그로부터 3년 후, 날짜도 거의 같은 날에 독일은 '합병'이라는 이름 아래 오스트리아를 집어삼켰다. 외교가에서 불거진 약간의 불평을 제외하면 전세계는 그저 어깨를 으쓱해 보이고는 이 사태를 독일 통일의 한 측면으로 치부해 버렸다. 그러나 당시 유화적인 영국 총리의 서면 동의하에 이루어진 체코슬로바키아 침공은 경우가 달랐다. 1938년 9월, 버밍햄 시장을 지낸 바 있는 네빌 챔벌레인 총리는 라디오 방송에 출연하여 다음과 같은 발언을 함으로써 영국 내 여론을 조성했다. "멀리 떨어진 나라에서 우리가 알지도 못하는 사람들끼리 벌이는 전쟁 때문에 우리가 이곳에서 참호를 파고 방독면을 쓴다면 얼마나 끔찍하고 우스꽝스러우며 기막힌 일이겠습니까!"

일단 힘 안들이고 성공을 거둔 데 용기를 얻은 히틀러는 동쪽에 있는 인접국인 폴란드로 시선을 돌렸다. 역사적으로 폴란드는 유럽에서 가장 강력한 두 나라 사이에 낀 운명을 타고났다. 1939년 8월, 당시까지 적대관계에 있던 구소련과 나치 독일 지도자들은 상호불가침조약을 체결했다. 이 조약은 당시 양국의 외무장관 이름을 따서 '몰로토프-리벤트로프 조약'이라고 명명되었다. 1939년에 독일군이 폴란드 국경을 돌파하자 영국과 프랑스는 조약의 의무에 따라 독일에 선전을 포고해야 한다는 압력에 직면했고, 결국 선전포고를 할 수밖에 없는 입장에 몰렸다. 그러나 너무 늦었다. 보름도 채 안되어 폴란드는 독일의 압도적인 무력 앞에 굴복했고 우유부단한 연합국은 히틀러가 올린 성과를 두려움의 눈으로 바라볼 수밖에 없었다.

동쪽 국경이 안정되자 그로부터 9개월 후 나치는 폴란드에서 대성공을 거둔 속도전을 프랑스와 네덜란드 및 벨기에를 대상으로 시작했다. 프랑스군은 거세게 저항했지만 곧 굴복했고, 프랑스에 파견 중인 소규모의 영국군은 꼴사납게 철수해야 했다. 영국에서는 나이가 많은데다 사람들의 불신을 받고 있던 처칠에게 내각 구성의 임무가 주어졌다.

첫 목표는 유대인

박해는 서서히 시작되었다. 1930년대에 '머나먼' 나라에서 책 몇 권을 태우거나 '퇴폐적인' 현대예술이 금지되었다고 해서 크게 신경쓸 사람이 누가 있었겠는가? 1933년에 다하우에 최초의 유대인 수용소를 건설할 때조차도 독일은 별로 대수로울 것도 없는 '정치범 수감용'이라는 명분을 내세웠다. 그러나 같은 해 '비아리안계' 독일인, 즉 주로 유대인들의 공직 진출이 금지되었고, 집시를 비롯한 '열등한' 민족에 대한 강제 불임시술이 시작되었다. 동성애자나 여호와의 증인 같은 다른 소수자들도 과녁이 되었다. "독일 혈통과 명예의 순수성을 보존하고 제3제국 내에서 유대인의 입지를 정화"하기 위한 법(뉘른베르크법)이 통과되었다. 그로부터 3년 후 독일 전역에 걸쳐 유대인의 예배당, 상점, 사업장 등에 대해 '유리의 밤'(유리창이 많이 깨진 데서 붙은 이름) 공격이 주도면밀한 계획하에 자행되었다.

많은 독일인이 군에 징집되자 제3제국에는 노동력이 부족해졌고, 이에 따라 독일이 점령한 지역(오늘날 대부분의 서유럽)에서 수만 명의 사람들이 끌려와 여러 가지 노동에 종사했다. 이들 중 많은 사람들은 독일의 가장 유명한 회사에서 일하기도 했다. 자발적으로 온 사람도 있었지만 대부분은 강제로 끌려온 사람들이었다. 이들은 매우 열악한 조건에서 제대로 먹지도 못하며 일했다. 일을 잘 못하면 잔인한 처벌을 받았고 심지어 죽기도 했다. 거대한 콘크리트 방어 시설과 지하 공장 건설에 끌려간 사람들은 자기 손으로 부은 콘크리트가 그대로 최후의 안식처가 되기도 했다. 그러나 더 끔찍한 일들도 있었다.

1941년 6월 히틀러는 마침내 러시아를 침공했고, 전진하는 전투부대 뒤에는 특수부대가 뒤따랐다. 이 특수부대의 유일한 임무는 유대인, 집시, 공산당 간부 등을 체계적으로 살해하는 것이었다. 종종 전투부대의 협력을 얻어 대량 학살이 진행되었다. 나치는 곧 총살이 대량 학살의 수단으로는 비효율적일 뿐만 아니라 총살 집행자들에게 많은 스트레스가 된다는 사실을 알았다. 1942년 1월 20일, 베를린 근처에 있는 호숫가의 한 저택에서 열린 '반제회의(Wannsee Conference)'에서 독일은 '유대인 문제에 대한 최종 해결책'을 수립했다. 나치가 어떤 인종 하나를 완전히 말살하겠다는 계획이었다. 아우슈비츠-비르케나우, 트레블링카, 소비보르, 벨제크, 마이다네크-루블린 등지에 있던 강제수용소에서는 곧 독가스에 의한 대량 '종결' 계획이 실시되기 시작했다.

전세 역전, 그리고 심판

그러나 반제회의 이전인 1941년에 미국이 참전하자 전쟁은 진정한 세계대전의 양상을 띠게 되었고, 눈이 달린 사람이면 누구나 알 수 있었겠지만 추축국(독일과 이탈리아)이 궁극적으로 전쟁에 이길 가능성은 없었다. 히틀러가 약속한 천년 왕국은 불가능했다.

최초로 상황이 반전되기 시작한 것은 1942년 미국의 참전으로 원기를 회복한 영국이 엘 알라메인에서 롬멜이 지휘하는 부대를 격파했을 때였다. 그로부터 1년 후 러시아는 스탈린그라드에서 독일군을 궤멸시켰다. 그리고 1944년 6월 6일에는 역사상 가장 거대한 함대가 영국해협을 횡단하여 히틀러의 '서쪽 벽'인 노르망디에서 상륙작전을 시작했다. 그로부터 채 1년도 안되어 미군과 러시아군은 독일의 심장부에서 만난다. 히틀러는 그로부터 5일 후 자살했다. 1945년 5월 7일 알프레트 요들 장군은 남아 있는 독일 병력이 무조건 항복한다는 문서에 서명했다. 뒤이어 히틀러의 후계자인 되니츠 제독의 '정부'가 항복한 것은 요식행위에 불과했다. 이제 잘잘못을 가려야 할 때가 온 것이다.

노르망디 상륙작전 직전에 연합국 합참의장은 유럽연합군 총사령관 아이젠하워 장군에게 "아돌프 히틀러와 주요 보좌관들을 비롯하여 잔혹행위 및 전쟁 범죄와 관련되거나, 이러한 결과를 낳은 나치의 계획에 참여하거나, 이를 수행하는 데 참여한 모든 전범과 개인을 수색 체포하여 처리 방침에 대한 추가 지시가 있을 때까지 구금할 것"을 명령했다.

부총통 루돌프 헤스는 이미 체포되어 있었다. 1941년 헤스는 영국과 평화협정을 체결하겠다는 헛된 희망을 품고 비행기로 영국에 도착한 이래 수감된 상태였다. 결국 그밖의 나치 지도자들과 장군들도 대부분 체포되거나 항복했지만 일부는 법의 심판을 완전히 빠져나가기도 했다. 선전 책임자 요제프 괴벨스는 먼저 가족을 죽인 뒤 자살해서 총통의 뒤를 따랐다. 억압의 상징이던 친위대와 게슈타포를 총지휘한 악의 화신 하인리히 힘러는 체포 직후 청산가리 알약을 삼키고 자살했다. 히틀러의 막강한 비서실 장이었던 마르틴 보어만은 당초 해외로 도피한 것으로 생각되었 지만 오늘날에는 베를린의 혼란 속을 탈출하려다 살해된 것으로 알려져 있다.

아돌프 히틀러가 법정에 서지 않았으므로, 아무리 유능하고 카 리스마가 넘친다 하더라도 어떻게 한 인간이 거의 혼자 힘으로 문명국을 지옥을 향한 길로 끌고 갔는지, 그 과정에서 거의 전세 계를 함께 비극으로 몰아넣었는지를 알아내는 작업은 역사가들 에게 맡겨지게 되었다.

체포된 사람들은 '재받이통' 및 '쓰레기통'으로 명명된 두 개 의 수용소에 수감되었다. 그때까지만 해도 여기 수감된 사람들은 자신들의 운명이 어떻게 될지 거의 알지 못했다.

어떻게 처리할 것인가?

전쟁이 끝나기 직전 작성한 메모에서 윈스턴 처칠은 이렇게 제 안했다. "현재의 독일 최고 지휘부를 와해시키는 최선의 방법은 연합군의 수중에 들어올 경우 처형할 전쟁 범죄자의 명단을 작성 하는 것이다. 이 명단상의 인원수는 50~100명이면 충분할 것이다(지방 차원의 전쟁 범죄자 처벌은 제외). 이렇게 하면 명단상의 전쟁 범죄자들과 죄없는 일반인들을 분명하게 구분할 수 있다."

미국의 일부 지도층은 더욱 급진적인 태도를 보이기도 했다. 그러나 스탈린은 자신이 러시아에서 그토록 즐기던 선전용 재판을 원했다. 그리고 오랫동안 연합군을 이끌어오던 미국도 동기는 좀더 고상했지만 러시아와 같은 입장이었다. 미국은 나치 정권의 각 대표자들을 선별해 법정에 세우자는 입장이었다. 1941년 2월 얄타에서 이루어진 회담에서 이른바 세 거두, 즉 루스벨트, 처칠, 스탈린은 추축국 지도자들을 특별히 마련된 법정에서 재판하자는 데 합의했다.

러시아는 재판 장소로 패전 독일의 러시아 점령 지역을 원했다. 그래서 러시아를 달래기 위해 다음과 같은 합의가 이루어졌

뉘른베르크 전범재판에 참여한 세계 각국의 판사들

다. 즉 베를린을 이 법정의 항구적인 위치로 지정하되, 공판은 독일의 미국 점령 지역 내에 있는 뉘른베르크에서 실시한다는 것이었다(냉전으로 인해 이때 이후로는 이런 식의 재판을 상상할 수 없게 되었다). 폭격으로 상당 부분 폐허가 되었음에도 불구하고 뉘른베르크의 법원과 교도소는 별 손상을 입지 않은데다가 서로 인접해 있었다. 그리고 이곳은 1930년대에 대규모 나치 전당대회가 열린 곳으로도 악명이 높았다. 그로부터 몇 달 후 런던에서 공식 합의서에 서명이 이루어져 4개 연합국 대표 한 명씩으로 구성된 국제 군사법정이 설치되었다. 이 법정의 목적은 '유럽 추축국의 주요 전범들을 재판하고 처벌하는 것'이었다.

새로운 범죄, 새로운 범죄학

오랜 논쟁 끝에 4개국은 프랑스와 러시아가 선호하는 직권주의보다는 영미식의 당사자주의에 따라 재판을 진행하기로 결정했다. 그러니까 피고인들이 변호사 선임권, 자국어로 재판을 진행할 권리, 증거를 제출할 권리 및 반대신문의 기회(이것도 영미식의 관례이다) 등을 누려야 한다는 것이었다. 그리고 재판을 시작하기 전에 피고인들에게 증거에 대한 상세한 요약을 비롯한 여러 서류들을 제공하기로 했다. 이러한 규정들이 뉘른베르크 국제군사재판 합의서의 부록인 헌장에 명시되었다. 그러나 어떤 죄목으로 이들을 기소할 것인가? 헌장의 초안을 작성한 사람들은, 수세기 동안 국제법에서 범죄로 인정해 온 전쟁의 법칙과 관습 위반

뿐만 아니라 두 개의 새로운 죄목을 추가했다.

- 평화에 반하는 범죄 : 침략전쟁이나 조약을 위반하는 전쟁을 계획하거나 시작하는 행위로 광범위하게 정의하였다. 침략전쟁의 개념은 논란의 대상이 되었다.
- 반인류 범죄 : 강제노역을 목적으로 한 강제이주, 종교적 박해 및 기타 박해, 포로 학대뿐만 아니라 살인 등 보다 '일반적인' 범죄도 포함되었다.

게다가 헌장에 따르면 피고들은 이렇게 나열된 범죄 중 어떤 것이든 '공모' 하기만 했어도 기소될 수 있었다. 이렇게 되자 '공모' 또는 '모의'라는 별도의 범죄에 대해 생소했던 프랑스와 러시아 측은 어려움에 빠졌다.

'너도 했다' 식의 변론

연합국 측을 곤란에 빠뜨릴 수 있는 한 가지 문제는 피고인들이 자신들의 행위가 연합군 측 행위보다 더 나쁠 것도 없다고 주장하는 것이었다. 그러니까 '너도 했다'는 식의 변론을 예상할 수 있었다. 예를 들어 1940년에 독일이 노르웨이를 침공했지만 어차피 영국도 노르웨이의 자원에 야심을 품고 독일군을 격퇴하기 위해 군대를 파견하지 않았던가? 그리고 러시아는 '몰로토프-리벤트로프 조약'이 언급되는 것을 결코 원하지 않았다(추악하게도 스탈린은 구소련의 카틴이라는 곳에서 4,000여 명의 폴란드군 장교들이 학살된 것도 일부 피고인들의 죄목으로 기소하자고 주장했다. 그런데 스탈린은 이 대량 학살이 소련인들에 의해 저질러졌음을 잘 알고 있었다).

하지만 사실 '너도 했다'식의 '변론'은 어떤 법정에서든 받아들여지지 않는다. 왜냐하면 다른 사람이 죄를 저질렀는가의 여부는 피고인이 기소된 죄목에 해당하는 죄를 저질렀는가의 여부와는 관계가 없기 때문이다. 이 점에 착안하여 전범재판 헌장은 다음과 같이 규정하고 있다. "본 법정은 기소장에 제기된 사건을 신속하게 심리하는 일에 재판을 엄격히 한정한다."

피고인 중 일부는, 죽어서 그 자리에 없는 히틀러에게 책임을 전가하는 편리한 방법을 쓸 것이다. 1935년에 히틀러의 변호사인 한스 프랑크가 "나에게는 양심이 없다. 아돌프 히틀러가 나의 양심이다"라고 말한 그대로이다. 헌장은 다음과 같은 규정으로 이런 가능성을 차단하고 있다. "피고인이 정부 또는 상급자의 명령에 따라 어떤 행동을 했다 하더라도 이로 인해 그 책임이 면책되지는 않으나, 법정이 법에 따라 그렇게 판단할 경우 형의 경감을 고려할 수 있다." 이런 조항이 없었다면 재판 자체가 무의미해졌을 것이다.

이제 누구를 법정에 세우느냐 하는 일만 남았다.

피고인 명단

연합국 측은 고민 끝에 24명의 피고인 명단을 확정했는데 이

가운데 22명만이 법정에 섰다. 마르틴 보어만은 궐석재판으로 처리되었다.

독일 노동전선의 총책임자인 로베르트 라이(Robert Lay)는 재판이 시작되기 전에 자살했으며, 끝까지 나치즘을 찬양했다(죽기 직전 아내에게 보낸 몇 통의 감동적인 편지들을 보면 인간이 머리를 여러 '칸'으로 나눠 쓸 수 있는 능력이 있다는 데 경탄하게 된다). 그리고 무기 제조업자이자 무수한 노예 노동자의 고용주이기도 했던 알프레트 크루프(Alfred Krupp)를 기소하기로 되어 있었으나 놀랍게도 기소장에 이름이 올라간 크루프는 엉뚱한 사람이었다('진짜' 크루프에 대해서도 기소할 죄목이 별로 없었던데다가 나중에 알려진 사실이지만 몸이 너무 아파서 법정에 설 수도 없었다). 경제장관이던 히알마르 샤흐트(Hjalmar Schacht)를 피고인 명단에 포함시킨 것도 이해하기 어렵다. 샤흐트는 베르사유 조약을 거부했고 독일 군부의 재건을 외쳤으며 오스트리아 합병을 지지했지만 이러한 행위는 범죄가 아니었으며 따라서 그에게 무죄가 선고된 것도 놀랍지 않다.

뉘른베르크 재판의 희귀한 특징 중 하나는 개인뿐만 아니라 조직도 피고 자격으로 기소되었다는 점이다. 그 이유는 유죄판결을 받은 조직의 구성원임이 증명될 경우 그 개인을 뉘른베르크 이후의 재판에서 유죄로 판단할 근거가 되기 때문이었다. 논쟁 끝에 기소 대상이 될 나치 조직의 명단이 작성되었다. 별로 잘 만든 명단은 아니었다. 명단 속에는 1937년에 마지막 회의가 열렸던 제국내각도 들어 있었다. '갈색 셔츠'로도 알려진 나치 돌격대(SA)는 1930년대 초기에 벌어졌던 길거리 싸움에 관여되었다는 이유만으로 기소된 듯하다. 독일군 총참모부와 최고사령부를 포함시킨 것은 오해 때문이었다. 공포의 대상이던 1918년의 독일부 총참모부(참모부라는 이름이 붙기는 했지만 실제로 지휘권을 행사했다)는 베르사유 조약의 결과 더 이상 존립할 수 없었고, 이를 대체한 최고사령부는 '완전히' 히틀러의 꼭두각시였기 때문이다.

기소된 단체들 중 친위대(SS), 게슈타포와 나치당 지도부만이 결국 처벌되었다. 그러나 기대와는 달리 이러한 조직의 구성원이었다는 이유만으로 유죄가 선고된 개인 피고인은 아무도 없었다. 달리 말해 조직을 기소하려는 노력은 시간 낭비였다는 뜻이다.

기소가 시작되다

1945년 10월에 법정은 영국이 지명한 조프리 로렌스(Geoffrey Lawrence)를 의장으로 선출했다. 고등법원판사인 로렌스 경은 금욕적이며 매우 존경받는 인물이었다. 그로부터 얼마 후 기소장이 작성되었다. 11월 20일 재판이 시작되자 모든 피고인들은 '무죄'를 주장했다. 연합국은 저마다 수석검사를 지명했다. 영국 측 수석검사 하틀리 쇼크로스(Hartley Shawcross)가 사망했을 때 《더 타임스》는 부고 기사에 이런 평을 실었다. "쇼크로스 경은 가장 효과적으로 업무를 수행했다고 평가된다. 러시아 검사는 끝없이 전화에 매달려 모스크바로부터 정치적 지시를 받기에 바빴다. 미국 측 검사는 민사소송 변호사일 뿐, 형사소송에는 비교적 신참이며 전혀 깊은 지식이 없다. 프랑스 측 수석검사는 지명된 지 두 달 만에 교체되었고, 따라서 프랑스의 역할은 한정적일 수밖에 없었다." 그래서 피고인들의 죄목을 전체적으로 제시하는 작업은 미국 측 검사인 잭슨 판사의 몫이 되었다. 잭슨 판사는 자신의 몫을 잘 수행했다.

우리가 단죄하고 응징하려는 죄악은 치밀하게 계산되고 악의에 찬 데다가 워낙 대규모의 피해를 발생시켰으므로 문명인이라면 이를 결코 방치할 수 없습니다. 왜냐하면 이런 일이 반복되어서는 문명이 존재할 수 없기 때문입니다. 전쟁에서 승리를 거두었지만 피해를 입은 네 국가들이 복수하려는 마음을 누르고, 체포한 적의 포로들을 기꺼이 법의 심판에 맡긴 것은 힘이 이성에 경의를 표한 중요한 사례가 될 것입니다.

본 법정은 새롭고 실험적이기는 하지만 추상적인 사고의 산물도 아니고, 특정한 법률 이론을 증명해 보이기 위해 개설된 것도 아닙니다. 본 법정의 설립 취지는 17개국의 지원을 받은 4개의 강대국이 국제법의 힘을 빌려 우리 시대의 가장 큰 위험한 적인 침략전쟁과 맞서려는 노력을 보여주는 것입니다. 개개인의 사소한 범죄를 응징하는 데서 법의 역할이 그쳐서는 안된다는 사실은 인류의 상식입니다. 강력한 힘을 의도적, 조직적으로 사용하여 악을 행하고, 그 결과 전세계인에게 고통을 안겨준 사람들에게도 법의 심판은 마땅히 미쳐야 합니다. 이러한 규모의 대의를 바로 세우기 위해 여러 나라가 힘을 합쳐서 재판관님들께 호소하는 것입니다.

피고석에는 20여 명의 몰락한 자들이 앉아 있습니다. 그들이 일으킨 전쟁으로 많은 사람들이 고통받았고 전쟁의 패배로 부하들에게 모욕을 안겨줌으로써 비난의 표적이 된 이 사람들은 개인적으로 악을 저지를 능력을 완전히 상실했습니다. 체포되어 피고인의 자격으로 앉아 있는 사람들이 과거에 나치 지도자로서 한때 세계의 상당 부분을 지배하고 거의 대부분을 공포의 도가니로 몰아넣은 사람들이라는 사실을 믿기 어려울 정도입니다. 한 개개인으로서 이들의 운명은 이제 세상에 거의 영향을 미치지 않을 것입니다.

본 법정의 심리과정이 중요한 이유는 피고인들이 악한 힘의 대변자들이며, 이러한 힘은 이들의 몸이 먼지로 돌아가고 나서도 한참 후까지 세상을 배회할 것이기 때문입니다. 본 법정에서 우리는 피고인들이 인종적 증오, 테러, 폭력, 힘의 오만함과 잔혹성의 살아 있는 상징임을 증명할 것입니다. 이들은 수세대에 거쳐 유럽을 전쟁으로 몰아넣고, 인간성을 파괴하고, 가정을 붕괴시키며, 삶을 궁핍 속으로 몰아넣은 전쟁과 음모, 그리고 극렬한 민족주의 및 군국주의의 상징이기도 합니다. 이들은 스스로 창조한 세계관과 자신들이 이끌던 힘에 워낙 몰입해 있었기 때문에 작은 자비라도 베푼다면 이는 이들의 이름에 붙어 있는 모든 악을 옹호하고 이 악에 승리를 안겨주는 결과를 낳을 것입니다. 마음속에 악의 힘이 아직도 명맥을 유지하고 있는 이 사람들을 보호하거나 우유부단하게 다룬다면 악의 힘은 다시 살아날 것입니다. 우리는 악의 힘이 다시 살아나는 상황을 결코 용납할 수 없습니다.

218일간에 걸쳐 360명의 증인으로부터 증언을 들으며 진행된 이 기념비적이면서도 방대한 규모의 재판을 상세히 다루지는 않겠다. 재판에서 중요한 쟁점은 두 가지였는데, 하나는 나치의 유

럽 정복 계획이었고 나머지 하나는 유대인 수용소에서의 잔혹행
위였다.

침략전쟁이란 무엇인가?

전범재판 헌장은 침략전쟁의 개념을 명확히 정의해 놓지 않았
기 때문에 많은 논란이 일었다. 이 법정은 침략전쟁이 국제법 하
에서 이미 범죄를 구성한다는 모호한 주장을 펼쳤지만 이는 뜨거
운 쟁점이 되었다. 그러나 침략전쟁이면서 '동시에' 조약을 위
반한 전쟁을 계획하거나 시작했다는 죄목, 즉 '조약 위반' 이라는
별도의 죄목으로 피고인들을 기소함으로써 검사들은 이 문제를
깔끔하게 비켜나갔다.

역사가들은 히틀러가 어느 정도까지 영토 확장을 계획했느냐
에 대해 여러 가지 의견을 내놓고 있다. 예를 들어 역사학자인 A.
J. P. 테일러는 히틀러가 기회주의자였으며 초기의 군사적 활동
이 이러한 성격을 보여준다는 설득력 있는 주장을 내놓았다. 그
렇다 해도 히틀러는 장기적인 야심을 결코 숨기지 않았다. 산만
한 문투로 쓴 저서 《나의 투쟁》에서 히틀러는 "1914년의 국경을
회복하는 일은 오직 피로서만 가능하다" 라는 표현으로 자신의 영
토관을 분명히 나타내고 있다. 1930년대 영국의 평화주의자들은
이 책을 읽지 않았으리라고 보는 편이 옳을 것이다.

독일 외무성의 공식 통역사였던 파울 슈미트(Paul Schmidt)는 다
음과 같은 기록으로 히틀러의 야심을 확인해 주고 있다.

나치 지도부의 일반적 목표는 처음부터 분명했다. 우선 독일어를 말하는 모든 집단을 제국 산하에 편입시키는 것이고, 둘째로는 '생존 공간'이라는 슬로건 아래 영토를 확장하여 결국 유럽 대륙을 지배하는 것이었다. 그러나 이러한 기본 목표를 달성하기 위해 나치가 쓴 방법은 즉흥적인 것이었다. 매번 상황이 달라질 때마다 이에 따라 대처했지만, 모든 행동은 위에서 이야기한 궁극적인 목적과 일치했다.

전쟁이 일어나기 훨씬 전에 이미 히틀러는 독일군 지휘관들에게 이렇게 말했다. "독일의 과제는 최소의 비용으로 가능한 한 최대의 영토를 정복하는 것이다."

"나는 몰랐다"

법정에 제시된 증거와 증인들의 증언에 의해 20세기 유럽에서 그 누구도 상상할 수 없을 정도의 야만적인 행위, 그러니까 체계적 대량 학살, 고문, 의학적 실험 등이 강제수용소에서 자행되었음을 알 수 있었다. 이러한 행동은 각 개인이 저지른 것이 아니라 최고 명령권자의 지시하에 나치가 의도적으로 수행한 구체적인 정책의 일부이며, 각 지휘 체계의 모든 사람들이 기꺼이 명령을 수행했다는 사실을 증거를 통해 알 수 있었다.

피고인 중 일부는 상황을 몰랐다고 주장하기도 했다. 그러나 R. E. 코노트가 지적한 대로 사실은 그와 달랐다.

4만 5,000여 명의 친위대원이 강제수용소에서 근무했고, 유대인 학살 특수부대의 보고서가 나치 지도부에 광범위하게 배포되었고, 수천 명의 사람들이 동부전선에서의 학살을 목격했고, 힘러가 나치 지도부 앞에서 분명한 보고를 했으며, 괴벨스가 소문을 불식하기 위해 맹렬한 선전활동을 했고, 나치 지도부가 원하기만 하면 외국 소식통으로부터 들어온 정보를 얼마든지 입수할 수 있는 상황에서, 무지가 존재했다면 그것은 순전히 의도적인 무지이다.

이 '무지한' 사람들의 면면을 일부 소개할까 한다.

미술품 수집가, 헤르만 괴링

말할 것도 없이 피고인들 중에 가장 두드러진 인물은 헤르만 괴링 공군원수였다. 1차 세계대전 당시 탁월한 전투기 조종사였던 괴링은, '붉은 남작'이라는 별명으로 불리던 만프레드 폰 리히토펜이 죽자 그가 지휘하던 비행 중대를 물려받았다. 매력과 설득력을 갖춘 괴링은 일찍부터 총통의 지지자였으며, 1940년 영국과의 공중전에서 참담한 실패(독일 제국에 치명적일 수도 있었던)를 겪고도 히틀러의 신임을 유지했다.

1923년에 있었던 이른바 '비어홀 푸치'(Beer Hall Putsch, 히틀러가 주도한 무장폭동으로, 실패했다 - 옮긴이)에서 사타구니에 상처를 입은 이후 오랫동안 괴링은 마약에 중독되어 지냈으며, 2차 세계대전 막바지에는 카린할이라는 곳에 있던 궁전 같은 사냥용 별장에서 향수를 뿌린 실크 파자마를 입고 발가락에 매니큐어를 칠하고는 유럽 점령지 전역에서 약탈한 예술작품을 정리하면서 시간을 보냈다.

외향적인데다가 온화하기까지 한 괴링의 성격은 그의 행동과 일치하지 않는다. 괴링은 게슈타포를 창설했고, 강제노동사업에 깊이 관여했으며 '유대인 문제에 대한 최종 해결책'에서도 중요한 역할을 했다. 괴링은 심지어 강제수용소의 유대인들을 고고도(高高度)에서의 생체 실험용으로 쓰기도 했다. 한 가지 우스운 일은 체포되자 더 이상 마약을 못하게 되어 법정에서 옛날의 괴링이 살아났다는 사실이다. 그리하여 괴링은 다른 피고인들을 자신의 뜻대로 움직이려 했고 어느 정도 성공을 거두었다.

재판이 시작되자 괴링은 범죄를 해명하기보다 연설을 하려 했

증인석의 헤르만 괴링

고 재판장은 이러한 시도를 단호히 저지했다. 뻔뻔스럽게도 괴링은 자신이 결백하다는 증거를 들이댔으나, 반대신문을 견뎌내는 기술만으로는 자신의 죄를 비껴갈 수 없었다. 대량의 객관적인 문서 증거 및 구두 증언으로 그의 유죄는 의심할 여지없이 확정되었다.

건축가, 알베르트 슈페어

알베르트 슈페어는 생전에도 그랬지만 지금까지도 수수께끼의 인물이다. 스물여덟의 젊은 나이에 슈페어는 히틀러의 눈에 띄어 총통의 공식 건축가가 되었다. 나중에 슈페어는 이렇게 썼다. "큰 건물의 설계를 의뢰받기 위해서라면 파우스트처럼 기꺼이 영혼을 팔 수도 있었다. 이제 나는 메피스토펠레스를 만났다." 나치당에 가입은 했지만 슈페어가 충성을 바치는 대상은 나치즘이라기보다는 항상 히틀러 개인이었다. 처음부터 히틀러와 슈페어는 서로 존경했으며 이러한 관계는 끝까지 거의 변하지 않았다.

총통이 특히 관심을 갖는 공공건물을 설계하는 일을 하면서 슈페어는 1934년에 뉘른베르크에서 대성공을 거둔 나치당 전당대회에서도 중요한 역할을 했다. 독일 노동전선의 간부로서도 뛰어난 역량을 보인 슈페어는 제국 무기 및 군수품 생산장관이 비행기 사고로 사망하자 그 자리를 물려받았다. 이 자리에서 그는 독일 군수공장의 생산량을 대폭 증가시켜 자신이 조직의 천재임을 드러내 보였다(슈페어의 재능 때문에 전쟁이 2년 더 지속되었다는 말도 있다). 전쟁이 끝날 때쯤 히틀러가 현실감을 상실하자 슈페어는 총통의 '온 세상을 불태우는 작전'을 의도적으로 방해했고 심지어 총통 암살 계획을 세웠다고 주장했다. 암살 계획은 기술적인 이유로 수포로 돌아갔고, 이제 혐의자가 된 슈페어는 소련군이 베를린을 거의 점령한 순간 한때 자신의 영웅이던 히틀러의 벙커를 찾아가는 만용을 부리기도 했다.

전쟁이 끝난 후 슈페어를 심문한 사람들은 슈페어가 조금은 차갑지만 총명한 사람으로, 히틀러 치하에서의 자신의 행적을 후회하고는 있지만 자신의 범죄를 인정하는 데에는 애매모호한 태도를 취하는 사람이라는 인상을 받았다. 영국 정보부의 에어리 니브 소령은 슈페어에 대해 이렇게 말했다. "좀 예외적인 사람이었다. 히틀러의 부하 중 자신의 의지나 이성을 포기하지 않은 유일한 사람이었다. 탁월한 재능의 소유자로, 나치의 꿈을 실현하는 데 최선을 다한 사람이었다."

네 가지 죄목에 대해 모두 기소되었으나 슈페어에게 가장 불리한 증언은 강제노동을 이용한 것이었다. 슈페어는 증언대에 서서 긍지에 찬 어조로 군수품 생산에 대한 자신의 업적을 이야기했지만, 질문에 대한 대답에서까지 사실을 숨기지는 못했다. 슈페어는 다른 사람들이 노동력을 공급해 준 것을 기쁘게 생각했지만 이 사람들을 모집한 방법은 그가 알 바가 아니었다. 그리고 근로자들이 학대를 당했다면 그 잘못은 다른 사람들에게 있었다는 주장이었다. 전쟁 기간 중 슈페어가 가본 강제수용소는 마우트하우젠 한 군데뿐이었는데, 그는 이곳이 '청결의 모범이라는 인상'을 받았다. 강제노동의 참상에 대한 사례가 증거로 제시되자 슈페어는 차가운 어조로 이렇게 대답했다. "수용소에서 일어난 일들을 내가 시시콜콜 모두 알 수는 없지 않은가."

재판 초기부터 슈페어는 나치 정부의 일원으로서 집단적인 책임은 인정했지만 자신이 개인적으로 무슨 책임을 져야 하는가에 대한 판단은 재판부에 맡겼다. 재판관 중 소련과 미국 판사들은 처음에는 사형을 주장했지만 나중에 미국인 재판관은(슈페어의 매력과 지성에 영향을 받았을 수도 있지만) 감금형 쪽에 투표했다. 슈페어가 잔혹행위를 시작하지 않은 것만은 분명하지만 그렇게 충성을 바쳤던 제국이 저지른 만행에 대해 그의 주장처럼 그토록 아무것도 몰랐을까에 대해서는 오늘날까지도 의문이 남는다.

누구보다도 슈페어에 대해 잘 안다고 할 수 있는 저술가 기타 세레니(Gitta Sereny)에 따르면 전쟁이 끝나고 한참 뒤인 1977년에 작성한 진술서에서 슈페어는 다음과 같은 말을 했다고 한다. "오늘날까지도 수백만 명의 유대인을 박해하고 살해하는 것을 묵시적으로 받아들인 것이 나의 가장 큰 죄라고 생각한다." 세레니는 이렇게 말한다. "슈페어가 뉘른베르크 법정에서 이 말을 했다면 교수형을 당했을 것이다."

히틀러의 장군들

일부 독일인들이 매우 믿고 싶어하는 매력적인 오해가 하나 있다. 나치당 지도부와 그 손발이었던 친위대는 잔혹행위를 저질렀을지 몰라도 전투 역량과 용기에서 의심할 여지가 없는 보통의 독일군 병사들은 이런 행위에 동참하지 않았으리라는 생각이 그 것이다. 그러나 일반 부대의 장병들이 통상적으로 인종청소 특수 부대의 활동을 도와주거나, 스스로 잔혹행위를 저지른 증거는 매우 많다. 이들이 저지른 행위는 군 최상층부의 잔혹행위와 크게 다를 것이 없다. 물론 개개 장병이 나치의 인종청소 정책을 거부한 사례도 많다. 하지만 이로 인해 군인 신분을 박탈당하는 이상의 고통을 겪은 사람은 단 한 사람도 없는 듯하다.

포병 장교로 시작한 빌헬름 카이텔 육군원수는 히틀러의 참모총장으로서 전쟁을 계획하는 데 전적으로 참여했다. 군인으로서 그는 지휘 역량이 부족했지만 히틀러의 눈에는 그것이 명령에 절대 복종하려는 의지로 비쳤다(그가 없는 자리에서 부하 장교들은 그를 '라카이텔'이라 불렀는데 이는 '고개를 끄덕이는 당나귀'라는 뜻이다). 카이텔은 전형적인 프로이센의 융커로, 상관에 대한 충성심이 몸에 밴 사람이었다. 1934년에 돌격대 사령관이던 에른스트 룀이 살해당하자(히틀러 정권을 전복시킬 쿠데타 음모를 꾸몄다는 혐의를 받았다) 카이텔은 이를 환영했지만 같은 시기에 두 명의 퇴역 장성이 살해당한 것에 대해서는 아무 말도 하지 않았다.

증언대에서 카이텔은 침략전쟁을 일으킨 죄가 군인에게는 해당되지 않는다고 주장했다. 그러나 그의 주장을 반박하는 증거들이 나왔다. 1941년에 카이텔은 공산당 간부들을 사형에 처하라는 악명 높은 명령의 주역을 맡았다. 그는 또한 유대인 학살작전인 '밤과 안개 명령'도 주도했는데, 이로 인해 전쟁포로들이 즉결처

형되었다. 동부전선에서 독일군이 공격당하자 카이텔은 살해당
한 독일 병사 한 명당 50에서 100명까지 공산당원을 죽이라고 명
령했다. 1942년에는 생포된 적 공정대원을 보안대에 인도하라고
명령했다. 연합군이 노르망디에 상륙하자 카이텔은 이 명령을 다
시 한 번 확인함과 동시에 그 대상을 레지스탕스와 함께 싸우는
연합군 장병에까지 확장시켰다. 법정에서 카이텔은 그 명령이 합
법적이 아니었음은 인정했지만 자신이 그것을 멈출 수는 없었다
고 주장했다. 히틀러의 명령 때문이었다는 것이다. 로렌스 판사
의 질문에 카이텔은 히틀러의 지시에 서면으로 저항한 것은 딱
한 번뿐이었다고 회고했다.

심지어 1944년 7월이 되어서도 카이텔은 불만에 찬 장교들이
히틀러를 암살하기 위해 일으킨 불발 쿠데타에서도 히틀러를 보

재판을 받고 있는 피고인들

호하려고 부산하게 움직였다. 프로이센 장교인 카이텔에게 지도자에 대한 충성은 삶의 전부였다.

육군 작전사령관이던 알프레트 요들은 카이텔과 출신 배경이 극과 극이었다. 바이에른 지방 농가 출신으로 이곳에서 초등학교를 나온 요들은 카이텔과 비교할 때 더 유능한 군인이었다. 요들은 오스트리아 합병부터 체코슬로바키아, 그리스, 유고슬라비아 침공까지 적극적으로 관여했다. 1941년에는 레닌그라드와 모스크바의 항복 제의를 거부하라는 명령서에 서명했다. 요들은 이 두 곳을 완전히 파괴해야 한다고 완강히 주장했다. 요들은 또한 레지스탕스 대원을 재판 없이 사형시키라는 악명 높은 명령에도 관여했다.

당초에는 히틀러의 열렬한 지지자였지만 요들은 전쟁이 진행됨에 따라 히틀러에 환멸을 느꼈고 러시아 침공이 참담하게 실패하자 히틀러에게 완전히 정나미가 떨어졌다. 전선으로 돌려보내 달라는 요청을 아무리 반복해도 히틀러는 이를 묵살했다. 그러나 카이텔처럼 요들도 지도자에 대해 변함없는 충성심을 갖고 있었다. 법정에서 반대신문이 끝날 무렵 요들은 이렇게 말했다. "자신의 지휘관을 판단하는 것은 군인이 할 일이 아니다. 역사나 하느님이 할 일이다." 그리고 그는 법정에 들어올 때와 마찬가지로 나갈 때도 고개를 꼿꼿이 들고 나가겠다고 말했다.

요들의 변호사인 엑스너는 다음과 같은 사실을 적절히 지적했다.

장군들이 없었다면 히틀러는 실제로 전쟁을 수행할 수 없었다. 그러나 이를 근거로 책임을 묻는 것은 일반인들이나 할 일이다. 물론 장군들이 일을 하지 않으면 전쟁은 일어날 수 없다. 그러나 한 가지 덧붙일 것이 있다. 보병이 전진하지 않는다면, 소총에서 총알이 나가지 않는다면, 병사가 입을 옷도 없고 먹을 것도 없다면 전쟁은 없다. 병사와 소총을 만든 직공, 군화를 만든 직공과 농부가 전쟁에 동참했다고 비난받아야 하는가? 그렇다고 주장한다면 이는 죄와 그 원인을 혼동한 데서 온 것이다. 이 모든 사람들, 그리고 다른 많은 사람들이 전쟁을 효과적으로 수행하는 데 협력했다. 그러나 그렇다고 해서 이들을 모두 유죄라고 할 수 있는가?

그러나 재판장이 다른 변호사에게 이야기한 것과 마찬가지로 재판의 대상이 된 것은 독일 국민이 아니라 피고인들이었다.

재판 초기부터 장군들은 빠져나갈 방법이 없음을 알고 있었다. 그들의 유일한 희망은 범죄자처럼 교수형을 당하는 것이 아니라 군인답게 총살형을 당하는 것이었다. 이 점에서도 그들은 실망할 판이었다.

판결

심리는 1946년 8월 31일에 끝났으며, 판결은 9월 30일과 10월 1일에 내려졌다. 10월 1일은 유대인들의 속죄일이다. 피고인 중 세 명(샤흐트, 폰 파펜, 프리체)은 무죄판결을 받았지만 나중에 독일 법원의 판결에 의해 각각 다른 기간의 중노동형에 처해졌다. 슈페어를 포함한 네 명은 10년에서 20년 사이의 징역형을 선고받았다. 세 명(헤스, 풍크, 래더)은 종신형을 선고받았다. 괴링, 두 명의 장군, 궐석재판을 받은 보어만을 위시한 열두 명은 교수형을 선고받았다.

10월 13일, 형을 감형하거나 대체할 권한이 있는 연합국 독일 관리위원회는 피고인들의 항소를 모두 기각했다. 사형선고를 받은 사람들은 한 명을 제외하고는 3일 후 모두 뉘른베르크에서 교수형에 처해졌다. 징역형을 선고받은 사람들은 베를린에 있는 을씨년스러운 슈판다우 교도소에서 복역해야 했다. 괴링은 그답게 정의의 심판을 피해갔다. 사형집행 전날 다음과 같은 메모를 남기고 청산가리 알약을 삼킨 것이다.

> 연합국 독일 관리위원회 귀중,
> 총살형이라면 거부하지 않겠다. 그러나 독일군 원수를 교수형에 처하는 것은 받아들일 수 없다! 독일의 이름으로 나는 이를 용납하지 않겠다. 게다가 적의 징벌에 순종할 어떤 도덕적 의무도 느끼지 않는다. 이러한 이유로 나는 위대한 한니발과 같은 방법으로 죽는 것을 택했다.

사형을 면한 사람들의 운명은 여러 가지로 엇갈렸다. 보헤미아와 모라비아의 총독이었던 콘스탄틴 폰 노이라트(Konstantin von Neurath)는 15년 형을 받았지만 건강상의 이유로 1954년 슈판다우 교도소에서 석방되었고 1956년에 사망했다. 해군 사령관이던 에

리히 래더(Erich Raeder)도 1955년에 건강상의 이유로 석방되었다
가 1960년에 사망했다. 경제장관이던 발터 풍크(Walther Funk)는
1957년에 석방되어 1960년에 죽었다. 히틀러 소년단을 지휘한 발
두르 폰 쉬라흐(Baldur Von Schirach)는 슈판다우에서 20년의 형기를
모두 채우고 1974년에 죽었다. 20년 형을 받은 알베르트 슈페어
도 형기를 모두 마치고 1981년에 죽었다.

마지막으로 종신형을 선고받은 루돌프 헤스는 46년을 슈판다
우 감옥에서 복역하다가 1987년에 93세의 나이로 자살했다. 재판
과정에서도 벌써 그가 정신적으로 온전하지 않다는 사실이 드러
났으며, 그 이후 상황은 전혀 개선되지 않았다. 오직 소련 측의 비
타협적 태도 때문에 서방 측 3개국은 사망 전에 헤스를 석방할 수
없었다.

승자의 정의인가?

절차적인 면에서 볼 때 뉘른베르크 재판의 진행에 관해서는 비
판의 여지가 없다. 전범재판 헌장의 조항들은 오늘날 들여다보아
도 매우 합리적이다. 문제는 다른 데 있다.

괴링은 법정에서 이렇게 말했다. "이것은 승자가 주도하는 정
치적 재판이며 나중에 독일인들이 이런 사실을 안다면 좋을 것이
다." 피고인들에게 심리과정을 요약해 주기 위해 선정된 독일 측
변호사인 야라이스 교수는 좀더 이성적인 주장을 내놓았다. 우선
교수는 전쟁이 끝난 직후에, 그리고 이들이 저지른 만행에 대한

반감이 한껏 고조된 상태에서 피고인들이 공정한 재판을 받기를 기대하는 것은 불가능하다는 점을 지적했고, 이어서 승전국의 대표자들에 의해 피고인들이 재판받는 것은 정의롭지 못하다는 주장을 폈다. 마지막으로 교수는 죄목 중 일부에 대해서는 법률이 소급적용되었다는 사실을 지적했다. 교수의 주장에 따르면 이 법률들은 법정에 선 피의자들을 응징하기 위해 특별히 제정된 것이며, 따라서 "법은 보편적으로 적용되어야 하며 특정한 개인 혹은 개인들을 처벌하기 위해 맞춤식으로 제정되어서는 안된다"는 원칙에 위배된다는 것이다.

뉘른베르크에서 승전국 대표들은 연합국이 패전국 지도자들을 재판했다는 사실은 부정할 수 없다. 순전히 법적인 측면에서 보면 연합국 측은 당시 독일 영토는 주권 공백 상태에 있었고 따라서 연합국이 주권을 행사하고 있었다고 주장할 수도 있다. 이러한 대답이 옳을지는 몰라도, 승자가 패자를 재판하는 장면을 볼 때마다 느껴지는 씁쓸한 뒷맛은 지울 수 없다. 소련 자체가 폴란드에 대해 추악한 공격 행위를 했고, 끔찍한 전쟁 범죄를 무수히 저질렀다는 사실을 생각할 때 소련 측 재판관을 포함시킨 것은 특히 유감스럽다. 게다가 이올라 T. 니키첸코(Iola T. Nikitchenko)를 재판관으로 선정한 것은 이중으로 유감스럽다. 니키첸코는 1930년대에 스탈린이 주도한 선전용 재판에 참여한 사람이었다.

그러면 어떤 대안이 있었을까? 당시 상황으로 보아 아무리 반나치주의자라고 해도 독일인 재판관을 선정한다는 것은 상상할 수 없었다. 결국 이 문제는 법학적인 문제가 된다. 전범재판 헌장

제3조는 뉘른베르크 법정의 재판 관할권에 대한 어떠한 이의제기도 배제하고 있다.

소급적용 문제

뉘른베르크 재판을 향한 가장 강력한 비판은 아마도 피고인들이 저지른 평화에 대한 범죄와 반인류 범죄가 그 행위를 할 당시에는 법률에 의해 범죄로 규정되지 않았었다는 사실이다.

형법 조항을 소급적용하는 데 대해서는 두 가지 주요 반론이 있는데, 하나는 윤리적인 것이고 하나는 실용적인 것이다. 첫번째 반론은 행위 당시에는 범죄가 아니었던 행위를 처벌하는 것은 불공정하다는 주장이다. 두 번째 반론은 소급적용이 아무 이익이 없다는 것이다. 법률의 목적 중 하나는 사람들이 나쁜 짓을 하지 않도록 억제하는 것이다. 그러나 어떤 일을 행한 시점에는 금지되지 않았던 행위를 나중에 처벌하는 것은 아무런 이익도 얻을 수 없다. 뉘른베르크 법정은 "법률 없이 범죄 없다"라는 격언은 자신의 행위가 옳지 않다는 사실을 모르는 순진한 사람들을 보호하는 것이 그 취지라고 주장함으로써 이러한 비판에 대처했다.

조약을 무시하고 아무 경고 없이 인접국을 공격한 사람들을 처벌하는 것이 불공정하다고 주장하는 것은 분명한 잘못이다. 왜냐하면 이러한 상황에서 공격자는 자신이 잘못을 저지르고 있다는 사실을 틀림없이 알고 있기 때문이다. 따라서 이러한 사람을 처벌하는 것이 불공정한 것이 아니라 이러한 악행을 처벌하지 않고 방치하는 것이 불공정하다.

그러나 이렇게 주장하는 것은 거짓말이 나쁘다는 사실을 사람들이 이미 알고 있으므로 거짓말을 마치 범죄인 것처럼 처벌해야 한다고 주장하는 것과도 같다.

인간의 사악함이 진보함에 따라 가끔 새로운 형법 조항을 제정하여 이에 보조를 맞추려는 노력이 계속되어야 함은 분명하지만, 새로운 형법 조항을 소급적용하는 것에 대해서는 대다수가 반론을 제기한다. 대부분의 문명국들은 공통적으로 이러한 관행을 강력히 거부한다. 예를 들어 영국에서는 아주 오래 전부터 의회법을 소급적용하지 않는다는 입장을 유지해 왔다. 미국 헌법은 이를 아예 금지하고 있다. 그러나 뉘른베르크 법정은 소급적용을 기꺼이 받아들였다. 재판이 끝난 후 처칠은 이스메이 장군에게 이렇게 말했다. "장군도 나도 다음 전쟁에서 지지 않도록 주의해야겠소."

결국 뉘른베르크 국제군사재판 헌장의 공정성에 관한 논의는 법학 논쟁이 될 수밖에 없다. 2차 대전은 역사상 가장 많은 피해가 발생한 전쟁이었다. 연합국은 적절하다고 생각되는 모든 방법을 동원해서 나치 제국의 잔혹성을 드러내려는 결의에 차 있었다. 이들을 누가 막을 수 있었겠는가? 형법의 소급적용은 물론 논란의 여지가 있지만 현실적으로 큰 반대 여론이 나오지 않았다. 피고들이 당시 법률에 규정된 기존의 다른 범죄로 기소되었더라도 의심의 여지 없이 유죄판결을 받았을 것이다. 새로운 범죄를 적용한 것은 이들이 저지른 가공할 범죄에 대한 응징이었다. 헌장의 기초자들과 국제군사법정의 구성원 및 법률가들을 향한 비난이 그토록 적었던 것은 이들에 대한 경의의 표시라고 해야 할 것이다.

INJUSTICE

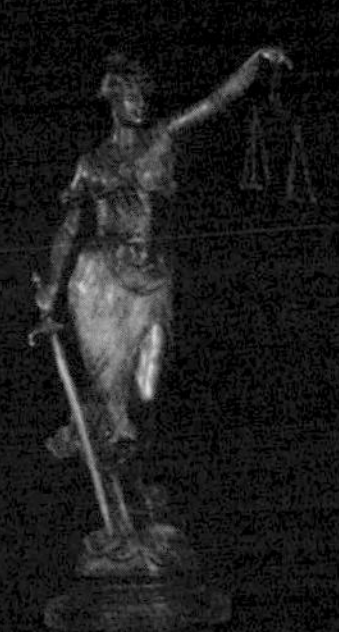

제2부

반역자들

　치열한 싸움 끝에 승자가 된 사람들은 항상 법정에서 상대의 죄악을 폭로하고픈 유혹을 느낀다. 이런 재판은 대개 일반적 개념의 합법적 재판과는 거리가 멀기 때문에 '여론 조작을 위한 공개재판(show trial)'이라고 부른다. 하지만 찰스 스튜어트의 경우처럼 공개재판은 종종 재판을 주도한 자들의 기대에 어긋나기도 한다.

　의회파가 영국 내란에서 승리했을 때 올리버 크롬웰이 원한 것은 패배한 왕이 재정 문제 결정권을 의회에 넘기는 것뿐이었다. 그러나 왕권신수설을 신봉한 찰스는 신에 대한 의무를 버리기 전에는 이 권리를 넘길 수 없다고 생각했다. 군대는 분노했지만 의회는 왕의 이런 고집조차도 참을 수 있었을지 모른다. 왕이 겉으로는 자신들과 협상을 하면서도 무력으로 왕위를 회복하려고 외국 세력과 몰래 결탁하지만 않았더라도 말이다. 왕의 이중 거래가 만천하에 드러나자 완고하면서도 한편으로는 관대한 크롬웰도 마침내 인내심을 잃고 말았다. 결국 왕을 제거하기로 결심한 그는 최대한 합법적인 장치를 동원하기로 한다.

　현대의 독자라면 비교적 민주적으로 선출된 의회와 왕권신수설을 신봉한 통치자 중 어느 쪽에 마음이 가는지 별로 고민하지 않겠지만, 합법성이 결여되었다고 판단한 왕이 법정에서 보여준 용기에는 경의를 표하지 않을 수 없다. 이 재판은 저울의 한 쪽에는 합법성과 귀족성이, 반대쪽에는 무자비한 폭력과 대중의 의지가 놓인 재판이었다. 찰스 왕은 비합법적인 법정에서 당당하게 죽어갔지만 궁극적으로는 어느 쪽이 옳았을까?

1950년대에 미국이 러시아의 지배와 핵전쟁에 대한 두 가지 공포에 사로잡혀 있던 시절에 일어난 유명한 사건이 있다. 줄리어스와 에설 로젠버그 부부가 러시아에 원자폭탄 기밀을 넘겨줬다는 죄목으로 유죄판결을 받았을 때 많은 사람들은 당연히 두 사람에게 최고형을 내려야 한다고 생각했다. 로젠버그 부부의 지지자들(모두가 공산주의자는 아니었다)은 두 사람이 압제적인 정부와 타락한 법체계의 희생양임을 보여주려고 했다. 그러나 세상에 모습을 드러낸 진실의 파편들은 어느 쪽의 주장도 완벽하게 뒷받침해주지 못한다. 로젠버그 부부 사건은 이 책에 소개된 다른 어떤 사건보다 정치범 재판을 둘러싼 상충하는 이슈들과 도덕적인 모호함을 극명하게 보여준다.

영국의 입장에서 아일랜드는 오랫동안 골치 아픈 존재였지만 로저 케이스먼트 경의 반역죄 이야기는 확실히 독특하다. 인류를 위해 헤아릴 수 없을 만큼 많은 봉사를 했던 영국 영사 케이스먼트는 아일랜드의 독립을 위해서라면 전쟁 중인 영국의 적국을 지원할 수 있다고 믿게 되었다. 그의 미약한 반란 시도는 실패로 끝났지만 논란을 불러일으킨 그의 죽음은 살아 있을 때보다 그의 대의를 드러내는 데 더 크게 기여했을 것이다. 유죄판결을 받은 반역자에 대한 사면 가능성을 차단하기 위해 영국 정보부가 쓴 방법은 널리 비난의 대상이 되었다. 케이스먼트를 타락한 인물로 보이게 하는 서류들을 언론에 유출한 것이다. 어느 정도는 동성애 혐오를 근거로 민족주의자들은 그 서류들이 조작되었다고 확신하게 되었다. 하지만 사건의 진실이 드러난 것은 최근의 일이다.

케이스먼트는 적어도 고귀한 명분에 대한 신념이 있었지만 윌리엄 조이스에 대해서는 그렇게 말할 수 없다. 조이스는 2차 세계대전 중 '호호 경'이라는 별명으로 친(親) 히틀러 방송을 했던 유명한 방송인이다. 그의 트레이드마크인 '독일이 부른다, 독일이 부른다'는 처음에는 위협적으로 들렸지만 시간이 지나면서 청취자들은 이를 경멸 섞인 웃음거리로 받아들였다. 그럼에도 불구하고 전쟁이 끝나면서 조이스가, 많은 사람들이 보기에 '기술적인 문제'로 사형선고를 받자 상당한 논란이 일었다.

케이스먼트와 조이스의 반역죄에 대해서는 의심의 여지가 없지만 영국이 케이스먼트의 일기를 이용해서 오명을 씌운 것은 합리화될 수 있는지, 그리고 오래 전에 웃음거리가 된 조이스에게 관용을 베풀지 않은 것은 옳았는지를 직접 판단해 보기 바란다.

1649년 찰스 1세 재판

영국 왕과 의회의 관계는 파국 직전이었다. 찰스 1세는 오랫동안 아일랜드의 총독으로 있던 유능한 신하 토머스 웬트워스를 영국으로 불러들여 스트래포드 백작의 작위를 주고 왕의 최고 고문으로 삼았다. 또 어떤 일이 있더라도 생명이나 재산상의 어려움을 겪지 않을 것이라는 '왕의 약속'을 주었다. 하지만 너무 늦었다. 스트래포드가 아일랜드 군대로 영국 국민을 공격하려 한다고 판단한 영국 하원은 그를 런던탑에 가두고 반역죄로 탄핵 절차에 들어갔다. 스트래포드 배후의 강력한 방패막이 때문에 하원은 유죄 증거가 없어도 처벌할 수 있는 사권박탈법을 동원하지 않을 수 없었다. 이 법은 의회 상하 양원을 모두 통과했지만 왕의 사형 명령서 없이는 스트래포드를 사형시킬 수가 없었다. 1641년 성금요일, 아직도 충신을 구할 수 있으리라 믿었던 왕은 스트래포드에게 편지를 써서 보호해 주겠노라고 재차 약속했다. 전국에서 들끓고 있는 강한 반감은 고려하지 않았던 것이다. 판사들과 영국 교회는 왕에게 명령서에 서명할 수밖에 없다고 충고했고 스트래포드는 너그럽게도 '약속'에 대한 부담에서 왕을 놓아주었다. 찰스 1세는 "스트래포드 경의 처지가 나보다 낫다"고 한탄했고, 1641년 5월 어느 화창한 날 왕의 최측근은 런던탑에서 참수형을 당했다. 8년 후, 찰스 1세는 좀더 일찍 불러들였다면 자신을 살릴 수도 있었던 유일한 신하를 배신한 일을 뼈저리게 후회했다.

영국 내란을 촉발한 많은 이유 중에서도 가장 중요한 것은 종교와 세금이었다. 신과 소통하는 데 성직자가 필요 없다고 보는 청교주의는 15세기에서 16세기 사이 영국에서, 특히 하위 계층에서 굳건히 자리잡았다. 이런 움직임은 종교적으로 보수적인 영국의 왕과 가톨릭교도인 왕비 헨리에타 마리아에게는 끔찍하게 싫은 일이었다. 따라서 영국 국교의 정통성을 보호하기 위한 일련의 억압적인 조치가 이어졌다. 이로 인해 영국 사회의 많은 사람들이 불만을 갖게 되었다(스코틀랜드에서는 전쟁까지 일어났다). 하지만 불안을 유발한 것은 종교만이 아니었다.

찰스 1세는 선왕 제임스 1세로부터 왕이 모든 통치권을 갖되 그 일을 수행하는 데 필요한 자금을 동원할 권한은 없는 체제를 물려받았다. 의회가 돈줄을 쥐고 있었으므로 의회가 원하는 방향으로 가지 않으려면 왕은 다양한 술책에 기댈 수밖에 없었다. 1628년 찰스 1세는 내키지 않았지만 의회의 승인 없이 세금을 거둘 수 없고 국민을 마음대로 체포하지 못하도록 하는 권리청원(Petition of Right)을 받아들였다. 하지만 그것은 오래 가지 못했다. 바로 그 다음해 왕은 의회를 해산하고 오직 왕권으로 국가를 통치하려 했다. 훗날 '11년의 폭정'으로 불리는 이 시기는 각 주의 대표가 모여 법률을 승인하는 관행에 익숙한 국민들에게 큰 모욕이었다.

자금 부족으로 인해 찰스 1세는 결국 다시 의회를 소집해야 했다. 의회는 많은 사람들의 원성을 샀던 '선박세'를 즉각 불법으로 선언하고, 인기 없는 성실청 재판소를 폐지하고 스코틀랜드를 지원할 것을 결의했다. 다시 말해 국가 운영에 필요한 세금을 징수하는 것 말고는 왕권의 행사를 차단한 것이다. 아일랜드에서 가톨릭 세력이 반란을 일으키자 의회 지도자 존 핌(John Pym)은 이른바 '대 간의서(Grand Remonstrance)'를 작성했다. 의회는 간의서에서 가톨릭 세력인 왕당파를 비난하며 의회의 불만사항을 열거한 후 '의회가 신뢰할 근거가 있는 자'들만 고문으로 임명할 것을 왕에게 요구했다. 한편 핌과 다른 네 의원은 왕비를 탄핵할 계획을 세우고 있었다. 죄목은 외세를 끌어들여 영국 백성을 해치려 했다는 것이다.

찰스는 저항하기로 했다. 1642년 1월 4일, 왕은 문제의 반대파 의원 5명을 체포하기 위해 하원으로 갔다. 찰스가 하원에 들어섰을 때 문은 열려 있었고 의원들은 왕의 경호원들이 자신들을 향해

찰스 1세

총을 겨누고 있는 것을 볼 수 있었다. 하지만 아무리 확고한 의지도 제대로 실행하지 못하면 소용없듯 찰스의 계획은 어설프게 끝나고 말았다. 왕의 움직임에 대해 미리 정보를 입수한 5명의 의원들이 이미 뒷문으로 도망가 버린 후였던 것이다.

찰스는 모자를 벗으며 이렇게 말했다. "의장님, 실례지만 잠시 의장 역할을 해야겠소." 찰스가 문제의 5명이 출석했는지 묻자 침묵이 흘렀다. 하원의장 렌틸에게 직접 물었다. 그는 이렇게 대답했다. "폐하, 이 의사당에서 저는 눈도 없고 혀도 없지만 의원들께서 기꺼이 저를 안내해 줍니다." 빈손으로 의회를 나서며 왕은 "새들이 다 날아갔다"고 씁쓸하게 말했다. 의원들을 잡겠다는 그의 계획은 극적인 작전에서 웃음거리로 전락하고 말았다.

런던의 여론은 확실히 왕에게서 돌아섰고 이제 왕은 런던을 떠나야 한다는 사실을 깨달았다. 그는 처음에는 햄프턴 궁으로 갔다가 나중에 윈저로 향했다.

1차 내전

이제 왕의 군대가 런던을 공격할 것이라는 소문이 돌기 시작했고 거리에는 바리케이드가 세워졌다. 의회는 민병대 동원령을 내렸고 이를 막으려던 찰스의 시도는 묵살당했다. 충돌은 이제 피할 수 없었고 8월 22일 마침내 왕은 노팅햄에서 선전을 포고했다. 작전의 시작은 불길했다. 마지막 순간에 선전포고문을 수정하는 바람에 왕의 전령이 포고문을 잘못 전달했고, 군기는 바람에 날려 땅에 떨어졌다.

첫번째 주요 교전은 1642년 10월 23일의 에지힐 전투였으나 승패를 가리지 못했다. 그후 양쪽 진영은 승리와 패배를 주고받다가 1645년 의회 측 장군 크롬웰과 페어팩스(Fairfax)가 강력한 '신형 군대(New Model Army)'를 조직했다. 그들의 노력은 1645년 6월 14일 네이즈비 전투에서 의회군의 결정적인 승리로 결실을 맺는다. 다음해 3월 스토우온더월드에서 마지막 왕당파 군이 항복했다. 찰스는 의회파에게 잡히지 않으려고 하인으로 변장하고 뉴어크로 도망가서 스코틀랜드에 투항했다. 전투는 좀더 계속되었지만 왕의 명분은 이제 사라졌다.

모든 내전에서처럼 각자의 믿음에 따라 가족이 갈라지고 형제끼리 등을 돌렸다. 양측의 폭력적인 무리들이 상대편의 만행을 과장되게 표현한 전단이 나돌면서 갈등의 골은 더욱더 깊어졌다. 직간접으로 이 전쟁으로 인해 영국 영토 내에서 약 80만 명이 사망했다. 인구 비례로 따지면 1914년에서 1918년까지 1차 세계대전 사망자보다 더 큰 피해였다.

전쟁이 끝난 후에도 대중의 불만은 사라지지 않았는데 그 불만은 이번에는 새로운 급진주의와 함께 표면으로 떠올랐다. 급여도 받지 않고 장기간 전쟁을 치렀던 의회군은 그 모든 희생이 허사로 돌아가는 것이 아닌가 걱정했다. 그러자 일부 연대에서 네 명(선동자라는 의미인 '에지테이터'로 알려짐)을 뽑아 군 지도부에 자신들의 입장을 대변하게 했는데, 이는 나중에 군 조직에서 구체적인 제도로 정착한다. 동시에 '수평파(Levellers)'라는 느슨한 대중운동이 그들 사이에 활발하게 일어났다. 수평파는 '인민협정(The Agreement of the People)'이라는 선언문에서 모든 성인 남성의 참정권과 인구수에 기초한 의회 선거구 등 시대를 훨씬 앞서간 많은 의견을 제시했다(이 운동은 군부 입장에서는 당혹스런 것이었고 1649년 무력으로 진압되었다).

이처럼 새로 등장한 급진주의는 영국 내전에서 가장 보기 드문 정치적 사건으로 이어졌다. 1647년 10월 28일부터 11월 1일까지 푸트니의 성모마리아 교회에서 크롬웰은 군대 사병 대표들의 의견을 듣는 일련의 회의를 주재했다. 이 푸트니 논쟁의 속기록을 읽어보면 서양 세계가 그 이후로 끝없이 경험하게 되는, 권력 기관과 개인 간의 거대한 논쟁의 첫 리허설을 구경할 수 있다. 머지않아 왕당파에 살해될 운명이던 레인스보로(Rainsborough) 대령이 다음과 같은 유명한 발언을 한 것도 바로 이 토론에서였다.

"영국에서 가장 가난한 자도 가장 위대한 자와 똑같이 살 권리가 있다고 생각합니다. 따라서 정부의 통치를 받는 모든 사람은 우선 그 정부의 통치를 따르겠다는 본인의 동의가 있어야 한다고 생각합니다."

결국 이 토론은 온갖 상충하는 의견 속에서 합의점을 찾기가 불가능한 것으로 드러났고 상황이 더 이상 걷잡을 수 없게 되기 전에 크롬웰은 회의를 해산하고 말았다.

한편 찰스 왕을 설득하여 영국에 장로교를 도입하려 했으나 실패한 스코틀랜드는 40만 파운드를 받고 찰스를 영국 의회에 팔아넘겼다. 네이즈비에서 빼앗은 왕의 서신을 통해 그가 군사적 지원의 대가로 가톨릭에게 어떤 양보를 하려 했는지가 드러났다. 서신은 한 달 안에 공개되었다. 군대는 격분했다.

어느 날 기병 조이스가 이끄는 기마대가 왕이 억류되어 있는 노스햄튼서의 홀덴비 홀에 도착했다. 장로교파들이 왕을 런던으로 빼돌리려 한다는 소문에 왕을 좀더 안전한 장소로 옮기기 위해서였다. 누구의 명령으로 왔느냐고 묻자 조이스는 자기 뒤의 병사들을 가리키며 "저들입니다"라고 말했다. 찰스는 씁쓸하게 말했다. "확실한 명령서로구만." 찰스 왕은 뉴마켓으로 옮겨졌고 거기서 또 햄튼 궁으로 갔는데 엄중한 감금생활과는 거리가 멀었다. 하지만 의회와 협상 중인데도 불구하고 그는 '몰래 살해될까 두려워' 어리석게도 탈출을 시도했다. 그는 분명한 행동 계획도 없이 와이트 섬으로 도망갔다. 그곳 의회 주지사가 자신의 명분에 호의적이라고 믿었기 때문이다.

2차 내전

캐리스브룩 성에서 편하게 지내면서 찰스 왕은 의회와 협상을 재개했다. 하지만 한쪽으로는 스코틀랜드로부터 군대를 지원받는 대가로 영국에 장로교를 도입하기로 몰래 동의했다. 자신의 이중성이 크롬웰에게 읽혔다는 사실을 깨닫지 못한 채 스코틀랜드와의 거래를 이용해 의회가 요구하는 조건들을 거부할 수 있으리라고 판단한 것이다. 의회군 지휘관 헨리 아이어튼(Henry Ireton)이 말했듯이 "찰스 왕은 전투에서 잃어버린 것을 술책으로 되찾으려 했다."

거의 확실히 왕의 뒷거래로 촉발된 상황은 이제 더욱 악화되었다. 1648년 3월 웨일스에서 일어난 반란은 순식간에 다른 지역으로 확산되었고 7월에 스코틀랜드는 영국을 침략했다. 질서는 재빨리 회복되었지만 엄청난 노력과 피를 쏟고 난 후였다. 이른바 2차 내전에서는 훨씬 더 심한 야만행위가 양측에서 난무했고 이는 극단적 조치를 요구하는 사람들의 결심을 더욱 굳혔을 뿐이다. 이런 상황에서도 의회는 계속 왕과의 화해를 모색하여 이른바 '뉴포트 조약'을 맺었다. 이런 협상들이 진행되는 동안 이제 감금 상태를 벗어난 찰스 왕은 비밀리에 도피 계획을 세우고 있었다.

여전히 왕과의 화해를 원했던 의회와 조바심이 난 군대와의 갈등은 더욱 커졌다. 전쟁 시작 당시에는 왕의 처형은 물론이고 왕을 퇴위시키겠다는 생각조차 없던 군대였지만 11월이 되자 마침내 왕을 재판에 회부하라는 '군대 진정서'를 의회에 제출했다. 이런 마지막 순간에도 의원들은 왕과의 화해를 모색했지만 찰스 왕은 그들의 제안을 거부했고 군대가 주둔 중인 런던을 피해 좀더 안전한 솔런트의 허스트 성으로 옮겨진 뒤 다시 윈저 궁으로 이송되었다. 의회가 협상을 계속하기로 하자 군대는 의원 150명을 의사당에 들어가지 못하도록 강제로 쫓아냈다. 이 사건은 의원

퇴출을 주도한 프라이드 대령의 이름을 따서 '프라이드의 축출 (Pride's Purge)'로 알려져 있다.

이때까지만 해도 왕과의 협상에 직접 개입하지 않았던 크롬웰은 합의를 도출하려는 마지막 노력을 시도했다. 크롬웰은 입헌군주제라는 개념을 추구했지만 찰스 왕이 자신이 보낸 대표를 보려고도 하지 않자 격분하여 이렇게 말했다. "왕관을 쓴 채로 그의 머리를 잘라버리겠다." 유일한 생존의 희망마저 거절했던 찰스 1세는 도대체 어떤 사람이었을까?

인간 찰스 1세

찰스는 제임스 1세의 둘째아들로, 자신이 존경했던 카리스마 넘치는 형 헨리가 죽으면서 왕위를 물려받았다. 그는 키가 작고 약간 말더듬이였으며 혼자 있는 것을 좋아했다.

아내를 사랑하는 남편이자 헌신적인 아버지였던 찰스는 예술과 전쟁에 관심이 많았다. 신분이 낮은 사람에게도 놀랄 만큼 예의가 발랐지만 특별히 인기를 얻기 위해 별다른 노력을 하지는 않았다. 그는 상원에서 한때 이렇게 말했다. "왕은 오로지 신 외에는 자신의 행동에 대해 설명할 의무가 없다." 역사가 웨지우드 (C. V. Wedgwood)의 말에 따르면, "이 왜소하고 수줍은 인물은 국민의 사랑을 받으려고 애쓰지도 않았고, 국민의 사랑을 받지도 못했으며, 국민에 대해서는 국민으로서의 의무 이상도 이하도 기대하지 않았다."

평생 찰스는 신권을 가진 군주의 자리에 대해 의심하지 않았다. 아버지 제임스 1세는 그에게 "왕은 신으로부터 자신이 책임져야 하는 정부를 받았다"고 가르쳤다. 다시 말해 왕은 신권에 의해 통치하며, 왕의 권력과 의무는 일시적인 것이 아니어서 인간이 앗아갈 수도 없는 것이었다. 찰스는 전쟁에 나가서는 의심할 여지없이 용감했지만 통치에는 재주도 관심도 거의 없었다. 신권에 대한 독단적 생각과 비뚤어진 천성이 결합하여 그를 파멸로 이끌었다.

올리버 크롬웰은 신의 뜻에 대해 찰스와는 다른 생각을 가지고 있었다. 이제 그는 왕을 재판에 회부하는 일에 모든 노력을 집중했다. 재판 회부는 아슬아슬하게 결정되었다. 왕을 재판할 고등재판소를 열기 위한 법안은 찬성 26, 반대 20으로 간신히 하원을 통과했다. 상원이 동의를 거부하자 하원은 상원의 승인 없이 재판을 추진하기로 결정했고, 이어 하원법(Act of Commons)이 만들어졌다. 이로써 공정한 재판이 열릴 가능성은 애초부터 차단되었다. 이 법은 다음과 같이 규정했다.

영국 왕 찰스 스튜어트의 전임자들은 국민의 권리와 자유를 수없이 침해했다. 이제 찰스 스튜어트는 이 나라의 근본적인 법과 자유를 무너뜨리고 그 자리에 전제적이며 압제적인 정부를 세우려는 사악한 음모를 품었으며, 이 음모를 실현시키기 위해 온갖 사악한 수단과 방법 외에도 불과 검을 동원하였고……

미국의 독립선언서가 나온 때보다 1세기도 훨씬 전에 이 법령은 다음과 같은 혁명적인 개념을 선언했다.

하느님의 보호 아래에 있는 국민들은 모든 정의로운 권력의 근원이다. 영국 하원은 국민을 대표하여 국가의 최고 권력을 가지며 하원에 의해 제정 또는 선포되는 법은 왕이나 귀족원의 동의 없이도 법률로서 효력을 갖는다.

왕을 재판하는 법정에는 군의 주요 지휘관, 젠트리(신분상 귀족보다 낮은 지주계급 - 옮긴이), 시의회 의원 등을 포함하여 135명의 배심위원이 임명되었다. 왕좌재판소와 민사소송재판소의 두 수석재판관과 재무재판소 재판관은 재판 주재를 거부했다. 이 재판이, 모든 합법적 권력은 왕으로부터 나온다는 원칙에 위배된다는 이유였다. 결국 웨일스 출신의 무명 판사 존 브래드쇼(John Bradshaw)가 별로 내키지는 않았지만 재판 주재를 맡기로 했다. 존 쿡(John Cook)이라는 법률가가 법무차관이자 공동 검사로 임명되었다가 나머지 한 명이 포기하면서 단독 검사가 되었다.

네덜란드의 학자 이삭 도리슬라우스(Isaac Dorislaus)가 영국 역사상 유례가 없었던, 왕에 대한 기소장 작성을 돕기 위해 영국으로 불려왔다. 기소장 내용은 다음과 같다.

찰스 왕은 이 나라의 법에 의해서, 그리고 법에 따라서 통치하도록 제한된 권력을 위임받았다. 그럼에도 불구하고 찰스는 사악한 의도를 가지고 자신의 의지에 따라 무한하고 압제적인 권력을 구축하고 유지하려 했으며 국민의 권리와 자유를 무너뜨리려 하였다. 찰스 스튜어트는 영국 의회와 그 의회가 대표하는 국민을 상대로 반역적이고 악의적으로 전쟁을 일으켰으며, 이 나라의 수많은 자유로운 국민들이 살해되는 사태를 유발하였다.

찰스 스튜어트는 전술한 바와 같이 국민에 의해, 국민으로부터 권력을 위임받았으나 공공의 이익과 권리, 국민의 자유와 정의, 평화를 해치고 온갖 사악한 음모와 전쟁, 악습을 저질러 자신과 가족의 소망과 권력, 특권이라는 개인의 이익만을 증진하고 지지해 왔다.

피고 찰스 스튜어트는 전술한 바와 같이 비인간적이고 잔혹하고 피비린내 나는 전쟁들을 유발하고 시작하고 지속하였다. 그러한 전쟁에서 자행되거나 유발되었던, 국가에 대한 모든 반역죄, 살인, 강탈, 약탈, 황폐화, 파괴, 해악에 대해 모두 유죄다.

"나는 평범한 죄수가 아니오"

1649년 1월 20일 토요일 오후, 주로 법정이 열리는 웨스트민스터 궁의 남쪽 끝 방에서 재판이 시작되었다. 이 재판의 배심위원으로 임명된 135명 가운데 출석한 사람은 68명뿐이었다. 페어팩스 장군의 이름이 호명되자 그의 아내가 위층 창문에서 소리쳤다. "여기 나올 만큼 어리석은 사람이 아니에요."

판사들은 화려한 터키산 융단이 덮인 탁자 앞에 앉았고 융단 위에는 왕의 권위를 상징하던 검과 지팡이가 놓여 있었다. 두 변호사가 양쪽에 앉은 가운데 재판장 존 브래드쇼는 저격의 두려움 때문에 철로 보강한 모자를 쓰고 다른 사람들보다 높은 의자에 앉았다. 무장한 사람들을 건물 지붕에 배치했고 각 지하실도 샅샅이 수색했다.

왕실 경호원에 의해 법정에 끌려온 찰스 왕은 붉은 벨벳이 덮인 의자에 판사들을 마주하고 앉았다. 온통 검은 옷을 입은 왕의 외투에는 은빛 별 모양의 가터 훈장이 붙어 있었다. 목에는 푸른 리본이 둘러져 있었고 리본에는 아내의 초상화가 들어 있는 성(聖) 조지상의 보석 펜던트가 걸려 있었다. 그는 법정을 인정하지 않았고 챙이 넓은 모자를 벗으려고도 하지 않았다. 그러나 재판이 시작될 무렵 사소한 사건이 그의 평정심을 흔들었다. 쿡 검사가 말을 시작하자 찰스가 중단시키려고 지팡이로 두세 차례 그의 어깨를 두드렸는데, 그때 지팡이 끝의 은장식이 떨어졌다. 주위를 둘러보았지만 아무도 그것을 주우려 하지 않자 왕이 직접 주웠다. 어떤 사람들은 이 사건이 찰스 왕의 몰락한 입지를 상징적으로 보여주는 일화라고 했다.

기소문이 낭독되면서 비로소 찰스 왕은 자신에 대한 고발 내용을 처음 알게 되었고 자신을 폭군이나 반역자라고 지칭하는 부분에서는 소리 내어 웃었다. 유죄 인정 여부를 묻자 찰스는 이렇게 말했다.

누구의 권한으로, 어떤 합법적인 권한으로 짐이 여기에 불려왔는지 알고 싶소. 도둑과 강도 등 세상에는 비합법적 권한을 가진 자

웨스트민스터 궁에서 나오는 찰스 1세를 표현한 이 판화는 물론 상상에 의해 재구성된 것이다.
도끼는 창의적인 표현으로 보이지만 군중의 위협적인 태도는 진실인 듯하다.

도 많이 있소. 짐이 어떤 권한으로 불려왔는지, 또 이리저리 끌려 다녔는지 알려주면, 그리고 그것이 합법적인 권한에 의한 것인지를 알려주면 대답할 것이오. 짐은 경들의 왕이자 합법적인 왕이오. 경들이 어떤 죄를 짓고 있는지 기억하시오. 여기서 더 큰 죄를 짓기 전에 이 땅에 대한 하느님의 심판에 대해 잘 생각하시오. 따라서 어떤 합법적인 권한으로 짐이 이 자리에 앉아 있는지 알려준다면 짐은 기꺼이 대답하겠소. 그때까지 짐은 짐의 믿음을 버리지 않을 것이오. 짐은 합법적인 세습에 의해 신으로부터 권한을 위임받았소. 짐은 거기에 등을 돌리면서까지 비합법적인 권력 앞에서 짐의 행동을 해명하지 않겠소.

그것은 판사들이 듣고 싶은 대답이 아니었다. 브래드쇼는 어리석게도 "그대를 왕으로 선출한 국민의 이름으로"라는 말로써 왕에게 다시 한 번 혐의에 대해 답변할 것을 요구했다. 찰스 왕은 즉각 그 말을 정정했다. "영국은 한 번도 왕을 선출한 적이 없소. 영국은 거의 천 년 동안 세습 왕국이었소." 찰스는 이어서 법정에 정면으로 이의를 제기했다.

짐은 이 자리에 있는 어떤 사람만큼이나 하원의 권리를 대표하는 사람이오. 지금 이 자리에 있었어야 할, 의회를 구성하는 상원은 어디 있소? 이것이 왕을 의회로 부르는 방식이오? 하느님의 이름으로 체결된 지상의 조약을 깨겠다는 것인가? 하느님의 말씀이든 성서든, 아니면 이 나라의 법률이든 합법적인 근거를 보여주시오. 그러면 대답하겠소.

왕은 자신 있게 말했고 평소의 언어장애 흔적은 전혀 보이지 않았다. 찰스의 당당한 변론에 동요한 법정은 대처 방안을 논의하기 위해 휴정했다. 명령에 따라 그런 행동을 한 것 같지만 일부 군인들은 법정을 나갈 때 "정의, 정의"를 외쳤다. 어쨌든 재판 첫날은 왕의 승리였다.

다음날 배심위원들은 웨스트민스터 궁의 페인티드 체임버 연회실에서 비밀리에 왕의 답변 거부 문제를 어떻게 처리할 것인지 의논하기 위해 모였다. 그들은 왕이 답변을 계속 거부한다면 유죄를 인정하는 것으로 간주해야 한다고 결론지었다. 배심위원들이 법정에 입장하자 브래드쇼는 법정의 합법성은 충분하며 왕은 혐의에 대해 답변해야 한다고 선언했다. 찰스는 계속 법정의 권위에 이의를 제기했다. "왕은 지구상의 그 어떤 재판부에 의해서도 재판받을 수 없소." 브래드쇼가 계속 답변을 요구하자 왕은 이렇게 말했다.

짐은 법의 형식에 대해서는 알지 못하오. 전문 법률가는 아니지만 법과 이성이 무엇인지는 알고 있소. 영국의 여느 신사만큼은 법에 대해 알고 있소. 나는 여기 있는 재판관들보다 더 영국 국민의 자유를 위해 항변하고 있소. 따라서 아무 근거 없이 사람을 신뢰할 수는 없소. 그것은 비이성적인 행동이기 때문이오.

찰스는 다시 한 번 어떻게 상원 없이 하원만 법정을 수립하게 되었는지 알려달라고 요구했다. 죄수는 '요구'할 수 없다는 말에

"나는 평범한 죄수가 아니오"라고 씁쓸하게 말했다.

재판은 이제 3일째로 접어들었지만 여전히 피고로부터 답변을 들을 수 없었다. 브래드쇼가 어리석게도 "피고는 법정에 있다"고 말하자 찰스는 경멸하듯 이렇게 말했다. "나는 권력 앞에 있는 것 같소." 유죄를 인정하면 말할 기회를 주겠다고 하자 왕은 이렇게 말했다.

> 경들이 나열한 혐의에 대해 짐은 아무 가치도 두지 않소. 짐은 영국 국민의 자유를 대표하는 사람이오. 경들의 왕이자 영국의 모든 국민에게 본보기가 되어 정의를 받들고 오랜 법을 유지해야 하는 짐에게 들어본 적도 없는 새로운 법정을 인정하라고 하는데 짐은 결코 받아들일 수 없소.

다음 이틀 동안 법정은 피고인 찰스 왕은 부르지 않고 39명의 증인을 소환하여 내전 중 왕당파 군대의 행위와 그에 대한 왕의 개인적 책임에 대한 증언을 들었다. 이제 법정에 출석한 배심위원의 수는 46명으로 줄었다. 이 모임이 끝나자 법정은 처형의 방법을 제외한 선고문 작성을 명령했다. 이 부분은 다음날 처리되었다.

재판 마지막 날인 1월 27일 토요일, 이전 재판 때처럼 사전에 준비한 듯 "정의"와 "사형"을 외치는 소리가 여기저기서 들렸다. 찰스는 의회에서 연설할 기회를 달라고 요구했지만 거부당했다. 이때 배심위원 중에 다우니라는 인물이 판결 내용에 반대하고 나

1649년 웨스트민스터 궁전에서 이루어진 찰스 1세의 재판

서자 법정은 즉각 휴정에 들어갔다. 크롬웰이 다우니에게 배심위원의 의무에 대해 상기시켜 준 뒤(얼마나 강압적인 분위기였을지 상상할 수 있을 것이다) 재판이 재개되었다.

처음으로 자주색 법복을 입은 브래드쇼가 선고에 앞서 말을 시작하자 얼굴을 가린 한 여자가 "크롬웰은 반역자다"라고 소리쳤다. 이번에도 페어팩스 부인이었다. 브래드쇼의 장황한 연설이 끝나자 법정 서기가 사형 선고문을 읽었다. 왕은 법정이 최후 변론의 기회도 주지 않았음을 깨닫고 절망했다. "짐은 말할 기회도 얻지 못했다! 다른 사람들이 어떤 정의의 심판을 받는지 두고 보라!" 왕이 요란하게 복도에서 끌려나가자 병사들은 그를 비웃고 그의 얼굴에 콧방귀를 뀌었다. 심지어 어떤 병사는 침을 뱉기도 했다. 찰스는 이렇게 말했다. "불쌍한 것들. 6펜스만 주면 자기 지휘관에게도 같은 말을 할 인간들 같으니." 사형집행은 3일 후로 잡혔다.

48시간 내로 찰스의 사형 위임장에 대한 서명이 이루어졌지만 135명의 배심위원 가운데 59명만 서명했고 그 중 8명이 크롬웰의 친척이었다. 일부는 나중에 크롬웰이 겁을 주어서 서명했다고 주장했고, 어떤 사람은 크롬웰이 손을 잡아 강제로 서명하게 했다고도 한다. 그러나 사형선고 때 출석했던 사람 중 9명은 위임장에 서명하지 않았다.

사형집행용 도끼

그때까지 개인 저택에 묵고 있던 찰스는 이제 성 제임스 궁으로 옮겨졌다. 사형집행이 이루어질 화이트 홀 궁전의 연회장 밖에 교수대를 세우고 있었는데 아마 그 소리를 듣지 않게 하려고 그랬던 것 같다. 총을 든 병사 둘이 침실에서 밤새 보초를 서는 바람에 찰스는 거의 잠을 이루지 못했다(이 모욕적인 조치는 첫날밤 이후 취소되었다). 죽기 전에 제일 어린 자식 둘을 볼 기회를 얻은 찰스는 자식들에게 적들을 용서해 주되 믿지는 말라고 했다. 아버지의 목숨을 살리기 위해 왕세자는 편지지에 아무 내용 없이 끝부분에 서명을 넣어 하원에 보냈다. 네덜란드 대사들 역시 사형을 막으려 했지만 모두 허사였다. 하원은 이제 '빛나는 사형집행용 도끼'를 주문했다.

사형집행 당일 아침은 쌀쌀했다. 찰스는 "날이 아주 추우니까" 옷을 좀 따뜻하게 입혀달라고 했는데 사형에 대한 두려움 때문이었다고 보는 사람도 있다. 사형집행 전에 런던 주교 윌리엄 적슨 (William Juxon)이 예수의 심판과 처형에 대한 내용이 담긴 마태복음 27장을 낭독했다. 주교 스스로 특별히 그 부분을 고른 것이냐고 왕이 묻자 적슨은 원래 이 부분이 일 년 중 그날 읽게 되어 있는 부분이라고 설명했다. 오전 10시경 왕은, 미늘창을 들고 드럼 소리에 맞춰 행진하는 병사들과 함께 정원을 지나갔으나 준비가 늦어지면서 사형은 오후 2시까지 지연되었다. 모든 준비가 끝나자 별 모양의 가터 훈장을 단 찰스는 루벤스의 천장화로 화려하게 장식된 연회실을 지나 특별히 넓혀 놓은 창문으로 나가 사형대로 향했다. 거기서 왕은 무서운 가면을 쓴 두 명의 사형집행수들을 보았을 것이다. 그들은 사형집행 중 왕이 저항할 경우 사형대에서 움직이지 못하도록 붙잡기 위해 대기 중이었다(그들의 신원은 철저히 비밀로 남아 있다).

찰스는 군중을 향해 미리 준비한 짤막한 연설을 했다. 세상을 용서했고 자신을 죽게 한 사람들도 용서한다고 말했다. 그는 고해하고 죄 사함을 받고 강복도 받았지만 마지막으로 한 번 더 자신의 무죄를 항변하지 않을 수 없었다. 찰스는 전쟁을 시작한 것은 자신이 아니라 의회였으며 자신은 국민의 해방과 자유를 갈망했다고 주장했다. 그는 마지막 순간까지 국민의 자유와 권리는 국민이 아니라 왕인 자신이 감당할 몫이라고 했다. 충신 스트래포드의 운명에 대해서는 이렇게 말했다. "예전에 부당한 판결을 묵인한 대가를 오늘 내가 받는구나."

사형집행인이 부주의하게 발로 도끼를 건드리자 찰스는 이렇게 말했다. "나를 해칠 도끼를 망가뜨리지 말게나." 그는 다음과 같은 말로 끝맺었다. "이제 이 세상을 떠나 영원히 죽지 않고 살 수 있는 나라로 가니 그곳에는 이 세상의 어떤 혼란도 없을 것이다." (이 말은 적슨 주교의 도움으로 성경의 고린도서에서 인용한 것이다.) 왕의 죽음을 보러 몰려든 군중들은 군인들보다 훨씬 뒤쪽에 물러나 있었기 때문에 그의 마지막 말을 들은 사람은 거의 없었을 것이다.

찰스는 긴 머리를 모자 밑으로 정리하고 낮은 받침대에 엎드렸다. 양팔을 뻗어 준비되었음을 알리자 사형집행인이 단번에 그의 머리를 내리쳤다. 군중 속의 한 젊은이는 나중에 이렇게 회상했다. "군중들 사이에서 평생 들어본 적도 없고 다시는 듣고 싶지 않은 신음소리가 터져나왔다."

일 주일 후 군주제가 폐지되고 공화국이 세워졌으나 공화국은 1653년 크롬웰의 호국경 체제(찰스 1세가 처형된 1649년부터 1660년 스튜어트 왕조가 복귀할 때까지 영국에는 왕이 없는 시대가 계속되었다. 보통 1653년까지를 공화국 시대라 하고 그 이후를 호국경 시대라 한다 - 옮긴이)로 대체되었다. 크롬웰이 죽자 공화정이 잠깐 회복되었지만 오래 가지 못했다. 2년 후 의회가 왕권을 회복시켜 네덜란드에 도피 중이던 죽은 왕의 아들을 데려와 찰스 2세가 왕좌에 올랐다. 1689년 권리장전이 선포되면서 영국은 찰스 1세가 거부했던 입헌군주제로 발전해 나갔다.

국왕 살해자들의 운명

찰스 2세는 현명하게 아버지의 적들에게 관용을 베풀었으나 왕의 사형에 깊이 관여했던 100여 명은 사면령(Act of Pardon)의 혜택에서 제외시켰다. 하지만 이 중에서도 어쩔 수 없이 왕의 사형에 동조했던 사람들은 대부분 사면되었다. 왕 살해범들에 대한 재판이 열려 29명이 법정에 섰다. 그들은 죽은 왕보다 공정한 재판을 받았다. 검사 존 쿡을 포함하여 열 명만이 반역죄로 사형되었고 나머지는 종신형을 살았다. 2년 후 왕 살해범 중 외국으로 도피한 세 명은 본국으로 송환되어 재판을 받고 사형되었다. 그러나 더 많은 사람들은 암살당했는데, 불운한 법률가 이삭 도리슬라우스도 그 중 한 명이다. 왕 살해범들이 끔찍한 죽음을 맞았던 사형장 근처 화이트 홀에 찰스 1세의 기마상이 서 있다.

일부는 죽은 뒤에도 처벌을 피할 수 없었다. 크롬웰과 그의 사위 아이어튼, 재판장 존 브래드쇼, 프라이드 대령은 왕정복고 전에 이미 세상을 떠났다. 그런데도 그들은 대역죄로 사후 재판을 받고 부관참시를 당해 타이번(런던의 사형집행장으로 현재의 마블아치 부근)에서 시체의 목이 잘려나갔다. 세월이 흘러 크롬웰이 좀더 긍정적인 평가를 받으면서 현재 영국의 가장 유명한 재판 장소인 웨스트민스터 궁 밖에 크롬웰의 동상이 세워졌다.

그런데 찰스는 공정한 재판을 받았을까?

누가 옳았는가?

브래드쇼가 낭독한 판결문은 역사적 부정확함과 진부한 법적 용어가 흥미롭게 뒤섞여 있다. 17세기의 미사여구를 배제하고 판결문을 요약해 보면 다음과 같다.

- 왕은 법의 지배를 받는다.
- 찰스는 자신을 법 위에 놓는 행동을 하였다.
- 영국 국민은 정부의 형태를 선택하였다.
- 영국 내에서 왕은 가장 우월한 지위에 있지만 왕은 영국 전체의 일부일 뿐이다.
- 과거 귀족들은 영국 국민을 위해 존 왕에 대항하였다.
- 오늘날, 의회가 그와 동일한 일을 하고 있다.
- 의회는 국민의 고충을 해소할 의무가 있다.
- 왕은 의회 소집을 거부했다.
- 과거의 왕들도 실정에 대해 책임질 것을 요구받았다. (에드워드 2세와 리처드 2세가 특별히 언급되었음)
- '보호가 복종을 요구'하듯이 '복종은 보호를 요구'한다.
- 찰스 왕은 '폭군, 반역자, 살인자, 공공의 적'이었다.

법정에서 낭독하려 했으나 기회를 얻지 못했던 찰스 왕의 서면 항변서가 재판 후에 공개되었는데 그 내용은 다음과 같다.

- 기소는 오직 신의 법이나 이 나라의 국내법, 즉 영국법에 의해서만 정당성을 갖는다.
- 구약과 신약 성서는 왕에 대한 복종을 요구한다.
- 영국법은 왕은 잘못을 할 수 없다고 규정하고 있다.
- 상원 없이 독자적으로 행동한 하원은 법정을 구성할 권한이 없다.
- 하원은 왕을 재판하라는 '국민의 위임'(현대 용어를 쓰자면)을 받지 않았다.
- 합법적 권한 없이 왕을 재판하여 하원은 의회 양원의 권리뿐 아니라 국민의 권리마저 침해하였다.
- 왕이 의회와 협상을 진행 중에 하원이 재판을 시작한 것은 배신 행위다.

이 같은 주장은 대부분 법적으로 옳은 것이었다(왕은 평화 협상을 하면서 한편으로는 전쟁을 도모했으므로 마지막 주장은 좀 위선적이다). 독자적으로 행동한 하원은 법정을 구성할 권한이 결코 없었다. 권한이 있었다 해도 '프라이드의 축출'이라는 쿠데타에 이은 것으로, 하원은 더 이상 국민을 대표하는 의회가 아니었다. 반역자 처벌법에는 왕을 기소한다는 개념이 전혀 없었다. 왕을 재판한 법정에 쏟아진 최악의 비난은 재판관 임명과 구성, 그리고 절차에 있어 공정하지 못했다는 점이었다.

이 법정을 구성한 하원법 문안을 보면 이미 찰스에 대한 판결은 나온 셈이었다. 판사들 중 독립적인 사람은 아무도 없었다. 사실 모두가 피고의 적이었고 대부분 왕을 죽이기로 작정한 사람들이었다. 재판을 저지하려는 모든 노력은 당시 영국에서 가장 막강한 권력자의 개입에 부딪혔다. 그리고 존 쿡 검사는 나중에 찰스 왕 재판 당시 자신은 여느 법률가처럼 공평무사하게 의뢰인을 대변했을 뿐이라고 주장했지만 그의 옛 제자는 쿡이 "찰스 왕은 죽어야 하고 군주제는 왕과 함께 죽어야 한다"고 말하는 것을 들었다고 폭로했다.

찰스는 자신에 대한 혐의 내용, 극히 중대한 혐의에 대해 사전에 통지를 받지 못했다. 그리고 유일한 증거는 재판 결과에 전혀 영향을 주지 못했다. 재판은 절차상으로 볼 때 완전한 재앙이었다. 재판 절차 전체에 걸쳐 법정은 사실상 피고가 군인들에게 공개적으로 위협받고 모욕당하는 것을 허용, 아니 어쩌면 의도했다. 오늘날이었다면 찰스가 유죄 인정을 거부한 것은 무죄 주장으로 간주되었어야 한다.

"잔인하지만 필요한 일이었소"

의회는 위에서 지적한 그 어떤 문제도 개의치 않았다. 찰스 1세의 재판과 처형은 법이라는 포장지에 감춰진 정치적 행위였다. 찰스가 자신을 변호하기 위해 "권력은 규칙이나 법 없이도 통치한다"고 말한 그대로였다. 내전에서 엄청난 피바람이 불었고 내전의 승자들은 그 비극의 주된 책임자를 처벌하기로 결심했다.

찰스 재판의 그 모든 결함에도 불구하고 내전은 영국을, 아마도 전세계를 더 나은 방향으로 변화시켰다. 법은 찰스 편이었지만 평범한 국민의 마음 밑바닥을 대변한 것은 아마 브래드쇼가 펼친 주장이었을 것이다. 즉 왕은 법 위에 있지 않고, 의회는 단지 자문기구에 머물러서는 안되며, 통치권은 개인인 왕에 있지 않고 '의회 속의 왕(King in Parliament)'에 있어야 한다는 것이다. 의회의 이 승리가 없었다면 1689년의 권리장전은 없었을지도 모른다. 1653년 통치헌장(Instrument of Government, 영국 헌정 사상 유일한 성문헌법 – 옮긴이)이 없었다면 미국은 명문화된 헌법을 생각하지 못했을지도 모른다.

찰스 1세가 천적이자 앙숙인 크롬웰을 평생 직접 대면했다는 기록은 없지만 18세기에 시인 알렉산더 포프가 조셉 스펜스에게 한 이야기에 따르면 찰스의 처형 이후 크롬웰로 생각되는 자가 밤에 얼굴을 가리고 왕의 시신을 보러 왔다고 한다. 돌아서기 전에 그는 이렇게 중얼거렸다고 한다. "잔인하지만 필요한 일이었소."

1951년 로젠버그 부부 재판

이 재판은 사랑과 배신에 대한 이야기다. 자신이 옳다고 믿는 대의를 배반하기보다 끔찍한 죽음을 택한 어느 부부에 대한 이야기다. 누이와 아내 중 어느 쪽을 배신할 것인지 선택을 강요받은 남자에 대한 이야기다. 거짓말하는 증인에 대한 이야기며 법적 절차의 심각한 결함에 대한 이야기다. 그리고 현대사의 가장 냉소적인 정치철학이 그 자체의 목적을 위해 이 모든 사건들을 이용한 것에 대한 이야기다.

1950년 6월 16일 금요일 오전 8시가 막 지난 시각, 미연방수사국(FBI) 요원들이 실패한 사업가 줄리어스 로젠버그(Julius Rosenberg)의

뉴욕 시 아파트에 도착했다. 그들은 로스 알라모스 소재의 원자폭탄 연구시설에서 몇 년 전 처남이 한 일과 관련하여 로젠버그에게 물어볼 것이 있다고 했다. 로젠버그는 수사관들과 동행하기로 하지만 면도를 하고 두 아이들에게 옷을 입혀준 다음 가겠다고 했다. 하지만 그는 아파트 수색은 허락하지 않았다. FBI 사무실에서 "처남 말로는 당신이 러시아 측에 정보를 넘겨주라고 했다는데 할 말 없소?"라고 묻자 줄리어스는 이렇게 말했다. "처남을 이리 데려오시오. 처남 면전에 대고 거짓말쟁이라고 말하겠소." 약 한 달 후 그는 간첩 혐의로 체포되었고 아파트를 수색당해 서류와 책, 보석 등을 압수당했다.

다음날 아침, 줄리어스의 아내 에설은 아파트에서 기자회견을 열어 남편에 대한 혐의가 황당하다고 주장했다. 행주를 손에 들고 에설은 이렇게 말했다. "남편도 나도 공산주의자가 아니며 알고 지내는 공산주의자도 없습니다. 모두 말도 안되는 얘기입니다." 그러나 3주 후 에설도 체포되었다. 에설은 남편과 같은 액수의 보석 허가를 받았지만 남편과 마찬가지로 보석금을 내지 못해 수감되었다. 이렇게 해서 미국 첩보 역사상 가장 독특한 사건 하나가 세상에 모습을 드러내게 되었다.

1945년 8월 6일 미국의 폭격기 한 대가 히로시마에 첫번째 원자폭탄을 투하했다. 두 번째 원폭 투하로 일본이 항복하며 2차 세계대전이 종결되었다. 서방세계는 군비 축소를 시작했지만 과거의 동맹 소련연방은 동유럽에 대한 지배를 더욱 강화하면서 필요하다면 무력을 써서라도 전세계에 사회주의를 확산하는 것이 그 목적임을 분명히 했다. 원폭 제조의 비밀은 이제 소련의 세계 지배를 저지할 유일한 수단으로 떠올랐다. 따라서 1949년 소련이 원자폭탄을 터뜨렸을 때 미국인들이 느꼈을 실망감을 상상해 보라. 서방세계에서는 소련이 자체적으로 원자폭탄을 개발할 수 있으리라고 믿는 사람이 거의 없었기 때문에 반역자를 통해 제조 기술을 확보했다는 추측이 많았다. 이런 추측은 1950년 미 국무부의 고위 관리 앨저 히스(Alger Hiss)가 소련 요원에게 비밀문서를 준 일이 없다고 거짓 증언을 한 혐의로 감옥에 가면서 사실로 확인된 것처럼 보였다.

다음달 조셉 맥카시(Joseph McCarthy) 상원의원은 "국무부 소속 직원 가운데 공산당 정식 당원이거나 공산당에 확실히 충성하는 것으로 보이는 205명의 명단을 가지고 있다"고 주장하여 역사책에 이름을 남겼다. 이 숫자는 주목받고 싶은 한 상원의원이 아무렇게나 넘겨짚은 것이었지만 이로 인해 공직에 있는 모든 사람들 중 공산주의자로 의심되는 이들에 대해 유례가 없을 만큼의 무자비한 마녀사냥이 시작되었다. 그 과정에서 많은 무고한 사람들이 국가 안보라는 미명 아래 직장에서 쫓겨나고 심지어 목숨까지 잃었다.

아이러니는 맥카시가 옳았다는 것이다. 실제로 소련은 서방세계에 광범위하게 침투해 있었다. 미국에서만 약 350명의 공산주의자 요원과 정보원이 정부과 군대에서 전략적인 위치를 차지하고 있었음은 이제 누구나 아는 사실이다. 지금에 와서 밝혀진 사실이지만 이런 정보원 중에 원자폭탄을 개발하는 극비 사업인

‘맨해튼 프로젝트’에 대해 소련에 정보를 제공한 사람이 있었다. 그 스파이는 독일 태생의 과학자로서 나중에 하웰에 소재한 영국 핵연구소의 물리부 책임자가 된 클라우스 푹스(Klaus Fuchs)다.

푹스 박사는 나치 독일을 피해 영국으로 망명을 갔고 원폭 연구를 하게 되었다(그가 공산주의에 동조한 것은 단순히 나치즘에 대한 반발이었던 것으로 추측된다). 한 소련 망명자에 의해 신분이 드러난 그는 취조를 당하자 소련을 위해 첩보활동을 했음을 인정했고 미국 내에 자신과 관련된 첩보 조직에 속해 있는 많은 사람들의 이름을 댔다. 그 중에는 그가 ‘레이먼드’라고만 알고 있는 간첩도 포함되어 있었다. 정보 요원들은 레이먼드가 화공학자 해리 골드(Harry Gold)임을 알아냈다.

이 사건에 연루된 많은 사람들처럼 골드도 전쟁 전에 유럽에서 미국으로 이민 온 가난한 유대인 가정의 아들이었다. FBI에서 일주일간 심문을 받은 후 골드는 1934년부터 소련을 위해 첩보활동을 해왔다고 자백했다. 골드가 ‘존’이라는 이름으로 알고 있는 그의 소련 스파이 조직 상관인 아나톨리 야코플레프(Anatoli Yakovlev)는 부영사를 지냈고 주 유엔 소련 대표부 대표였다. 골드의 자백은 맨해튼 프로젝트에 참여했던 전직 미 육군 상사 데이비드 그린글래스(David Greenglass)로 이어졌다. 그린글래스는 골드와 또다른 소련 첩자인 자신의 매형 줄리어스 로젠버그에게 비밀 정보를 전달했다고 자백했다. 이 비밀 정보에는 폭축 방식으로 내파를 일으키는 장치인 ‘렌즈 틀’과 관련된 노트와 스케치가 포함되어 있었다. 이 렌즈 틀은 원자폭탄의 뇌관 바로 그것이었다.

젊은 친구들

줄리어스 로젠버그는 1918년 뉴욕 시 로어 이스트사이드의 한 폴란드인 재봉사의 아들로 태어났다. 14살 때 그는 청년공산주의 동맹(Young Communist League)에 가입했고 나중에 이 조직의 간사가 되었다. 1935년 로젠버그는 연상인 에설 그린글래스를 만나 사랑에 빠졌다. 에설 역시 러시아인 아버지와 호주인 어머니 사이의 가난한 유대계 가정에서 태어났다. 에설에게는 두 남동생 버나드와 데이비드가 있었다.

에설은 배우 겸 가수가 되고 싶었지만 강압적인 어머니 때문에 꿈을 접어야 했다. 그래서 선박회사에 비서로 취직했는데, 파업을 주도하여 해고되었다. 줄리어스와 에설은 서로 급진적 정치에 대한 관심을 공유하고 있음을 발견했는데, 그 관심은 서로에 대한 뜨거운 열정만큼이나 강렬했다. 1939년 줄리어스가 학교를 졸업하자마자 둘은 결혼했고 두 아들 마이클과 로버트가 태어났다.

고등학교를 졸업한 줄리어스는 뉴욕시립대학에서 공학을 공부했고 그곳에서 훗날 자신의 비극에 일조하는 많은 사람들을 만났다. 1942년에는 육군통신국(Army Signal Corps)에 민간인 엔지니어로 취직했고 빠르게 진급하여 검사관이 되었다. 공산당에 대한 관심도 커져서 1943년 공산당 내 산업국의 지부 회장이 되었고 그의 아파트에서 모임이 열렸다. 얼마 후 두 부부는 공산당과의 모든 공적 관계를 끊었는데 그 이유는 훨씬 더 나중에야 분명해진다.

1942년 말 에설의 동생 데이비드 그린글래스는 어린 시절 친구인 루스 프린츠와 결혼했다. 그들 역시 청년공산주의동맹 소속이었다. 대학에서 듣는 과목마다 낙제를 했던 데이비드는 1943년 군대에 복무하면서 기계수리공 훈련을 받았고 테네시 주 오크리지의 맨해튼 프로젝트에 참여하여 고성능 폭약 파트에서 일하게 되었다(그의 정치적 배경으로 어떻게 이런 일자리를 구했는지는 여전히 미스터리다). 루스도 남편을 따라와 두 사람은 뉴멕시코 주 앨버커키에 아파트를 세냈다. 줄리어스는 공산당 당원증이 발각되어 육군통신국에서 해고되었다. 전쟁 후 줄리어스는 에설의 두 남동생과 함께 맨해튼에 작은 기계수리점을 열었지만 사업이 잘되지 않았고 1947년 파산했다.

뉴욕시립대에서 만난 좌익 성향의 또다른 친구 모튼 소벨(Morton Sobell)은 러시아 태생 이민자의 아들이었다. 전기공학으로 석사학위를 받은 소벨은 대학 동창 맥스 엘리처(Max Elitcher)와 워싱턴 DC에서 한 방을 썼다. 소벨은 엘리처를 공산당에 가입시켰다. 둘은 같이 해군군수국에 전기 엔지니어로 취직했다. 1945년에 결혼한 소벨은 1948년에는 뉴욕 시에서 엘리처 부부와 이웃해 살고 있었다.

클라우스 푹스가 체포된 직후에 수많은 사람들이 집과 직장에서 사라지기 시작했다. 그 중 한 명이 모튼 소벨이었다. 그는 과로 때문에 휴가가 필요하다며 아내와 아들, 의붓딸과 함께 멕시코로 갔다. 줄리어스 로젠버그의 체포 사실이 세상에 알려지자 소벨은 돌아오는 항공표를 모두 현금으로 바꿔 유럽행 항공편을 예약하려 했다. 하지만 그와 가족은 관광 비자로 멕시코에 입국한 상태였고 아무도 여권이 없었기 때문에 그럴 수가 없었다. 두 달 후 무장한 경찰이 멕시코시티의 소벨의 거처로 쳐들어와 그와 가족을 미국 국경으로 데려가 FBI에 인도했다.

맥스 엘리처는 도망가지 않았다. 공산당원 신분과 관련하여 거짓 진술을 했다는 이유로 기소당할까 두려웠던 그는 FBI에 협력하기로 했던 것이다.

1951년 1월 31일 대배심은 줄리어스와 에설 로젠버그, 데이비드 그린글래스, 야코플레프와 소벨을 기소했다. 혐의는 1944년에서 1950년까지 소련에 미국의 국가 안보와 관련한 서류, 문건, 스케치, 메모 및 정보를 전달하려고 공모한 것이며, 그런 정보들이 소련에 유리하게 사용될 것이라고 믿고 의도적으로 그런 공모를 했다는 점이다. 그린글래스 부부는 공모자로 지목되었으나 피고인 자격은 아니었다. 검찰 측 증인이 되기로 했기 때문이다. 야코플레프는 러시아 외교관 여권으로 미국에 체류 중이었기 때문에 나중에 피고인 명단에서 제외되었다(이는 이론적 이유에 불과하다. 야코플레프를 비롯하여 그의 아내와 자식들은 이미 러시아로 가버린 상태였다).

보석금을 낼 수 없었던 로젠버그 부부는 구금되었고 구금된 곳에서 서로에게 노래를 불러주었다고 간수들은 전했다(에설은 푸치니의 오페라 〈나비부인〉에 나오는 '어느 아름다운 날'과 '굿나잇, 아이린'을 불렀고 줄리어스는 '공화국 전투가'를 불렀다고 한다). 로젠버그 부부의 어린 두 아들은 브롱크스의 임시보호소로 옮겨졌다.

재판

로젠버그 부부, 소벨, 데이비드 그린글래스의 재판은 1951년 3월 6일 뉴욕연방법원에서 어빙 R. 카우프만 판사의 주재로 시작되었다. 카우프만 판사는 162센티미터 정도의 작은 체구의 소유자였지만 막강한 인물이었다. 학자적 식견과 시민자유주의적 견해로 유명한 그는 개인적으로 피고인들이 유죄라고 믿었던 것 같다. 또한 로젠버그 재판을 출세의 디딤돌로 보았다는 의혹을 반박하기는 어려울 것이다. 평론가들은, 뉴욕 시민의 3분의 1 정도가 유대인이었으며 관련 피고 전원과 담당 변호사 대부분이 유대인이라는 사실에도 불구하고 배심원 중에 유대인이 단 한 명도 없었다는 사실을 지적한다. 하지만 악의적인 계획이었다기보다는 단지 운이 없었던 것 같다. 수많은 유대인들이 배심원단 요청을 받았지만 스스로 거절했기 때문이다.

로젠버그 부부의 변호를 맡은 사람은 에마누엘 블로크(Emanuel Bloch)였다. 유명한 시민권 변호사 매니 블로크('매니'는 에마누엘의 별칭)는 형사재판 경험이 거의 없었고 이런 경험 부족은 재판 처리 방식에서도 드러났다. 차석 변호사는 매니 블로크의 아버지 알렉산더 블로크로, 제과점 구매 및 판매 전문 변호사였다. 매니 블로크가 변호사로서 부족한 점이 무엇이었든 간에 로젠버그 부부에 대한 헌신적인 노력만큼은 부족함이 없었다(그는 두 사람의 장례식 때 조사를 읽었고 두 아들의 보호자로 지명되었다).

수석검사는 유능하지만 무자비한 어빙 H. 세이폴(Irving H. Saypol)

이었다. 그는 뉴욕 남부지구 지방 검사장이었는데 앨저 히스(미국
연방대법원 판사 올리버 웬델 홈즈의 법률서기였던 히스는 얄타회담에서 루스
벨트 대통령에 자문을 제공하고 유엔 수립의 주요 인물로 활약하면서 미국 정부
에서 화려한 경력을 쌓았다. 그러던 1948년 언론인 휘태커 체임버스에 의해 러
시아 첩보원으로 몰려 미 하원 반미활동위원회에 소환되었고 당시 증언으로 위
증 혐의를 받아 5년간 수감되기도 했다. 이후 평생 동안 무죄를 입증하려고 노
력했다. 오늘날까지도 이 사건은 미국에서 정치 성향을 알아보는 리트머스 구
실을 하고 있다)를 기소한 검사로 이미 유명했다. 또 한 명의 떠오르
는 젊은 검사 로이 코헨(Roy Cohen)은 후반부에 검사팀에 합류했
다. 진술에서 세이폴은 피고들이 "미국을 파괴하는 데 사용할 수

연방수사국에 연행되는 줄리어스 로젠버그

있는 정보와 무기를 소련에 전하려는, 고의적이고 면밀하게 계획된 음모"에 관여했다고 주장했다. 그는 피고들이 "미국 국민들에게 저지를 수 있는 가장 심각한 범죄를 저질렀다"고 했다. 그의 첫 증인은 맥스 엘리처였다.

포섭

엘리처는 줄리어스 로젠버그가 자신을 스파이로 포섭하려 했다고 증언했다. 그는 1944년 줄리어스의 포섭 행위에 대해 다음과 같이 말했다.

줄리어스가 전화를 해서 학창 시절 우리의 우정에 대해 얘기하더니 집으로 찾아왔습니다. 그는 한참 후 내 아내에게 나와 단둘이 얘기하고 싶으니 좀 나가달라고 했습니다. 아내가 방을 나가자 그는 소련이 전쟁에서 어떤 노력과 역할을 했는지 얘기하기 시작했습니다. 그리고 현재 많은 군사 정보가 미국의 이익 때문에 차단되고 있으며 그 때문에 소련이 어려움을 겪고 있다고 했습니다. 그는 내가 군수국에서 일하고 있으니 항공기 요격 장치와 미사일 발사 컴퓨터 제어 관련 정보를 전달해 줄 수 있겠느냐고 했습니다. 내가 제공한 정보는 모두 뉴욕으로 전달되어 사진 촬영을 한 뒤 그 다음 날 돌려줄 것이라고 했습니다. 분실 처리되지 않도록 말이죠. 그 과정은 내가 아는 한 안전했습니다.

엘리처의 증언은 첩보활동에 관여한 사실을 부인하고 싶은, 고뇌에 찬 사람의 증언이었다. 하지만 그는 "로젠버그의 제안을 거절하지 않았다. 나는 그를 따랐다"고 시인했다. 그는 전쟁이 끝난 후에도 줄리어스가 계속 군수국에서 일하라고 했다고 주장했다. 엘리처는 또 자신이 운전한 차로 모튼 소벨과 함께 로젠버그 아파트 근처에 갔을 때의 일을 법정에서 이야기했다. 둘은 미행당하고 있다고 생각했지만 소벨은 혼자 차에서 내렸고, 엘리처는 나중에 소벨로부터 로젠버그 부부에게 35밀리 필름 한 통을 전해 주었다는 말을 들었다고 증언했다.

데이비드 그린글래스는 아내 루스를 사면해 주는 대가로 검찰에 증언하기로 동의했다. 두 부부는 엘리처와 비슷한 시기에 로젠버그에게 포섭된 경위를 증언했다. 루스는 다음과 같이 말했다.

줄리어스는 한동안 자신과 에설이 어떤 공산당 활동도 적극적으로 하지 않고 또 공산당 기관지 《데일리 워커(Daily Worker)》를 늘 사던 가판대에서 사지 않는다는 점을 내가 눈치챘을지 모르겠다고 했습니다. 또 단순한 공산당원 활동 외에 소련을 좀더 직접적으로 도울 수 있는 사람들과 접촉하려고 2년 동안 노력해 왔다고 말했습니다. 줄리어스는 데이비드가 원자폭탄 관련 일을 하고 있다는 사실을 친구들을 통해 들었고, 원자폭탄은 지금까지 사용된 가장 파괴적인 무기이며 위험한 방사능을 내놓는다고 내게 말했습니다. 또 미국과 영국이 합작으로 원폭 프로젝트를 추진하고 있는데, 그가 생각하기에 이 정보는 당시 미국의 우방이었던 러시아도 알아야 한다고 했습니다. 모든 국가가 그 정보를 갖고 있으면 한 나라가 다른 나라에 그 폭탄을 함부로 사용할 수 없을 것이라는 설명이었습니다. 줄리어스는 자신이 러시아에 정보를 제공할 수 있도록 남편을 설득해 주었으면 좋겠다고 했습니다.

처음에는 내키지 않았지만 데이비드는 결국 줄리어스의 계획에 협력하기로 했다. 두 달 후 뉴욕 휴가 중에 데이비드는 줄리어스에게 '렌즈 틀'에 관한 스케치 한 장과 스파이로 포섭할 만한 사람들의 명단을 제공했다. 데이비드는 에설이 그 내용을 타이핑했고 루스와 줄리어스가 문법을 수정했다고 증언했다. 그런 다음 줄리어스는 손으로 쓴 메모를 프라이팬에 태워 싱크대에 넣고 물을 틀어 흘려보냈다고 증언했다.

"줄리어스가 보내서 왔소"

데이비드 그린글래스는 줄리어스가 정보를 전달받기 위해 로스 알라모스로 사람을 보낼 수도 있다고 말했다고 증언했다. 그 사람이 젤로(디저트용 젤리) 포장지의 찢어진 반쪽 윗부분을 가지고 있을 것이며 루스는 나머지 반쪽을 갖고 있기로 했다(로이 코헨 검사의 요청으로 데이비드는 법정에서 그 젤로 포장지가 어떻게 잘라졌는지 보여주었다). 얼마 후 한 남자가 젤로 포장지의 찢어진 반쪽을 가지고 앨버커키에 있는 데이비드의 아파트 앞에 도착해서 미리 정해둔 암호문을 말했다. "줄리어스가 보내서 왔소."

데이비드는 그 남자에게(데이비드는 나중에 그가 해리 골드라고 밝혔다) 원폭 프로젝트에 참여하는 사람 중에서 포섭 대상이 될 만한 사람들에 대한 정보를 넘겨주었다. 데이비드는 '렌즈 틀'의 또다른 스케치도 전달했다. 이런 정보를 받고 골드는 데이비드에게 현금 500달러가 든 봉투를 주었다. 로젠버그 재판 전에 소련을 위한 간첩활동으로 이미 30년형을 선고받은 골드는 앨버커키의 이 만남에 대한 데이비드의 진술을 확인해 주었다.

데이비드는 그런 다음 줄리어스의 주선으로 미지의 러시아인과 차에서 접선한 일에 대해 증언했다. 데이비드는 그 러시아인에게 렌즈에 대해 설명했고 로스 알라모스에서의 업무에 대한 질문에 대답해 주었다. 마지막으로 1945년 12월 데이비드는 또다른 뉴욕 휴가 중에 렌즈 틀의 단면도를 그려서 원자폭탄에 대한 12쪽 분량의 글과 함께 줄리어스에게 넘겨주었다. 그 만남에서 데이비드는 줄리어스가 러시아를 위해 근접 발파 신관과 또 한 가지 재료를 훔친 사실을 시인했다고 주장했다.

콘솔 테이블

법정에는 결코 제시되지 않았던 이 사건의 주요 증거물은 로젠버그 부부 아파트에 있었다고 하는 콘솔 테이블이다. 데이비드는 법정에서 "로젠버그 부부가 러시아로부터 콘솔 테이블을 받았다고 말한 것 같다"고 증언했다. 루스는, 에설이 그것은 특별한 테이블이라는 말을 했다고 추가했다. 테이블 밑에 램프를 설치해서 사진 촬영 목적으로 사용할 수 있다는 것이다. 즉 타자로 친 메모의 마이크로필름 촬영에 사용되었다는 것이다. 이 테이블이 그런 목적으로 개조되었다는 말을 들었음에도 불구하고 이상하게도 FBI는 아파트에서 테이블을 압수하지 못했다. 이 사실은 훨씬 나중에서야 밝혀졌다.

보상과 도피

검찰 측 증인인 데이비드 그린글래스에 따르면 줄리어스는 전쟁 후에 소련에 대한 봉사의 보상으로 감사장을 받았고 아내와 함께 시계도 받았다고 한다. 1950년 푹스가 체포되었을 때 줄리어스는 도피 준비와 필요한 경비를 지원해 줄 테니 데이비드에게 즉시 미국을 떠나라고 했다. 한 달 후 해리 골드가 체포되자 줄리어스는 다시 한 번 경고했고 데이비드에게 1,000달러와 함께 유럽 도피를 도와줄 멕시코시티의 협력자들과 접선할 수 있는 암호들을 알려주었다. 줄리어스 본인도 가족과 함께 미국을 떠날 것이라고 했다. 나중에 그는 데이비드에게 도피 자금으로 4,000달러를 추가로 주었다. 남편이 체포되자 에설은 루스를 찾아가 데이비드에게 줄리어스에 대해 얘기하지 말고 혼자 책임을 지게 말해달라고 부탁했다. 나중에 한 사진사는 프랑스 여행을 간다며 여권 사진을 서른 장 이상 찍은 한 가족에 대해 증언했다. 그는 줄리어스가 그 가족의 일원이라고 했다.

검찰이 소환한 또다른 증인 중에는 '레드 스파이 퀸(Red Spy

Queen)’으로 널리 알려진 전직 스파이도 있었는데, 그는 줄리어스라는 자로부터 전화를 받은 적이 있다고 증언했다. 하지만 이런 증언들은 이전 증언보다 더 큰 타격을 주지는 못했다.

로젠버그 부부는 검찰 측 주장을 전면 부인했다. 그들은 그린글래스 부부에게 원자폭탄 정보를 요구한 적도 없고 그 어떤 간첩활동에도 참여한 적이 없다고 했다. 줄리어스는 근접 발파 신관을 훔친 사실도 부인했다. 그는 해리 골드를 알지 못했고 야코플레프를 본 적도 없으며 소련인과 나란히 같은 차에 앉았던 적도 없고 레드 스파이 퀸에게 전화를 한 것도 자신이 아니라고 했다. 대학 졸업 후 줄리어스는 워싱턴에 갔을 때 딱 한 번 엘리처를 찾아간 적은 있지만 그것은 사교적인 방문이었고 간첩활동 얘기는 전혀 없었다고 했다.

로젠버그 부부는 문제의 콘솔 테이블이 러시아에서 받은 선물이라거나 사진 촬영에 이용했다는 사실을 부인했다. 뉴욕의 메이시스 백화점에서 20달러 정도를 주고 아주 싸게 산 물건이었다고 했다(이 주장에 반박하기 위해 로젠버그 부부의 시간제 가정부가 나중에 소환되었는데, 그 가정부에 따르면 에설은 그 탁자를 남편 친구로부터 ‘일종의 결혼 선물’로 받은 것이라고 말했다고 한다).

줄리어스는 여권 사진을 찍었다는 사실도 부인했다. 가족 주치의를 방문한 적은 있지만 데이비드가 멕시코에 입국할 때 어떤 주사를 맞아야 하는지 알아보기 위해서라고 했다. 또 데이비드에게 준 돈은 4,000달러가 아니라 1,000달러이며 처남의 도피를 돕기 위해서가 아니라 그가 어려움에 처했기 때문이었다고 했다(검찰은 나중에 이 주장을 반박하기 위해 그린글래스의 변호사 비서를 소환했는데, 그녀는 수상쩍게도 4,000달러에 가까운 액수인 3,900달러를 받았다고 증언했다).

묵비권

줄리어스나 에설은 모두 좋은 인상을 주는 증인이 아니었다. 줄리어스는 불안하고 현학적으로 보였으며, 에설은 차갑고 완고했다. 하지만 이런 태도는 아마도 결국 그들을 죽음으로 이끈 '제5조를 따르겠다'는 결심 때문이었을 것이다('제5조를 따르겠다'는 것은 미국에서 묵비권을 행사한다는 뜻으로 쓰이며, 제5조는 이러한 권리를 인정하는 미국 헌법수정 제5조를 일컫는다).

'수정 5조 전략'은 카우프만 판사가 줄리어스에게 정치적 신념에 대해 질문했을 때 시작되었다. "러시아의 정치 체제를 토론하는 단체에 소속된 적이 있느냐"는 질문에 줄리어스는 이렇게 대답했다. "존경하는 재판장님, 답변 과정에서 유죄판결을 이끌어 낼 수도 있는 질문에 대해서는 답변을 거부해야 한다고 생각합니다."

세이폴 검사가 반대신문 도중 엘리처와 줄리어스의 정치적 견해와 관련된 질문을 하자 줄리어스는 이렇게 말했다. "나는 자기부죄(自己負罪)를 강제받지 않을 권리(자신을 유죄에 얽매이게 하는 질문이나 기타 불리한 증언을 거부할 수 있는 헌법상의 권리 – 옮긴이)를 조금도 포기하지 않을 생각입니다. 그리고 세이폴 검사께서 청년공산주의동맹이나 공산당을 언급하신 것이라면 그에 대한 어떤 질문에도 대답하지 않겠습니다." 그리고 '공산주의 조직'에서 어떤 대화를 나눴는지에 대한 질문을 받자 줄리어스는 다시 한 번 말했다. "그 질문은 자기부죄의 우려가 있으므로 답변을 거부하겠습니다."

변호사 루이스 나이저(Louis Nizer)는 줄리어스의 답변을 이렇게 요약했다. "솔직하지 않고 뭔가 감추려는 것 같았다. 진실을 그대로 말하기보다는 법의 형식을 이용하려 했고, 소련의 가치를 찬양하면서 보여주었던 용기보다는 공포심을 드러냈다."

에설도 같은 전략을 취했다. 남편이 공산당원이라는 이유로 정부기관에서 해고되었느냐는 질문에 에설은 자기부죄의 위험이 있다는 이유로 답변을 거부했다. 또 해고 위협에 대한 줄리어스의 반응과 동생의 공산당 가입을 도왔는지에 대한 질문에도 답변을 거부했다. 심지어 그 문제를 동생과 논의했는지 여부에 대해서도 답변하지 않았다.

카우프만 판사는 배심원단에게 이런 답변 거부에서 피고에 대해 어떠한 추론도 하지 말라고 지시했지만 인간의 본성은 법적 규범을 항상 준수하지는 않으며 이미 물은 엎질러진 후였다.

사형 선고

매니 블로크가 배심원단에게 이상하리만치 넘치는 감사의 말과 더불어, 법정과 검사, 심지어 FBI에까지 감사의 인사를 한 후 최종 변론을 시작했다. 덕분에 나중에 쏟아진 비난의 화살을 상당히 피한 듯하다. 그는 이 재판을 '그린글래스 부부 대 로젠버그 부부' 사건으로 부각시키려 했고 그린글래스 부부가 로젠버그 부부에게 불리한 증언을 한 이유는 사업 실패에 대한 원한 때문이라는 변론을 내세웠다. 하지만 그린글래스 부부에 대한 지독한 독설은 오히려 논거의 빈약함을 드러냈을 뿐이다. 그는 데이비드 그린글래스를 가리켜 "지금까지 만나본 하등동물 중에서도 가장 하등한 동물"이라고 했고 루스는 "악의 화신"이라고 했다.

최종 변론이 끝나자 세이폴 검사가 로젠버그 부부의 혐의를 뒷받침하는 증언들을 차분하게 요약하며 피고들의 행위를 최악의 범죄로 표현하였다.

여러분 앞에 선 이 피고인들이 끔찍한 배신행위를 했다는 결정적인 증거가 있습니다. 어떠한 감정적 고려도, 어떠한 동정도 이 증거 앞에서는 빛을 잃습니다. 미국 법정에 선 어떠한 피고인도 이 세 사람보다 동정의 여지가 없는 사람은 없을 것입니다.

마지막으로 카우프만 판사는 배심원들에게 공범들의 증언 가운데 미확인 사실은 무시할 것과 피고들의 공산당원 신분은 질문의 목적과 관련된 것 외에는 사건과 절대 연관 짓지 말라고 주의를 주었다. 심의를 위해 물러났던 배심원들은 법정으로 돌아와 판결에 대한 판사의 의견을 알려달라고 요구했다. 카우프만은 양형 문제는 오직 판사가 정하는 것이라고 설명했다. 배심원들은 다시 법정에서 물러나 자정을 넘겨서까지 심의를 계속했다. 다음

날인 5월 5일 오전 11시 배심원은 모든 혐의에 대해 유죄 평결을 내렸다. 배심원들은 평결시 감형 권고를 할 수 있다고 판사로부터 조언을 받았음에도 불구하고 그렇게 하지 않았다.

카우프만 판사는 로젠버그 부부에게 각각 사형을 선고했고 모튼 소벨에게는 징역 30년을 선고했다. 다음날 데이비드 그린글래스는 15년형을 선고받았다.

감옥에 갇힌 로젠버그 부부

판결 후 에셀과 줄리어스는 각각 다른 감옥에 갇혔지만 얼마 후 싱싱 교도소에서 다시 만났다. 거기서 두 사람은 자신들의 고통과 사랑, 정치적 신념을 주장하는 편지를 계속 주고받았다. 어떤 사람들은 편지에서 표면적으로 드러난 내용만 보았지만 그 편지들이 출판을 염두에 두고 쓰여졌다고 보는 사람들도 있다. 에셀의 편지는 분명 드라마틱한 면이 있었다.

기다려라, 곧 벌벌 떨 것이다. 너희 미치광이들, 우리에게 행한 이 야만적 행위와 이 오명, 너희들이 지금 마음껏 즐기고 있는 이 행위는 절대 그냥 넘어가지 않으리라. 반드시 복수하리라! 회오리바람이 불어와 너희들은 한낱 지푸라기처럼 날려갈 것이다.

두 사람은 일 주일에 한 번 만날 수 있었지만 칸막이를 사이에 두고 만나야 했다. 딱 한 번 신체적 접촉이 허용되었다. 루이스

나이저 변호사는 줄리어스가 도착했을 때 일어났던 안타까운 장면을 이렇게 묘사했다.

"에설!" 줄리어스가 소리쳤다. 둘은 서로에게 달려가 꼭 껴안고 서로의 얼굴을 감싸며 열렬히 키스했다. 사람들이 무슨 일인가 미처 깨닫기도 전에 그들은 거칠게 상대를 더듬기 시작했다. 두 사람은 완전히 이성을 잃고 열정적으로 엉겨붙었다. 이 광경을 목격한 사람들은 두 사람의 행동이 너무도 갑작스럽고 격렬해서 깜짝 놀랐다. 사람들은 몸을 뒤틀며 신음하는 두 사람을 놀라움에 차서 멍하니 계속 바라보았다. 마침내 경비원과 여사감이 정신을 차리고 두 사람에게 달려들어 서로를 떼어놓았다. 줄리어스는 몸이 통째로 들려 의자에 힘껏 내던져졌다. 에설은 난폭하게 끌려갔다. 둘은 여전히 숨을 헐떡이고 있었다. 줄리어스의 얼굴은 마치 피가 흐르는 것처럼 립스틱으로 얼룩이 졌다. 그는 손가락으로 머리를 쓸어넘겼다. 에설은 정숙한 동작으로 셔츠를 끌어당겼는데 그런 상황에서 그 모습은 우스꽝스러워 보였다. 에설은 치마를 끌어내리고 헝클어진 머리를 새침하게 가다듬었다. 하지만 그녀는 격렬한 입맞춤으로 얼굴 여기저기 붉은 립스틱 자국이 번져 있다는 것은 모르는 것 같았다. 블로크 변호사의 얼굴이 눈에 들어오자 에설은 모욕감을 느끼고 울기 시작했다.

그 뒤로 둘은 상대를 만지는 행위가 금지되었다.

항소

유죄판결과 선고를 뒤집기 위한 로젠버그의 필사적인 시도가 시작되었다.

재판이 끝난 다음날 피고 측이 항소를 제기하여 사형선고 집행은 자동적으로 중지되었다. 항소 사유에는 다음 2년에 걸쳐 사용한 법적 전략에서 끝없이 반복된 사유가 대부분 들어 있었다. 제2지구 순회상소법원은 이 모든 항소 사유를 철저히 검토하여 만장일치로 기각했고, '자유주의자'로 알려진 저명한 제롬 프랭크(Jerome Frank) 판사가 기각 사유를 밝힌 판결문을 작성했다. 프랭크 판사는 로젠버그 부부 자신들은 우방국에 기밀을 넘겨주었으나 미국과 정치성이 다르다는 이유로 유죄판결을 받았다고 주장하지만 "이러한 음모는 러시아가 '우방'이었던 1945년에 끝난 것이 아니라 미국의 적국임이 명백해진 시기에도 계속되었다"고 지적했다. 대법원은 이 판결에 대한 재심을 거부했다.

그러자 로젠버그 측은 재판이 편파적인 분위기에서 열렸다는 등 여러 가지 이유로 다시 상고했다(재판 당시 언론은 로젠버그 부부에 우호적이지 않았고 세이폴 검사는 결국 하지도 않았던 추가 증언이 있을 것이라는 보도자료를 발표하기도 했다). 연방판사는 이 상고 역시 기각했고 항소법원은 이 판결을 확정했다. 다음해 2월 아이젠하워 대통령은 "이 두 사람은 바로 이 시간에도 자유로운 사람들이 목숨 바쳐 싸우며(당시 진행 중인 한국전쟁을 언급한 것) 지켜내려는 자유라는 대의를 배신했다"며 사면 탄원을 거부했다.

1953년 4월 그 문제의 콘솔 테이블이 줄리어스 어머니의 아파트에서 발견되었다. 문맹이었던 탓에 언론 보도를 따라가지 못했던 어머니는 그 테이블의 중요성을 알지 못했다고 주장했다. 메이시스 백화점의 가구 구매 담당자는 다음과 같이 진술했다. "메이시스는 1944년과 1945년 당시 이 사진에 나타난 특정 탁자를 취급 판매했을 수 있다." 이러한 정보를 가지고 블로크는 카우프만 판사에게 항소했지만 소득이 없었다. 항소법원은 카우프만의 판결을 확정했다.

'로젠버그 사건 정의구현위원회'는 재판이 끝난 후에 조직되었으나 공산당은 1년이 지나서야 로젠버그 부부를 위해 진지하게 행동에 나서기 시작했다(공산당 측의 이례적인 침묵은 당시 동유럽에서 진행되던 추악한 간첩 재판들과 모종의 관계가 있었을지 모른다). 백악관 밖에서는 철야 농성이 있었고 전세계적으로 항의 집회가 열렸다. 두 변호사 파이크 파머(Fyke Farmer)와 다니엘 마샬(Daniel Marshall)이 완전히 새로운 법적 소견을 가지고 이 사건에 뛰어든 것은 바로 이 시점이었다.

두 변호사는 단순히 로젠버그 부부를 재판한 법정이 사형을 선고할 권한이 없었다고 주장했다. 블로크는 이 주장을 별로 진지하게 받아들이지 않았지만 그럼에도 불구하고 카우프만 판사에게 그 주장을 제시했다. 역시 아무 소용이 없었다. 파머와 마샬의 논점을 포기하고 블로크는 이제 미 연방대법원의 잭슨 판사에게 사형집행 유예를 신청했다. 잭슨 판사는 블로크에게 충분한 변론 기회를 주어야 한다는 의견서와 함께 이 신청을 전원합의부에 회부했다. 재판관 4명은 이 신청을 수용하려 했으나 다수는 기각했다.

다음날 6월 16일, 운명의 시간이 빠르게 다가오는 가운데 파머와 마샬은 대담하게도 연방대법원의 또다른 판사인 윌리엄 더글러스(William O. Douglas)에게 다시 항소를 요청했다. 파머와 마샬은 사실 급진적 사상을 지지하는 부유한 어윈 에델만(Irwin Edelman)을 대신해서 이 사건에 나섰고 에델만으로부터 자금을 제공받았다. 이 사건에 개입할 여지가 없었던 에델만은 자신을 항소인들의 '소송 대리인'으로 지정하는 모호한 조치를 취했다. 바로 얼마 전에 블로크 변호사가 사형집행 유예를 요구했을 때는 반대했던 더글러스 판사는 파머와 마샬의 주장이 설득력이 있다고 보고 사형집행 유예 심의를 지방법원에 회부하는 것을 허락했다.

그러나 대법원 동료들은 더글러스 판사의 그런 움직임에 경악

백악관 앞에서 시민들이 로젠버그 부부의 사면을 요구하는 피켓 시위를 벌이고 있다.

했고 유예 신청이 승인되기도 전에 이를 막으려고 행동에 나섰다. '파머의 유예 신청은 터무니없으며 더글러스 판사는 그 신청을 기각해야 한다'고 생각한 잭슨 판사는 대법원장과 검찰총장의 만남을 주선했고 그 결과 특별 재판을 소집한다는 유례없는 결정을 발표했다. 법적 주장을 들은 후에 대법원 전원재판부는 더글러스의 형 집행 유예를 무효(또는 파기) 처리했고 추가 심리는 거부했다.

대법원이 로젠버그의 상고를 최종 거부한 날 아이젠하워 대통령은 다음과 같이 두 번째 사면 신청을 거부했다.

로젠버그의 원심과 그 이후 이어진 기나긴 항소는 분명 최대한의 정의와 적법한 법률 절차에 따라 이루어졌다. 이 사건과 관련된 수많은 복잡하고 전문적인 절차가 진행되는 동안 피고인들이 가장 심각한 간첩행위를 저질렀다는 데 의문을 표시한 판사는 아무도 없었다.

아이젠하워의 마지막 말은 사실이 아니었다. 휴고 블랙(Hugo Black) 판사는 반대 의견에서 이렇게 말했다. "본 법정이 이 사건의 재판 기록을 제출받은 적이 없다는 점과 결코 원심의 공정성을 확인한 적이 없다는 사실을 지적하는 것은 잘못이 아니다. 그런 과정이 없으면 이 사형집행이 합법적이며 정당하게 이루어졌는가에 대해 계속 의문이 남겨질 수 있다."

이것이 사실상 로젠버그 부부의 마지막 몸부림이었고 그것은 실패로 끝났다. 그들은 바로 다음날 죽음을 맞는다.

사형실

사형을 코앞에 둔 시점에서 사형 일자를 재조정하기 위한 항소가 이루어졌다. 금요일 오후 11시로 예정된 사형집행 시간이 그날 일몰부터 시작되는 유대인 안식일 기간이라는 이유로 항소 신청을 한 것이다. 카우프만 판사는 일정 변경에 동의했으나, 사형 집행을 미루는 대신 오히려 일몰 전으로 앞당겨 버렸다.

줄리어스가 먼저 사형집행실로 갔다. 그는 작은 방에 있던 열 명의 공식 증인들의 존재는 알아차리지도 못했을 것이다. 그는 전기의자에 묶이는 동안 조용히 앉아 있었다. 한 번은 길게, 두 번은 짧게 세 번의 전기충격을 가한 후에 의사들은 로젠버그의 몸을 확인하고 사망을 선언했다. 10분 후 아내 에설도 같은 방에 들어섰다. AP는 당시 상황을 다음과 같이 보도했다.

키가 작고 통통한 37살의 여성 에설은 볼품없는 녹색 무늬 옷에 슬리퍼를 신고 전기의자 앞에 섰다. 작은 입은 뒤틀린 듯했는데 그것이 미소인지 비웃음인지는 아무도 알 수 없었다. 에설은 한 발짝 내딛고는 자신을 호송해 온 여성 교도관 에반스 헬렌 쪽으로 갑자기 돌아섰다. 에설은 에반스를 끌어당겨 입을 맞추었다. 마음의 동요를 일으킨 듯 교도관은 에설을 동행했던 전화교환수 루시 매니와 함께 재빨리 사형실을 나왔다. 에설은 차분하게 앉아 전기의자 양쪽 팔걸이에 두 팔을 힘없이 늘어뜨렸다. 짧게 자른 머리에 전극 헬멧을 씌우고 움직이지 못하도록 가죽끈으로 조이자 약간 움찔했다. 다른 전극은 맨살이 드러난 오른쪽 다리에 연결했다. 그리고 한참 후 사형집행 스위치를 올리자 낮고 귀에 거슬리는 달그락거리는 소리가 이어졌다. 세 번의 전기충격을 가하자 에설은 두 손을 꽉 움켜쥐었고 가죽끈 밑에서 몸이 부풀어 올랐다. 두 의사가 뭔가 상의를 하며 에설을 살펴보았다. 의사들이 손짓을 보내자 사형집행관 조셉 프란셀은 두 번의 전기충격을 더 가했다. 몸이 다시 움직였다. 그러다가 끝났다.

그날은 로젠버그 부부의 결혼기념일 14주년이 되는 날이었다. 두 가지 커다란 의문이 남아 있다. 로젠버그 부부는 공정한 재판을 받았으며 정말 소련을 위해 간첩활동을 했을까? 파머와 마샬의 주장, 사형선고의 합법성을 먼저 살펴보자.

사형선고는 합법적이었나?

문제는 간단하다. 로젠버그 부부는 1917년에 제정된 일반간첩법(Espionage Act)에 의거해 유죄판결을 받았는데 이 범죄에 대한 처벌은 사형이었다. 하지만 이후에 제정된 1946년의 원자력법(Atomic Energy Act)에는 로젠버그 부부의 경우처럼 새로운 범죄를 다루는 규정이 마련되었는데, 그 법에 따르면 오직 배심원 권고가 있을 때에만 사형을 선고할 수 있었다. 파머와 마샬은, 배심원 권고가 있을 때에만 사형을 선고할 수 있다는 원자력법의 규정이 간첩법에 의거한 유죄판결 선고에 적용되며, 따라서 본 사건의 경우 배심원 권고가 없었으므로 그 판결은 위법이라고 주장했다.

대법원 전원재판부에서 이 같은 주장을 논의한 후, '자유주의자'이지만 대단한 법률이론가는 아니었던 더글러스 판사는 이 문제에 대해 '깊이 고심'할 필요가 있다고 밝혔다. "사형과 징역이라는 서로 다른 형량을 적용할 수 있는 경우, 법정이 가벼운 형을 선고할 수밖에 없다는 것은 너무나 기본적인 원칙이다." 휴고 블랙 판사는 이 주장이 대법원에서 충분한 시간을 두고 심의한 적이 없는 "실체적이며 중대한 문제"를 제기했다는 점에 동의했다. 존경받지만 변덕스러운 프랭크퍼터 판사조차 "판사가 오직 자신의 권한으로 사형선고를 내릴 것인지, 배심원 권고에 의거해 선고를 내릴지의 문제를 검사 한 명의 재량권에 맡겨둘 수는 없다"며 그 주장을 지지했다.

하지만 모두 소용없었다. 6대 3으로 대법원은 지방법원이 이 사건을 재심할 필요가 없다고 판결했다. 그런 문제들은 순전히 법률적인 것으로, 대법원이 판단할 수 있다는 것이다. 그리고 그들은 정확히 그렇게 처리했다.

대법원은 이렇게 판단했다. "원자력법은 그 문구나 의도로 이전의 간첩법을 대체하지 않는다. 원자력법의 취지는 이전 법을 폐기하는 것이 아니며 함축적으로 폐기를 명시하는 어떤 근거도 제시하고 있지 않다. 각 법은 그 자체로서 완전하며 그 나름의 존재 이유와 운용 범위가 있다. 원자력법에 의거해 기소하려 한다면 거의 실패할 것이 분명하다." 뿐만 아니라 원자력법에는 "다른 법의 적용 가능한 규정을 배제해서는 안된다"는 조항이 포함되어 있었는데, 대법원은 이 조항이 "명백히 1917년 간첩법을 가리키는 것"이라고 했다. 일단 프랭크퍼터의 의견은 존중하지만 필자가 생각하기에 이 다수 의견은 소수 의견보다 일리가 있는 것으로 보인다.

비평가들은, 이미 수많은 사형집행 정지 선례가 있는데 훌륭한 펠릭스 프랭크퍼터를 포함하여 대법원의 세 판사들이 추가 심리할 가치가 있다고 판단한 문제를 전원재판부가 왜 그렇게 간단히 기각 처리해야 했는지 궁금하게 생각했다. 대법원은 다음과 같이 설명했다. "대법원은 합리적인 수준으로 신속하고 확실하게 법이 집행되도록 할 의무가 있다. 이 사건에서 이루어진 집행 정지 명령들은 이미 종결되었을 소송 기간을 수개월 더 연장하는 결과를 가져왔다."

그럴 수도 있다. 서둘러 판결을 내린 데 대해 또다른 설명이 있을 수도 있다. 대법원 내 막후에서는 심각한 의견 분열이 있었다. 프랭크퍼터와 빈슨 판사는 로젠버그 사건 심리에서 (그들이 보기에) 더글러스 판사가 시종 엉뚱하고 냉소적으로 행동한 것에 격분했다. 대법원이 하급 법원의 판결뿐만 아니라 법률 문제까지 판단할 수 있다는 다수 의견은 일리는 있지만, 그렇다고 해서 최선의 선택은 아니었다.

만약 이 대법관들이 카우프만 판사의 법정 막후에서 어떤 일이 진행되었는지 알았다면 상황은 완전히 달라졌을지도 모른다.

카우프만이 공정하지 못했다는 일부의 주장에도 불구하고 법정에서 카우프만의 재판 행위는 흠잡을 데가 없었다. 항소법원은 그 점에 있어서 카우프만에 대해 제기된 모든 이의 신청을 기각했다. 문제가 된 것은 오히려 법정 밖에서의 행동이었다.

고든 딘(Gordon Dean)은 원자력위원회(Atomic Energy Commission) 의장이자 전 법무부 검사였다. 로젠버그 재판이 시작되기 한 달 전 딘의 사무일지에 따르면 "법무부의 한 관리가 판사와 얘기했는데 판사는 증거가 충분하면 (사형을) 선고하려 한다"고 기록되어 있다. FBI 기록으로 확인된 그 같은 발언은 그 자체로는 물론 비난할 여지가 없다. 판사는 증거에 근거해 어떤 형량도 부과할 준비가 되어 있어야 한다. 여기서 잘못된 점은 재판 심리 전에 법무부 관리와 판사 사이에 형량에 대한 논의가 있었다는 사실이다.

문제는 거기서 끝나지 않는다. 카우프만 판사는 유죄판결 후에 비밀리에 검찰 측과 상의를 했다. 영국 법원의 관례와는 달리, 연방 판사들이 판결을 내리기 전에 검사의 의견을 구하는 것은 흔한 일이었지만 그것은 공개법정에서 이루어졌어야 한다. 그래서 피고가 그런 내용을 인지하고 적절히 대응할 수 있도록 했어야 한다. 재판 후 많은 세월이 흐른 뒤 어빙 세이폴은 재판 당시 FBI 국장에게 편지를 써서 당시 카우프만이 판사실로 자신을 불러 다음날 선고될 구형량에 대한 그의 의견과 법무부의 의견을 물었음을 밝혔다. 세이폴은 로젠버그 부부에 대해서는 사형을, 소벨에 대해서는 30년형을 구형했는데 카우프만도 정확히 같은 형량을

선고했다. 흥미롭게도 법무부나 독재적인 에드거 후버 국장은 사
형선고를 지지하지 않았다. 후버는 현명하게도 사형집행이 에셀
을 순교자로 만들 것이라고 지적했다.

카우프만은 자신의 경솔한 행동을 덮기 위해 정도를 벗어났다.
그는 세이폴 검사와 몰래 상의한 후에 검사에게 공개법정에서 형
량 권고를 하지 말 것을 요구했다. 그리고 바로 그 다음날 법정에
서 정직하지 못하게 "이 사건의 심각성과 선례 부족 때문에 나는
정부 측에 형량 권고를 요청하지 않았다"고 말해 이런 기만을 더
욱 악화시켰다.

재판이 끝난 후에도 카우프만은 이 사건에 특별한 관심을 보였
다. 《뉴욕 타임스》 지의 샘 로버츠(Sam Roberts) 기자는 "카우프만
은 판결 집행이 계속 지연되는 것을 불만스러워하는 것처럼 보였
다"고 지적했다. 몰래 검사와 상의하고는 그런 사실을 부인했다
는 점에서 카우프만 판사의 행동은 분명 부적절했다. 그런데 사
건에서 드러난 사실에 비추어 볼 때 판결 자체는 합당했을까?

로젠버그의 범죄는 얼마나 중죄였나?

비평가들은 카우프만 판사가 판결을 하면서 공소장에 명시된
혐의도 아닌 '반역죄'를 언급한 언어적 실수를 적절히 지적했다.
이는 속마음을 드러낸 것이기는 했지만 어쩌면 단순한 말실수였
을지도 모른다. 이 '실언'에서 분명한 것은 로젠버그 부부가 그들
이 저지른 범죄의 중대성에 대해 완전히 오해했기 때문에 징역형

이 아닌 사형을 선고받았다는 것이다. 카우프만이 말한 내용은 다음과 같다.

> 우리의 가장 훌륭한 과학자들이 예측한 것보다 몇 년 앞서 소련인들의 손에 원폭을 쥐어준 피고들의 행동으로 인해 공산주의자들은 이미 한국전쟁에서 5만 명이 넘는 희생자를 냈습니다. 어쩌면 수백만 명의 무고한 사람들이 피고들의 반역의 대가로 목숨을 잃게 될 것입니다. 참으로 피고들의 반역행위는 미국에 불리하게 역사의 방향을 바꾸어놓은 것이 분명합니다.

문제는 이런 추정이 사실이 아니었다는 것이다. 로젠버그 부부는 소련에 원자폭탄 기밀을 제공하지 않았고 그들의 행동이 한국전 발발에 기여했다고 볼 만한 어떤 이유도 없었다. 그렇다면 로젠버그 일당이 소련에 제공한 정보의 가치는 어느 정도였을까?

블로크 변호사는 그린글래스 정도의 학력을 가진 인물이라면 핵폭탄의 원리를 제대로 설명하기는커녕 이해조차 못했을 것이라는 점을 부각시키려 했다. 하지만 검찰이 소환한 로스 알라모스의 한 직원은 "로스 알라모스에서 진행되는 작업에 대해 알아내려는 전문가라면 '그 스케치'를 보고 로스 알라모스에서 진행되는 일을 밝혀내는 데 필요한, 충분한 정보를 얻을 수 있었다"고 증언했다. 그리고 당시에는 그 누구도 이 증언을 반박하지 않았다.

하지만 재판 후에 수많은 과학 전문가들이 이 의견을 반박하고 나섰다. 맨해튼 프로젝트 국장인 레슬리 그로브스(Leslie Groves) 장군은 1954년 원자력위원회의 비밀회의에 출석하여 그런 과학자들의 의견과 일맥상통하는 진술을 했다. "로젠버그 부부 사건에서 유출된 데이터는 별 가치가 없었다고 생각한다." '그 스케치'의 가치가 어느 정도였든 클라우스 푹스는 이미 러시아에 자세한 핵폭탄 관련 정보를 제공했었다. 그린글래스가 준 정보는 기껏해야 러시아가 이미 알고 있는 사실을 확증하는 데 불과했다는 것이 일반적으로 동의하는 사실이다.

그렇다면 왜 카우프만 판사는 로젠버그 부부가 러시아에 전달한 정보가 그토록 치명적인 내용이라고 보았을까? 그 이유는 재판 당시 미국을 지배하고 있던 공포 분위기에서 일부 찾을 수 있고 또 부분적으로는 블로크 변호사의 흥미로운 오판에서 찾을 수 있다. 검찰이 그린글래스의 스케치를 증거로 제시하려는 순간 블로크가 일어나서 그 자료를 일반에 공개하면 국가 안보를 위협할 것이라며 이의를 제기한 것이다. 블로크는 이의 제기의 목적이 '핵폭탄 기밀'을 보호하기 위해서라고 말했다.

피고 측이 그런 요청을 하는 것이 상당히 이상하다고 카우프만 판사가 언급하자 블로크는 "이렇게 늦은 시기에도 이 정보는 외국 세력에 이익이 될 수 있다"고 답변했다. 이에 따라 카우프만은 문제의 스케치를 배심원들에게 보여준 뒤 밀봉하도록 지시했다. 이런 식으로 해서 로젠버그 부부의 변호사는 그 스케치가 국가 안보에 극히 중요하다는 인상을 은연 중에 판사의 마음에 심어주었을 것이다.

진정한 불의

　러시아에 넘겨준 정보의 중요성과는 상관없이 사형선고가 승인된 과정은 이해하기 어렵다. 정당한 근거나 선례가 없었다. 2차 세계대전 때 친일 방송을 했던 미국인 도쿄 로즈(Tokyo Rose)는 겨우 10년 형을 받았다. 영국에서는 러시아에 훨씬 더 중요한 정보를 전달한 앨런 넌 메이(Allen Nunn May)와 클라우스 푹스가 각각 겨우 10년과 14년 형을 받았다. 카우프만 판사는 잘 알고 있었겠지만 검찰은 오직 추가 공모자를 밝히기 위한 압력의 수단으로서 로젠버그 부부에게 사형을 선고하려 했다. 에설의 경우에는 사형선고에 대한 근거가 특히 약했는데, 남편보다 죄가 가벼운 것은 분명했기 때문이다. 나중에 어떤 사실이 밝혀졌든 재판 당시 제시된 증거만 놓고 보면 남편이 하는 일을 따르겠다는 의도 이상은 드러난 죄가 거의 없다. 오직 그 의도만으로 두 어린아이의 엄마를 사형에 처할 수 있다는 생각은 도저히 받아들일 수 없다.

　하지만 이 모든 결과는 물론 재판 당시의 증거에 입각한 것이다. 그 이후로 검찰 측 핵심 증인의 신뢰성을 의심하게 만든 사실이 드러났고, 또다른 증인은 거짓 증언을 했다고 솔직히 시인했다.

거짓말하는 증인들

　해리 골드의 증언 가운데 로젠버그 부부에게 가장 치명적인 부분은 아마 "줄리어스가 보내서 왔소"라는 암호일 것이다. 해리 골드는 앨버커키의 데이비드 그린글래스를 찾아갔을 때 그렇게 말했다고 증언했다. 법정에서 듣지 못한 말, 그리고 수년 후에야 밝혀진 사실은 이 암호가 해리 골드가 처음에 FBI에 증언했던 문구가 아니었다는 것이다. 사실 골드는 처음에 줄리어스가 아니라 '벤'이라는 이름을 댔다. 골드의 기억을 되살리기 위해 FBI는 골드와 그린글래스를 동시에 불러 심문했다. 그 만남을 기록한 메모를 보자.

> 그린글래스는 골드가 "벤이 보내서 왔다"고 말한 기억이 없으며, 나아가 벤이라는 이름은 아무 의미도 없다고 했다. 그린글래스는 골드가 "줄리어스가 안부를 전한다"고 했던 것 같다고 했다. 이게 물론 그린글래스에게는 좀더 말이 될 것이다. 그러자 골드는 즉각 맞장구를 치며 벤이 아니라 줄리어스라고 했던 것 같다고 했다. 하지만 골드의 기억은 이 부분에서 전혀 확실하지가 않다.

법적으로 FBI의 행동에는 아무 잘못이 없지만 이 사실은 피고 측에 공개되었어야 한다. 어떤 결과가 나왔을지는 짐작만 할 수 있지만 말이다. 하지만 로젠버그 부부에게 불리한 증언을 한 거짓말쟁이는 골드뿐만이 아니었다.

재판 후 약 반세기가 지난 후 샘 로버츠 기자는 익명으로 살고 있는 80세의 데이비드 그린글래스를 추적하여 인터뷰를 했다. 많은 어려움 끝에 로버츠는 그 사건에 대한 그린글래스의 솔직한 이야기를 들을 수 있었다. 인터뷰에서 그린글래스는 진실은 손톱

만큼도 개의치 않았던 사람이었다는 인상을 준다. 재판 당시 그 린글래스의 증언에서 결정적인 부분은 누나 에설이 기밀 정보를 타자로 치는 역할을 했다는 것이었다.

그러나 로버츠와의 인터뷰에서는 완전히 다른 말을 했다. 그는 에설이 타이핑을 했다는 아이디어는 로이 코헨 검사에게서 나왔 다고 말했다. 아내인 루스가 그런 말을 했다고 코헨이 전해준 말 이라는 것이다. 그 말을 듣고 그린글래스는 "루스가 그렇게 말했 다면 뭐"라고 대답했다. 그는 CBS 뉴스에서 이렇게 말했다. "나 는 솔직히 누가 타자를 쳤는지 모른다. 오늘날까지도 타이핑이 실제로 있었는지 기억도 안 난다. 하지만 누군가 치기는 했다. 지 금 난 그게 누구였는지 잘 모르겠다. 그리고 우리가 거기 있었을 때 타자를 쳤던 것 같지도 않다."

그는 또 로젠버그의 아파트에서 문제의 콘솔 테이블을 보았다 고 거짓 증언했다고 시인했다. 그렇다면 그는 왜 누나와 매형의 재판에서 위증을 했을까? 아내 루스를 보호하기 위해서였다고 한 다. 그가 출연한 TV 프로그램의 녹취록을 보자.

그린글래스는 검찰 측과 거래를 했다고 말했다. 거래의 내용은 "내 아내는 기소되면 안된다. 아내는 절대 기소되지 않아야 하며 당국 으로부터 어떤 고통도 받아서는 안된다"는 것이었다. 그런 다음 그는 "좋소, 이제 내가 안다고 말해야 할 것들을 얘기하겠소"라고 말한 뒤 진술했다고 했다. 그린글래스에게 그 거래는 단순히 우선 순위의 문제였다. "나는 누나를 위해 아내와 자식을 희생시키지는 않겠다. 알겠는가? 난 FBI에 그렇게 말했다. 내 아내를 기소하면 거래 따윈 잊어라. 난 누구에 대해서도 단 한 마디도 하지 않겠다."

그린글래스는 재판 당시 반대신문에서 그런 사실을 부인했었다. 그러나 증인들의 거짓말보다 훨씬 더 나쁜 것은 검찰 측의 배임행위였다.

검찰의 배임행위

로젠버그 사건에서 검찰이 FBI의 요청으로 아내 루스를 기소하겠다고 그린글래스를 협박하여 누나와 매형에 불리한 증언을 하게 했고, 줄리어스에게는 에설에게 사형을 선고하겠다고 협박하여 그의 협력을 얻어내려고 했다는 데는 의심의 여지가 없다.

루스를 이용해서 협박한 것을 비판하기는 어렵다. 형사 음모 사건의 경우 검찰은 증거 확보에 큰 어려움을 겪는다. 더구나 이 사건처럼 국가 안보가 위험에 처한 것으로 판단되고 또 검찰이 루스가 유죄라는 증거가 있다고 믿었던 경우, 그런 협박 외에는 달리 방도가 없었으리라고 쉽게 이해할 수 있다. 그러나 에설의 경우는 완전히 다르다. 정부와 판사는 에설이 남편의 간첩활동에 적극적으로 관여했다는 증거가 부족하다는 것을 잘 알고 있었을 뿐 아니라 사형을 동원한 협박이 무의미해진 후에도 끝까지 입장을 고수하여 에설을 전기의자로 보내고 말았다. 그런 행동은 비윤리적이며 부도덕했다.

하지만 그게 다가 아니었다. 로이 코헨은 사망 직전인 1970년대 초, 첩보를 통해 로젠버그 부부의 유죄를 이미 확인했기 때문에 정부가 로젠버그 부부 모두에 불리한 증거를 '만들어냈다고' 저명한 변호사 앨런 M. 더쇼비츠(Alan M. Dershowitz)에게 자랑했다. 이 말이 사실이라면 가장 심각한 사법집행 방해죄가 성립되어 관련자 모두가 징역형을 받아야 한다.

로젠버그의 재판에는 심각하게 불만스러운 요소가 많았고 재판 당시에 그런 사실들이 알려졌더라면 에설과 줄리어스는 거의 확실히 풀려났을 것이다(실제로 1993년 당시에 알려진 정보에 기초하여 미국변호사협회가 실시한 모의재판에서 로젠버그 부부는 무죄판결을 받았다). 하지만 로젠버그 부부가 유죄판결을 받았어야 했느냐의 문제와 상관없이 우리는 여전히 이런 질문을 할 수 있다. 그들은 정말 기소 내용대로 유죄였을까?

진실은 드러나는 법

로젠버그 지지자들은 오랫동안 로젠버그 재판을 정부의 극우 정책으로부터 대중의 관심을 돌려놓으려는 수단으로서, '오염된' 판사의 도움을 받아 무고한 사람을 모략하고 사형에 처하는 부패한 정부의 대표적 사례로 꼽아왔다. 이미 살펴보았듯이 정부와 판사의 행동은 분명 기대치에 크게 못 미쳤다. 하지만 그렇다고 로젠버그 부부에게 죄가 없다는 뜻은 아니다.

사건의 실체가 처음 드러난 것은 1975년으로, 미국의 정보자유법(Freedom of Information Act)에 따라 로젠버그 부부의 두 아들의 신청으로 FBI와 여러 정부 기관들이 보유하고 있던 로젠버그 사건에 대한 방대한 정보가 공개되었다. 이 기회를 이용하여 관련 증거를 면밀하게 검토한 첫번째 인물이 좌익 역사가이자 '로젠버그 사건 재수사 민족위원회'의 집행위원장이었던 로날드 라도쉬(Ronald Radosh)이다.

공개된 문서를 검토하고 관련자 중 40명 이상을 인터뷰한 후(이들 중 많은 사람들은 처음으로 자신의 파일을 열어보았다) 라도쉬와 공동 저자 조이스 밀튼(Joyce Milton)은 그들의 책에서 이렇게 결론지었다. "로젠버그 사건 비평가들의 일부 주장은 타당했지만 그들의 주장과는 달리 줄리어스와 에설은 FBI가 배후에서 주도한 거대한 냉전시대의 음모에 희생되어 처형된 것은 아니었다." 오히려 그들은 줄리어스가 "오랜 기간을 거치면서 방대한 첩보작전을 지휘하게 되었고 그의 접선자들은 레이더와 항공기술 분야에서 일급 비밀 군사 프로젝트 정보를 전달할 수 있는 좋은 위치에 있는 사람들"이었으며 "에설 로젠버그는 남편의 활동에 대해 알고 이를 지원했으며 그녀가 종범으로 행동했다는 사실은 거의 확실해 보인다"고 했다. 그들의 결론은 곧 예상치 못한 곳에서 극적으로 확인되었다.

진정한 혁명가였나?

라도쉬의 책이 출판되고 2년 후, 로젠버그 부부의 소련 측 관리자였던 알렉산더 페클리소프 대령이 침묵을 깨고 나타나 "줄리어스는 신념을 위해 자신을 기꺼이 희생한 진정한 혁명가였다"고 말했다. 에셀에 대해서는 "그녀는 이 일과 아무 관계도 없었다. 그녀는 완전히 무죄였다. 내 생각에 그녀는 사실을 알고 있었지만 그런 이유로 사람을 죽여서는 안된다"고 했다.

2년 후 출판된 책에서 여전히 낡은 사상의 공산주의자 페클리소프는 줄리어스가 어떻게 1942년에 처음 소련의 접근을 받아 "공동의 적, 즉 나치 독일과 싸우기로" 했는지 설명했다. 줄리어스는 라이카 카메라를 제공받아 비밀 서류를 마이크로필름에 찍는 방법을 배웠다. 페클리소프는 줄리어스가 근접 신관을 훔쳐서 크리스마스 선물로 위장하여 러시아인들에게 건네준 과정도 설명했다(신관의 원리는 나중에 개리 파워스Garry Powers가 조종하는 미국 U2 첩보기를 격추시키는 데 사용되었다).

끝으로 그는 줄리어스가 소벨과 그린글래스를 포함한 첩보원들을 포섭한 방법을 설명했다. 페클리소프는 줄리어스가 소련 첩보부에 협조한 것을 "일종의 종교적 소명"으로 묘사했다. 줄리어스는 어떤 재정적 보상도 바라지 않았고 오직 동료들의 도주를 돕기 위해 나중에 가서야 돈을 받았을 뿐이었다. 페클리소프는 줄리어스가 소련 첩보부를 위해 한 일을 전체적으로 "극히 유익한" 것으로 평가했으나 원자폭탄에 대한 정보는 "아주 사소한" 것으로 간주했다.

믿기 어렵겠지만 로젠버그 부부에 대해 숨겨진 더 많은 사실들이 비밀스러운 첩보세계로부터 폭로되었다.

베노나 프로젝트

2차 대전이 끝나기 전, 미 육군통신국(US Army Signals Service)은 당시 미국의 우방이던 소련의 외교 암호를 해독하기 위한 이른바 '베노나(Venona)' 프로젝트에 착수했다. 1946년 즈음 마침내 암호가 해독되자 미국인들은 미국 주재 소련 영사관과 모스크바의 KGB 본부 사이에 오가는 비밀 전보를 읽을 수 있게 되었다. 로젠버그 재판 당시 베노나 암호 해독은 철저한 기밀이었지만(물론 재판에도 사용되지 않았다) 냉전이 끝나고 러시아와의 관계가 정상화되면서 기밀 유지의 필요성도 점차 사라졌다. 1995년부터 약 3,000건의 해독된 전보 내용이 일반에 공개되었다.

전보가 공개되면서 숨겨진 사실이 드러났다. 베노나 프로젝트에서 가로챈 1944년 9월 21일자 텍스트를 보자(괄호 안의 말은 소련의 암호문에 쓰인 단어의 실제 의미이다).

최근 새로운 인물 개발에 진전이 있었다. 자유주의자(줄리어스 로젠버그)는 처남의 아내 루스 그린글래스를 추천했다. 루스는 21살로 지역 주민(미국인)이며, 1942년부터 체조 선수(청년공산당연맹 회원)이다. 스탠튼 가에 살고 있다. 자유주의자와 그의 아내는 루스를 지적이며 영리한 여자라고 추천했다. 루스는 남편이 군대에 소집되었으나 전방에 배치되지는 않은 것을 알게 되었다. 남편은 기계 엔지니어이며 현재 뉴멕시코 산타페의 ENORMOZ(맨해튼 프로젝트) 공장에서 일하고 있다.

11월 14일에 가로챈 암호문 내용은 다음과 같다.

자유주의자(줄리어스 로젠버그)는 휴즈와의 계약을 안전하게 처리했다. 휴즈는 미터의 친한 친구다. 두 사람을 팀으로 묶어 둘이 입수한 자료를 사진으로 찍게 할 것을 제안한다. 그런 목적으로 카메라를 제공하였다. 휴즈는 사진을 잘 찍으며 대형 암실과 모든 장비를 가지고 있지만 라이카 카메라는 없다. 자유주의자가 미터에게 필름을 받아서 전달할 것이다. 보호관찰 대상자들(요원들)에 대한 지시는 자유주의자를 통해 계속될 것이며, 이렇게 하면 그의 짐을 덜어줄 것이다.

휴즈와 미터는 줄리어스 로젠버그가 자신의 스파이 조직에 포섭한 엔지니어들이었다. 그들은 그후 러시아로 도주해서 소련의 전자공학 연구에 중요한 인물이 되었다.
11월 29일자 암호문에는 다음과 같은 내용이 포함되었다.

자유주의자 아내에 관한 정보. 성은 남편과 같고 이름은 에설, 나이는 29세. 결혼 5년차. 중등학교 졸업. 1938년부터 동포(공산당원). 정치적으로 충분히 교육되어 있음. 남편의 일과 미터와 닐의 역할에 대해 알고 있음. 몸이 약하여 일하지 않고 헌신적인 인물.

다른 암호문들은 줄리어스에게 독일 카메라를 제공한 내용에 관한 것이었다. 로젠버그 부부의 공모가 마침내 의심할 여지없이 확인된 것이다.

더 위대한 사랑

그렇다면 줄리어스와 에설은 결국 사악한 공산당원 부부였을까? 공산당원인 것은 확실하지만 사악한 존재였다고 할 수 있을까? 어수선한 미국의 좌파 정치를 장악하려는 과정에서 소련은 항상 자기 이익만을 추구했지만 대부분의 소련 지지자들은 그렇지 않았다. 1930년대와 1940년대에 공산당에 가입해서 그 이후 러시아를 위해 간첩활동을 했던 사람들 대부분은 개인의 이익을 위해서가 아니라 자신의 행동이 빈곤층의 삶을 개선하고, 불평등과 불의를 뿌리 뽑고, 더 나은 세상을 만들기 위한 최상의 길이라고 느꼈기 때문에 그렇게 했다. 우리는 이 사실을 쉽게 잊어버린다. 방법이 다소 과격할지언정 그들의 동기는 모든 다른 정당에서 선의로 활동하는 당원들과 크게 다르지 않았다.

줄리어스와 에설은 그들의 순진함, 어리석음, 엄청난 배신행위에 대해 비난받을 수는 있지만 누구 못지않게, 맥카시와 로이 코헨 같은 자들과 비교하면 동포를 위하는 마음은 어쩌면 더 컸을지 모른다. 그리고 그들은 자신들의 믿음을 지키기 위해서라면 목숨을 바칠 각오가 되어 있었다.

줄리어스는 여러 면에서 불운했다. 그는 소련이 미국의 우방이었을 때 이상주의적인 젊은 공산당원이 되었으나 시간이 흘러 그의 첩보활동이 세상에 드러났을 때는 미국 젊은이들이 한국전에서 공산주의자들과 교전 중이었다. 줄리어스는 다른 법에 의거해 기소되었거나 다른 나라에서 기소되었다면 죽지 않았을 것이다.

그의 변호사가 '국가 안보상의 이유'로 폭탄 스케치를 공개하지 말라고 요구하지 않았더라면 살았을지도 모른다. 에설은 완전히 다른 문제였다.

지금도 우리는 남편의 간첩활동에 에설이 어느 정도로 관여했는지 그 진실은 모른다. 에설의 감방 친구인 급진주의자 미리엄 모스코비츠(Miriam Moskovicz)는 에설이 '훌륭한 군인'이라고 했다. 에설은 공산당 노선을 무비판적으로, 의심하지 않고, 열성적으로 따랐다. 단지 공산당 노선을 따른 것이 아니라 적극적으로 옹호하고 수많은 웅변으로 그 정당성을 주장했다. 그녀는 절대적으로 무비판적이었다. 상식적으로 남편의 정치관을 열정적으로 공유하는 아내라면 남편의 일에 깊이 관여할 가능성이 높지만, 상식만으로는 카우프만 판사가 에설의 관련성을 그렇게 심각하게 오판할 충분한 이유는 되지 않는다.

결국 에설과 줄리어스는 자신들의 원칙을 배반하기보다는 끔찍한 죽음을 받아들일 각오를 했다. 아마도 그들은 '신념을 위해 죽은 공산주의자가 당국에 협조하여 목숨을 구한 인간'보다 대의에 더 도움이 되리라고 믿었던 것 같다. 하지만 그것은 너무 비싼 대가였다. 특히 그 선택의 대가는 아무런 선택권도 없는 어린 두 아들에게 돌아갔다. 다음의 발언을 보면 카우프만 판사도 이 점에 대해서는 제대로 지적한 것 같다.

증거를 보면 줄리어스 로젠버그가 이 음모의 주동자였음이 거의 확실했다. 하지만 그의 아내 에설 로젠버그가 이 음모에서 한 역할에 대해서는 오해가 없어야 한다. 로젠버그에게 명예롭지 못한 명분을 좇지 말라고 말리는 대신 에설은 오히려 그 명분을 격려하고 지원했다. 그녀는 성숙한 여인이었다. 남편보다 거의 세 살 연상이었고 남동생보다는 일곱 살이 많았다. 그녀는 이 범죄에서 본격적인 파트너였다. 사실 피고 줄리어스와 에설 로젠버그는 대의를 위한 헌신을 개인의 안위보다 중요하게 여겼고 자신들의 범죄가 발각될 경우 아이들까지 희생될 수 있음을 인지하고 있었다. 이 모든 위험도 그들의 행동을 멈추지 못했다. 대의에 대한 사랑이 그들의 삶을 지배했다. 그것은 자식에 대한 사랑보다 더 큰 사랑이었다.

세월이 흐른 뒤

로젠버그 사건에 대한 나쁜 인상 때문에 어빙 카우프만은 1961년에 가서야 제2순회항소법원으로 승진할 수 있었고 대법관이 되겠다는 야심은 결코 이루지 못했다. 로젠버그 재판이 끝나고 얼마 후 어빙 세이폴은 판사로 임용되었다. 로이 코헨은 공모, 뇌물수수, 사기 혐의로 재판을 받기는 했지만(무죄 방면됨) 맥카시 마녀사냥의 수석변호인으로 활동했고 법조계에서 경력을 쌓으며 돈도 많이 벌었다. 1986년 에이즈로 사망하기 두 달 전, 그는 의뢰인들의 자금을 유용하고 한 의뢰인에게 강제로 유언을 수정하게 하고 변호사 신청서와 관련하여 거짓말을 한 혐의로 변호사 자격을 박탈당했다.

매니 블로크는 로젠버그 부부를 "민간인의 옷을 입은 군사 독재의 희생물"이라면서 그들이 사형당한 뒤에도 계속 의뢰인의 무죄를 주장했다. 이런 발언과 그 외의 거친 발언으로 인해 블로크의 변호사 자격 박탈을 위한 조사가 시작되었다. 블로크는 마지막 의뢰인인 로젠버그 부부가 사형되고 약 7개월 후 심장마비로 사망했는데 아마 이 모든 상황이 그의 죽음을 재촉했을 것이다.

대중의 비난을 받은 데이비드 그린글래스는 15년 징역형 중에 10년을 복역하고 세상의 관심에서 멀어졌으나 1990년대에 와서 자신이 누나를 배신하고 법정에서 거짓말을 한 행동이 여전히 정당했다고 믿는다고 밝혀 다시 주목을 끌었다. 모튼 소벨은 베노나 암호문에서 간첩임이 분명히 드러나지 않았으며 러시아를 위해 간첩활동을 했다는 사실을 결코 시인하지 않았다(페클리소프는 소벨이 스파이였다고 주장했다). 해리 골드는 1966년 석방되어 6년 후 사망했다.

로젠버그 부부의 두 아들 로버트와 마이클은 에이브 미로폴(Abe Meeropol, 린치를 반대하는 노래 〈이상한 과일〉의 작곡가)과 그의 아내 앤에게 입양되었다. 그들은 로젠버그의 두 아들을 사랑으로 키웠다. 두 아들은 여전히 친부모에 대해 좋은 기억을 갖고 있으며, 특히 로버트는 고통받은 부모를 둔 자녀를 지원하는 단체를 설립하는 등 진보적 활동을 펼쳤다.

사형 스케치

베노나 프로젝트 담당 FBI 연락관이었던 로버트 람페어(Robert

Lamphere)는 로젠버그 부부가 사형당하던 날을 이렇게 기록했다.

판사는 사형 입장을 그대로 유지했지만 피고들이 정부에 협조하면 두 사람 모두에게 사형이 아닌 다른 형으로 경감해 줄 것임을 피고 측 변호사들에게 분명히 했다. 단 그들이 입을 열고, 당국에 진실을 말한다는 조건이었다. 그래서 사형집행이 예정된 날, 나는 FBI 내 서열 3위인 미키 래드 책상 옆에 앉아 대기했다. 그리고 우리는 싱싱 교도소에 FBI 부장을 한 명 보내두었다. 나는 거기 앉아서 로젠버그 부부가 입을 열기로 결심하기를 간절히 바라고 또 바랐지만 그들은 요제프 스탈린 같은 자를 지지하겠다는 신념을 지키기 위해 차라리 죽는 쪽을 택하고 말았다.

1946년 윌리엄 조이스 재판

1945년 5월 4일 북유럽의 모든 독일군은 영국의 몽고메리 사령관에게 항복했다. 2주 후 영국 정찰여단의 리코리시 대위와 통역장교 페리 중위는 덴마크와 독일 국경 근처 플렌스부르크 외곽의 한 언덕에서 땔감을 모으던 중 다리를 저는 한 남자를 만났다. 그 남자는 나무를 가리키며 처음에는 불어로, 나중에는 영어로 "여기 괜찮은 게 좀더 있소"라고 말했다. 페리와 그 남자는 몇 분 동안 '침엽수와 낙엽수'에 대한 이야기를 나누었다. 어디선가 들어본 목소리라고 생각한 페리는 "설마 윌리엄 조이스 씨 아니죠?"라고 물었다.

조이스는 여권을 꺼내려고 주머니에 손을 넣었는데 총을 뽑으려는 것이라고 착각한 페리가 권총을 꺼내 조이스를 쏘았다. 총알은 조이스의 오른쪽 허벅지와 왼쪽 다리를 관통했다. 그는 쓰러지며 이렇게 외쳤다. "내 이름은 프리츠 한젠이오." 몸수색을 하자 두 개의 문서가 나왔는데 하나는 빌헬름 한젠(Wilhelm Hansen)이라는 이름의 교사 신분증이고 다른 하나는 윌리엄 조이스(William Joyce)의 신분증이었다. 총상을 입은 그는 들것에 실려 영국으로 이송되었고 6월 18일 대반역죄 혐의로 런던 보우가(街)의 치안판사 법정에 섰다.

이렇게 해서 호호 경(Lord Haw-Haw)으로 알려진 유명한 나치 동조자의 논란 많은 경력은 끝이 났다. 그러나 그의 재판은 그의 생애만큼이나 많은 논란을 불러일으켰다.

전형적인 영국인 반역자 윌리엄 조이스에 대해 가장 놀라운 일은 그가 미국인이었다는 사실일 것이다. 그의 아버지 마이클 프랜시스 조이스는 카운티 메이요 출신의 아일랜드인이었는데 당시 그 지역은 영국의 일부였다. 마이클은 미국으로 이민을 갔고 1894년 미국 시민으로 귀화하면서 영국 국적을 버렸다. 1905년에 영국 여성 거트루드 에밀리 브루크와 결혼했다. 두 사람의 첫 아이 윌리엄은 1906년 4월 24일 뉴욕 브루클린에서 미국 시민으로 태어났다.

3년 후 조이스 가족은 아일랜드로 돌아가 우선 카운티 메이요에 정착한 다음 서부 골웨이로 갔다(그 당시 뉴욕으로 들어온 유대인 이민자들 때문에 조이스 가족은 아마 뉴욕에서 밀려나는 느낌을 받았을 것으로 추정된다). 윌리엄은 수녀원 부속학교에 입학했다가 나중에 예수회 중학교를 다녔는데 별나지만 꽤 총명한 학생이었다. 그러나 열다섯 살 때 동료 학생을 총으로 위협한 사건으로 퇴학당했다.

아일랜드에 대한 영국의 종주권에 대해 아일랜드인들의 불만이 점차 높아가던 시절, 조이스 가족은 비록 국적상으로는 미국인이었지만 영국 왕을 절대적으로 지지했다. 1921년 아일랜드 자유국이 수립되자 조이스 가족은 마치 외국인들에게 점령당한 듯한 상황에서 살게 되었다. 마이클은 집을 한 채 갖고 있었는데 잔인함으로 악명을 떨치던 '블랙 앤 탠'(Black and Tans, 1920년 아일랜드 독립당인 신 페인을 제압하기 위해 영국에서 아일랜드로 보낸 경찰 병력을 일컫는 말. 당시 경찰 제복이 암녹색 모자와 담갈색이어서 이런 명칭이 붙었다 - 옮긴이)에 그 집을 임대했다. 그것은 환영받지 못할 행동이었다. 그 집은 아일랜드 민족주의자들에 의해 불타버렸고 마이클의 사업체도 공격을 받았다. 윌리엄은 훗날 이 시절에 경찰의 반테러 활동을 도왔다고 주장했지만 실제로는 군인들 주위를 어슬렁거리는 것 이상은 아니었던 것 같다. 아일랜드 공화군(IRA)으로부터 아들을 죽이겠다는 협박을 받은 아버지는 자식을 아일랜드 밖으로 보내기로 한다. 열다섯 살의 나이에 윌리엄은 홀로 영국으로 가서 올드햄이라는, 우울한 북쪽 마을의 친척집에서 지내게 되었다.

다음해 조이스 가족은 모두 영국으로 갔고 아버지는 결국 런던 남쪽 클랩햄에 작은 식품점을 차렸다. 마이클은 외국인이었기 때문에 경찰에 신고를 해야 했지만 그는 미국 여권을 찢어버리고 가족들에게 영국인처럼 행세하라고 했다. 아마 마이클이 아일랜드인이라는 과거와 관련되어 있으리라고 추측되지만 우리는 결코 진실을 알 수 없을 것이다. 그 진실이 무엇이든 아버지의 이런 기만은 아들의 비극에 상당한 영향을 미치게 된다.

평균 이하의 신장에 다부진 체격의 윌리엄은 복싱과 수영, 펜싱에 뛰어났다. 이런 취미와 군대에 대한 동경으로 그는 1921년 우스터 여단에 들어가지만 연령 미달임이 밝혀져 곧 쫓겨난다. 다음해 그는 순수 유럽 출신으로 영국 국민만 들어갈 수 있는 런던대학 장교훈련대(OTC)에 가입 신청서를 냈다. 조이스의 아버지는 영국 육군성에 편지를 썼다. "내 아들은 미국에서 태어났고 나는 아일랜드에서 태어났습니다. 아들의 어머니는 영국에서 태어났습니다." 그리고는 "우리는 모두 영국인이며 미국 시민이 아닙니다"라고 허위 사실을 덧붙였다. 윌리엄 또한 "영국의 이익을 위해 칼을 뽑을 준비가 되어 있습니다"라는 과장된 표현으로 정식 가입 소망을 밝혔다. 그는 장교 훈련단에 정식 입대했고 1926년까지 복무했다.

나중에 그 시대 가장 무의미한 정치철학 가운데 하나를 신봉하게 될 사람으로서는 이상하게 보일지 모르지만 윌리엄 조이스는 학문적으로 뛰어났다. 1922년 대학에 입학한 후 배터시 공과대학에 등록하여 과학을 공부했다. 다음해 버크벡 대학으로 옮겨 영어와 역사를 공부하고 1927년 1급 장학생으로 졸업했다. 그 다음해 1년짜리 철학대학원 과정을 거쳐 1931년에서 1933년까지 런던 킹스 대학에서 교육심리학을 공부했다. 이제 다시 1920년대로 돌아가자.

이상과 다른 영국

1920년대 윌리엄 조이스가 본 영국은 아일랜드에서 꿈꿨던 이미지에 부합하지 않았다. 영국 제국은 해외에서 쇠락하고 있었고 국내에서는 빈곤층이 슬럼 지역에서 살아가고 있었다. 기성 정치는 아무런 해결책도 제시하지 못하는 듯했고 1차 세계대전 이후 과격한 지식인의 대다수는 극단적 해결책, 즉 공산주의와 파시즘으로 돌아섰다.

1923년 열일곱 살이었던 윌리엄은 정식 회원이 되지는 않았지만 이탈리아의 파시스트 운동을 모델로 한 '왕과 국가' 운동인 '브리티시 파시스트'에 끌렸다. 자신이 선택한 나라에서 유력한 지위를 확보하려는 시도로 보이는데, 조이스는 나중에 보수당에 가입했지만 성공적이지 못했고 외무부 근무 신청을 했지만 거부당했다. 뛰어난 연설 솜씨에도 불구하고 보수당원들 사이에서 인기가 없었던 그는 표면적으로는 젊은 여성과의 연애 사건을 이유로 사임을 강요받았다. 그리고 외무부는 '우리의 일원'이 아니라며 그를 받아들이지 않았다.

두 사건 모두 윌리엄에게 깊은 상처를 남겼는데, 하나는 신체적인 상처였다. 램버스에서 열린 보수당 회의에서 안내원으로 일하던 중 면도날 공격을 받아 오른쪽 귀에서 입가로 이어지는 평생의 흉터를 얻었던 것이다. 자신이 지지하던 토리당 후보가 유대인임에도 불구하고 조이스는 이 면도날 공격을 '유대계 공산주의자들' 탓으로 돌렸다.

　1933년 환멸을 느낀 조이스는, 노동당 내각에서 장관을 지낸 오스왈드 모슬리(Oswald Mosley)의 주도로 설립된 영국파시스트연합(BUF, British Union of Fascists)에 가입했다. 그는 재빨리 신랄하지만 위트 넘치고 강력한 대중 연설가로서의 이미지를 굳혔다. 한번은 한 중년 여성으로부터 "망할 자식!"이라며 야유를 받자 "안녕하세요, 어머니!"라고 재치 있게 응수했다. BUF 조직의 유급 직책인 선전국장에 임명된 후 조이스는 대학원 과정을 포기했다. 1934년 12월에는 워딩 마을에서 모슬리 등과 함께 폭력 집회 주모자로 고발당했으나 무죄 방면되었다. 1938년과 1939년에도 다른 고발들이 뒤따랐지만 조이스는 결국 유대인에 대한 이견으로 모슬리와 결별했다.

　반유대주의는 언제나 유럽 전역에 만연한 병이었고 1930년대에 특히 독일에서 맹위를 떨치고 있었다. 영국에서는 유대인에 대한 차별이 독일보다는 덜 노골적인 형태로 나타났지만 대체로 유대인을 불신하는 분위기였다. 좀더 피해망상적인 사람들은 유대인들이 전세계적인 자본주의 음모에 가담하고 있다고 의심했을 뿐 아니라 국제적인 볼셰비키 운동에 자금을 대고 있다고 믿었다. 심지어 유대인들이 아일랜드 반란의 배후라는 얘기도 나돌았다.

　하지만 반독일 정서가 높아지면서 BUF는 반유대주의보다는 임박한 전쟁에 반대하는 쪽으로 공식 정책을 수정하기 시작했다. 이유는 분명하지 않지만 1937년 즈음 조이스는 유대인에 대한 무자비한 증오심을 갖게 되었고 이는 당의 새로운 정책 노선과는 맞지 않았다. BUF 지도부는 마침 당 지지도 감소와 그에 따른 수

입 감소로 선전국장을 해임할 구실을 찾았다. 그러자 조이스는 BUF 소속 회원 60여 명을 데리고 독일 나치당(정식 명칭은 국가사회주의 독일노동자당 - 옮긴이)을 연상시키는 영국국가사회주의연맹 (British National Socialist League, 이하 '연맹')이라는 정당을 설립했다.

조이스의 연애는 어떠할까. 그의 연애는 늘 오래 지속되지 못했다. 1927년 성인이 되자마자 그는 첫번째 부인 헤이즐 캐슬린 바와 결혼하여 두 딸을 낳았다. 1936년, 조이스의 간통으로 둘은 이혼했고 헤이즐이 두 딸을 데려갔다. 이혼이 확정되고 3일 후에 그는 재혼했다. 두 번째 부인 마거릿 케언즈 화이트는 랭커서 출신의 외향적인 여성으로 전직 나이트클럽 댄서였다가 연맹에서 회계 직원으로 일했다.

베를린에서 자금 지원을 받은 듯 조이스는 사우스 켄징턴의 비싼 아파트로 이사했고 거기서 《키잡이(Helmsman)》라는 파시스트 잡지를 창간했다. 길거리에서 종종 폭력적인 당 모임을 하면서 조이스는 아돌프 히틀러에 대한 존경을 숨기지 않았는데 이는 별로 환영받을 행동이 아니었다. 지지자는 떨어져 나가고 당은 빚더미에 앉으면서 조이스는 폭음을 하기 시작했다. 이제 그가 기댈 곳은 오직 하나밖에 없는 것 같았다.

독일로의 피신

1933년 조이스는 유럽 '관광 휴가 목적'으로 영국 여권을 신청하면서 '아일랜드 골웨이 루트레지 테라스에서 태어난 영국 국민'이라고 허위 신청서를 작성했다. 그는 5년간 유효한 여권을 받았지만 여행은 가지 않았다. 1938년 주데텐 위기(독일과 국경을 접한 체코 북서부 주데텐 지역의 귀속을 둘러싼 국제 문제 – 옮긴이)가 절정이던 시기에 조이스는 여권을 갱신하면서 또다시 거짓말을 했다. "나는 영국 국민이며 그 국적을 잃지 않았으며 이 신청서와 관련하여 신고한 모든 세부 사항은 사실입니다." 1939년 8월 24일 전쟁이 임박한 가운데 그는 여권을 1년 연장하는 운명적인 조치를 취하고 동시에 당을 해체했다.

이틀 후 조이스 부부는 베를린으로 도망쳤다. 조이스의 누이가 영국 첩보기관 MI5로부터 "전쟁이 나면 조이스는 종전까지 억류될 것"이라는 비밀 정보를 받았다고 주장한 것이다. 이 정보는 사실이었을 가능성이 높다. 조이스는 MI5에 공산주의자에 대한 정보를 제공한 것으로 알려져 있었기 때문이다. 독일의 친구들은 조이스를 독일 외무부와 연락하게 해주었고, 외무부는 그가 일자리를 찾을 수 있도록 독일 방송국과 연결시켜 주었다.

조이스는 영국이 독일에 선전포고를 한 지 3일 만인 1939년 9월 6일 독일을 위한 첫 뉴스 방송을 했다. 9월 18일에는 베를린 샬로텐부르크에서 유럽 전역으로 방송되는 독일 방송국의 편집자이자 아나운서로 정식 계약을 맺었다. 나중에 그는 '뉴스와 시각(Views on the News)'이라는 편집자 논평도 맡았는데, 조이스의 이름, 또는 그의 별명 '호호 경'이 영국에서 악명을 얻게 된 것은 바로 이 방송을 통해서였다.

독일의 부름

조이스는 최초의 '호호 경'은 아니었지만 단연코 가장 성공적이었다. 조이스가 방송하기 전에 독일 라디오는 독일 국적의 볼프 미틀러(Wolff Mitler)가 연기하는 '영국인' 캐릭터 스미스와 '독일인' 슈미트 사이의 가상 대화를 방송했다. 그들의 '대화'는 스미스가 상류층 영국인 악센트를 서투르게 모방하여 영국 청취자들에게 설득력이 없었다. 한 학자가 BBC 아나운서들이 말을 할 때 너무 '호호'(말이 막히거나 점잔 빼느라고 '에에' 하는 소리의 영어 의성어 – 옮긴이) 한다고 비판한 적이 있었는데, 그 말이 미틀러에게 적용되었고 나중에는 조이스에게도 쓰였다. 사실 조이스의 억양은 상류층과는 전혀 거리가 멀었다. 그는 학창 시절 자신을 '오렌지 맨'(영국과의 연합을 지지하는 아일랜드 신교도)이라고 놀린 소년과 학교에서 싸우다가 코가 부러지는 바람에 약간 비음을 내게 되었고 목소리 톤도 단조로웠다.

전세계 방송을 모니터하는 BBC 부서인 'BBC 모니터링 서비스'는 1940년 8월에 가서야 조이스가 독일 라디오에서 영어로 방송하는 성우임을 분명히 파악하게 되었다. 조이스의 방송 내용은 영국 언론이 주장하고 싶어했던 것만큼 경멸할 만한 것이 결코 아니었다. 그는 1940년대에 너무도 현실적으로 다가왔던 군사 강국 독일에 대한 청취자들의 공포, 전쟁으로 폭리를 취하는 행위(어느 정도 반유대주의에서 기원한)에 대한 반감을 영리하게 이용했다. 그는 독일에 유리한 전쟁 뉴스를 종종 발빠르게 보도하여 신중하지만 다소 지루한 BBC를 앞질렀다. 당시 그런 뉴스는 엄청나게 많았다.

조이스는 가끔씩 영국 청취자들에게 그들의 아들들이 죽지 않고 독일 포로로 잡혀 있다고 알려주기도 했다. 조이스가 영국 달링턴의 마을 시계가 2분 늦다고 보도했다는 소문 등 호호 경에 대한 많은 이야기들은 거짓으로 드러났다. 하지만 영국에서 그런 이야기들이 돌았다는 사실은 그의 방송의 영향력을 보여주는 것이다. 다음은 그의 방송 중에서 발췌한 것으로, 그의 방송 스타일을 엿볼 수 있다.

> 적을 비난하는 것이 비신사적일 때도 있고 명백히 어리석을 때도 있지만 이 전쟁에서 보여준 영국의 태도는 경멸하지 않을 수 없습니다.
> 우선 영국 정치인들이 보여준 그 모든 강경한 위협과 분노의 제스처를 보고 사람들은 누구나 폴란드 지원을 위한 현실적이고 즉각적인 조치가 있을 것이라고 생각했습니다. 영국 정부는 비행기 1,500대를 지원할 것이라는 잘못된 확신을 심어주었지만 실제로 준 것이라고는 독가스 몇 통뿐이었습니다. 영국의 지원은 거기서 끝났지요.
> 그리고 노르웨이 정부는 영국으로부터 마지막 영국 병사가 죽을 때까지 노르웨이를 끝까지 방어하겠다는 다짐을 받았습니다. 그 약속을 믿고 노르웨이는 아주 어리석은 행동을 취했습니다. 영국 파견군을 노르웨이에서 쫓아내는 데는 3주면 충분했습니다.
> 다음에는 네덜란드와 벨기에에서의 군사 행동이었습니다. 독일 루

르 지방에 대한 공격 기지로 사용하기로 한 이 두 나라 중 하나는 5일 만에 항복했고 나머지는 18일 만에 항복했습니다. 이때 영국이 한 일은 무엇이었습니까? 모든 장비와 무기를 다 버리고 영광스러운 후퇴를 한 원정군, 영국에 돌아온 원정군 생존자들은 영국의 《더 타임스》지도 인정했듯이 사실상 벌거숭이였습니다.

이런 방송에는 영국 정부의 심기를 건드릴 만한 진실이 있었다. 조이스의 방송 내용은 군대 문제에 국한되지 않았다. 그는 영국의 빈민가와 거지들을 독일의 완전 고용과 발전된 의료 체계와 비교하며 많은 청취자들의 심금을 울렸다. 그런 지적들은 단순한 정치 선전이 아니라 이상주의에 대한 표명이었으며, 이러한 이상주의는 조이스를 정치로 이끌었다.

1940년 초, 독일 외무부의 요청으로 조이스는 〈영국에 내리는 황혼(Twilight over England)〉이라는 제목의 짧은 책을 썼다. 영국 내 유대인 세력의 영향력에 대한 통렬한 비판과 그 결과로 인한 영국의 타락과 쇠락이 주된 내용이었다. 히틀러가 영국 침공 계획을 취소하자 그 책은 영국군 포로들에게만 배포되었고 포로들은 그 책을 즉시 팽개쳐버렸다. 그해 9월 조이스 부부는 독일 시민권을 얻었다. 이로써 조이스는 독일과 미국 국적을 모두 갖게 된다(물론 영국은 아니다). 1941년 4월 독일의 러시아 침공 이후 조이스는 실명으로 방송을 시작했고, 그때부터 '우리 독일인'이라는 표현에 자기 자신도 포함시켰다.

조이스의 아버지는 1941년 런던에서 사망했다. 분명 엄청난 스트레스를 받았을 시기에 아내 마거릿이 바람을 피우기 시작했고 부부는 이혼했다. 하지만 두 사람은 금방 다시 화해하고는 1942년 2월 재결합했다(친구들은 경악했다). 몇 달 후 조이스는 월급 1,200라이히스마르크(1924년부터 1948년까지 통용된 독일의 화폐 단위 – 옮긴이)에 유럽으로 방송되는 독일 방송국 영어사설부의 수석시사해설자로 임명되었다. 조이스가 독일에게 그 정도 가치가 있었을까?

조이스와 동료 방송인들이 영국 여론에 어떤 영향을 끼쳤는지 정확히 파악하기는 힘들다. 1940년 초에 실시한 BBC 여론조사에 따르면 영국 성인 6명 중 1명, 약 600만 명은 독일 라디오를 정기적으로 들었고 그보다 더 많은 사람들은 가끔씩 들었다. 그들은 주로 시사에 관심이 있는 사람들이었는데, 호기심에서뿐만 아니라 뉴스에 대한 갈증 때문에 라디오를 들었을 것이다. 시늉만 하는 전쟁이 끝나고 본격적으로 총성이 울리는 전쟁이 시작되자 라디오 청취율은 미미한 수준으로 줄어들었다. 이때쯤 조이스의 방송에 대한 영국인들의 반응은 '재미있다'며 조롱하는 수준이었다. 호호 경은 고용주를 위해 계속 열심히 일했지만 그때부터 그의 영광의 나날은 내리막길을 걷기 시작했다.

마지막 방송

1944년 9월 2차 세계대전이 끝나갈 무렵 조이스는 히틀러로부터 1급 십자무공훈장을 받았다. 이 무렵 연합군이 파리를 탈환하고 남프랑스에서 제2의 전선이 형성되었다. 전황이 독일에 불리해지자 조이스는 죽을 때까지 싸우기를 맹세하고 독일 시민군의 한 형태인 '국민돌격대'에 자원했다. 11월에는 또다른 독일 여권을 발급받았는데 이번에는 골웨이에서 태어난 돌격대 일원이라며 '빌헬름 한젠'이라는 이름을 썼다. 또 이때부터 술을 심하게 마시기 시작했다.

소련의 붉은군대가 베를린으로 진격해 오자 나치의 선전 책임자 괴벨스는, 조이스 가족은 "무슨 일이 있더라도 연합군 손에 넘어가지 않도록" 하라고 명령했다. 조이스는 돌격대 군복을 불태우고 함부르크로 가서 1945년 4월 30일 마지막 방송을 했다. 방송에서 그는 나름대로의 이유를 가지고 공산주의의 위협에 대해 청취자들에게 경고했다. 술에 취한 목소리로 조이스는 이런 말로 방송을 마무리했다. "여러분, 몇 달 간 제 목소리를 듣지 못할지도 모르겠군요. 독일이여, 영원하라! 히틀러, 만세! 그럼 안녕히 계십시오." 다음달 그는 플렌스부르크 외곽에서 운명처럼 영국 장교들과 마주친다.

올드 베일리

1945년 7월 올드 베일리(영국의 최고 형사재판소 - 옮긴이)에서 터커 판사의 주재하에 조이스의 재판이 열렸다. 그러나 미국에서 조이스의 국적과 관련된 증거를 확보하려는 피고 측의 요청으로 재판은 열리자마자 연기되었다가 9월 중순에 재개되었다.

이런 재판에서 흔히 그렇듯이 법무장관 하틀리 쇼크로스가 영국 측 입장을 대변했다. 왕실 고문변호사 G. O. 슬레이드와 데렉 커티스 베네트가 피고 측 변호를 맡았다. 재판에 참석했던 작가 레베카 웨스트는 법정에 출두한 조이스의 인상을 이렇게 표현했다.

목소리만 들었을 때는 큰 체격에 잘생긴 외모를 연상했지만 실제로는 작은 체구에 전혀 미남이 아니었다. 머리카락은 쥐색에 듬성듬성했는데 특히 양쪽 귀 위쪽이 그랬다. 찌부러지고 기형으로 생긴 코는 삐딱한 각도로 얼굴에 붙어 있었다. 눈은 강하고 빛났으며 빽빽한 눈썹은 색이 옅고 고르지 않았다. 목은 길고 어깨는 좁고 기울어졌으며 팔은 아주 짧고 굵었다. 몸은 왜소하고 추했다.

미국에서 조사한 결과 조이스가 영국 국민이 아닌 것으로 드러나자 판사는 "영국 국민으로서 반역죄를 저질렀다"는 혐의에 대해서는 무죄라고 판단했다. 조이스가 결국 유죄판결을 받게 된 나머지 혐의는 다음과 같다.

윌리엄 조이스는 영국 국민은 아니지만 영국 왕에 충성을 맹세한 자로서, 1930년 9월 18일부터 1940년 7월 2일까지 영국의 적을 위해 영국 국민을 상대로 정치적 선전 방송을 함으로써 1351년에 제정된 반역법을 위반했다. 영국 왕의 통치 지역 밖에서 영국 왕의 적, 즉 독일의 편에 선 반역죄를 저질렀다.

조이스가 적국을 위한 방송을 했다는 데에는 반박의 여지가 없었다. 유일한 문제는 조이스가 그런 행동을 했을 때 영국 왕에 충성할 의무가 있는 사람인가였다. 법무장관은 충성이란 영국 왕의 보호에 기초한다는 원칙을 논고의 근거로 들었다. 법무장관은 18세기의 저명한 법률가 블랙스톤의 의견과 17세기까지 거슬러 올라가는 판례를 인용하며 다음과 같이 자신의 입장을 요약하였다.

> 분명 영국에 주소지를 두었던 사람이며, 아내를 제외한 본인의 온 가족, 친척, 아버지와 어머니, 형제자매가 모두 영국에 있으며, 영국 여권을 통해 영국의 실질적인 보호를 받았고, 언제든지 영국 국민으로서 영국에 돌아올 권리를 가졌으며, 스스로 영국 국민이라고 밝혔고, 영국 국민으로서 여권을 사용하고 여행을 했으며, 이 사건의 경우 심지어 그런 신분으로 일자리까지 얻은 사람이 문제의 시점에 영국 왕에 충성할 의무가 없다는 것은 도저히 있을 수 없는 일이라는 것이 본인의 의견입니다.

피고 측은 서로 별 연관이 없는 두 가지 의견을 제시했다. 첫째, 법정은 외국에서 저지른 범죄에 대해 외국인을 재판할 사법적 관할권이 없다는 것이고 둘째, 외국인이 영국 왕의 통치 지역 내에 거주할 때만이 영국 왕에 충성할 의무가 있다는 것이다. 여권은 법적 지위를 부여한 것이 아니며 단지 법적 지위의 증거일 뿐, 무시할 수 있는 증거라는 주장이었다.

터커 판사는 배심원에게 논란이 되는 지침을 주었다. 즉 이 사건과 관련된 사실들이 거짓이라고 입증되지 않았다면 법에 따라 조이스는 영국 왕에 충성할 의무가 있다고 말한 것이다. 판사는 나치 독일에서 영국 여권 소지자를 보호해 주었을 리가 없다고 생각하는 배심원이 있을지도 모른다는 생각이 들어 국제법 하에서 적국의 외국인도 보호받을 권리가 있음을 상기시켰다. 배심원들은 23분 만에 조이스에게 유죄 평결을 내렸고 판사는 사형을 선고했다. 조이스는 법정에 인사를 하고 한 추종자에게 나치식 경례를 한 뒤 법정을 나갔다.

형사항소법원은 조이스의 항소를 만장일치로 기각했다.

항소

조이스는 두 번째 항소를 할 수 있었다. 이 사건이 국가적으로 중요한 법적 사안과 관련이 있음을 법무장관이 인정했기 때문이다. 영국 최고 법정인 상원 사법위원회가 이 항소 심리를 위해 의사당 내의 로빙실에 모였다. 하원 회의장이 폭격을 당했기 때문에 하원들 역시 로빙실을 쓰고 있었다. 항소 법정은 로드 조위트(Lord Jowitt) 대법관이 주재했다. 법정에 출두한 조이스를 보고 작가인 레베카 웨스트는 이렇게 표현했다. "그는 우리와는 다른 시간 속에서 우리를 바라보고 있었고, 우리에게는 아직 다가오지 않은 시간이지만 그는 이미 그 시간이 다 되었음을 알리는 시계 종소리를 듣고 있었다."

나흘간의 법정 논쟁이 끝나고 항소는 기각되었다. 반대 의견은 하나뿐이었다. 판사들은 조이스가 교수형을 당하고 한 달이 지날 때까지 판결 사유를 밝히지 않았는데, 이 때문에 내무부 장관은 조이스의 감형 문제를 심사할 때 판결 이유를 알지 못했다. 이 점은 훗날 비난의 근거가 된다.

조위트 대법관이 마침내 다수 의견의 판결 사유를 밝혔다. 반역죄는 영국 왕에 종속된 사람만이 저지를 수 있다는 것이다. 법에서는 국민은 국가의 보호를 받아야 하고 영국 왕은 국민의 충성을 받아야 한다는 점을 인정하고 있다. 조이스는 그러한 보호를 포기했다고 볼 수 있는 그 어떤 행동도 하지 않았다.

영국 국민이 아닌 자가 영국 여권을 소유하면, 여권이 없었을 경우 부여되지 않았을 권리와 국민으로서의 의무가 발생한다. 조이스가 허위 신청서로 여권을 획득했다는 사실과 법적으로 영국 국민이 아니라는 사실은 중요하지 않다. 스스로의 행위를 통해 그는 영국과의 관계를 유지했으며, 따라서 영국 영토 내에 있는 동안 국가에 대한 의무가 생기는 것이다.

방송인으로서 조이스가 적국 독일에 특별한 가치가 있었던 것은 그가 영국 국민을 대변하는 것처럼 보인다는 데 있었고, 그의 독일어 업무 지침서 역시 그가 그런 역할로 고용되었음을 확인해 준다. 대법관은 반역죄가 오직 영국 내에서 일어난 행위에 국한된다는 주장은 무시해 버렸다. 그리고 "어떤 예양설(국가는 외국법을 적용할 의무가 없으며 다만 일정한 경우에 외국에 대한 예양으로서 외국법을 적용할 뿐이라는 학설 – 옮긴이)도 국가에게 영토 밖에서 그 국가를 상대로 저지른 반역죄를 무시해야 한다고 요구하지는 않는다”고 했다.

포터 판사만이 유일하게 반대 의견을 제시했다. 흥미롭게도 그는 외국인이 국가에 대한 충성을 철회했는지의 여부는 판사가 판단할 일이 아니며 배심원의 판단에 맡겼어야 할 문제라고 주장했다. “적절하게 독립적이고 합리적인 배심원단이라면 문제의 충성이 이미 종료되었다고 보았을지도 모른다.” 만약 이 견해가 재판에서 우세했다면 결과는 완전히 달라졌을지도 모른다.

논란 많은 판결

한 권위자는 판사들의 판결을 “최상의 재판관 입법”이라고 표현했지만 다른 사람들은 그렇게 관대하지 않았다.

변호사 J. W. 홀은 가령 조이스가 미국인이 아니라 독일 출생자로서 영국에 살았고 정말 자신이 영국인이라고 믿었을 경우 발생했을 변칙적 상황을 예로 들었다. 전쟁이 발발하여 그는 독일 국민으로서 독일 군대의 부름을 받는다. 조이스가 이에 따른다면 (이 재판의 결정에 따라) 영국에 의해 마땅히 교수형을 당해야 한다. 거부한다면 분명 독일에 의해 총살당할 것이다. 이 주장에서의 문제점은 재판 당시 조이스는 직접 증언하지 않기로 했기 때문에 그가 ‘진심으로’ 영국인이라고 믿었는지 알 길이 없다는 것이다. 하지만 그렇게 믿었을 것 같지는 않다.

하지만 이 문제를 놓고 《케임브리지 법률 저널》을 통해 사법계의 두 거물 사이에 법률 공방전이 벌어졌다. 우선 저명한 로터팩트(Lauterpacht) 교수는 재판관들의 의견을 옹호했다. 그러자 역시 명망 높은 글랜빌 윌리엄스(Glanville Williams)가 그 의견을 반박하고 나섰다. 어쨌든 유일하게 내릴 수 있는 확실한 결론은 그 쟁점이 매우 까다로운 사안이라는 것이다.

비록 상원이 옳았다 해도 인도주의적 주장이 좀더 설득력을 얻을 수 있을 것이다. 사실 어려운 법률 문제에서 절대적으로 '옳은 것'은 거의 드물며, 그저 변론을 잘한 재판과 그렇지 못한 재판이 있을 뿐이다. 글랜빌 윌리엄스는 이렇게 말했다.

조이스 사건에서 재판관들의 만장일치에도 불구하고 사적인 대화를 통해 파악한 바에 따르면 법조계 인사 대부분이 그 판결에 반대했다. 조이스가 영국 국민이 아니라는 사실, 그리고 오직 영국 여권을 소지했다는 사실만으로 기소가 유지되었다는 사실이 알려지자마자 일반인 사이에서도 유죄판결에 반대하는 쪽으로 즉시 입장을 바꾸는 사람들이 생겨났다. 일반인들은 독일에서 보여준 조이스의 불쾌한 행동에도 불구하고 유죄판결은 오직 합법적 수단을 통해 내려져야 하므로 조이스에 대한 유죄판결은 바람직하지 않다고 생각했다.

법이 뭐라고 했든 간에 많은 사람들이 보기에 조이스는 단순히 여권 신청서에 허위 사실을 기재했다는 이유로 교수형을 당한 것으로 보였다. 그 정도 범죄는 보통 벌금 이상의 심각한 처벌을 받지 않는데 말이다. 친(親) 독일 방송을 했던 다른 사람들, 가령 영국

의 시포스 하이랜더 여단 소속 장교였던 노먼 베일리 스튜어트 같
은 사람들은 '적국에 도움이 될 수 있는 행동'을 저질렀다는, 좀더
경미한 죄로 고발되어 비교적 짧은 형량의 감옥형을 선고받았다.

아이러니하게도 조이스 자신은 유죄를 확신했다. 〈영국에 내
리는 황혼〉에서 그는 이렇게 썼다.

> 서문은 대개 책에서 가장 쉽게 건너뛸 수 있는 부분이다. 하지만
> 저자가 매일 대역죄를 저지르는 사람이라면 그의 서문은 영국 대
> 중으로부터 끔찍한 존경심을 불러일으킬지도 모른다. 주간지에서
> 5,000파운드를 주고라도 그 반역자의 고백을 기사화할 만한 그런
> 존경심 말이다.

2차 대전 후반, 조이스는 미국 특파원 윌리엄 쉬러와 한 노르웨
이 반역자와의 대화에서 자신의 행동에 대한 결과를 담담히 받아
들이는 것처럼 보였다. 그는 재판에서도 변론에 진지하게 임하는
것 같지 않았다. 재판 중에 교도소 관리에게 살짝 이런 말을 하기
도 했다. "저 주장이 먹힌다면 정말 놀라울 거요."

조이스는 자신에게 유리할 때만 나치가 아니었다. 독일 수용소
의 만행을 비난하는 얘기를 들으면 연합군 폭격에 의한 굶주림과
질병으로 인한 죽음을 지적하며 맞받아쳤다. 아내에게 쓴 마지막
편지에서 그는 이렇게 말했다.

> 살아서 그랬던 것처럼 죽어서도 나는 이 전쟁을 일으킨 유대인들

에게 맞설 것이오. 또 그들이 대표하는 암흑의 힘에도 대항할 것이오. 나는 소련 연방의 공격적인 제국주의에 대해 영국 국민에 경고하는 바요. 영국이 다시 한 번 강력해지기를. 그리고 서방세계가 엄청난 위험에 처한 지금 '그럼에도 너희들은 승리했구나!' 라는 역사적 문구로 장식된 나치의 스와스티카 깃발이 먼지 속에서 다시 일어나기를! 나는 내 이상을 위해 죽게 되어 자랑스럽소. 그리고 이유도 모른 채 죽어간 영국의 아들들을 불쌍하게 생각하오.

동료 죄수 존 에이머리가 사형되고 5일 후인 1946년 1월 3일 오전 9시가 조금 지나 조이스는 웬즈워스 교도소에서 교수형을 당했다. 마흔 살도 안되는 나이였다. 그는 단두대로 가면서 자신의 떨리는 무릎을 보고 미소를 지었다고 한다. 오후에 부검과 검시를 거쳐 그의 유해는 교도소 내에 매장되었다. 유해는 30년 후에 발굴되어 아일랜드로 보내져 재매장되었다.

남편과 마찬가지로 영국 시민권을 포기하지 않았던 마거릿 조이스는 매주 독일에서 영국으로 내보내는 방송을 했다. 내용은 주로 여성의 경제 문제에 관한 것이었다. 그녀에 대해서는 왜 아무런 소송이 제기되지 않았는지에 대해 그녀를 심문했던 MI5의 W. J. 스카던은 이렇게 설명했다.

"마거릿이 죽은 남편의 반역행위에 연관된 증거는 충분하지만 당국은 더 이상 아내를 처벌할 필요가 없다고 본다."

마거릿은 1972년 런던에서 사망했다.

증오의 뿌리

문학적 심리분석이 새로운 사실을 밝혀주는 일은 드물지만 조이스가 평생 얼마나 많은 거절을 경험했는지를 알아차리기는 어렵지 않다. 그는 학교, 아일랜드, 그토록 열렬히 소속되고 싶었던 영국 군대, 보수당, 외무부, 그리고 BUF로부터 거부당했다. 그는 자식을 낳아준 아내와도 이혼했다.

MI5의 표현을 빌려 젊은 시절 조이스의 행적을 약간 과장해서 얘기한다면, 조이스는 "아주 어린 나이에 전투와 살인, 죽음을 목격했다." 그의 정치관에 담긴 진실성은 의심의 여지가 없다. 그는 사회적 부정을 깊이 인식하고 있었고 자신이 선택한 대상에는 아낌없이 충성을 다했다. '영국 애국자' 시절에 그는 집에서 친구들과 함께 일어나 영국 국가를 불렀다고 한다. 독일에 충성을 다짐한 후에는 위기의 순간마다 일어나서 나치식 경례를 했다. 사생활에서도 말이다.

전쟁 후 영국 첩보부에 제출한 진술서에서 조이스는 이렇게 썼다. "나는 강력한 제국주의적 사상을 가진 극단적 보수주의자로 자라났지만, 사회생활을 시작한 매우 이른 시기인 1923년 파시즘에 매료되었다. 때로는 보수주의자였지만 나는 대체로 파시스트나 민족사회주의자였다."

조이스의 복잡한 성격은, 완강한 아일랜드 연합론자들이 목소리를 높이던 시절이라는 그의 성장 환경을 보면 쉽게 이해할 수 있을 것이다. 1920년대 아일랜드에서 영국 애국자로 산다는 것은 내부의 '반역자들,' 자신이 사랑하는 나라를 증오하는 사람들, 자신과 종교가 다른 사람들로부터 끊임없이 위협을 느끼는 것을 의미했다. 어렸을 때 영국으로 이사간 그는 자신이 선택한 나라뿐만 아니라 모든 나라의 안보를 위협하는 것으로 생각되는 또다른 종교 집단, 즉 유대인들을 발견했다. 조이스가 1939년 독일로 간 것은 '도피'라기보다는 뜻을 같이 하는 지도자 밑에서 투쟁을 계속할 수 있는 곳으로 '이동'한 것이라고 할 수 있을 것이다. 왠즈워스 교도소에 감금되었을 때 그의 소지품 중에는 악마에게 영혼을 파는 이야기를 다룬 《파우스트》가 있었다.

총명하고 용감하고 매력도 없지 않았던 조이스는 외국인 혐오증으로 파멸했다. 하지만 그의 처형을 자랑스러워한 영국인은 별로 없었고 그의 죽음을 애도한 사람은 더더욱 적었다.

1916년 로저 케이스먼트 재판

동틀 무렵 아일랜드 트럴리 만에 유보트가 도착했다. 그날은 1916년 성 금요일이었고 독일과의 전쟁이 절정에 달한 시기였다. 민간인 복장의 세 남자가 해변으로 노를 저어가려 했지만 고무보트는 파도에 전복되었고 기대했던 환영 팀은 어디에도 보이지 않았다. 일행의 리더는 키 193센티미터의 장신에 마르고 수염을 길렀으며 강렬하고 깊은 눈동자의 사나이였다. 흠뻑 젖고 12일 동안 잠도 못 자고 신경쇠약에서 완전히 회복되지 못한 그는 버려진 아이언 에이지 성에서 휴식을 취하기로 했다. 그의 동료들은 모래 속에 장비를 묻어놓고 트럴리로 향했다.

그 지역의 한 농부가 여덟 살 난 딸이 해변에서 권총을 주워 갖고 노는 것을 보고 경찰에 신고했다. 일행의 지도자는 곧 체포되어 경찰 막사로 끌려갔다. 몸수색을 하자 쌍안경, 지도, 탄약, 독일 버스표 한 장이 발견되었다. 그는 또 암호로 보이는 내용이 적힌 문서를 파기하려다 들켰다. 그는 경찰에게는 가명을 말했지만 아일랜드 민족주의 동조자인 한 의사에게 검사를 받으면서 주위에 아무도 없자 자신이 로저 케이스먼트(Roger Casement)라고 밝혔다. 그리고 영국을 상대로 계획한 반란을 취소할 수 있게 도와달라고 부탁했다. 의사는 아일랜드 의용군에 연락을 취했지만 그들은 의사의 말을 믿지 않았고 아무런 조치도 취하지 않았다.

그날 아침 늦게 트럴리에서 멀지 않은 곳에서 영국 해군은 독일 디젤 선박 아우트 호를 검문했다. 그 선박은 노르웨이 국기를 달고 목재 운반선으로 위장한 채 항해하던 중이었다. 정선 명령을 받고 퀸스타운 항구로 끌려가게 되자 선원들은 배를 침몰시켜 버렸다. 잠수부들이 내려가 수색해 보니 배에는 2만 정의 소총과 기관총이 실려 있었다.

케이스먼트는 고해성사를 하고 싶다며 가톨릭 신부를 만나게 해달라고 요구했다. 신부를 통해 그는 아일랜드 의용군에 다시 한 번 메시지를 전했다. 이번에는 그들도 관심을 기울였고 그에 따라 명령을 내렸지만 케이스먼트의 의도와는 달리 아일랜드의 수도에 국한해서 반란을 일으키라는 명령이 하달되었다.

부활절 월요일에 무장한 아일랜드 의용군과 아일랜드 시민군 1,000여 명이 더블린의 우체국과 주요 건물들을 장악하고 공화국을 선포했다. 기습을 당한 영국군은 수적으로 크게 밀리자 결국 포대를 불러들여 건물들을 폐허로 만들어버렸다. 5일 후 반란군은 항복했고 지도부 15명이 총살되었는데, 한 명은 부상 때문에 일어설 수가 없어 의자에 묶인 채 총살당했다.

1800년 아일랜드 의회가 해산된 후, 절망적인 생활수준에 대한 불만과 민족주의에 대한 인식이 높아지면서 반란이 이어졌고 영국은 무력진압으로 이에 대응했다. 부재지주(不在地主)라는 수치스러운 제도, 종교적 갈등, 감자 마름병에 의한 식량난에 영국이 제대로 대처하지 못하면서 반 영국 정서는 더욱 깊어졌다. 그러나 이런 상황에서도 아일랜드 독립에 대한 얘기는 별로 없었다. 진보주의자들은 독립의 대안으로 아일랜드 자치를 지지했지만 일련의 정치적 실수와 스캔들로 좌절되었다.

결국 자치 법안은 1912년 왕의 승인을 받았다. 그러자 즉각적인 반발이 일어났다. 자치를 반대하는 북부 아일랜드 얼스터에서 수천 명이 '저항 서약'에 서명했고 8만 여 명의 남자들이 의회가 주도하는 얼스터 의용군에 지원하려고 몰려들었다. 그러자 얼스터 의용군에 맞서 아일랜드 전역의 자치를 수호하려는 아일랜드 의용군이 탄생하여 재빨리 1만 2,000명의 지원병이 모였다. 양측은 외국에서 총을 들여왔고 유혈사태가 벌어질 모든 준비가 끝났다. 그러나 그 즈음 훨씬 더 큰 사건이 끼어들었다. 1914년 9월, 영국이 독일에 전쟁을 선포한 것이다.

아일랜드 자치를 옹호하는 세력들은 내키지는 않았지만 자치 법안 추진에 얼스터 연합론자들이 동의한다는 조건으로 전쟁이 끝날 때까지 법안 효력 중지를 받아들였다. 또 연합론자들은 얼스터 지방을 자치 지역에 포함시키지 않는다는 조건으로 법안 효력 중지에 동의했다. 이런 합의는 극단적 민족주의자들을 만족시키지 못했고 "영국의 어려움은 아일랜드의 기회"라는 오랜 속담처럼 영국이 다른 일에 몰두하는 동안 아일랜드에서는 반란 계획이 꿈틀거리고 있었다. 이때만 해도 폭력적 방법을 지지한 사람은 소수에 지나지 않았다. 비현실적인 반란과 유혈 진압이 거듭된 뒤에야 이들 소수의 움직임은 대중에게 더 널리 확산되기 시작했다. 이 상황 전환 과정에서 영국 왕의 충신 로저 케이스먼트 경보다 더 큰 역할을 한 사람은 없었다.

로저 데이비드 케이스먼트는 1864년 9월 1일 더블린 카운티의 킹스타운에서 앤트림 민병대 지휘관의 아들로 태어났다. 그는 아들 셋과 딸 하나인 4남매 중 막내였다. 가톨릭 신자였던 어머니는 케이스먼트가 아홉 살 때 세상을 떠났는데, 죽기 전에 몰래 아들에게 가톨릭 세례를 받게 했다. 프로테스탄트였던 아버지가 열세 살 때 죽자 앤트림 카운티에 사는 삼촌 존 케이스먼트가 후견인이 되어 4남매는 그곳에서 프로테스탄트로 키워졌다.

영향력 있는 가족의 도움으로 어린 케이스먼트는 엘더 뎀스터 선박회사에 일자리를 얻었다. 처음에는 말단 직원이었지만 나중에는 서아프리카 증기선의 사무장이 되었다. 하지만 케이스먼트가 유명해진 것은 콩고에서였는데, 당시 콩고는 벨기에의 레오폴드 왕이 통치하고 있었다. 스무 살 되던 해 케이스먼트는 국제콩고협회(AIC, 레오폴드 왕이 식민지화를 위해 전면에 내세운 조직 – 옮긴이)의

미국인 탐험가 헨리 모튼 스탠리 밑에서 일하기 시작했다. 교역소에서도 근무하고 측량기사로도 일한 후에 케이스먼트는 영국 국교회 선교사업단에서 일자리를 얻었다. 거기서 그는 일종의 종교적 경험을 했으며, 또한 이때부터 젊은 남자들을 좋아하는 그의 취향이 드러나기 시작했던 것 같다.

2년 후 그는 다시 한 번 레오폴드 왕을 위해 일하게 되었다. 이번에는 철도 건설 공사에 참여했는데 공사는 스탠리가 확보한 노동자들의 강제노동으로 진행되었다. 고용주들은 '뛰어난 대리인'이라며 케이스먼트에 만족했지만 1년 후 계약이 만료되자 케이스먼트는 재계약을 하지 않았다. 나중에 그는 회사에 환멸을 느껴 그만둔 것이라고 고백했다. 그는 이제 스물여덟 살이었다. 그는 나중에 이 회사가 저지른 끔찍한 야만행위를 만천하에 폭로하는데, 바로 그런 조직에서 자신의 이력을 쌓기 시작했다는 사실은 흥미로운 아이러니가 아닐 수 없다.

1892년 케이스먼트는 아프리카 니제르 지역에서 영국 영사 업무에 참여했는데 이때가 그의 삶의 전환점이 되었다. 니제르의 여러 지역을 여행한 케이스먼트 덕분에 이곳 실정은 외부 세계에 많이 알려지게 되었고, 이후 그는 다소 지루한 세관 업무를 맡게 되었다. 열다섯 살 이후로 정식 교육을 받지 못했음에도 케이스먼트는 1895년 포르투갈령 동아프리카의 로렌초 마르케(현재의 모잠비크)의 영국 영사로 임명되었다. 기후와 과로로 건강이 나빠졌지만 한동안 영국에서 건강을 회복한 후 포르투갈령 서아프리카(현재의 앙골라) 영사로 승진했고, 프랑스와 벨기에령 콩고에서도 영국의 이익을 책임지는 임무를 맡았다.

중앙아프리카의 방대한 콩고 지역의 행정 관리는, 베를린 회담의 승인을 받아 레오폴드 왕이 맡아왔다. 그는 콩고를 자유국가라고 선포했지만 작가 마틴 부스(Martin Booth)가 지적했듯이 "콩고는 사실상 자유롭지도 않았고 국가도 아니었으며 벨기에 왕에 속한 개인 사유지에 불과했다. 레오폴드는, 콩고를 소유하고 착취했다." 노예 무역상들을 추방한 후 레오폴드는 현지 피고용인들을 노예로 취급하면서도 아무런 가책도 느끼지 않는 여러 회사들에게 사업권을 나누어주었다. 1900년 콩고 지역에 영국 영사관이 들어섰고 케이스먼트가 책임자가 되었다. 원주민에게 잔혹행위를 한다는 소문이 끊이지 않자 1903년 영국 외무부는 케이스먼트에게 이 문제를 조사하라고 지시했다.

케이스먼트는 레오폴드 왕과 여러 차례 만나서 회의를 했고 왕은 "원주민의 복지 향상과 원주민에게 선정을 베푸는 것"이야말로 자신이 가장 원하는 바라고 확신시켰다. 하지만 케이스먼트는 이에 만족하지 않고 직접 문제를 살펴보기로 결심했다. 나중에 그가 외무부에 제출한 보고서는 잔혹행위에 대한 격렬한 비판으로 가득 차 있어서 처음에는 조용히 무시되었다. 하지만 이런 생각을 하는 사람이 케이스먼트 혼자가 아니었다. 엘더 뎀스터 선박회사에서 사무원으로 일하다가 언론인이 된 에드먼드 모렐(Edmund Morel) 역시 원주민 학대 문제를 우려했고 마침내 영국 하원을 움직여 이 문제를 심의하도록 했다. 이로 인해 케이스먼트는 학대 문제를 좀더 조사하라는 지시를 받았다.

끔찍한 만행

케이스먼트는 배를 전세내서 강을 따라 석 달 간 콩고 지역을 여행했다. 그러면서 원주민의 실상을 알게 되었고 마음의 동요를 일으켰다. 그는 무지막지한 벌금이 불법적으로 원주민들에게 부과되었으며 더 끔찍한 문제가 있다고 외무부에 보고했다. 한 정보원의 말을 인용해 보자.

그 끔찍한 시절 군인들에게 손을 잘린 남자들이 찾아왔었으며 주변 지역에서 이런 일을 당한 희생자들이 수없이 많다는 이야기를 들었다. 호수에 떠 있는 동안 나는 실제로 두 건의 손목 절단 사건에 대해 알게 되었다. 한번은 군인들이 한 젊은 남자의 두 손을 나무에 대고 소총 개머리판으로 때려서 손목이 잘려나갔고 또 한번은 열한 살이나 열두 살 정도의 어린 사내아이의 오른손 손목이 잘려나갔다. 두 사건 모두 백인 사무직원들이 정부군 군인들과 동행했고 나는 그 사무직원들의 이름을 입수했다.

케이스먼트는 총과 고무의 음산한 관계에 대해서도 보고했다. 한 증인은 그에게 이렇게 말했다.

"부시라의 S.A.B.라는 업자는 총 150정으로 한 달에 고무를 10톤밖에 수집하지 못합니다. 하지만 우리는 몸보요에서 총 130정으로 한 달에 고무 13톤을 수집합니다."

"총이 수확량을 재는 기준인가요?" 내가 그에게 물었다.

M.P.가 말했다. "어디나 다 그래요. 군인은 고무 수집하러 나갈 때마다 실탄을 받는데 쓰지 않은 실탄은 반드시 반납해야 합니다. 그리고 사용한 실탄 하나당 오른손 하나를 증거로 가져와야 합니다."

벨기에는 이 보고서가 공개되는 것을 막으려고 갖은 노력을 다했지만 언론은 냄새를 맡았고 보고서를 공개하라는 대중의 압력은 높아갔다. 1904년 2월 마침내 보고서가 공개되자 벨기에인들은 케이스먼트의 증언을 트집잡았다. 그런 주장들은 믿을 수 없는 소문에 불과하다는 것이다. 레오폴드에 우호적인 브뤼셀 주재 영국 대사는 이 군인들은 단지 노동자들을 보호하기 위해 배치된 보초병일 뿐이며 손이 절단된 것은 암의 확산을 막기 위한 것이라고 주장했다. 케이스먼트 역시 보고서의 내용에 불만이었지만 이유는 달랐다. 보고서에 포함된 관리들의 이름을 약어로 표시하는 데 동의해야 했던 것이다. 그러나 보고서는 훨씬 더 심하게 요약되어 외무부가 수년에 걸쳐 확보했던 다른 증언들까지 삭제해버렸다(이 사실을 폭로했다면 영국 정부가 왜 더 빨리 이 문제를 다루지 않았는지에 대해 당황스러운 조사가 시작되었을 것이다).

케이스먼트의 보고서는 처음에는 기대했던 관심을 유발하지 못했지만 케이스먼트의 지원을 받아 모렐이 설립한 콩고개혁협회(Congo Reform Association)의 홍보활동으로 대중의 관심과 분노가 일기 시작했다. 결국 레오폴드 왕은 조사위원회를 임명해야 했다. 왕이 임명한 조사위원회는 사실상 콩고에서의 잔학행위의 실상을 덮기 위한 목적으로 설립되었다. 그럼에도 불구하고 보고서의 결론은 너무도 충격적이어서 콩고 지역 총독 대리는 보고서를 읽고 자살했다. 1908년, 이전보다는 덜 노골적인 방식으로 잔학행위가 여전히 계속된 것으로 보이지만, 콩고 '자유국가'의 깃발은 드디어 내려졌다.

모국의 재발견

콩고 보고서는 케이스먼트가 인류를 위해 행한 첫번째 주요 봉사였지만 그 과정에서 그는 건강이 악화되는 대가를 치렀다. 1905년 그는 치루 수술을 받았다. 육체적, 정신적으로 망가진 그는 이후 3년간 휴가를 얻었다. 이 혼란기 동안 영국 정부에 지독한 실망감을 느끼면서 케이스먼트는 자신의 모국을 재발견했다. 아일랜드의 문화, 역사, 언어, 사회에서부터 시작된 관심은 점차 열정적인 민족주의로 발전했다. 아이러니하게도 이때쯤 영국 정부는 콩고에서의 그의 노고를 인정해 주기로 결정했다. 1905년, 이제 영국에 대한 환상에서 깨어난 케이스먼트는 영국 정부로부터 성 미카엘과 성 조지 훈장을 받았다. 하지만 건강을 핑계로 직접 훈장을 받는 것은 거절했다.

이 성실한 영국 왕의 충신이 정확히 언제, 어떻게 영국에 심각한 불만을 품게 되었는지는 알려지지 않았지만 아일랜드에서의 장기 체류가 중요한 변화를 가져온 것임은 틀림없다. 케이스먼트는 콩고와 아일랜드를 비교하기 시작했다. 그는 두 나라의 유사성을 보았다. 식민지화되기 전에는 두 나라 모두 토지 소유라는 개념이 없었다. 식민지화를 진행한 권력자는 국토를 마음대로 점유했고 국민들은 억압당했다. 1902년 빅토리아 여왕을 위한 기금 모집에 앞장섰던 케이스먼트는 이제 영국 왕의 군대나 경찰에 가입하는 아일랜드인은 모두 반역자라고 비난하는 전단지 초안 작성에 참여했다. 그러나 영국과 인류를 위한 케이스먼트의 봉사는 아직 끝나지 않았다.

콩고의 복사판

1906년 마흔네 살의 케이스먼트는 리우데자네이루 주재 영국 총영사로 임명되었다. 4년 후 외무부에 소환되어 페루의 아마존 상류 푸투마요 지역에서 자행되는 원주민 노동자 착취에 대한 소문을 조사하라는 지시를 받았다. 3만 평방킬로미터에 이르는 '훌리오 세사르 아라나 고무회사'에 고용된 원주민 노동자들이었다. 흥미롭게도 그곳 상황은 콩고의 복사판이었다. 아니 어쩌면 더 심각했다.

원주민을 착취하고 살인을 일삼는 무리들의 위협으로 케이스먼트의 조사 작업은 녹록치 않았다. 그럼에도 불구하고 그는 20세기 첫 12년 동안 약 3만 명의 원주민들이 고무를 수집하는 과정에서 살해되거나 굶어 죽었다는 사실을 알아냈다. 수집량을 늘리기 위해 시작한 원주민 고문과 신체 절단은 시간이 지나면서 그런 행위 자체를 즐기는 사디즘으로 변했다. 원주민들은 단지 혹사당한 게 아니었다. 원주민 관리자들은 인디오들을 때려죽이거나 고환을 뭉개버리거나 산 채로 태워버린 일들을 인정했다.

케이스먼트는 1911년 1월 외무부에 조사 내용을 보고했지만 보고서는 다음해까지 공개되지 않았다. 하지만 케이스먼트는 이번에는 보고서를 반노예협회(Anti-Slavery Society)에 유출하는 예방 조치를 취해두었다. 그 결과 또 한 번의 대중 항의가 촉발되었다. 의회 특별조사위원회가 소집되어 케이스먼트, 아라나 고무회사 및 관련자들의 증언을 들었다. 위원회는 이런 만행의 주요 책임은 고무회사에 있지만 그 회사의 영국 이사들이 이런 혐의를 적절히 조사하지 못했다는 사실을 알아냈다. 그러던 중 1914년 1차 세계대전이 터지면서 충분한 후속 조치가 따르지 못했고 원주민들의 상황은 거의 나아지지 않았다.

1911년 7월, 아직 영국에 대한 반감을 겉으로 드러내지 않았던 케이스먼트는 영국 왕으로부터 기사 작위를 받았다. 2년 후 병 때문에 영사직에서 물러난 그는 아일랜드로 가서 살았다. 아일랜드에서 지내는 동안 그가 섬기던 영국 지배자들에 대한 불만은 증오로 바뀌었다. 케이스먼트는 전국을 돌아다니며 아일랜드 지원군을 모았다. 영국과 독일 간의 긴장이 높아가던 시기에 그는 한 친구에게 이런 편지를 썼다. "나는 독일을 지켜달라고 밤낮으로 기도하네. '하느님, 아일랜드를 지켜주십시오'라는 기도는 '하느님, 독일을 지켜주십시오'라는 기도의 또 한 가지 형태지." 하지만 무기가 없는 의회군은 무용지물이며 돈이 없으면 무기는 살 수 없었다. 케이스먼트는 돈을 어디서 구해야 할지 알고 있었다.

실패할 운명

영국이 선전포고를 하고 불과 몇 주 후 수염을 깎은 케이스먼트는 위조 여권으로 미국에 갔다. 아일랜드 독립을 목적으로 하는 미국 내 아일랜드인 비밀결사조직으로부터 3,000달러를 확보한 그는 노르웨이를 경유하여 이제는 영국의 적국인 독일로 향했다. 그는 향수를 뿌리고 화장을 한 '하인'과 함께 여행했는데 하인은 결국 케이스먼트를 배신하고 영국에 넘기게 된다.

베를린에서 케이스먼트는 독일 외무부 차관 아르투르 침머만을 만나 독일에 잡혀 있는 아일랜드 전쟁포로들을 모집하여 아일랜드 여단을 만들고 싶다는 뜻을 털어놓았다(그는 아일랜드 동포들과 너무나 동떨어진 생각을 갖고 있어서 아일랜드인이 영국군에 들어가는 이유는 단지 돈이 필요하기 때문이라고 믿었다). 독일인들은 아일랜드 독립에 지지를 표명했고 케이스먼트에게 아일랜드 전쟁포로가 있는 수용소들을 돌면서 모병 활동을 하도록 허락했다. 케이스먼트가 지원병을 모으면서 아일랜드 포로들에게 영국에 대한 반역죄를 정당화하는 주장을 읽어보면 매우 흥미롭다.

여러분은 왕과 국가에 봉사하기로 맹세했습니다. 인간은 오직 한 나라에만 충성할 수 있습니다. 아일랜드인의 충성을 요구할 수 있는 국가는 아일랜드뿐입니다. 법에 따라 여러분이 섬기기로 한 왕은 대영제국과 아일랜드를 통치하는 왕입니다. 법에 따르면 영국만의 왕이라는 존재는 없습니다. 그런데 그런 왕들이 아일랜드 백성에 대한 의무를 어떻게 이행했습니까? 이런 의무들은 상호적인 것임을 기억하십시오. 대영제국과 아일랜드의 왕이라는 직위 하나만으로 아일랜드인이 충성을 바친 이 왕들은 수백 년 동안 한 번도 아일랜드 국민에 대한 의무를 이행한 적이 없습니다. 그들이 백성들에게 요구하는 충성에 걸맞고 왕이라는 지위에 수반되는 성스러운 의무 중 어떤 것도 이행한 적이 없습니다.

놀랍고도 실망스럽게 케이스먼트는 아일랜드 여단 지원병으로 겨우 52명밖에 모으지 못했는데, 그마저도 좀더 나은 배급을 받기 위한 사람들이 대부분이어서 아일랜드 군인들로부터 조롱과 모욕을 당한 것 같았다. 이제 독일 정부('최고로 비열하고 치사한 것들')로부터 환멸을 느끼고 '여단'의 지원 없이는 아일랜드에서 어떠한 군사 행동도 희망이 없다는 사실을 깨달은 케이스먼트는 반란 계획을 취소하려 했다. 그러나 그의 취소 요청은 무시되었다. 이 중요한 시기에 케이스먼트는 다시 건강이 악화되어 심한 우울증으로 요양원에 들어가야 했다. 거기 있는 동안 그는 독일인들이 아일랜드에 보내려는 무기가 자신이 필요하다고 생각한 것의 십 분의 일에 불과하다는 사실을 알게 되었다.

민족주의자 친구들에게 이 사실을 알려주려고 케이스먼트는 침대를 박차고 일어나 아일랜드로 가게 해달라고 부탁했다. 단, 아일랜드에 먼저 도착하기 위해 무기와 따로 가게 해달라고 했다. 잠수함 한 척이 그에게 제공되었다. 잠수함에 케이스먼트와 동행한 사람은 영국 육군 하사관이었다가 아일랜드 공화군(IRA)의 대위가 된 로버트 몬타이스(Robert Monteith)와 일병 출신 다니엘 베일리(Daniel Bailey)였다(베일리는 민족주의 동조자는 아니었던 것 같으며 이 모험에 가담한 것은 단지 포로수용소의 궁핍한 생활에서 벗어나기 위해서였다).

그러나 케이스먼트가 모르는 사실이 있었다. 케이스먼트가 제시간에 아일랜드에 상륙해서 반란 계획을 저지하도록 해서는 안 된다고 독일 정부가 지시를 내렸던 것이다. 또한 미국에 파견된 독일 첩보원들이 독일 외무부와 주고받은 무선 암호 교신을 영국 해군정보국이 1년 이상 가로채 왔고 어떤 계획이 진행 중인지 정확히 알고 있었다는 사실은 케이스먼트나 독일 어느 쪽도 알지 못했다. 케이스먼트의 작전은 처음부터 실패할 운명이었던 것이다.

런던탑에서

트럴리 만에서 체포된 케이스먼트는 영국으로 끌려가 런던탑에 감금되었다. 여전히 우울증을 앓던 그는 끔찍한 수감생활까지 겹치자 몰래 가지고 들어간 독약으로 자살을 시도했다. 이 사건 이후 케이스먼트의 감방에는 군인 두 명이 상시로 보초를 서서 상황은 더욱 어려워졌다. 케이스먼트는 매일 런던 경시청에 끌려가 범죄수사부 책임자 바질 톰슨의 심문을 받았다. 그는 이런 상황에 대해 이미 마음의 준비가 되어 있었다.

행동으로 옮기기를 두려워하는 아일랜드인도 있지만 나는 대역죄를 범하는 것을 두려워하지 않았소. 나는 나 자신을 방어하려는 노력을 전혀 하지 않고 있으며, 어떠한 결과에도 당당히 맞설 것이오. 내가 그 어떤 불명예스러운 일도 하지 않았다는 사실을 당신들이 믿어주길 바라며 언젠가 당신들도 그 점을 알게 될 것이오. 나는 조국을 배반하는 일은 전혀 하지 않았소. 내가 최선이라고 생각한 방법에 따라 조국을 도우려 애쓰는 과정에서 많은 어리석은 실수를 저질렀고, 아일랜드로 돌아오면서 결국 당신들에게 잡힐 것임을 잘 알았소. 그런데도 나는 의무감 때문에 돌아왔고, 내가 진실을 말한다면 당신들이 제일 먼저 내 말에 동의할 것이오.

케이스먼트는 독일인들이 자신을 이해하지 못했다고 불평했다. "그들은 나를 몽상가라고 했다." 그는 계획된 반란 날짜에 대해 마지막 순간까지 아무것도 모르고 있었다. 성공할 희망이 없다는 사실을 너무 늦게 깨달은 그는 봉기를 취소하고 싶었다. 그에게 처음 제공된 잠수함이 고장나지만 않았다면 그는 제시간에 맞춰 반란을 연기할 수 있었을 것이다.

심문을 당하면서 케이스먼트는 경찰의 손에 넘어간 일기와 회계 장부 몇 권이 있음을 인정했다. 이 중 세 권(1903년, 1910년, 1911년)의 일기는 표지 색깔과 그 지저분한 내용 때문에 '블랙 다이어리'로 알려졌다. 1910년에 쓰여진 또 한 권의 일기는 '화이트 다이어리'로 불리게 되었다. 화이트 다이어리에는 별다른 내용이 없었지만 블랙 다이어리에는 많은 시간 거리를 누비며 젊은 남자들을 찾아헤매는 한 남자의 모습이 담겨 있었다.

더블린의 부활절 봉기와 같은 시기에 진행된 심문 이후 케이스먼트는 수감 여건이 더 나은 브릭스턴 교도소로 이감되었다. 5월 15일 그는 런던 수석치안판사에게 불려가 간단한 심리 후에 올드 베일리에서 재판을 받게 되었다. 수많은 동정론자들이 있었고, 친구였던 작가 아서 코난 도일은 케이스먼트의 소송 비용에 얼마간 도움을 주었다. 하지만 돈만으로는 변호를 할 수 없다. 아일랜드 민족주의자 변호사인 게이번 더피가 케이스먼트를 위해 나섰지만 이 때문에 그는 파트너십을 잃게 된다. 영국의 유력한 변호사 가운데 케이스먼트 사건을 맡겠다고 나선 사람이 없었다는 사실은 영국 법조계의 영원한 불명예이다.

결국 더피와 사돈 관계인 아일랜드 변호사 A. M. 설리번이 케이스먼트 변호를 맡았다(설리번은 옛날 변호사 제도에서 가장 높은 직위를 가리키는 '최고위 법정 변호사' 직책을 가진 마지막 변호사였다). 토머스 아트머스 존스가 설리번을 도와줄 변호인으로 선임되었다. 그는 유명한 명예훼손 사건에서 원고로 승소하여 이미 유명해진 인물이었다. 그리고 J. H. 모건 교수가 법정 조언자로서 재판에 참석할 수 있는 허락을 받았다. 하지만 반역죄 혐의에 대한 검찰 측 논거가 너무나 확실한데 도대체 어떻게 변론할 수 있을까?

설리번은 케이스먼트의 행동은 법률에서 규정한 반역죄의 범주에 해당되지 않는다고 주장할 것을 의뢰인에게 조언했다. 영국 정부가 자신을 사형에 처할 배짱은 없을 것이라는 현명하지 못한 판단을 한 케이스먼트는 사형선고가 내려져도 종신형으로 감형될 수 있으리라고 확신했다. 이런 판단착오의 결과였는지 그는 '모든 책임을 인정하고 그에 따른 모든 결과를 받아들이기로' 결심했다. 당시 그가 쓴 편지들은 그의 심리 상태를 분명히 보여준다. 그는 독일인들을 설득하여 아일랜드 독립을 지지하도록 했다고 주장했다. 그가 더블린에 도착했더라면 인명 손실은 훨씬 더 적었을 것이라고 했다. 그러나 이런 태도는 아무런 소득도 얻지 못했고 케이스먼트는 결국 변호사의 조언을 받아들였다.

올드 베일리

케이스먼트의 재판은 1916년 6월 26일 올드 베일리에서 시작되었다. 재판은 보기 드물게 판사 세 명이 참여하는 전원재판부와 배심원단 앞에서 열렸다. 에이보리 판사와 호리지 판사가 배석한 가운데 최근에 귀족 작위를 받은 레딩 경이 수석재판관으로 재판을 주재했다. 검찰 측은 법무장관 프레드릭 에드윈 스미스(Frederick Edwin Smith)를 주축으로 법무차관과 막강한 법률팀이 지원을 맡았다(프레드릭 에드윈 스미스는 1차 세계대전 이전 아일랜드 자치에 저항하는 얼스터 의용군의 총기 밀수에 연루되었던 바로 그 인물이다!).

스미스가 검사로 임명되면서 흥미로운 직업적 딜레마가 생겼다. 설리번은 아일랜드에서는 칙선 법정 변호사이지만 영국에서는 이러한 지위를 누리지 못했다. 즉 상대방 검사인 스미스보다 낮은 위치에 있었던 것이다. 스미스는 이러한 불균형을 시정하기 위해 대법관에게 설리번을 칙선 법정 변호사로 승격시켜 줄 것을 요청했다. 하지만 인색하게도 대법관은 요청을 거절했다.

케이스먼트가 무죄를 주장하자 스미스는 피고의 '대단히 위중

한 죄'를 지적하며 검찰 측 진술을 시작했다. 그는 "법은 이보다 더 위중한 죄를 알지 못한다"고 말했다. 아프리카와 페루에서의 공로도 빠뜨리지 않고 피고의 경력을 간략하게 소개하고는 케이스먼트의 '설명할 수 없는' 변절을 지적했다. 스미스는 배심원단에게 독일에서의 피고의 모병 활동과 트럴리 만에서 체포되었을 당시 피고에게서 발견된 군대 암호 등 결정적인 증거에 대해 진술했다. 그리고 최근에 영국 왕으로부터 훈장까지 받은 사람이 그런 식으로 영국의 적국을 지원한 데 대해 경멸을 표했다. 스미스는 극적인 미사여구로 진술을 마무리했다. "이 나라에 대한 증오에 눈이 먼 피고는 악의적이고도 무모한 모험을 했다. 그 모험은 실패했다. 오늘 그에 대한 처벌을 요구한다."

검찰은 많은 증인을 소환할 필요가 없었다. 독일에서의 케이스먼트의 활동은 독일이 강제 송환시킨 수많은 아일랜드 전쟁포로에 의해 충분히 확인되었다. 이제 피고 측 차례였다.

반역죄의 해석

케이스먼트의 변론에서는 반역죄를 성문화한 의회 법령을 꼼꼼하게 해석하는 데 초점을 맞췄다. 원래 노르만 프랑스어에서 번역된 1351년 반역법은 반역자를 다음과 같이 정의하고 있다.

"If a man do levy war against our said Lord the King in his realm or be adherent to the enemies of our Lord the King in his realm giving to them aid and comfort in the realm or elsewhere."

이 문장에 대한 설리번 측의 해석은 이렇다. "영국 왕의 통치 지역에서 영국 왕에 대해 전쟁을 일으키는 자 또는 영국 왕의 통치 지역에서 영국 왕의 적의 편에 서서 지원과 편의를 제공하는 자." 설리번의 변론의 핵심은 'or elsewhere'라는 단어에 있었다. 이 단어는 무엇을 가리키는가? 설리번은 그 말이 '영국 왕의 적의 편에 서서 지원과 편의를 제공한다'는 대목에만 연결된다고 주장했다. 이 해석이 옳다면 영국 왕의 통치 지역 '밖'에서 왕의 적의 편에 서는 것은 죄가 되지 않으며 따라서 의뢰인에 대한 소송은 성립될 수 없다.

반면 검찰은 이 조항에 괄호가 있는 것처럼 읽어야 한다고 주장했다. 따라서 "영국 왕의 통치 지역에서 영국 왕에 대해 전쟁을 일으키는 자 또는 영국 왕의 통치 지역 또는 다른 곳에서 영국 왕의 적의 편에 서는(지원과 편의를 제공하는) 자[if a man do levy war against our said Lord the King in his realm or be adherent to the enemies of our Lord the King in his realm(giving to them aid and comfort in the realm) or elsewhere]"라는 것이다. 이 해석이 옳다면 괄호 안의 말은 단순히 '적의 편에 선다'는 표현의 부가설명에 불과한 것이다. 구두점이 명확했다면 논란의 여지가 없었겠지만 14세기 법령에는 구두점이 없었다. 이런 구문론적 논쟁의 가치가 무엇이든 간에 설리번의 법률 해석과 반대되는 선례와 판례는 방대했고 광범위한 논쟁을 거친 후에 법정은 판례에 따라 판결했다.

하지만 설리번은 두 번째 공격에 나섰다. 헨리 8세 치세까지 영국 법정에서 영국 왕의 통치 지역 밖에서 일어난 반역 혐의를 심리할 수 있도록 하는 소송 절차는 없었다. 설리번은 소송 절차도 없는 범죄가 법령에 규정되어 있을 리는 없다고 주장했다(법의 초기 시절에는 소송 절차가 전부였다). 법정은 이 주장 역시 기각했다. 기소를 막으려는 시도가 실패하자 설리번은 중인을 부르는 대신 케이스먼트에게 선서 없이 피고석에서 발언하게 했다(이런 발언의 이점은 반대심문의 대상이 될 수 없다는 것이다. 설리번은 당시 의뢰인이 제시할 수 있는 증거 중에 그에게 도움이 될 만한 것이 전혀 없었다고 판단했다고 나중에 설명했다). 케이스먼트는 이 기회를 잘 이용하지 못했다.

변론을 위한 최종 진술을 시작하고 얼마 후 설리번이 스트레스로 법정에서 쓰러지는 바람에 최종 진술은 다음날 아트머스 존스가 마무리해야 했다. 기본적으로 변론의 핵심은 케이스먼트가 구상한 '아일랜드 여단'의 목적은 아일랜드 자치를 수호하려는 아일랜드 의용군을 도와 얼스터 의용군에 저항하려는 것이었지 영국과 전쟁 중인 독일을 지원하려는 것이 아니었다는 것이다.

이 사건이 반역죄 재판이었기 때문에 검사에게 최후 논고 권한이 주어졌고, 스미스는 이 기회를 십분 이용했다. 논고가 끝나자 수석재판관이 배심원단을 위해 사건 개요를 설명했다.

"아일랜드 민족의 자유를 쟁취하려는 목적으로 전쟁 중에 아일랜드 여단을 아일랜드에 보내고, 그로 인해 영국을 약화시키고 곤란하게 할 내전이 일어나리라는 사실을 피고가 알고 있었다면 피고는 영국의 적을 의도적으로 도운 것입니다. 이 점을 배심원단은 이해해야 합니다."

법정의 법률 해석으로 볼 때 배심원단이 다른 결정을 내릴 여지는 거의 없었고 유죄 평결을 내리는 데에는 한 시간도 걸리지 않았다. 피할 수 없는 판결이 선고되기 전, 케이스먼트에게 마지막 진술 권한이 주어졌다. 그는 이번에는 기회를 잘 이용했다.

피고석에서의 연설

영국인들이 과거 아일랜드에 저지른 잘못을 지적한 후 케이스먼트는 이제 법정의 청중보다는 세상을 향해 이렇게 말했다.

이 유죄판결은 아일랜드를 통치하는 영국 정부가 감히 아일랜드 국민의 의지가 아닌, 아일랜드인들의 의지를 무시하고 내린 판결입니다. 정당하지 못한, 오직 정복으로 얻어낸 법입니다. 재판장님, 정복으로 얻은 것은 정당화될 수 없습니다. 몸은 정복할 수 있어도 마음까지 정복할 수는 없습니다. 인간의 이성과 판단력과 애정까지 지배할 수는 없습니다. 우리는 아일랜드 커락 지역 주둔군이 영국 왕의 명령을 거부했을 때 아일랜드 헌법이 살아 있음을 목격했습니다. 그리고 아일랜드인의 가장 중요한 첫번째 의무는 휴지 조각에 불과한 사후 지불 약속어음을 받고 영국 군대에 들어가는 것이라고 들었습니다. 나는 미국에 있는 동안 나의 첫번째 의무는 고국의 아일랜드인들을 아일랜드라는 국가를 보호하는 군대에서만 봉사하게 하는 것이라고 느꼈습니다. 나는 아일랜드가 왜 자국 외의 다른 명분을 위해 피를 흘려야 하는지 이해할 수 없습니다. 만약 그것이 외국에서의 반역죄라면 나는 내 죄를 솔직히 인정하는 것이 부끄럽지 않으며 내 목숨으로 대답하겠습니다.

법무장관을 대상으로 케이스먼트는 날카로운 진술을 계속했다.

우리의 차이는 얼스터 연합론자들이 대법관 자리로 가는 길을 선택한 반면 나는 피고석으로 가는 길을 택했다는 점입니다. 그리고 지금 상황은 우리 모두 옳았다는 사실을 보여줍니다. 내 반역죄는, 말로 한 것을 냉혹한 정직함을 바탕으로 적절한 시기에 행동으로 옮긴 것이며, 그들의 반역죄는 결코 실현될 필요가 없음을 그들 스스로 잘 알면서 언어적 선동을 했다는 데 있습니다. 이것이 우리가 다른 점입니다. 그래서 나는 오늘 반역자로 고발당해 피고석에 선 것이 높으신 고발자들의 자리에 선 것보다 더 자랑스럽습니다.

이 말에 스미스 검사가 일어나더니 양손을 주머니에 넣은 채 법정에서 나가버렸다. 케이스먼트는 계속했다.

20세기에 들어선 오늘날, 아일랜드에서만 충성이 범죄가 됩니다. 만약 충성이 사랑보다 덜 중요한 것이고 법보다 더 중요한 것이라면 우리는 아일랜드나 아일랜드 국민에게 충분히 충성했습니다. 우리가 목숨보다 더 아일랜드를 사랑했다는 이유로 범죄자로 고발되고 살인자가 되어 총살당하고 감옥에 갇힌다면, 이런 상황에서 용기 있는 이들이 그토록 자치를 쟁취하려고 애쓰는 것이 무슨 소용이 있겠습니까? 자치는 태어나면서부터 주어진 우리의 권리입니다. 생명 그 자체에 대한 권리처럼 다른 사람이 우리에게 베풀어주거나 빼앗아갈 수 있는 것이 아닙니다. 태양을 느끼거나 꽃의 향기를 맡거나 인간을 사랑하는 권리처럼 말입니다. 이런 권리들은 범

죄 사실이 입증된 죄수에 한해서만 빼앗을 수 있습니다. 누구에게
도 해를 끼치지 않았고 어떤 나라에도 피해를 준 적이 없고 다른
민족을 지배하려 한 적도 없었던 아일랜드는 오늘날 세계 여러 나
라로부터 유죄판결을 받은 죄수 취급을 당하고 있습니다.

그런 불합리한 운명에 대항해 싸우는 것이 반역이라면 나는 반역
자가 된 것을 자랑스러워하겠습니다. 그리고 내 마지막 피 한 방울
까지 '반역행위'에 바칠 것입니다. 아무리 야만적인 종족이라 해
도 저항하지 않고는 견디지 못할 상황에서 저항할 권리조차 없다
면 나는 그런 상태에서 사느니 차라리 싸우다 죽는 것이 낫다고 확
신합니다. 모든 권리가 오직 잘못이 되는 곳, 자기 땅에서 살며 자
기 식대로 생각하며 자신이 부르고 싶은 노래를 부르고 자신이 수
고한 대가를 거두는 것마저도 허락해 달라고 숨죽여 간청해야 하
는 곳, 심지어 간청하면서도 남이 빼앗아가는 것을 지켜보기만 해
야 하는 곳에서는 수긍하는 것보다 행동으로 반역을 하는 편이 더
용감하고 진실하며 너무도 자연스러운 일이라고 생각합니다.

시인 윌프레드 블런트(Wilfred Blunt)는 나중에 이 연설을 "애국
문학 역사상 가장 뛰어난 글"이라고 했다. 하지만 아무리 훌륭한
연설도 판결을 바꿀 수는 없었다. 판사들이 머리에 검은 모자를
쓰고 옛날 방식대로 사형을 선고하자 에이보리 판사가 '아멘'이
라는 말을 덧붙였다. 케이스먼트의 재판은 끝났다. 몇 분 후 피고
인석에는 베일리 일병이 앉았다. 그에 대한 증언은 없었고 그는
'혐의 없음'으로 풀려났다.

항소

케이스먼트의 항소 심리는 7월 17일 형사항소법원에서 열렸다. 무서운 달링(Darling) 판사가 주재하는 가차없는 법정이었다.

설리번은 올드 베일리에서 했던 변론을 다시 한 번 반복했고 법의 역사와 발전에 기초한 새로운 논거를 추가했지만 케이스먼트가 간절히 부각시키고 싶었던 폭넓은 정치적 문제들은 논의하지 못했다(이 부분에 대해 설리번은 비판을 받았지만 그런 논쟁들은 결국 법정에서 아무런 효과도 거두지 못했을 것이다). 모두 아무 소용이 없었다. 달링 판사는 검찰 측에 굳이 답변할 필요가 없음을 지적한 후에 유죄판결을 내렸다. 판결을 내리면서 판사는 반역죄법에 "영국 왕의 적에게 지원과 편의를 제공"한다는 부분은 "적의 편에 선다"는 말을 부연하는 표현일 뿐이라는 점을 분명히 했다. 법정은 "영국 국민은 어디에 있든 왕의 신하"라는 입장이었다.

앞서 변론 과정에서 판사 두 명은 런던 공문서보관소에서 문제의 반역법 원본 문서를 조사한 결과 피고 측 해석이 맞는지 확인할 수 없다는 사실을 발견했다고 밝혔다. 문제가 되는 부분이 망가져 있었는데 펜으로 표시해서 그렇게 된 것이 아니라 두루마리로 접혀 있었기 때문이었다. 케이스먼트는 나중에 친구에게 쓴 편지에서 "마치 한 사람의 목숨이 쉼표에 달려 있고 세미콜론으로 목을 조르는 것 같다"고 했지만 이는 진실을 왜곡하는 것이고, 뜻이 분명한 법조문에 비현실적인 의미를 부여하려 한 것은 오히려 피고 측이었다.

케이스먼트에게는 마지막으로 한 가지 길이 열려 있었다. 형사 항소법원에서 유죄판결을 받은 자는 영국 상원에 항소할 수 있었지만 공공의 중대한 법률적 문제가 걸려 있을 때에만 가능했다. 항소를 위해서는 스미스 검사의 승인이 필요했는데 그는 승인을 거부했다. 피고 측은 즉각 두 헌법 전문 법률가의 자문을 구했다. 그 중 한 명은 권위 있는 《영국법의 역사(History of English Law)》의 저자로 명망 높은 윌리엄 홀즈워스(William Holdsworth)였는데 두 법률가 모두 피고 측 주장은 결코 가볍게 넘어갈 문제가 아니라는 취지의 의견을 제시했다. 그러나 완강한 스미스 검사는 특유의 오만함을 과시하며 이렇게 말했다고 한다.

"나는 윌리엄 홀즈워스의 법률 지식에 대해서는 익히 알고 있다. 우리가 같이 옥스포드에서 공부할 때 내가 비네리언 1등상을 받은 반면 그는 2등에 그쳤다."

관용적 처분을 거부당하다

에드워드 그레이 외무부 장관을 포함하여 케이스먼트에게 관용을 베풀어야 한다는 강력한 요구가 쏟아졌다. 코난 도일이 주도한 탄원서에 서명한 사람 중에는 작가인 존 글래스워시, G. K. 체스터튼, 아놀드 베네트 등이 있다(조셉 콘래드는 서명을 거부했다). 평소에 아일랜드 문제에 통찰력을 보여주던 조지 버나드 쇼는 케이스먼트의 교수형이 순교자를 만들 뿐이라고 주장했다.

내각에서는 이제 내무부 법률고문 언리 블랙웰(Ernley Blackwell)

에게 케이스먼트의 정신상태에 대한 의견서를 제출하게 했다. 이 문제는 처음 제기된 것이 아니었다. 케이스먼트는 신경쇠약이 있었고 세 형제 중 둘은 심약한 체질이었다. 1914년 작가이자 의사인 코난 도일은 친구 케이스먼트에 대해 이렇게 썼다. "지난 2년간 그의 행동들을 보면 정신이상이라고 할 수밖에 없다." 그는 케이스먼트를 "열대지방에서 겪은 고생으로 지쳐버린 병자"라며 "두통을 호소했다"고 했다. 또한 코난 도일은 자서전에서 케이스먼트를 "조증을 앓았던 훌륭한 사람"이라고 평가했다.

케이스먼트의 정신상태는 재판 당시 검사와 변호인들 사이에서도 논의된 바 있다. 1916년 6월 초 영국 왕의 칙선 변호사 트래버스 험프리스는 피고 측 변호사 아트머스 존스에게 블랙 다이어리를 타자기로 친 사본을 건넸는데, 피고 측이 "유죄를 인정하되 정신이상"을 주장하면 수용할 수도 있다는 내용의 스미스 검사의 메시지도 함께 전달했다. 설리번 변호사는 피고가 정신이상을 주장하지 않을 것이라는 이유로 그 문서들을 읽어보는 것조차 거부했다. 그는 의뢰인에게 이 문제에 대한 선택권을 주지 않았고, 윤리적으로 문제가 될 만한 행동을 한 이유에 대해 나중에 이렇게 설명했다. "오명과 불명예보다는 죽음이 더 낫다고 판단했다." 재판 직후에 설리번 변호사는 일기에 대한 선택을 자신에게 맡긴 데 대해 감사를 표하는 편지를 스미스 검사에게 썼다. "피고의 변론을 위해서는 일기를 열람하도록 하는 것이 옳았다." 설리번은 나중에 자신의 의뢰인을 과대망상증 환자라고 평가했다.

어떻게 변호사가 케이스먼트 사건에서 정신이상에 기초한 변론으로 성공할 수 있다고 믿을 수 있었는지 이해하기 어렵다. 당시 법에 따르면 정신이상 주장은 피의자가 '자신이 하고 있는 행동의 성격을 모르거나, 또는 알았다 해도 그 행동이 잘못이라는 사실을 모르는 등 정신질환에 의한 이성의 결여 상태에서 행동'했음을 증명해야만 성공할 수 있었다. 그 일기가 있었든 없었든 케이스먼트가 이런 정도의 정신질환을 앓았다고 주장하기는 어려웠을 것이다.

하지만 다르게 생각하는 사람들도 있었다. 일기의 내용은 보통 사람들의 경험이나 이해의 수준을 넘어서는 것으로, 일기에 묘사된 성적 만남의 성격과 빈도는 믿기지 않을 뿐만 아니라 몽상에 빠진 사람의 머리에서나 나올 수 있는 것이라고 생각했다. 하지만 내무부 법률고문의 생각은 달랐다. 블랙 다이어리를 썼던 시기는 케이스먼트가 외무부에 훌륭한 보고서들을 올렸을 때와 같은 시기였고 법정에서 보여준 명료한 행동은 정신이상자의 행동으로 볼 수 없다고 평가했다.

영국 내각은 감형 문제를 세 차례 논의했다. 내무부의 정무차관은 가톨릭 민족주의자들은 간단히 사형에 처하면서 '프로테스탄트이자 전직 관료이며 지배 계급'의 일원인 케이스먼트를 사형시키지 않을 경우 일어날 수 있는 불합리성을 지적했다. 그는 이렇게 썼다. "내가 판단하기로는 모든 면을 고려해 볼 때 사건을 법대로 처리하되 케이스먼트가 고귀한 순교자로 죽지 않도록 이 일기를 이용하는 편이 훨씬 더 현명할 것이다."

내각이 이 방침을 승인했는지 여부는 알 수 없지만 실제로 이렇게 처리된 것으로 보인다. 일기의 발췌문은 영향력 있는 사람들이 열람했다. 동성애가 단지 불법적인 행위가 아니라 타락으로 간주되던 시절, 일기에 묘사된 강압적인 동성애자의 모습은 케이스먼트에 대해 남아 있던 마지막 동정심마저 앗아가 버렸다. 많은 사람들, 심지어 콩고 개혁운동에 동참했던 사람들조차도 이제 그를 버렸다. 일기는 영국 정부가 정확히 기대한 결과를 가져왔다.

케이스먼트에 대한 감형을 거부한 이유에 대해 영국 정부는 사형 후에 공개한 공식 성명서에서 다음과 같이 밝혔다.

아일랜드 폭동은 군인과 민간인 양쪽에 많은 인명 손실을 가져왔다. 케이스먼트는 이 반란을 위해 독일의 지원을 호소했다. 뿐만 아니라 오랜 세월 영국 관리로 봉직했던 그가 독일에 잡혀 있는 영국군 포로들을 꾀어 영국을 배신하게 하고 영국의 적과 손잡도록 하였다. 재판이 시작된 후 영국 정부가 입수한 결정적 증거에 따르면 케이스먼트는 독일에 붙잡힌 아일랜드 군인들을 모집하여 여단을 수립하려 했고, 이집트에 이 여단을 투입하여 영국 왕과 적대하려는 의도가 분명한 계약을 독일 정부와 체결하였다. 독일에 잡혀 있던 아일랜드 군인들 중에 케이스먼트의 배신 유혹을 거부했던 자들은 독일인들로부터 특히 더 잔인한 대우를 받았다. 그 중 일부는 병약자로 송환되어 케이스먼트를 자신들의 살인자로 여기며 영국에서 죽었다.

정부가 언급한 '결정적 증거'란 재판이 끝날 때 케이스먼트가 실수로 법정에 놓고 간 서류를 말한다. 그 중 하나는 1914년 12월 케이스먼트와 독일 정부가 맺은 계약서 사본인데, 케이스먼트의 '아일랜드 여단'을 영국 통치에 저항하는 이집트의 반란 지원에 사용할 수도 있다는 내용이 들어 있었다. 설상가상으로 그 서류에는 케이스먼트가 직접 쓴 메모도 있었다. "이 서류의 내용이 알려지면 나는 열 번도 넘게 교수형을 당할 수 있다. 내가 53세가 아니라 33세였다면 무기는 제대로 도착했을 것이고 암호는 발각되지 않았을 것이며 나는 아일랜드를 독립시켰거나 부하들을 이끌고 앞장서서 싸우다 죽었을 것이다."

그러나 이 모든 사실보다도 이 사건을 '법대로 처리'해야 한다는 주장에 결정적인 무게를 실어준 것은 케이스먼트의 사형일 바로 며칠 전에 독일 잠수함을 들이받으려 했던 영국 선박의 선장을 독일이 사형에 처한 사건일 것이다.

첫 영성체

모든 세속의 영예를 박탈당한 케이스먼트는 마지막 순간 가톨릭으로 개종하고 펜턴빌 교도소의 사형수 감방에서 처음이자 마지막 영성체를 받았다. 1916년 8월 3일 케이스먼트는 부활절 봉기 지도자들 중에서 마지막으로 처형되었다. 사형집행관 앨버트 엘리스는 후에 "내가 사형을 집행한 죄수들 중 가장 용감한 사람"이었다고 회상했다. 1965년, 영국 수상 해럴드 윌슨은 케이스먼트의 유해를 아일랜드로 돌려보냈다. 50만 명이 훨씬 넘는 사람들이 참석한 가운데 국장이 치러졌고, 유해는 더블린의 글라스

너빈 국립묘지에 안장되었다.

공정한 재판이었나?

형사항소법원은 레딩 판사의 재판 집행 과정에서 문제삼을 만한 부분을 찾지 못했다. 피고 측 자문을 맡았던 모건 교수는 케이스먼트의 일기 공개는 비판하면서도 재판 절차만큼은 "영국 사법 최고의 전통에 걸맞은" 것이었다고 평가했다. 대법관이 설리번 변호사를 영국 왕실 변호사로 임명하기를 거부한 것은 변호사들을 고민에 빠뜨리는 미묘한 문제였지만 재판에는 아무런 영향도 끼치지 않았다. 부끄럽지만 영국 법조계에서 케이스먼트 변호에 적합한 인물을 내세우지 못한 것에 대해서도 같은 논리가 적용된다.

시인 알프레드 노이스는 법무장관이 "케이스먼트를 정적(政敵)으로 미워했다"고 불평했다. 노이스는 법무장관인 스미스가 케이스먼트 사건에 "자진해서 검사로 나섰고" 항소 승인을 거부함으로써 "스미스 자신보다 더 용기 있고 예의바른 자에게 개인적으로 사형선고를 내렸다"고 주장했다.

그 주장이 사실일지도 모르지만 스미스가 오직 양심적으로 재판에 임했다는 사실을 증명한 사람은 없다. 그는 케이스먼트가 피고인석에서 발언하는 동안 법정을 나가버린 행동 때문에 비난을 받았지만, 이는 피고가 자신을 개인적으로 공격한 데 대한 반발로서 단순히 무례한 행동일 뿐이었다. 이보다 좀더 심각한 문제는 스미스가 총포 화약을 밀수입한(얼스터 의용군을 위해) 사실이 케이스먼트의 경우와 전혀 다르지 않다는 점이었다. 하지만 스미스의 경우에는 영국 왕의 적을 지원하려는 목적은 아니었다. 아일랜드에서의 스미스의 행동은 재판에는 전혀 아무런 영향도 주지 않았다. 그러나 재판 절차에 어두운 그림자를 드리운 두 가지 문제가 있었는데 모두 스미스와 관련된 것이었다.

얼스터 의용군 지도자가 아일랜드 공화군(IRA) 지도자를 기소할 적임자라고 생각하는 것은 오늘날 도저히 상상조차 할 수 없지만 바로 그런 일이 케이스먼트 사건에서 일어났다. 극히 중요한 형사 사건일 경우 법무장관이 직접 기소하는 것은 관행이었지만 반드시 그렇게 할 법적 의무는 없었고 케이스먼트 사건의 경우 스미스는 나서지 말았어야 했다. 스미스는 다른 법무관이나 변호사협회의 다른 인물에게 기소를 맡길 수도 있었다. 스미스 자신은 물론 공평무사하게 사건에 임할 수 있다는 확신이 있었겠지만, 모양새가 안 좋으므로 나서지 말아야 한다는 생각 따위는 하지 않을 성격이었다. 그가 법무장관의 지위를 남용하지 않았다고 해서 그의 이중 역할에 대한 사람들의 불편한 심경이 없어지지는 않는다.

또 법무장관의 항소 거부 명령 문제가 있다. 나중에 법률 수정으로도 인정된 부분이지만, 피고인에게 최종 항소권을 박탈할 권리가 사건을 맡은 담당 검사에게 있다는 사실은 상당히 받아들이기 어렵다. 스미스 자신이 그 사건에 대해 어떻게 생각했든 간에 항소를 승인했어야 한다는 의견이 지배적이다. 그것이 무난한 해

법이었겠지만 스미스 같은 사람은 결코 무난한 길을 택하지 않았다. 세상이 어떻게 생각하든지 간에 말이다. 법조계는 지금까지 형사항소법원 결정의 정확성에 대해서는 심각하게 의문을 제기하지 않았다. 따라서 잘못은 결정 자체가 아니라 당시 법무장관실 내부에 존재하던 역할의 충돌에 있었다.

일기 유출

재판과 관련하여 가장 논란이 된 부분은 분명 블랙 다이어리의 유출이었다. 케이스먼트의 사형 이후 영국 일간지 《더 타임스》는 '법에 따라' 판결하기로 한 결정은 지지하면서도 일기의 유출에 대해서는 "불확실한 정보를 이용한, 소송의 쟁점과 무관하고 부적절하며 영국인답지 않은 전략"이라며 비판했다.

일기 유출의 진상은 이렇게 추정된다. 런던 경시청의 바질 톰슨을 도와서 케이스먼트를 심문했던 해군정보국 책임자 윌리엄 홀 대령이 피고인 수감 결정 심리 시간에 맞추어 수많은 영국과 미국 언론인들을 해군재판소로 불러 블랙 다이어리 발췌 사본을 보여주었다. 이 일은 검찰 모르게 홀 대령이 단독으로 주도한 일이었을 수도 있다. 재판 마지막 날, 스미스 검사는 외무부 장관에게 다음과 같은 내용의 편지를 썼다.

여론에 영향을 주려는 목적으로 외무부에서 케이스먼트의 일기를 많은 사람들에게 보여주기 위해 일기를 사진으로 찍고 있거나 그런 제안을 한다는 이야기를 들었습니다. 저는 그것이 병적인 제안이라고 생각하며 장관께서는 그에 대한 최종 의견을 밝히지 말고 그 제안을 승인하시기 전에 저를 만나주시면 고맙겠습니다.

외무부 장관은 그런 제안을 들어본 적도 없고 승인하지도 않았으며, 내각의 승인 없이는 승인하지도 않을 것이고, 당연히 내각이 승인할 리도 없다고 대답했다. 만약 당국이 일기를 유죄판결 이전에 공개했다면 그것은 어리석은 처사였을 것이다. 그런 행동은 심각한 법정 모독이었을 것이며 폭로한 사람은 무거운 징역형을 받았을 것이다. 심지어 무효 심리를 초래하여 당국의 원래 목적을 좌절시켰을 수도 있었다. 어쨌든 유죄판결 전에 일기의 내용에 영향을 받은(또는 일기의 존재를 알게 된) 배심원이 있었다고 판단할 이유는 없다.

재판 '후'에 사형집행 유예 가능성을 차단하기 위해 내각이 일기를 이용하기로 한 것은 완전히 다른 문제였다. 그것은 존재 자체를 위해 싸우고 있는 국가라면 당연히 용서받을 수 있는 행동이었다. 어떤 경우에도 이미 판결이 나온 재판에 개입할 여지는 없었다. 해군 정보국은 분명 일기를 유출한 나름의 이유가 있었고 그 이유는 추측하기 어렵지 않다. 영국은 당시 역사상 가장 희생자가 많이 발생한 전쟁을 치르고 있었다. 케이스먼트가 사형선고를 받고 이틀 후 영국군은 솜 전투 첫날 6만 명의 사상자를 냈고 그 중 2만 명이 사망했다. 그 병사 중 많은 사람들이 아일랜드인이었다.

요약하자면 케이스먼트 재판에 불만스런 부분은 있었지만 그 중 어느 것도 재판 결과에 영향을 미치지는 않은 것으로 보인다. 영국의 가장 피비린내 나는 전쟁이 절정에 달한 시기에 케이스먼트처럼 명백한 반역행위를 저지르고도 무사하리라고 기대하는 것은 비현실적일 것이다. 법조문에 대한 변호사들의 온갖 논쟁에도 불구하고 케이스먼트는 노골적인 반역죄 혐의에 대해 유죄였고 본인도 그 사실을 알았다. 결국 정당한 심판을 받은 것이다.

케이스먼트의 동성애 사실은 내막을 아는 사람들에게는 전혀 놀라운 일이 아니었다. 오랜 세월 소문이 돌았던 것이다. 그 당시 상류사회에서는 노골적으로 드러내거나 인정하지만 않으면 동성애는 용인되었다. 그러나 이런 규칙이 깨지면 그 결과는 무시무시했다. 케이스먼트가 첫 영사직을 맡았던 해에 시인이자 극작가인 오스카 와일드는 '추잡한 음란행위'(gross indecency, 법에서는 남색에 못 미치는 동성애 행위를 이렇게 부른다)로 2년의 중노동형을 선고받았다. 그리고 케이스먼트가 콩고에서 조사를 시작했을 때 영국군 영웅 헥터 맥도날드 소장은 동성애로 군법회의에서 재판을 받게 되자 파리의 호텔 방에서 총으로 자살했다. 케이스먼트의 일기를 보면 맥도날드의 비극에 그가 대단히 괴로워했음을 알 수 있다. 그는 자신의 성적 취향이 드러날 경우 어떤 일이 생길지 분명히 예상할 수 있었을 것이다.

블랙 다이어리가 처음 세상에 드러났을 때 일기가 진짜임을 의심하는 사람은 아무도 없었다. 케이스먼트의 친구였던 존 해리스는 처음에 일기에 대해 의심했었다. 그러나 일기를 보여주자 해리스는 오직 케이스먼트와 자신만 아는 사실이 적힌 것을 보고 당황했다. 1921년 영국과 아일랜드 간의 조약 체결을 위한 논의를 마친 후, 스미스 법무장관이 신 페인당의 아일랜드 협상 사절단인 마이클 콜린스와 이몬 두간에게 케이스먼트의 일기를 보여주었다. 상원의원 두간은 나중에 이렇게 기록했다. "마이클 콜린스와 나는 버켄헤드(영국의 법률가)와 함께 일기를 읽었다. 나는 케이스먼트의 필체를 몰랐지만 콜린스는 알았다. 그는 케이스먼트의 필체가 맞다고 했다. 정말 역겨웠다."

케이스먼트가 죽은 후 펜턴빌 교도소에서 군의관이 사체를 살펴보니 항문이 팽창되고 내장이 밑으로 내려와 있었다. 그럼에도 불구하고 케이스먼트의 친구들과 지지자들 중에는 인류를 위해 그토록 많은 선행을 했던 사람이 동성애자, 그것도 난잡한 동성애자였다는 사실을 믿으려 하지 않았다. 그의 일기는 영국 정부가 꾸민 짓이며 케이스먼트의 명예를 더럽히려는 사악한 음모라는 것이다. 바질 톰슨이 일기를 입수한 경위를 설명할 때마다 얘기가 달라진 점 때문에 이런 의심들은 더욱 커졌다(실제로는 케이스먼트가 1914년 5월 에뷰리 가에 사는 저메인이라는 사람에게 일기를 맡겨두었는데 1916년 4월 저메인이 자발적으로 런던 경시청으로 가져왔고 경시청에서는 그 내용을 살펴보지 않고 특수부에 그냥 방치해 두었던 것 같다). 블랙 다이어리가 1959년까지 공문서보관소에 비밀리에 보관되었다는 사실 때문에 음모론자들의 의심은 더욱 커졌다. 그러나 그 이유는 어둡고 음흉한 비밀을 숨기겠다는 의도보다는 점잖은 영국의 체면을 위해서였을 가능성이 더 높다.

블랙 다이어리의 진실을 처음으로 노골적으로 공격한 사람은 1936년 《케이스먼트의 위조된 블랙 다이어리(The Forged Casement Black Diaries)》라는 책을 쓴 미국인 윌리엄 멀로니(William J. Maloney) 였다. 충격적인 결론이 제목에 그대로 드러나 극적 효과는 다소 떨어지는 이 책에서 멀로니는 푸투마요의 원주민 관리 중 하나가 쓴 동성애 일기를 가지고 영국 정부가 가짜 일기를 만들어낸 것 이라고 주장했다. 이 작가의 주장은(이를 주장이라고 부를 수 있다면) 그 자신이 일기를 읽거나 실제로 본 적이 없었다는 사실 때문에 별 의미가 없었다. 조지 버나드 쇼는 "케이스먼트를 제대로 조명 하는 것보다 영국 정부의 잘못을 파헤치는 데 더 많은 공을 들인 책"이라고 적절히 평가했다. 그럼에도 불구하고 많은 사람들은 멀로니의 주장에 동조했다.

처음에는 블랙 다이어리 때문에 케이스먼트를 비난했던 알프 레드 노이스는 1957년 죽기 직전에 의견을 바꾼다. 그 결과 《유령 비난하기, 또는 로저 케이스먼트에 대한 정의(The Accusing Ghost, or Justice for Roger Casement)》라는 책을 썼는데, 케이스먼트의 일기가 동성애 부분을 제외하고는 진짜라는 결론을 내렸다. 노이스는 동 성애 부분은 경찰과 법무장관에 의해 삽입되었다고 주장했는데 어떻게 그 짧은 시간에 그토록 교묘하고 광범위한 위조가 이루어 졌는지에 대해서는 설명하지 못했다.

그 다음해 내무부 장관 버틀러는 일기의 진위를 조사하기 위해 사우스웨일즈 과학수사연구소의 윌슨 해리슨 박사가 이끄는 조사 팀을 구성했다. 해리슨 박사는 필체 대조 결과 케이스먼트가 그 일기를 썼다고 결론지었지만 일부 내용은 나중에 케이스먼트 자신에 의해 추가 삽입되었다고 했다. 1994년 BBC의 의뢰로 일기를 조사한 데이비드 박센데일 박사 역시 비슷한 결론에 도달했다. 하지만 논란은 수그러들지 않았고 1997년 아마존 전문가이자 케이스먼트의 '화이트 다이어리'의 출판 편집자인 앵거스 미첼은 블랙 다이어리가 '부정확함과 모순투성이'라는 의견을 내놓았다.

가장 최근에는 런던 소재 골드스미스 대학의 빌 맥코맥 교수가 아일랜드 TV 방송국(RTE), BBC, 아일랜드 정부의 재정 지원을 받아, 과거 런던 경시청 내의 의문스런 문서부를 관리했던 오드리 가일스 박사에게 일기 검토를 의뢰했고 2002년 3월 그 결과가 발표되었다.

> 가일스 문서연구소는 블랙 다이어리로 알려진 5개의 각 문서는 오직 로저 케이스먼트가 쓴 것이며 타인에 의한 위조나 삽입을 의심할 이유가 없다는 명백하고도 확실한 결론에 도달했다. 일기는 모두 진짜이다. 본 조사는 공정한 과학적 분석에 기초한 것이며 80년 이상 계속된 논란에 종지부를 찍을 것이다.

그렇게 간단한 일이었으면 얼마나 좋겠는가. 블랙 다이어리의 진실이 무엇이든 그렇게 고귀한 인도주의자이자 애국자가 동시에 동성애자일 수 있다는 사실은 오늘날까지도 그 사실을 믿고 싶지 않은 많은 사람들에게 슬픈 현실이다.

인간 케이스먼트

성적 취향은 일단 제쳐두고 건강까지 해치면서 인류를 위해 봉사했던 사람이 어떻게 충성을 맹세한 국가를 배신하게 되었을까? 오랜 친구이자 그의 숭배자인 소설가 코난 도일은 케이스먼트를 "가장 고귀한 인격을 가진 인간, 진실되고 이타적이며 그를 아는 모든 사람들로부터 깊은 존경을 받는 사람"이라고 했다. 1890년 또다른 유명 작가 조셉 콘래드도 비슷한 견해를 피력한 바 있다. 한때 케이스먼트와 같은 방을 쓰기도 했던 그는 케이스먼트가 "생각이 깊고, 말을 잘하고, 대단히 지적이며, 동정심이 많은 사람"이라고 했다. 7년 후 콘래드의 평가는 좀 달라졌다.

케이스먼트는 좋은 친구였지만 이미 아프리카에 있을 때 나는 그가 제정신이 아니라고 판단했다. 멍청하다는 것이 아니라 너무 감정적이었다는 뜻이다. 지나치게 감정에 이끌려(콩고 보고서나 푸투마요 등) 일을 추진해 나갔다. 그야말로 감정 덩어리였다. 정말 비극적인 성격이었고 위대함 같은 건 전혀 없었다. 그건 겉으로 보이는 모습이었고, 콩고에서는 아직 그의 실체가 드러나지 않았을 뿐이다.

스미스 검사는 훈장 문제에 대한 케이스먼트의 명백한 위선을 적절히 지적했다. 이 문제에 대해 케이스먼트는 바질 톰슨에게 이렇게 설명했다.

내가 외국에 나갔다가 아일랜드로 돌아온 이유는 두 가지로, 내가 참가했던 보어 전쟁과 콩고 때문입니다. 보어 전쟁에서 처음에는 옳은 일을 하고 있다고 느꼈지만 나중에는 그 사람들과 맞서 싸운 것에 대해 수치심을 느꼈습니다. 보어 전쟁으로 훈장도 받았지만 결코 그것을 단 적은 없습니다. 콩고에서의 업적에 대한 훈장도 직접 받기를 거부했습니다.

그랬다면 "훈장을 아예 거부할 수도 있었다"고 톰슨이 지적하자 케이스먼트는 이렇게 답했다. "그건 공직에서 완전히 물러나야 가능한 일인데 나는 그렇게까지 할 수는 없었소." 하지만 6년쯤 후 기사 작위를 수락한 이유에 대해 그는 충신의 말투라고밖에 볼 수 없는 표현으로 완전히 다른 말을 했다. 기사 작위를 추천한 외무부 장관 에드워드 그레이에게 쓴 편지에서 "이처럼 개인적 존경과 지지를 보여주서서 고맙게 생각합니다"라고 했고, "영국 왕이 작위를 내려준 데 대해 깊이 감사하고" 있다고 썼던 것이다. 나중에 케이스먼트는 자신의 변호인에게 이렇게 해명했다.

미리 내게 물어봤더라면 나는 분명 거절했을 것입니다. 일단 기사 작위 수여가 공식화되고 나자 왕과 그레이 경, 국민의 마음을 상하게 하지 않으면서 원치 않는 훈장을 거부하기는 불가능했습니다. 그랬다면 관직에서 물러나야 했을 것이고, 푸투마요 원주민들을 위한 운동도 포기해야 했을 것입니다. 그것은 큰 부담이었습니다. 그런 이유로 나는 기사 작위를 받을 수밖에 없었고 작위 수여에 대한 감사의 표현은 문제의 본질이 아닙니다.

이런 해명에도 불구하고 곧 영국 왕의 적들과 반역을 꾀할 사람이 어째서 영국 정부의 감정을 그토록 배려하고 굽실대는 말투로 기사 작위를 수락해야 했는지는 이해하기 어렵다.

케이스먼트는 많은 점에서 보통 사람들보다 감정적 고통을 더 많이 느꼈던 것 같다. 프로테스탄트로 자랐던 그는 몰래 가톨릭으로 세례를 받았다. 평범한 이성애자에 대한 유일한 대안이 독신자밖에 없었던 시대에 철저한 동성애자였던 그는 자신의 성적 취향을 숨길 수밖에 없었다. 그리고 영국 왕의 충실한 신하였던 그는 몰래 반역죄를 저질렀다.

아무리 성급하고 자만심 강한 사람이었다 해도 케이스먼트는 인간의 고통에 깊이 마음 아파했고, 고통받는 인간을 누구보다 더 많이 목격했다. 중년기에 그는 마음속에서 영국도 예외일 수 없는 식민지 약탈과 영국의 아일랜드 통치를 연결지어 바라보게 되었다. 영국이 아일랜드 국민을 고통스럽게 하는 가장 큰 원인이라고 생각하게 된 것이다. 그의 마음 깊숙이 내재한, 우리는 결코 완전히 이해하지 못할 요소들로 인해 케이스먼트는 합법적인 해결책보다 무력을 선택했다.

부활절 봉기의 결과는?

민족주의자들 사이에 알려진 것과는 반대로 아일랜드의 부활절 봉기는 아일랜드에서 폭넓은 지지를 얻지 못했다. 반란자들이 항복했을 때 일부는 반란에 적대적인 아일랜드 군중들로부터 영국군의 보호를 받아야 했다. 군사작전 측면에서 볼 때 부활절 봉기는 현실적으로 성공 확률이 없는 어설픈 시도였다. 하지만 반란 후 더블린과 런던의 사형집행장에서 영국이 보여준 태도는 역사의 흐름을 바꿔버린 끔찍한 실수였다. 아일랜드 자치로는 충분하지 않았고 오직 독립만이 유일한 해결책이었다.

아일랜드는 결국 독립했다. 하지만 영국령 자치 지역에서 평화로운 과정을 거쳐 독립 국가로 전환하는 대신 분리되고 쪼개져 오늘날까지도 종교적, 정치적 증오의 온상으로 남아 있다. 케이스먼트는 이 점에 대해 어느 정도 비난받아야 한다. 그가 무력을 지지하는 대신 자신의 고귀한 이름을 이용해서 평화로운 개혁을 추진했다면 역사는 어떻게 달라졌을까?

INJUSTICE

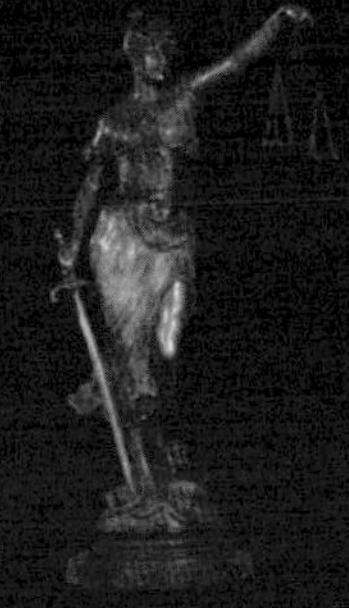

제3부

불순분자들

국가는 국민에게 안전을 제공하고 국민은 사회 구성원으로서 국가에 충성해야 한다는 암묵적 계약이 존재한다는 사실을 깨닫는 데 정치 이론을 동원할 필요는 없다. 그러나 이 계약하에서 국가는 국민에게 어느 정도의 충성을 요구할 수 있으며, 국민은 국가에 어느 정도로 충성의 의무와 반대할 권리를 조화시킬 수 있는가? 제3부에서 다룰 네 가지 재판에서 이 질문에 대한 교훈을 얻을 수 있다.

첫번째로 소개하는 재판은 시기적으로도 가장 이른 사건으로 서구 문명에서 가장 중요한 인물이라고 할 수 있는 그리스 철학자 소크라테스에 관한 재판이다. 역사상 최초의 민주주의 국가에서 살았던 소크라테스가 실제로는 그런 정부 형태를 경멸했으며, 그를 미워한 유명한 적들의 스승이었다는 사실은 잊기 쉽다. 현대의 법률가가 보기에 소크라테스의 고발자들이 재판에서 내세운 주장들은 취약해 보이는데 그는 왜 그런 주장에 적절히 반박하지 못했으며, 또 유죄판결을 받았을 때 그는 왜 거의 죽음을 자초했을까?

재판 이후로 많은 시간이 흐른 지금 우리는 소크라테스를 숭배했던 한 제자가 제공하는 정보에 절대적으로 의존해야 하기 때문에 사건의 실체를 정확히 파악하기는 대단히 어렵다. 그럼에도 불구하고 그 인물의 중요성과 그의 재판이 던지는 중대한 문제 때문에 이 사건은 살펴볼 가치가 있는 듯하다. 즉 시민 대다수가 불온하고 파괴적이라고 여기는 의견을 표현하는 데 있어 어느 정도의 자유를 허용해야 하는가?

토머스 모어 경 역시 국가, 즉 막강한 권력을 행사한 영국의 군주 헨리 8세와 충돌했다. 소크라테스와는 달리 모어는 자신의 의견을 명시적으로 드러내지 않았지만 그럼에도 불구하고 목숨을 구하지는 못했다. 헨리 8세가 최고의 신하에게서 요구한 것은 한 가지 중요한 사안에 대해 왕의 뜻을 공식적으로 인정해 주는 것뿐이었다. 강력한 권력을 갖고 결의에 찬 왕 앞에서 모어의 탁월한 변론술은 힘을 발휘하지 못했고 결국 그는 용감하게 사형대로 갔다. 모어의 아내 앨리스는 추상적 개념에 불과한 문제 때문에 왜 그가 목숨과 재산, 가족의 행복을 위태롭게 하는지 도저히 이해할 수 없었다. 그러나 오늘날 우리의 관심을 끄는 것은 모어의 고난과 죽음이 헛되었는지의 여부가 아니라 국가에 반대할 수 있는 개인의 자유에 대한 문제이다.

그로부터 300년 후 이번에는 막강한 성직자가 아니라 일단의 농장 노동자들이 비국교도라는 사실 때문에 고통받아야 했다. 톨퍼들 순교자로 알려진 6명의 농장 노동자들의 체포와 재판, 유배형은 사건 당시에도 세계적인 비난을 받았고 지금도 노동조합운

동의 등불로 여겨진다. 도체스터 법정에서 있었던 이 재판은 공정하고 독립적이었을까, 아니면 그 당시 이제 막 합법화된 노조를 탄압하려는 정부의 야비한 술수였을까?

20세기 초 미국으로 건너온 두 이탈리아 이민자들은 훨씬 더 끔찍한 운명을 맞았다. 니콜라 사코와 바르톨로메오 반제티는 두 명을 잔인하게 살해한 무장강도 혐의로 유죄판결을 받았다. 7년에 걸친 항소 과정 끝에 그들은 결국 대중의 동정 속에 전기의자에서 사형되었다. 사코와 반제티는 당시에, 그리고 그 이후로도 자유주의자들로부터 권력과 특권의 무고한 희생자로 여겨졌다. 그러나 사건을 좀더 면밀히 살펴보면 놀랄 만큼 복잡한 이야기가 숨어 있다.

기원전 399년 소크라테스 재판

셰익스피어의 희곡《헨리 5세》에 나오는 폴스타프의 죽음 이전 까지는 아테네의 철학자 소크라테스의 죽음이 서구 문명에서 아마 가장 감동적인 죽음일 것이다. 간수가 독초를 빻은 잔을 가지고 오자 소크라테스는 이제 어떻게 하면 되는지 물었다. 소크라테스의 제자 플라톤은 친구 에케크라테스에게 그후에 일어난 일에 대해 상세히 기록하고 있다.

소크라테스의 제자 크세노폰의 짧은 기록 외에 소크라테스 재판의 유일한 기록은 또다른 제자 플라톤이 쓴《대화》이다. 플라톤은 평범한 제자가 아니었다. 수학자 화이트헤드가 말했듯 "플라톤 철학은 유럽 철학 전통의 특징을 모두 갖춘 집약체이다." 플라톤과 크세노폰은 자기 나름의 다른 생각이 있었고, 사실을 전달할 때 자기 주제에 맞게 각색하는 버릇이 있었다. 따라서 우리는 이 점을 감안해서 읽어야 한다. 위대한 고전학자 벤자민 조웨트는 플라톤이 쓴 《소크라테스의 변명》을 "있는 그대로의 진실이라기보다는 가공한 진실"이라고 표현했다. 다른 사람들은 좀더 그대로 받아들이자는 입장이다. 변호사가 보기에 플라톤의 글은 재판이 끝나고 몇 년 후에 씌어졌다는 확신을 주는 부분이 있다. 재판에 출석했던 사람들이 아마 이 글을 읽었을 텐데 플라톤은 자신도 재판에 직접 참석했다고 주장한다. 이러한 이유로 나는 주로 이 출처를 인용하였다.

간수가 대답했다. "다리가 무거워질 때까지 좀 걸어다니다가 누우면 독약의 효과가 나타날 것입니다." 그와 동시에 소크라테스님에게 독배를 건네자 그분께서는 너무나 편안하고 온화한 태도로 손톱만큼의 두려움이나 안색의 변화도 없이 평소처럼 교도관을 똑바로 보면서 독배를 받아들고 이렇게 물으셨다. "이 잔에 든 것을 조금 따라 신에게 바쳐도 되겠는가?" 간수는 이렇게 대답했다. "소크라테스 선생님, 우리는 효과를 내는 데 적당한 양만큼만 준비합니다." 그러자 그분께서 말씀하셨다. "이해하네. 하지만 이 세상에서 저 세상으로 가는 여행에 행운이 함께 하도록 신들에게 기도는 올릴 수 있을 것이고 또 그래야만 하지. 그러면 이렇게 기도를 올리고 그대로 이루어지기를!" 그런 다음 그분께서는 독배를 입술로 가져가 주저 없이 기분좋게 잔을 비우셨다. 그때까지만 해도 우리 대부분은 슬픔을 참을 수 있었다. 하지만 그분께서 독배를 마시고, 이어 잔이 다 비워진 것을 보자 더 이상 슬픔을 억누를 수가 없었다. 나도 모르게 눈물이 억수같이 쏟아져서 얼굴을 가리고 흐느껴 울었다. 그분을 위해서가 아니라 그런 동지를 잃은 나 자신의 크나큰 불행을 생각하고 운 것이었다.

슬픔을 참지 못한 건 내가 처음이 아니었다. 크리톤은 눈물을 억제할 수 없어 일어나 나가버렸고 이어서 내가 울음을 터뜨렸다. 이전부터 계속 울고 있던 아폴로도루스는 특히 그 순간에는 더욱 크게 울부짖으며 통곡하여 모두를 놀라게 했다. 소크라테스 본인만이 침착을 유지하셨다. "이게 도대체 무슨 이상한 소린가?" 그분께서 말씀하셨다. "무엇보다도 이렇게 될까봐 내가 여자들을 내보낸 것이네. 사람은 차분한 가운데 죽음을 맞아야 하지 않겠나? 조용히 하고 진정들 하게." 그 말을 듣고 우리는 부끄러워져 눈물을 억눌렀다. 소크라테스께서는 간수의 말대로 다리에 힘이 빠지기 시작할 때까지 이리저리 걸어다니다가 자리에 누웠고 독배를 건넸던 남자가 가끔씩 그분의 발과 다리를 살펴보았다. 얼마 후 간수는 그분의 발을 세게 누르며 감각이 있느냐고 물었다. 그분은 느낌이 없다고 대답했다. 간수는 다리를 눌러보고 점점 위로 옮겨가면서 그분의 몸이 차가워지면서 굳어가는 것을 보여주었다. 그분은 직접 몸을 만져보고는 말씀하셨다. "독이 심장에 닿으면 끝날 것이네." 이제 배 부분이 차가워지기 시작했다. 그때 그분은 얼굴을 가리고 있던 것을 걷어내고는 이렇게 말씀하셨다(그의 마지막 말씀이었다). "크리톤, 아스클레피오스에게 닭 한 마리를 빚졌네. 기억했다가 좀 갚아주겠나."(아스클레피오스는 치유의 신. 소크라테스의 이 마지막 부탁은 일부에서 주장하듯이 슬퍼하는 친구들의 주의를 딴 데로 돌리기 위한 행동이었을까? 아니면 양심적인 인간으로서의 마지막 행동이었을까? 저자는 후자로 보는 쪽이다) 그러자 크리톤이 말했다. "빚은 내가 갚겠네. 또 다른 할 말은 없나?" 이 질문에 대한 대답은 없었다. 잠시 후 약간 움직이는 소리가 들렸고 옆에 있던 사람들이 얼굴에 덮였던 것을 걷어보니 두 눈이 움직이지 않았다. 크리톤이 입을 다물어주고 눈을 감겨주었다.

에케크라테스! 그게 우리 동지의 최후였네. 진정으로 말하지만 이 시대에서 내가 알게 된 그 모든 사람들 중에서 가장 지혜롭고 공정하고 뛰어난 인물이었네.

약 2,500년 동안 사람들은 세계 최초의 민주주의 국가의 적법하게 구성된 법정에서 세상에서 가장 유명한 철학자가 사형을 선고받은 과정에 대해 늘 궁금하게 생각했다. 이 질문에 대답하기 위해서 우리는 철학의 영역에서 멀리 떠나 고대 그리스의 현실 정치를 돌아보아야 한다.

소크라테스는 기원전 469년 도시국가 아테네에서 태어났다. 당시는 강력한 지도자 페리클레스의 통치 아래 그의 권력과 영향력이 절정을 이룰 때였다. 소크라테스는 석공과 산파의 아들이었다. 아테네 시민으로서 소크라테스는 시의회에도 나갔으나 토론에 참여하지는 않았다. 그러나 군대에는 갔으며 서른여덟 살의 나이에 중무장 보병으로 전투에 나가 용맹한 군인으로 상을 받기도 했다.

그러나 소크라테스를 유명하게 만든 것은 일터와 시장에서의 선생으로서의 역할이었다. 그의 독특한 지도 방식은 지금도 영국의 오랜 대학들에서 사용하고 있다. 제자들에게 질문을 던져 논리와 가정의 약점을 파악하도록 하는 방식이었다(학생이 원래 갖고 있던 생각과 선입견에 이의를 제기하는 과정에서 상대방에게 모욕과 상처를 주기도 했다). 독특한 것은 그의 교육 방식만이 아니었다. 그는 "땅딸막하고 추하고 맨발로 다니며 목

소크라테스

욕도 자주 하지 않고, 아고라를 어슬렁거리며 돌아다니거나 즐겨 찾던 구두 수선공 시몬의 가게에서 시간을 보내는 사람"으로 알려졌다. 신이나 영웅의 외모와는 거리가 멀어서 두 눈은 툭 튀어나오고 납작한 들창코에 입술도 툭 튀어나온데다가 배불뚝이였다.

소크라테스는 아테네 사람들로부터 오랫동안 멍청한 괴짜로 여겨졌다. 20세기 초의 철학자 버트란트 러셀처럼 소크라테스도 기존의 종교를 거부하고 제자들에게 부모들이 중시하는 가치에 의문을 갖도록 부추겼다. 평화시였다면 그런 삐딱한 사고를 너그럽게 봐주었겠지만 당시 아테네인들은 30여 년 간 스파르타가 이끄는 수많은 다른 도시국가들과 끔찍한 살육을 겪은 후였다. 위기에 처한 사회에서 반체제자들은 인기가 없는 법이고 이러한 사실은 아리스토파네스의 희곡 《새(The Birds)》에도 나타나 있는데,

이 작품에서는 한 무리의 친(親) 스파르타 젊은이들이 '소크라테스화' 된 것으로 그려졌다.

결국 전쟁에서 패하고 전염병까지 돌던 아테네는 기원전 404년 스파르타에 무릎을 꿇었다. 민주주의는 폐지되었고 '30명의 독재자'가 지배하는 독재 체제 밑에서 수백 명이 살해되고 수천 명이 추방당했다. 새 정권의 지도자들과 친했던 소크라테스는 함께 하자는 제안을 받았지만, 재산 몰수를 위해 한 시민을 부당하게 체포한 사건이 일어나자 권력층의 명령에 따르기를 거부하면서 그들의 눈밖에 났다.

얼마 후 민주주의가 복원되었지만 독재자들에 대한 이런 반항적인 행동은 그의 목숨을 위태롭게 했다. 대외적인 동기 외에도 개인적인 동기를 가진 세 남자가 이 뻐딱한 철학자에게 조치를 취하기로 결심했다.

고발자들

소크라테스를 고발한 세 사람 중 리콘(Lycon)은 웅변가라는 사실 외에는 역사적으로 알려진 것이 없다. 소크라테스는 웅변가라는 직업을 별로 높이 평가하지 않은 것으로 알려져 있다. 시와 종교에 대한 소크라테스의 비판에 상처를 입었던 젊은 시인 멜레토스(Meletus) 역시 기소장에 서명했고 종종 핵심 고발자로 여겨진다. 하지만 고발의 실질적인 구심점은 아니토스(Anytus)라는 인물이 거의 확실하다. 그는 부유한 무두장이이자 정치인이며 스파르타와의 전쟁 당시에는 장군으로 활약했다.

소크라테스는 당시 아테네식 민주주의를 공개적으로 경멸했고 현명한 자들, 즉 자신과 같은 철학자들만이 통치에 적합하다고 가르쳤다. 아니토스는 전쟁으로 크게 고통받았던 인물이었고, 자신이 그토록 열심히 싸워 지켜내려 했던 체제를 끊임없는 비판하는 소크라테스에게 반감을 가졌다는 사실은 별로 놀랍지 않다. 하지만 그의 말 속에는 개인적인 원한이 느껴진다. 소크라테스가 무두장이라는 직업을 얕보는 듯한 말을 하자 아니토스가 "소크라테스, 내 생각에 자네는 사람들에 대해 너무 쉽게 나쁘게 말하는 것 같소. 내 충고하는데 조심하도록 하시오"라고 경고한 적이 있다. 아니토스와 리콘의 아들들과 소크라테스 사이에 모종의 관계가 있었다는 소문들이 어쩌면 사실일지도 모른다(스파르타와는 달리 아테네에서는 동성애를 좋게 보지 않았다).

아테네 법에 따르면 정식 재판에 앞서 '아콘 왕'이라고 불리는 재판관이 주재하는 예비심문('아나크리시스'라고 함)을 거쳐야 한다. 소크라테스의 가장 유명한 제자 플라톤은 소크라테스가 예비심문을 받으러 가던 길에 친구를 만나 토론에 빠지는 과정을 책으로 남겼다. 우리는 실제 예비심문에서 어떤 일이 일어났는지는 결코 알 수 없다. 일반적으로 예비심문에서는 원고와 피고가 선서를 하고 각각 고발과 혐의 부인 절차를 거치면 재판관이 양측을 심문하고, 양측은 이어 상대방에게 질문을 할 수 있었다. 이런 과정을 거친 뒤, 소크라테스 사건의 경우처럼 재판관이 적절하다고 판단하면 피고에 대한 기소장을 작성하였다.

소크라테스에 대한 고발장의 정확한 문구는 오래 전에 없어졌지만 다음과 같은 기록이 남아 있다.

> 멜레토스가 선서 후 작성한 고발장과 진술서는 다음과 같다. 알로페체의 소프로니스코스 아들인 소크라테스는 국가가 인정한 신들을 거부하고 새로운 신을 제시한 죄를 지었다. 또한 그는 젊은이들을 타락시키는 죄를 범하였다. 이에 대한 벌로 사형을 요구한다.

이 고발장에는 세 건의 소송 항목이 있다. 첫째, 불경죄로서 아테네가 섬기는 신들을 인정하지 않는다는 의미인 것 같다. 둘째, 새로운 신들을 제시했다. 셋째, 젊은이들을 타락시킨 죄였다. 이것이 합당한 기소장이었을까? 민주주의가 복원된 후 아테네의 법은 전면 개정되었고 과두정치와 내전 중에 있었던 모든 범죄에 대해 사면령이 통과되었다. 따라서 소크라테스의 범죄행위는 사면 이후에 일어났거나, 적어도 사면 이후까지 계속되었다고 추정해야 한다.

그리고 또다른 문제가 있다. 미국 작가 I. F. 스톤은, 이 기소장은 지금까지 알려진 모든 기소장과는 달리 위반한 법률의 내용을 명시하지 않았다는 점을 지적했다. 하지만 이것은 보이는 것처럼 큰 문제가 아닐 수도 있다. 아테네의 '불경죄'는 그 범위가 모호하고 넓었으며 법정 선서에 따라(아래 내용 참조) 배심원들에게는 법을 떠나 스스로 판단할 수 있는 상당한 결정권이 있었다.

재판

　재판은 '아고라' 라고 하는 아테네의 광장에서 시민 법정으로 열렸다. 제비뽑기로 선출한 약 500명의 시민들('디카스테스' 라고 함)로 구성된 배심원은 공정하게 진술 내용을 듣고 법에 따라, 만약 법이 없다면 공정한 사리판단에 따라 표결할 것을 선서했다.

　소크라테스가 살던 시대에는 재판소와 다른 정부기관 사이에 구분이 거의 없었고 동일한 위원회가 양쪽을 모두 관장했다. 재판 절차는 배심원, 재판 당사자, 그리고 청중들이 시종 활기차게 떠들면서 요란하게 진행되는 경우가 많았다. 오늘날의 차분하고 절제된 재판과는 달리 당시 소송 당사자들은 상대방을 비방했으며, 이성적 주장뿐 아니라 감정적 주장도 흔히 동원되었다.

　기소장을 읽고 난 고발자들에게는 3시간 동안 진술할 기회가 주어졌다. 소크라테스에게도 비슷한 시간 동안 변론의 기회가 주어졌다. 소크라테스가 정확히 어떤 범죄를 저질렀다고 고발자들이 주장했는지, 요즘 표현으로 말하자면 '혐의 세부항목'이 무엇이었는지는 알 수 없다. 이런 중요한 세부사항들은 아마 재판 과정에서 거론되었을 것이다. 이 사건에 대한 공식 기소 기록이 남아 있지 않기 때문에 우리는 제자가 남긴 소크라테스의 변론 기록을 통해 이를 추론할 수 있을 뿐인데, 그의 변론은 대단히 흥미롭다. 구체적인 범죄 항목을 명시하지 않은 혐의들에 대해 소크라테스는 변론을 펼치기 시작했다. 고발자들을 거명한 후 소크라테스는 이렇게 말했다.

이 사람들(고발자들)보다는 다른 사람들이 훨씬 더 무서운 사람들입니다. 그들은 여러분이 어렸을 때부터 저에 대해 거짓을 심어주었습니다. 소크라테스라는 자는 하늘 높이 있는 것들과 땅 밑의 온갖 것을 탐구하며 나쁜 생각을 더 좋게 보이게 만드는 자라고 말입니다. 이 소문을 퍼뜨린 사람들이야말로 저의 무서운 고발자들입니다. 그런 소문을 듣는 사람들은, 그런 것들을 탐구하는 자는 신의 존재도 믿지 않는다고 쉽게 생각해 버리기 때문이지요.

소크라테스는 자신이 자연철학자임을 부인했다. 또 돈을 받고 남을 가르친 일도 없었으며, 그랬다면 영광이었을 것이라고 했다. "그렇다면 이 사람은 왜 비난받고 있을까?" 스스로 던진 이 질문에 대답하며 소크라테스는 델피 신전의 신탁에 얽힌 일화를 얘기했다. 델피 신탁이 자신의 한 친구에게 소크라테스보다 더 지혜로운 자는 없다고 말했다는 것이다. 세상에는 자신보다 더 학식이 높은 사람들이 많기 때문에 소크라테스는 이 말을 듣고 혼란스러웠다고 했다. 깊이 생각한 후 그는 다음과 같은 결론을 내렸다고 했다.

사실 신은 그 대답에서 인간의 지혜는 별로, 아니 전혀 가치가 없다는 걸 말하고 있는 것 같습니다. 신은 그저 본보기로 삼느라 저의 이름을 이용한 것일 뿐입니다. 마치 "인간들이여! 소크라테스처럼 자신의 지혜가 보잘것없다는 사실을 깨달은 자가 가장 지혜로운 자이니라"라고 말하려 한 것처럼 말입니다. 그래서 저는 신의 뜻을 받들어 세상을 이리저리 돌아다니면서 시민들이든 이방인이든 지혜로운 사람이라고 생각되는 사람이 있으면 직접 찾아가서 살펴보고 있습니다. 제가 보기에 그 사람이 지혜롭지 못하다고 판단되면 신탁에 따라 그가 지혜롭지 못하다는 것을 지적해 줍니다. 이 일에 몰두하며 다니다 보니 공적인 일이나 제 자신의 일은 돌볼 겨를도 없습니다. 이렇게 신에 대한 봉사로 인해 저는 지독하게 가난한 신세입니다.

소크라테스는 이어서 이렇게 변론했다.

자신이 대단한 걸 알고 있다고 생각하지만 실제로 아는 것이라곤 별로 없거나 전혀 없는 사람들이 무수히 많습니다. 이런 사람들은 질문 공세를 받고 자신의 한계가 드러나면 정작 스스로한테는 화를 내지 않고 저한테 화를 냅니다. "이런 망할 소크라테스! 젊은이들을 타락시키는 사악한 인간 같으니!" 하고 말입니다. 그렇게 말한 사람에게 소크라테스가 무슨 사악한 행동을 하고 가르쳤느냐고 물으면 아는 바도 없고 아무 말도 하지 못합니다. 하지만 당황한 모습을 보이지 않으려고 철학자들에 대해서 쉽게 하는 비난을 되풀이합니다. 하늘 높이 있는 것과 땅 밑의 것들을 가르치고 신들을 믿지 않으며 약한 주장을 강한 주장보다 더 강하게 만든다고 말입니다. 이렇게 말하는 것은 실상 아무것도 모르면서 아는 척한다는 사실을 인정하고 싶지 않기 때문입니다. 이런 사람들은 꾀도 많고 야심이 크며 의욕이 넘치는데다 설득력 있는 언변에 공격 태세를 갖춘 자들로서, 사람들에게 집요하고도 격렬하게 저를 비방하는 말을 해왔습니다.

마침내 그는 서둘러서 각각의 죄목에 대한 변론을 펼쳤다.

신에 대한 불경죄와 관련한 변론에서, 태양을 돌이라고 하고 달을 흙이라고 주장하는 무신론자라는 비난에 대해 소크라테스는 그런 견해는 오래 전부터 학술서와 연극에서 찾아볼 수 있었다고 지적했다. 그는 또 자신이 완전한 무신론자이면서 동시에 새로운 신을 섬기는 사람이라는 주장에 내재한 모순을 지적했다(의미상으로는 옳을지 몰라도 이 주장은 혐의에 대한 대답이 되지는 않았다). 소크라테스는 신의 존재를 확실히 믿지만 "고발자들이 믿는 수준보다 높은 차원에서" 믿는다고 주장했다(이런 잘난 척하는 발언이 배심원들에게 얼마나 설득력 있게 들렸을지 궁금하다).

'새로운 신'을 섬긴다는 두 번째 혐의에 대해서 소크라테스는 그것이 이른바 '다이모니온'(daimonion, 영적 존재를 뜻하는 그리스어), 다시 말해 양심의 소리(루디아드 키플링도 나중에 이 표현을 썼다)에 귀 기울이는 자신의 습관을 말하는 것이라고 했다. 소크라테스는 이 습관이 새 울음소리에서 계시를 받거나 델피 신전에서 신탁을 듣는 것과 다를 것이 없다고 주장했다.

'젊은이들을 타락시킨다'는 혐의가 무엇을 의미하는지도 확실히 알 수 없다. 성적 타락을 의미하는 것 같지는 않으며 아마 소크라테스가 제자들을 그르치게 했다는 정도의 의미인 듯하다. 소크라테스는 말을 훈련하는 일과 비교하면서 이 혐의에 반박했다. 말은 아무나 훈련하는 것이 아니고 최고의 자격을 갖춘 사람들이

해야 하며, 젊은이들을 교육하는 데에도 동일한 원칙이 적용되어야 한다는 것이다. 이 말은 소크라테스 자신이 그런 자격 있는 교육자라는 의미였다. 그는 또 자신의 예전 제자 몇몇이 법정에 출석해 있는데 그 중 누구도 자신들을 타락시켰다고 불평한 자는 없었다는 점을 설득력 있게 지적했다.

"나는 등에 같은 사람"

소크라테스는 이제 남은 변론 시간을 혐의에 대한 반박이 아니라 자신의 삶의 방식을 열렬히 옹호하는 데 사용했다.

어떤 분은 이렇게 말할지도 모르겠습니다. "소크라테스, 당신은 그렇게 처신하다가 이제 사형당할 위험에까지 이르렀으니 부끄럽지도 않소?" 그렇지만 저는 이에 대해 당당하게 대답할 수 있습니다. 여러분은 이 대목에서도 실수를 저지르고 있습니다. 조금이라도 쓸모 있는 사람이라면 사느냐 죽느냐를 생각할 것이 아니라 자신이 올바른 행동을 하는지 그릇된 행동을 하는지, 또 훌륭한 사람의 행동을 하는지 못난 자의 행동을 하는지 오로지 그것에만 주의를 기울여야 합니다. 죽음을 두려워하는 것은 '지식으로 위장한 무지'입니다. 우리 중 누구도 죽음이 어떤 것인지 모르기 때문입니다. 사실 죽음이 인간에게 그 어떤 것보다도 더 좋은 것일 수도 있지만 사람들은 마치 죽음이 최악의 것임을 잘 알고 있기나 한 양 두려워합니다.

제가 돌아다니면서 하는 일이라고는 젊은이든 노인이든 자신의 육체와 재산에 신경쓰지 말고 무엇보다도 영혼을 최고의 상태로 만드는 일에 신경쓰라고 설득하는 것뿐입니다. 재물에서 덕이 생기는 것이 아니라 덕에서 재물과 그밖의 다른 것, 사적으로나 공적으로나 좋은 것들이 생기는 것이라고 말입니다.

이것이 나의 가르침이었고, 이런 말들이 젊은이들을 타락시켰다면 나는 정말 해로운 사람이겠지요.

소크라테스는 이어서 자신을 '등에'(파리처럼 생긴 곤충)에 비유해서 이렇게 말했다. "이 나라는 마치 덩치가 크고 혈통이 좋기는 하나 그 큰 덩치 때문에 게으르고 굼떠서 따끔하게 찔러대는 등에의 자극이 필요한 말과 같습니다. 나는 신께서 이 나라에 보낸 등에 같은 사람입니다. 저와 같은 역할을 하는 사람이 여러분에게 쉽게 나타나지는 않을 것입니다." 소크라테스는 정의를 위해 두 번이나 목숨을 걸고 싸웠지만 내면의 목소리를 따라 정치인이 되지 않았다. 그는 누구도 가르친 적이 없으며, 그의 제자로 알려진 인물들의 행동에 대해 책임지기를 거부했다.

소크라테스는 자기처럼 전통적 가치에 반기를 드는 사람을 향한 숨겨진 편견에 끓어오르는 분노를 표출하는 대신 자신이 그렇게 자주 비난했던 소피스트적 궤변으로 자신에 대한 혐의를 변론하는 쪽을 택했다. 그에게는 아내 크산티페(악처라고 하는 사람도 있다)와 세 아들이 있지만 배심원들의 동정심을 사서 사면을 받을 목적으로 가족을 법정에 나오게 하는 짓은 하지 않았다고 했다.

그는 또 재판관의 임무는 당연한 정의를 가지고 선심을 쓰는 것이 아니며, 재판관 자신의 기분에 따라서가 아니라 법에 따라 판결을 내리는 것이라고 말했다.

철학적 죽음

배심원들은 판결을 위해 유죄와 무죄를 나타내는 두 개의 항아리 중 하나에 청동 원반을 넣어서 투표를 했다. 결과는 280 대 221로 유죄였다. 30표만 더 반대쪽으로 갔다면 과반수인 250표를 얻어 소크라테스는 무죄 방면되었을 것이다. 이제 형량 선고만 남았다.

고발자 측은 사형을 요구했다. 아테네 법에 따라 피고는 사형 대신 다른 처벌을 요청할 수 있었는데 법정은 소크라테스가 추방형을 요청하리라 예상했다. 그러나 그의 행동은 예상을 빗나갔다. 소크라테스는 자신이 정치인으로 살아가기에는 너무 정직하다는 말을 했는데 이 말은 지금까지도 슬픈 울림이 있다. 그는 남을 가르치는 일도 그만둘 수 없다고 했고 "캐묻지 않는 삶은 가치가 없다"는 유명한 말을 남겼다. 소크라테스는 심지어 아테네는 그에게 사형을 내리는 대신 올림피아 경기의 우승자들을 대우하듯이 그에게 공짜 음식과 살 곳을 제공해 주어야 한다고 했다. 그러면서 그는 사형 대신 겨우 은화 1므나의 벌금을 내겠다고 제안했다. 그러나 친구들이 도와주겠다고 하자 30므나로 액수를 올렸다. 소크라테스는 이런 오만한 제안이 어떤 결과를 초래할지 잘 알고 있었다.

유죄판결 때보다 훨씬 더 많은 배심원들이 사형 쪽에 표를 던졌다. 결과는 360 대 140이었다(유죄판결 때와 형량 판결시 표의 합계에 차이가 나는 것은 배심원이 중간에 나갔거나 들어왔기 때문일 수도 있고 기권표 때문일 수도 있지만 확실한 것은 알 수 없다). 배심원들은 소크라테스가 자신의 죄를 인정하지 않는, 아테네의 위험인물이라는 생각을 이미 굳혀서 죽음 외에는 그를 멈출 수 없다는 결론을 내린 듯하다.

소크라테스는 철학적으로 자신의 운명을 맞이했다.

죽음은 아무것도 아닌 상태로서 전혀 아무런 의식도 없는 상태이거나 또는 사람들이 말하는 것처럼 일종의 변화로서 영혼이 이 세상에서 저 세상으로 옮겨가는 것일 수 있습니다. 그러므로 재판관 여러분! 죽음에 대해 희망찬 기대를 지녀야 합니다. 그리고 선한 사람에게는 살아서나 죽어서나 결코 악한 일이 일어나지 않는다는 진실을 명심하십시오. 신들도 착한 사람과 그의 영혼은 소홀히 여기지 않습니다. 다가오는 나의 죽음이 단지 우연히 일어난 것은 아니지만 죽어서 해방되는 것이 나에게는 더 낫다는 것을 확신합니다. 때문에 나의 내면의 계시(다이모니온)도 사전에 아무런 경고도 주지 않았습니다. 따라서 나는 나를 고발한 사람들이나 유죄를 선고한 사람들에게 화가 나지 않습니다. 그들은 내게 아무런 해도 입히지 않았습니다. 물론 그들은 나를 해칠 의도로 그렇게 한 것이지요. 이 점에 대해서는 그들을 조금 비난할 수 있습니다.

죽음을 앞둔 상황에서도 그는 유머감각을 잃지 않았다. 재판이 끝난 후 제자 한 명이 소크라테스가 부당하게 사형당하게 된 것을 참기 어렵다고 말하자 이 철학자는 이렇게 말했다. "사랑하는 아폴로도루스, 그럼 자네는 내가 공정하게 사형당하는 게 더 좋겠나?"

소크라테스는 사형을 원했나?

재판에서 소크라테스가 보여준 행동을 보면 죽기를 작정한 사람 같다. 친구 리시아스가 그를 위해 준비한 제대로 된 법정 변론문을 보여주자 소크라테스는 훌륭한 연설이지만 그에게는 맞지 않는다며 사양했다. 그 이유를 묻자 이 금욕적인 철학자는 "그런 건 멋진 의복과 멋진 신발처럼 나에게 어색한 것 아니겠나?"라고 대답했다. 실제 변론에서 그는 기소장의 혐의는 거의 무시하고 자신과 같은 불순응주의자를 향한 편견을 공격하는 데 중점을 두었다. 고발자들이 요구한 사형에 대해 겨우 1므나의 벌금을 제시한 것은 배심원들의 눈밖에 나려고 거의 의도적으로 그랬던 것 같다. 감옥에 갇혀 있을 때 친구들이 탈옥을 도와주겠다고 했을 때에도 그는 아테네의 법을 위반하는 것은 잘못이라며 거절했다.

그리스의 역사가 크세노폰은 소크라테스가 단순히 질병의 고통이나 고령의 괴로움보다 고통 없는 죽음을 택한 것이라고 추정하지만 그런 것 같지는 않다. 이 흥미로운 적극적 자기희생은 죽기 직전 소크라테스의 말에서 가장 잘 드러난다.

그러니 이런 식으로 본다면, 신께서 지금 우리가 직면하고 있는 것처럼 어떤 불가피한 상황을 주실 때까지 우리 스스로 목숨을 끊어서는 안된다고 말하는 것은 불합리한 말은 아닌 것 같네. 진정한 철학도는 사람들에게 오해받기 쉬운 존재라네. 진정한 철학자는 오로지 죽음을 추구한다는 것을 사람들이 이해하지 못하기 때문이지. 평생 동안 죽음을 추구하고 갈망해 온 사람이, 이제 때가 되어 언제나 추구하고 갈망했던 것이 마침내 찾아왔는데 왜 불평을 하겠나?

세상의 시기와 중상

소크라테스는 사형 판결의 진짜 이유는 "멜레토스도 아니토스도 아니고 세상의 시기와 중상"이라고 믿었으며, "이런 시기와 중상은 과거에도 수많은 훌륭한 자들을 죽게 했고 앞으로도 많은 사람들을 죽게 할 것이므로 내가 마지막일 가능성은 없다"고 보았다.

그러나 소크라테스가 사람들에게 그렇게 외면당한 이유가 단지 시기 때문이라고 보기는 어렵다. 이 점에 대해서 우리는 다른 곳을 살펴봐야 한다. 플라톤의 저서 《대화》를 통해 우리는 소크라테스가 지적 능력과 용기, 그리고 남에게 상처를 줄 수 있는 능력이 흥미롭게 뒤섞인 인물임을 알고 있다. 소크라테스는 대단히 겸손하게 처신했지만 《대화》를 면밀히 읽어보면 스톤이 지적했듯이 "소크라테스의 세련되고 귀족적인 익살 속에 숨어 있는 잔인함"이 드러난다. 배심원 중 얼마나 많은 사람들이 소크라테스의 날카로운 혀에 상처를 받았던가? 소크라테스 자신은 겸손한 인상을 주려고 의도했지만 이 위대한 철학자는 자신의 능력을 너무나 잘 알고 있었던 것 같으며 그 점을 전혀 숨기려 하지도 않았다. 하지만 더 큰 문제가 있었다.

소크라테스는 정치란 일반 대중에게 맡겨두기에는 너무나 중대한 문제여서 오직 그 일에 합당한 자들만 통치해야 한다고 생각했다. 보통 사람들이 보기에 그런 견해는 폭군의 정책을 합리화하는 데 이용될 수 있으며 소크라테스 제자들 중 다수는 실제로 그런 경향을 드러냈었다. 그의 가장 뛰어난 제자 플라톤은 나중에 억압적 사회의 청사진이 담긴 《국가론(The Republic)》을 썼다. 카리스마 넘치는 알키비아데스는 펠로폰네소스 전쟁 당시 아테네의 적들을 적극적으로 지지했고 학문을 좋아하는 크리티아스는 30인의 독재자들 가운데 아마 가장 피에 굶주린 인물이었을 것이다. 다시 말해 소크라테스는 제자들의 행동으로 오명을 썼던 것이다.

또한 소크라테스의 제자나 친구들이 피의 정치를 펼치는 동안 소크라테스 자신은 아테네에서 편안하게 지냈던 반면 아니토스는 추방당했고 재산까지 몰수당했다. 아테네 배심원들의 마음속에 이런 사실들이 잊혀졌을 리가 없다. 소크라테스가 죽고 한 세기 이상 지난 후 역사가 아이스키네스(Aeschines)는 이렇게 평가했다. "아테네 시민들은 소크라테스가 30인의 독재자 가운데 한 사람인 크리티아스를 가르쳤기 때문에 그를 사형시켰다."

엄밀하게 따져 보아도, 또 보편적 의미에서도 세계 최고의 철학자인 소크라테스는 살았을 때처럼 용감하게 죽음을 맞았지만 당시 사람들이 그 재판과 사형 판결을 부당하다고 여겼으리라고 볼 이유는 없다. 유죄판결은 소크라테스의 성격과 견해가 가져온 불가피한 결과였으며 거의 자초한 것처럼 보인다.

어떤 사람들은 소크라테스의 죽음을 표현의 자유에 대한 잔인한 억압으로 보았다. 하지만 단순하게 보면 이 사건은, 그의 가르침들 때문에 새롭게 되찾은 민주주의의 안정이 깨질 것을 두려워한 국가의 방어책이라고 볼 수도 있다.

1535년 토머스 모어 재판

죄수는 검찰 마당에 끌려가 이단적 믿음과 친구들의 행방에 대해 심문을 받았다. 화형에 처하겠다는 위협을 받고서야 굴복했지만 양심 때문에 이런 위선을 계속할 수 없었던 그는 다시 태도를 바꾸었다. 그는 검사의 명령으로 스미스필드에서 산 채로 화형당했다. 죽음의 고통 속에서 그는 이렇게 외쳤다.

"나는 모든 인간 남녀가 하느님의 말씀이 담긴 책을 갖는 것이 합법적이라고 말했기 때문에 죽는다. 천국으로 가는 진정한 열쇠는 로마 주교의 가르침이 아니라 복음서의 가르침에 있다고 말했기 때문에 죽는다."

이 죄수는 미들 템플의 법정 변호사 제임스 베인햄(James Bainham)

이었고 담당 검사는 또다른 법조인 토머스 모어(Thomas More)였다. 그러나 이 이야기의 주인공은 토머스 모어이다. 이 역설적 상황은 로마 교황을 부정하고 영국 왕을 영국 교회의 수장으로 한다는 헨리 8세식 종교개혁의 핵심을 이룬다.

튜더 왕조 이전의 군주들에 대한 우리의 인식이 셰익스피어의 희곡 작품에 의해 왜곡되어 왔듯이 토머스 모어에 대해 우리가 알고 있는 내용도 로버트 볼트(Robert Bolt)의 희곡 《사계절의 사나이(A Man for All Seasons)》에 의해 오랫동안 채색될 것이다. 이 작품은 프레드 치네만(Fred Zinnemann)에 의해 아름답게 영화화되었다. 여기에 모어의 16세기적 사고를 이해하는 어려움까지 더한다면 일부 평론가들이 이 전설 이면에 감춰진 진실을 발견하겠다는 노력을 아예 포기한다는 것이 별로 놀랍지 않다. 하지만 그런 비관주의는 아무런 결론도 얻지 못한다. 역사적 기록이 아무리 불완전하다 해도 우리는 이 용감하고 복잡한 인물을 이해하려고 노력해야만 하고, 왜 그가 그토록 오랫동안 충실하게 받들었던 왕의 손에 의해 고통 속에서 죽음의 길을 택해야 했는지 탐구할 필요가 있다.

토머스 모어는 1477년 2월 7일 즈음 런던에서 법률가의 아들

토머스 모어

로 태어나 나중에 판사가 된다. 캔터베리 대주교이자 대법관인 모튼 추기경 집에서 시종으로 있다가 모튼 경의 추천으로 옥스포드 대학에서 그리스어와 수학을 공부했다. 그리스어와 수학은 당시에 위험한 과목으로 여겨졌는데 아들이 이런 학문을 공부한다는 사실을 알게 된 아버지가 토머스를 대학에서 나오게 하여 뉴 예비 법학원(New Inn)에 등록시켰다. 2년 후 그는 아버지와 할아버지 모두 회원이었던 링컨 법학원(Lincoln's Inn)에 들어갔다. 모어는 법률 강사가 되었고 정식 법조인 자격도 얻었다. 한동안 이 신앙심 깊은 젊은이는 신부가 되겠다는 생각을 했고 심지어 수도사가 입는 마모직 셔츠를 입기도 했는데, 평생 이 습관을 버리지 않았다.

1504년, 모어는 의회에 선출되었고 1510년에는 런던 시 대리집 정관이 되었다. 법조인으로서의 경력 역시 뻗어가기 시작했다. 모어의 사위 윌리엄 로퍼(William Roper)의 기록에 따르면 "당시 영국 법정에서 논란이 되는 중요한 재판 가운데 모어가 관여하지 않은 재판이 없었다." 실패로 돌아가기는 했지만 모어가 선왕에 대항하여 반대 주장을 펼치는 것을 목격한 젊은 헨리 8세는 그것을 못마땅해 하기는커녕 깊은 인상을 받아 그를 자기 밑에 두게 되었다.

그때부터 모어는 승승장구했다. 수많은 나라에서 영국 대사로 일한 후, 1521년 재무차관에 임명되었고(이 직책을 맡으면 기사 작위도 받았다) 2년 후에는 하원 의장이 되었다. 상당한 식견을 갖추었던 헨리 8세는 모어와의 대화를 즐겼고, 모어의 어깨에 팔을 두르고 함께 정원을 거니는 모습이 목격되곤 했다. 하지만 모어는 이런 우호적 관계가 피상적일 뿐임을 잘 알았다. 그는 로퍼에게 이런 말을 했다. "만약 내 머리를 날려서 왕께서 프랑스의 성을 하나 얻을 수 있다면 반드시 그렇게 될 걸세." 그는 이 예언이 그토록 빨리 현실이 될 줄은 몰랐다.

헨리 8세의 대사업

헨리 왕은 여섯 살 연상이었던 첫번째 부인 아라곤(지금의 스페인)의 캐서린과 오랜 결혼 기간 내내 자주 한눈을 팔았다. 그는 이미 엘리자베스 블룬트라는 여자에게서 사생아를 낳았고 메리 볼린과도 바람을 피웠다. 1525년 메리와의 관계가 끝나자 그의 관심은 메리의 여동생이자 왕비의 시녀로, 평범하지만 도발적인 앤 볼린에게로 옮겨갔다. 앤은 왕의 마음을 애태우며 결혼 전에는 왕을 받아들이지 않을 것임을 분명히 했다. 왕이 보기에 캐서린은 왕자를 낳아야 하는 아내로서의 의무를 다하지 못했고 더 이상 아이를 낳을 수 있는 나이도 지났기 때문에 앤과 결혼하고 싶었다. 하지만 왕비가 이혼을 허락하지 않았기 때문에 뭔가 구실을 찾아야만 했다.

캐서린은 원래 헨리의 형 아서와 결혼했었는데, 헨리는 이제 성서의 구절을 들어 자신의 결혼이 죄악이라는 점이 우려된다고 주장했다. 그는 레위기 20장 21절을 인용했다. "제 형제의 아내를 데리고 사는 것은 추한 짓이다. 그것은 제 형제의 부끄러운 곳을 벗긴 것이므로 그는 후손을 보지 못하리라." (하지만 왕은 신명기 25장

헨리 8세와 앤 볼린

5절은 무시한 셈이다. "여러 형제가 함께 살다가 그 중의 하나가 아들 없이 죽었을 경우에 그 남은 과부는 일가 아닌 남과 결혼하지 못한다. 시동생이 그를 아내로 맞아 같이 살아서 시동생으로서의 의무를 감당해야 한다.")

왕은 또한 캐서린이 형 아서와 결혼했을 때 잠자리를 하지 않았다는 주장이 거짓말이라고 했다. 이런 문제들에 있어 헨리를 위선자라고 보는 것은 헨리라는 인물을 지나치게 단순화시키는 일이 될 수도 있다. 헨리 왕은 자신에게 유리한 의견은 거의 모두 전적인 확신을 갖고 추진할 만큼 대단한 자존심의 소유자였던 것 같다. 어쨌거나 이혼을 하려면 로마 교회의 승인을 받아야 했기 때문에 헨리 왕은 정식으로 로마에 이 문제를 의뢰했다.

왕에게는 불행한 일이지만 당시 캐서린의 조카 카를 5세가 신성로마황제로서 로마를 장악하고 있었다. 헨리의 이혼을 그대로 거절하면 모양새가 좋지 않을 것이므로 교황은 결혼 무효 심리를 위해 영국에 추기경을 교황 특사로 보내면서 일을 천천히 진행시키라는 지시를 내렸다. 캐서린은 입장을 굽히지 않았고, 추기경은 이런저런 핑계로 시간을 오래 끌다가 이 문제를 다시 로마로 돌려보냈다. 대법관 토머스 울시(Thomas Wolsey)도 교황 특사와 보조를 같이 했다. 헨리는 이혼 문제가 틀어지자 울시를 비난했다. 1529년 해임된 울시의 후임자로 토머스 모어가 임명되었는데, 평민이 대법관직에 오른 것은 처음 있는 일이었다.

영국 성직자들도 캐서린과의 이혼을 반대했지만 왕은 어떠한 반대도 용납하지 않고 1532년 영국 왕을 '교회와 영국 성직자의 최고 수장'으로 인정하라는 명령을 내렸다(성직자들은 소심하게 "그리스도의 법이 허용하는 한"이라는 단서를 덧붙여 왕의 요구에 굴복했다). 교회의 최고권을 강력하게 믿었던 토머스 모어에게는 이 정도도 받아들이기 힘든 일이었다. 그는 왕의 뜻에 반대하는 것이 얼마나 부질없는 일인지 잘 알고 있었고, 성직자들이 항복한 날 대법관 문장을 넘기고 건강을 핑계로 사임한 뒤 첼시의 집으로 물러갔다.

1533년은 불길한 전조가 감도는 해였다. 하늘에서는 이상한 광경이 목격되었고 거리에서는 폭력이 있었다. 그해 1월 헨리는 임신한 앤과 비밀리에 결혼했다. 결혼에 대한 왕의 결심이 확고하다는 확신을 얻은 앤이 마침내 왕의 구애에 넘어갔던 것이다. 탄원제한법이 제정되어 이제 영국은 '외국의 왕자나 군주'에 충성하지 않는다고 선언했는데 이는 명백히 교황의 권위를 겨냥한 조치였다. 또한 얼마 전 캔터베리 대주교로 임명된 고분고분한 토머스 크랜머(Thomas Cranmer)는 왕의 요청으로 왕의 이혼을 승인하고 그의 재혼이 '유효하며 합법적'이라고 선언했다. 앤은 왕비로 선포되고 며칠 후 정식으로 왕비 자리에 올랐다. 교황은 헨리 8세를 파문하는 조치로 맞섰다. 이 모든 상황은 이제 영국 종교의 틀을 영원히 바꿔놓게 된다. 오직 한 사람만이 헨리 왕의 완전한 승리에 걸림돌이었다.

비록 공직에서 물러났고 곤란한 상황에 있었지만 토머스 모어는 여전히 왕의 고문관이었고 영향력 있는 인물이었다. 따라서 두 주교의 개입에도 불구하고 모어가 새 왕비의 대관식에 불참하겠다고 한 것은 헨리 8세에게 대단히 모욕적인 행동으로 생각되었다. 이 무례한 행동을 직접 처벌할 수는 없었기에 왕의 친구들은 다른 식으로 모어를 공격하기로 했다. 법관 재직 당시의 뇌물 수수 혐의와 관련하여 모어를 추밀원에 소환한 것이다. 모어를 아는 모든 사람들은 그런 혐의가 터무니없다는 사실을 알았지만 그런 혐의를 내세웠다는 사실만으로도 모어의 몰락을 향한 적들의 강력한 의지를 읽을 수 있다.

뇌물수수 재판에서 모어는 법관 재직 당시 소송 당사자의 아내로부터 신년 선물로 도금 잔을 받았다는 사실을 인정하여 모두를 놀라게 했다. "보시오! 내가 사실이라고 말하지 않았습니까!" 앤 볼린의 아버지가 의기양양하게 소리쳤다. 하지만 모어는 그 잔으로 축배를 들고는 남편에게 새해 선물로 주라면서 그 여인에게 잔을 다시 돌려주었다고 설명하여 고발자들을 난처하게 했다.

다음 고발 내용은 또다른 도금 잔에 대한 것이었는데 이번에도 모어는 잔을 받았음을 시인했다. 그는 잔을 받기는 했지만 잔을 준 사람에게 그보다 훨씬 더 값나가는 잔을 보내주었음을 입증해 보였다.

마지막 혐의는 모어가 금이 가득 든 장갑을 준 소송인의 편을 들었다는 것이었다. 모어는 그 장갑을 받았음을 시인했지만 금은 돌려주었다고 설명했다. 그는 이렇게 말했다고 했다. "부인, 부인의 새해 선물을 거절하는 것은 예의에 어긋나는 일이 될 것이므로 이 장갑은 기꺼이 받겠습니다만 돈은 분명히 거절하겠습니다." 하지만 그를 몰락시키려는 세력과의 전쟁에서 모어의 성공은 그리 오래 가지 못했다.

환영을 보고 이상한 예언을 하여 '켄트의 성녀'로 알려진 엘리자베스 바튼(Elizabeth Barton)이라는 젊은 하녀가 헨리 왕의 이혼에 대해 불길한 예언을 하고 다니면서 왕의 심기를 건드렸다. 분노한 왕은 재판 없이 유죄판결을 내리는 사권박탈법을 즉시 그녀에게 적용했다. 토머스 모어가 엘리자베스를 만난 적이 있다는 사실을 안 왕은 모어에게도 즉시 사권박탈법을 적용하도록 명령했다. 그러나 모어는 실제로 엘리자베스를 찾아가기는 했지만 결코 그런 말을 하도록 부추기지 않았다는 사실을 입증했고 모어의 이름은 사권박탈법 적용 대상에서 제외될 수밖에 없었다. 여자는 교수형을 당했다.

1534년 3월, 헨리 8세는 드디어 폭발했다. 모어는 크롬웰, 크랜머, 오들리(모어의 후임으로 대법관 자리에 오름)로 구성된 성실재판소 위원회에 소환되어 '왕의 대사(大事)'에 대한 의견을 밝힐 것을 요구받았다. 모어는 개인적으로 왕에게 자신의 의견을 밝힌 바 있으나 위원회 앞에서 그 진술을 되풀이하지는 않겠다고 대답했다. 왕의 뜻에 따르지 않으면 고통스러운 결과를 맞이할 것이라고 협박하자 모어는 이렇게 답했다. "여러분, 그렇게 겁을 주어 설득하는 것은 아이들에게나 하는 것이지 나한테는 통하지 않소." 노포크 공작은 "왕의 분노는 곧 죽음을 뜻한다"는 말로 모어에게 왕의 의견을 지지하라고 설득했으나 모어는 이렇게 응수했다. "그게 다입니까? 그렇다면 공작과 저는 별 차이가 없습니다. 저는 오늘 죽고 공작은 내일 죽는다는 차이가 있을 뿐입니다."

같은 달 얼마 후, 의회는 '왕위계승법(Act of Succession)'을 통과시켜 왕과 캐서린의 결혼이 '완전 무효'임을 선언하고 영국에 대한 교황의 관할권을 사실상 무효로 하였다. 이 법에 따라, 부름을 받은 사람은 누구나 이 법령의 모든 내용과 효력을 지지하겠다는 선서를 해야 했고 선서를 주재하기 위해 위원회가 수립되었다. 이것이야말로 모어가 두려워하던 조치였다.

천국에 가까운 집

계승법이 통과되자 곧 모어는 계승법을 인정하는 선서를 위해 램베스 궁(캔터베리 대주교의 런던 공관)으로 소환되었다. 첼시의 집에서 배를 타고 템즈강을 따라가는 동안 내내 말이 없던 모어는 마침내 사위에게 이렇게 말했다. "이보게, 로퍼. 싸움에서 이겼음을 주님께 감사하네." 로퍼는 이 말이 무슨 뜻인지 몰라 어리둥절했으나 아마 모어는 두려움을 극복했으며 이제 최악의 상황을 맞이할 준비가 되었다는 의미였던 것 같다.

재판정에 출두한 그는 계승법의 내용을 살펴보게 해달라고 했다. 공포스럽게도 그는 선서 내용에 영국 왕을 영국 교회의 수장으로 인정해야 한다는 추가조항이 있음을 발견했다. 이것은 의회법에서 승인하지 않은 내용이었다. 영국 왕이 교회의 수장임을 부인하면 반역죄에 처해질 수 있었다. 모어는 변호사로서 대응했다. 그는 선서를 거부하겠지만 그 이유는 설명하지 않겠다고 했다. 이렇게 하면 계승법은 위반하게 되겠지만 더 위중한 반역죄는 피하리라고 생각했던 것이다. 나중에 그는 이렇게 설명했다.

나는 계승법이나 그 법을 만든 사람, 또는 선서문이나 그 선서를 하는 사람에 대해 잘못을 따지려던 것도 아니고 다른 사람의 양심을 비난하려는 것도 아니었다. 나는 왕위 계승에 대해 선서하는 것을 굳이 거부하지는 않겠지만 내 영혼을 영원한 파멸로 몰아넣지 않고서는 내게 제시된 선서문대로는 양심상 도저히 선서할 수가 없었다.

그러나 사문위원회는 이런 변호사적 수법을 간파했다. 모어는 웨스트민스터 수도원에 구금되었고 토지와 재산은 왕의 소유로 몰수되었다. 5일 후 모어는 런던탑으로 이감되었다. 그는 간수에게 농담을 하기도 했다. "걱정 말게. 나는 음식에 불만 없네. 내가 음식 불평을 하거든 나를 쫓아버리게나." 런던탑에 갇힌 끔찍한 여건 속에서 그는 이제 숯으로 가족에게 편지를 쓰는 신세가 되었다. 왕이 교회의 수장임을 인정하기를 거부한 다른 사람들은 더 끔찍한 운명을 맞았다. 끔찍하게 고문당한 후 토머스 모어가 보고 들을 수 있는 곳에서 교수형을 당하거나 물에 빠져 죽거나 사지가 찢겨 죽는 형벌을 받았다.

런던탑으로 면회를 온 아내 앨리스는 모어에게 신랄하게 말했다.

당신은 정말 놀랍군요. 항상 지혜로운 사람이라고 칭송받았는데, 이제 어리석은 바보처럼 이 좁고 더러운 감방에서 쥐새끼들과 함께 갇혀 있는 걸 만족해 하다니요. 이 나라의 모든 주교들과 학자들이 하는 대로만 하면 외국에도 자유로이 갈 수 있고 왕과 조정의 총애와 신임을 받을 수 있는데도 말이에요. 첼시에 가면 근사한 집과 서재, 책, 화랑, 정원, 과수원, 온갖 물건들이 다 있고 거기서 아내와 자식들, 식솔들과 더불어 즐겁게 살 수 있는데, 하느님의 이름으로 한다는 일이 고작 여기 이렇게 주저앉아 있는 거란 말인가요?

그러자 모어는 부드럽게 대답했다. "여기도 내 집처럼 천국에 가깝지 않소?"

10월, 의회는 '수장령(Act of Supremacy)'을 통과시켜 영국 왕이 '영국 교회의 유일한 최고 수장'임을 확인하였다. 새로운 입법이 잇따랐다. 수장령과 반역법(Act of Treasons)은 선서를 요구했으며 '말이나 글로써, 악의를 가지고 왕가의 위엄이나 직위, 또는 직함을 박탈하려고 의도하는 자'는 사형에 처할 수 있게 했다. 모어의 마지막 도피구는 이제 완전히 닫히고 말았다.

런던탑의 심문

그렇다 해도 전직 대법관을 고발한 명분은 약했다. 모어에게 유죄판결을 내리기 위해서는 더 많은 노력이 필요했다. 수감생활 1년 후 건강이 많이 나빠진 모어는 런던탑에서 크롬웰 및 다른 네 명으로부터 심문을 받았지만 여전히 답변을 거부했다. 그는 딸 마거릿에게 씁쓸하게 이렇게 말했다. "나는 누구에게도 해를 끼치지 않는다. 난 누구에 대해서도 나쁘게 생각하지 않아. 모두가 잘되기를 바라지. 이렇게 하는 것으로 목숨을 부지할 수 없다면 더 이상 살고 싶지 않구나."

며칠 후 교황이 로체스터 주교인 존 피셔를 추기경에 임명하여 헨리 8세를 격분시켰다. 이 때문에 피셔는 참수당했다. 연대기 작가 라파엘 홀린셰드는 "추기경의 모자는 칼레까지 왔지만 피셔의 머리는 모자를 쓰기도 전에 날아가버렸다"고 냉소적으로 기록했다. 얼마 후 모어의 재판에서 최대의 배신으로 떠오른 일이 일어났다.

6월 12일, 검찰총장 리처드 리치가 두 사람을 데리고 감방의 책을 모두 내간다면서 모어의 감방으로 찾아왔다. 사위인 윌리엄 로퍼는 당시 일을 이렇게 기록하고 있다.

리처드 사우스웰 경과 파머 경은 분주하게 모어 경의 책을 묶고 있었고, 리치 경은 사심 없이 호의적으로 애기하는 척하며 모어 경에게 이렇게 말했다. "모어 경은 지혜롭고 학식이 뛰어나며 나라의 법에 대해서도 밝은 인물로 널리 알려져 있으니 사심 없이 내 감히 물어보겠소. 만약 의회가 나를 왕으로 인정한다는 법을 통과시킨 다면 모어 경은 나를 왕으로 인정하겠습니까?" 그러자 모어 경께서는 대답하셨다. "인정해야겠지요."

(리치) "그렇다면 한 걸음 더 나아가서 의회법에 따라 나를 교황으로 인정해야 한다면 당신은 나를 교황으로 인정하겠습니까?" 모어 경은 이렇게 말했다. "첫번째 질문에 대답하자면, 의회는 세속 군주의 지위에 대해 관여할 수 있습니다. 두 번째 질문에 대한 대답으로 내가 리치 경에게 묻겠습니다. 의회가 만일 하느님이 하느님이 아니라는 법을 만든다면, 당신은 하느님이 하느님이 아니라고 말하겠습니까?"

(리치) "아니오. 그런 일은 없을 겁니다. 어떤 의회도 그런 법을 만들지 않을 테니까요."

(모어) "그렇다면 의회는 왕을 교회의 수장으로 만드는 법을 만들 수 없습니다. (모어 경이 이렇게 대답했다고 리치 경이 전했다.)

여기서 핵심적인 부분은 "리치 경이 전했다"는 것이다.

재판

한 달 후 토머스 모어는 웨스트민스터 홀의 왕좌법정 앞에서 대역죄 혐의로 재판을 받았다. 심문위원회는 오들리 대법관, 캔터베리 대주교 크롬웰, 새 왕비의 아버지 토머스 볼린과 오빠 조지 볼린을 포함하여 18명의 특별위원으로 구성되었다. 리처드 리치 경이 기소자였다.

법정은 15개월 간 옥살이를 하여 지팡이에 의지해 간신히 설수 있었던 모어에게 앉아서 재판을 받을 수 있도록 했다. 모어는 시종일관 냉정하고 침착한 태도를 유지했다. 재판 서두에 그는 왕의 뜻에 따르기로 하면 선처를 베풀겠다는 제의를 받았지만 거절했다.

기소장은 첫째, 피고가 "불성실하고 반역적이며 악의적으로" 영국 교회에 대한 왕의 수장권을 인정하기를 거부했으며, 둘째, 같이 런던탑에 갇혀 있는 동안 존 피셔 주교와 반역적인 내용의 서신을 주고받으며 피셔의 의견을 지지하고, 심문을 받았을 때는 침묵으로 자신의 생각을 피셔에게 알렸으며, 셋째, 수장령을 "양날을 가진 칼"이라고 표현하여 만약 그것을 인정하면 목숨은 잃지만 영혼은 살리게 되고 받아들이지 않으면 영혼은 구하겠지만 목숨은 잃게 될 것이라고 말했으며, 넷째, 리처드 리치 경과의 대화 중에 의회는 헨리 왕이 영국 교회의 수장이라고 선언할 권한이 있음을 부인하였고 따라서 왕의 권위를 부인했다고 고발했다. 이런 기나긴 문서에 대해 사전에 전혀 통보받지 못했던 모어는 모든 혐의를 부인하며 날카로운 변론을 펼쳤고 어느 정도 성공을 거두었다.

첫번째 혐의와 관련하여, 모어는 "침묵은 동의로 간주한다"는 법적 금언을 인용하며 어떤 법도 침묵을 처벌할 수 없다고 주장했다. 두 번째 혐의에 대해 모어는 왕의 문제에 대해 그 누구에게도 자신의 생각을 밝힌 적이 없기 때문에 피셔 주교와 주고받은 서신에는 반역적인 내용이 전혀 없다고 주장했다. 유죄판결을 받은 피셔 주교가 모어가 쓴 비유적 표현인 "양날의 칼"이라는 말을 사용했다는 주장에 대해서는 우연의 일치에 불과할 뿐 결코 두 사람이 공모했다는 증거는 되지 못한다고 했다. 모어는 이 세 가지 기소 항목에 대해서는 모두 혐의를 벗었던 것 같다(전해지는 기록을 보면 이 부분이 완전히 분명하지는 않다). 남아 있는 유일한 문제는 네 번째 고발 내용, 즉 왕의 권위를 부인했다는 점이었다. 이제 법정이 신뢰하는 인물의 증언에 모든 것이 달렸다.

리치 경의 증언

토머스 모어에게 결정적으로 불리한 증언을 한 사람은 검찰총장 리처드 리치로, 모어의 감방에서 있었던 대화 내용을 증언했다. 리치의 증언에 따르면 모어는 영국 교회의 수장으로서의 영국 왕의 권위를 부인했다.

로퍼는 리치의 증언에 대한 모어의 따끔한 발언을 다음과 같이 기록하고 있다.

"여러분, 내가 선서를 중시하지 않는 사람이라면(잘 알려져 있듯이) 여기 있을 필요도 없고 지금 피고인으로 이 법정에 서 있을 필요도 없습니다. 만약 리치 경의 증언이 사실이라면 나는 하느님의 얼굴을 다시는 대면하지 않게 해달라고 기도할 것입니다. 온 세상을 준다 해도 그것을 다르게 말하지 않을 것입니다."

그런 다음 모어 경은 런던탑에서 있었던 대화 내용을 사실대로 자세히 진술한 다음 이렇게 말했다.

"리치 경, 나는 당신의 위증을 나 자신의 파멸보다 더 슬프게 생각합니다. 나뿐만 아니라 내가 아는 사람들은 모두 중요한 사안에 대해 당신을 신뢰할 만한 인물로 생각하지 않았고 나를 비롯해 그 누구도 당신과 대화를 나누는 것이 안전하지 않다고 생각하고 있습니다. 여러분도 아시겠지만 나는 당신을 어렸을 때부터 알았고 당신이 어떤 사람인지, 어떻게 대화하는지 잘 압니다. 우리 둘 다 오랫동안 같은 교구에서 살았기 때문이지요. 본인 스스로도 알겠지만 그 지역에 살 때, (이런 말까지 하게 되어 미안하지만) 대단히 가벼운 혀와 노름꾼, 지저분한 소문 등으로 유명했지요. 법학원 시절의 소문도 비슷했습니다."

"존경하는 재판관 여러분, 그런데 내가 이토록 중대한 재판을 받으면서 국왕과 국왕의 고귀한 자문관들을 다 제쳐놓고 리치 경처럼 진실성이 없다고 소문난 자를 믿고 국왕의 수장권에 대한 내 속마음을 털어놓는다는 일이 있을 수 있겠습니까? 바로 그 점이 나를 잡으려고 오랫동안 노려온 쟁점 아닙니까? 여러분이 판단하기에 이게 사실일 수가 있겠습니까? 리치 경의 증언대로 내가 정말 그랬다 하더라도, 허물없이 개인적으로 나눈 대화이며 나는 아무것도 시인하지 않았고 어떤 불쾌한 상황도 없었으므로 악의를 가지고 말한 것이라고 볼 수 없습니다. 악의가 없다면 범죄도 없는 것입니다."

리치가 모어의 감방에 함께 갔던 두 사람을 불러 문제의 대화를 입증하려 했으나 두 증인 모두 대화 내용을 듣지 못했다고 했다(그들은 각각 "주의 깊게 듣지 않았다," "귀기울여 듣지 않았다"고 대답했다). 당연히 모어에게 불리한 증언을 할 것으로 예상했던 두 인물이 왜 그렇게 하지 않았는지는 짐작만 할 수 있을 뿐이다. 다시 말해 '왕의 대사(大事)'에 대해 리치가 들은 모든 내용은 한 법률가(모어)가 다른 법률가(리치)에게 전했다는 가상의 이야기일 뿐이며 모어가 실제 견해를 진술한 것이 아니라는 얘기다.

모어의 말은 진실인 듯하다. 모어처럼 노련한 법률가가 왕의 수장권을 부인했다는 발언을 했다는 혐의로 재판을 받게 된 처지에서 왕의 충복인 리치 앞에서 치명적인 진술을 했을 리는 없다. 리치의 진술은 분명 위증이었다. 모어는 반역죄의 핵심 요소인 "악의가 있었다"는 증거가 없다는 점을 중점적으로 내세우며 배심원에 제시할 증거가 없다는 취지로 여러 번 설득력 있는 이의를 제기했다. 그러나 법정은 모두 기각했다. 겨우 15분간의 심의 끝에 배심원은 모어의 대역죄 혐의에 유죄를 선언했다. 항소권도 없었다.

"주님은 아실 것이다"

오들리가 법에서 정한 대로 사형선고를 내리려 하자 모어는 이렇게 말했다. "재판장님, 내가 전에 재판할 때는 판결을 내리기 전에 관례에 따라 피고인에게 반론할 수 있는 기회를 주도록 되어 있었습니다." 오들리는 실수를 인정하고는 모어에게 판결 억지(arrest of judgment, 배심의 유죄평결 이후 법원의 형 선고가 있기 전에 피고인이 정식 기소장 중 중대한 형식상의 하자를 이유로 판결 저지 신청을 하는 것

- 옮긴이) 신청을 할 수 있도록 했다. 모어는 이 기회를 빌려 자신의 행동을 변론했다. 더 이상 잃을 게 없는 그는 인상적인 발언을 남겼다.

여러분은 내게 유죄판결을 내리기로 확고히 결심한 것 같으니(어떻게 했는지는 주님이 아실 것입니다) 이제 나는 아무런 양심의 부담 없이 내 기소장과 그 법령에 대한 내 생각을 분명하고 자유롭게 말하고자 합니다. 이 기소장은 하느님의 법 및 성스런 교회와 정면으로 배치되는 의회의 법령을 기초로 하고 있습니다. 교회의 최고 통치권은 결코 어떤 법으로도 세속 군주에게 부여할 수 없으며 우리 구세주께서 친히 세우신 로마의 교황에게 있는 것이고 성 베드로와 그의 후계자들, 특권을 부여받은 교황청의 주교들에게만 있는 것입니다. 따라서 그 기소장은 법적으로 그리스도교인을 고발하기에 불충분합니다.

대법관 크랜머는 모어의 발언에 대해 '혼자 판단해야 하는 부담을 지기 싫어서' 왕좌재판소 수석판사 피츠제임스에게 의견을 물었다. 그러자 그는 우회적으로 이렇게 말했다.

"재판관 여러분, 만약 의회법이 불법이 아니라면 내 양심에 비추어 보건대 기소장에 하자가 있는 것은 아니라고 봅니다." 그러자 대법관은 나머지 재판관들에게 말했다. "재판관 여러분, 수석판사께서 하신 말씀 들었겠지요?"

당황스러운 침묵이 흐른 뒤 마침내 판결이 선고되었다. 모어는 교수형, 능지처참형, 사지절단형을 받았다. 마지막 감형 요청은 기각되었다.

교수대로 가는 길

사형선고를 받은 모어는 웨스트민스터 수도원에서 런던탑으로 걸어갔다. 런던탑 정문에 이르자 아들 존이 군중을 헤치고 나와 아버지 발치에 무릎을 꿇었고 모어는 축복의 말을 해주었다. 모어가 아끼던 딸 마거릿도 달려나와 "아버지, 아버지!" 하고 한없이 울부짖으며 아버지에게 입맞추자 지켜보던 간수들도 눈물을 흘렸다.

재판이 끝나고 나흘 뒤 모어는 마거릿에게 마지막 편지를 썼다. "저번에 네가 아버지에게 입맞추면서 보여준 모습이 참 좋았다. 세속의 예의 따위는 신경쓰지 않고 아버지를 향한 딸의 사랑과 동정심을 드러내는 모습이 좋았단다. 잘 있거라, 사랑하는 딸아. 그리고 나를 위해 기도해 다오. 나도 우리가 즐겁게 하늘에서 만나도록 너와 네 친구들을 위해서 기도하마." 이 편지와 함께 모어는 딸이 몰래 자주 빨아주었던 거친 모직 셔츠도 보냈다. 모어는 왕에 대한 오랜 봉사의 노고가 인정되어 헨리 왕이 '자비롭게도' 참수형으로 감형해 주었다는 사실을 통고받았다.

다음날 모어는 런던탑의 타워힐로 끌려갔다. 가는 도중 한 여자가 대법관 시절 모어가 자신에게 부당한 판결을 내렸다며 소리치자 모어는 이렇게 말했다. "부인, 난 그 사건을 분명히 기억하고 있소. 장담하건대 지금 다시 판결하라고 해도 나는 똑같은 결정을 내릴 것이오." 교수대에 이르자 쇠약한 모어는 사형집행관에게 이렇게 말했다. "내가 안전하게 올라가도록 해주게. 내려갈 때는 내가 알아서 내려갈 테니." 형장에서 말을 많이 하지 말라는 왕의 뜻에 따라 모어는 군중들에게 짤막하게 이렇게 말했다. "나는 국왕의 충직한 종으로 죽습니다. 그러나 그에 앞서 하느님을 섬기는 종으로 죽습니다."

모어의 시신은 런던탑 내의 성 베드로 성당에 매장되었다. 참수당한 머리는 끓는 물에 잠시 담가진 뒤 런던교 말뚝에 꽂혔다. 몇 달 후 마거릿은 관리인에게 뇌물을 주어 머리를 강에 던지지 말고 자신에게 달라고 했다. 딸은 아버지의 머리를 캔터베리의 로퍼 가문 지하 납골당에 매장했다.

재판은 공정했나?

모어의 기소에 관여한 사람이 모어의 재판 법정에 출석한 것은 현대의 기준으로 볼 때는 이의를 제기할 수 있는 문제지만 당시에는 재판에 유익한 것으로 간주되었다. 피고인에게 혐의 내용을 서면 통지하지 않은 것이 용납되는 것처럼 고발자가 증인으로 출석하는 것도 용납되었다. 하지만 모어가 이처럼 독립성이 완전히 결여된 법정에서 무죄 방면될 가능성은 결코 없었다. 왕은 그의 죽음을 원했고 심판위원회의 위원들도 그 사실을 잘 알고 있었다. 모어가 살던 당시에는 무죄 추정 개념이 없었기 때문에 그 얘기를 거론하는 것 역시 무의미하다. 법률상 피고는 법적 대리인의 변호를 받을 권리가 있었지만 모어가 변호인을 요구했다는 기록은 없다. 그러나 한편으로는 영국에서 모어보다 그 자신을 더 잘 변호할 사람은 없었을 것이다.

더 세속적인 사회에 태어난 우리는 문제의 법령이 신의 뜻에 반한다는 이유로 무효라는 모어의 주장이 불편하게 느껴질 수도 있지만 모어의 법정은 그렇지 않았다. 법정과 모어는 신의 뜻에 대한 해석이 달랐을 뿐이다. 모어의 주장은 세속의 권한이 누구에게 있는지 정확히 알았던 법정에 의해 기각되었다. 재판 결과는 감방에서 모어가 리치에게 말한 내용을 증명하는 데 달려 있었다. 450년이 지난 지금도 비열한 리치에 대한 모어의 조소 어린 비난은 진실로 다가온다. 세 가지 혐의를 기각하면서 심판위원회의 위원들은 흠잡을 데 없는 적절한 판단력을 보여주었다. 그러나 그들은 가장 중대한 혐의에 이르자 자신들의 '임무'가 무엇인지를 깨달았다. 그들의 판결은 왕에 대한 비겁한 굴복이었지만 그와 비슷한 상황에 처했을 때 우리 중에 그들과 다르게 행동할 것이라고 자신할 수 있는 사람이 몇이나 되겠는가?

모어를 죽음으로 이끈 것은 뻔뻔한 위증과 힘없는 법정만은 아니었다. 모어 자신의 자발적인 공모도 한몫 했다. 그는 도대체 어떤 사람이었기에 소신을 굽히느니 차라리 끔찍한 죽음을 받아들였을까?

다정함을 타고난 사람

토머스 모어의 삶은 개인으로는 예외적일 만큼 운이 좋았다. 모어의 평생 친구였던 네덜란드의 인문학자 데시데리우스 에라스무스의 표현에 따르면 "부도덕한 신부가 되느니 성실한 남편이 되기로" 결심한 후 모어는 두 번 결혼했다. 두 번 다 중매결혼이었다. 열여섯 살의 제인 콜트가 첫번째 부인으로, 결혼 후 6년 만에 죽었다.

세 딸과 아들을 둔 모어는 아내가 죽고 몇 주 만에 여덟 살 연상인 과부 앨리스 미들턴과 결혼했다. 하지만 그것은 '옛 사람은 버리고 새 사람과 시작'하는 식은 아니었다. 모어는 사랑하는 첫 아내의 유해를 자신이 직접 고른 묘지에 안장했다. 그리고 자신이 죽기 전에 직접 쓴 기념사에는 두 번째 아내에 대해 적절한 언급을 하고 있다. "앨리스는 친자식에게도 할 수 없을 정도로 내 자식들에게 잘했다."(이 말은 의붓어머니에 대한 보기 드문 칭찬이다.)

첼시의 모어 집안은 홀바인의 유쾌한 스케치를 통해 널리 알려져 있다. 그림에는 없지만 그 스케치에는 중세의 장신구들, 광대와 동물들이 그려져 있다. 모어는 지극히 신사적이며 화를 내는 법이 없었다. 공작 날개로 때릴 때 외에는 결코 자식들을 때리지 않았다고 한다. 에라스무스는 모어를 "다소 금욕적이지만 엄격함보다는 즐거움에 어울리는 인물이며 다정함을 타고났으며 악의 없는 농담과 장난이 가득한 사람"이라고 했다. 그는 하인을 포함한 모든 사람에게 악기 연주를 장려했다. 모어의 집은 사랑과

토머스 모어 가족의 행복한 모습. 홀바인의 스케치

웃음이 가득한 집이었다.

저술 활동도 광범위했다. 모어의 유명한 저서 《유토피아(Utopia)》(그리스어로 아무 곳에도 없는 곳이라는 뜻)는 당시 사회의 악습을 비판하고 있다. 그는 양모 무역이 농업을 파괴하고 빈곤층을 도시로 몰아내어 범죄의 유혹에 빠뜨린다고 주장했다. 이 책은 도둑들을 교수형에 처하는 것을 비난하고 사람들이 각자의 양심에 따라 종교를 믿을 수 있는 이상적인 사회를 그리고 있다. 20세기에 모스크바의 붉은광장에서 《유토피아》는 위대한 혁명서로 쓰였지만 다른 사람들은 좀더 현실적으로 이 책을 풍자서로 보았다. 어느 쪽이든 인류에 대한 모어의 관심에는 의심의 여지가 없다.

판사로서 모어는 나무랄 데 없었다. 그는 대법관재판소의 목록을 정리했을 뿐만 아니라(이는 대법관 중에서 위대한 업적이다) 당시 재판관에게 흔히 제공되던 뇌물을 일관되게 거절하여 사임 후에도 전혀 재산이 늘어나지 않았다. 그는 판사로서 법정에 선 친구를 적절히 돕는 방법에 대해 사위에게 이야기한 적이 있다. 친구의 사건을 신속히 처리해 주거나 소송 당사자들이 의견 일치에 도달하도록 촉구한다는 것이다. 이것이 그가 할 수 있는 최대한이었다. "한 가지 확실한 것은 내가 재판하는 법정에 아버지와 악마가 나란히 선다고 해도 악마의 주장이 옳다면 악마가 옳다고 판결해야 한다는 것이다."

그가 무자비하게 대한 대상은 오직 신앙심이 없는 사람들이었다. 자신이 직접 쓴 묘비명에서 그는 "도둑과 살인자들과 '이단자'에게 가혹했다"고 했다. 언젠가는 이런 말도 했다. "지난 7년간 화형당한 것보다 훨씬 더 많은 사람들이 화형당했어야 했다." 겉으로는 그토록 다정한 사람이 동족을 어떻게 그처럼 무자비하게 대할 수 있었을까? 대답은 그의 종교관에서 찾을 수 있다.

영국 작가 피터 애크로이드(Peter Ackroyd)는 중세 후기에 태어난 모어의 세례식에서 있었던 미신에 가까운 의식들을 자세히 묘사하는 것으로 모어의 전기를 시작한다. 가톨릭교회(Holy Catholic Church)는 모어가 태어나기 전에 이미 15세기 동안이나 존재했었고 마르틴 루터가 비텐베르크의 교회 정문에 종교개혁을 촉구하는 95개조 반박문을 내붙이는 사태는 그로부터 40년이나 더 지난 후의 일이라는 사실을 우리는 기억해야만 한다. 모어는 교회의 결함에 대해 인식하고 있었지만 이단은 더욱 두려워했다. 정식

사제의 길을 갈 뻔했던 모어는 이 세상이 다음 세상의 준비일 뿐이라는 교회의 가르침을 결코 잊지 않았다. 지옥에 대한 두려움과 천국에 대한 희망은 모어 세대의 최고의 지성인들조차 강력히 지배하던 이념이었다. 교황 절대주의자나 신교도 모두 인간을 영원히 지옥불의 고통에 빠뜨리느니 지상에서 짧게 화형에 처하는 것이 더 자비로운 처벌임을 의심치 않았다(모어가 화형을 시킨 사례는 단 한 건으로 알려져 있지만 고문 사용은 항상 부인했다).

또 모어에게 크게 영향은 준 사람은 판사였던 아버지였다. 대법관이라는 최고의 지위에 있을 때에도 아버지에 대한 존경심을 보여주는 많은 일화가 있다. 모어는 종교만큼 법에도 정통했다. 둘 다 본질적으로 권위주의적인 분야였고 모어의 운명은 법과 종교의 갈등 사이에 끼어버린 것이다.

전체적인 상황을 종합해 보면 캐서린과 헨리 8세의 결혼이 법적으로 정당한가의 문제는 당사자를 제외한 다른 사람에게 별로 대단한 일이 아니었다. 모어도 잘 알았겠지만 그것은 분명 목숨을 걸 만한 가치가 있는 일이 아니었다. 하지만 교회의 우월성은 모어에게 다른 문제였다. 심문자들에게는 끝까지 숨기려 했던 속마음, 즉 계승법이 교회에 상징하는 의미 때문에 선서를 거부했다는 사실을 딸 마거릿에게 털어놓은 것은 선고를 받고 난 후였다. 단지 왕위계승법뿐만 아니라 '현재의 의회가 시작된 이후 만들어진 모든 법령과 법률'을 인정하면 영국 교회에 대한 교황의 권위를 부인하는 결과가 되는 셈이었다. 하지만 딸에게 쓴 편지를 보면 모어가 심각한 판단착오를 했음을 알 수 있다. "마거릿, 선서를 거부하고 그 법령에 반대한다는 이유로 날 이곳에 가둔 자들은 그들이 만든 법으로 날 감금한 것을 정당화시킬 수는 없단다."

그러나 권력은 정당화할 필요가 없는 것이다.

모어는 자신이 너무나 잘 알고 있는 법의 정밀함과 예리함이 자신의 영혼에 해를 끼치지 않고 목숨을 구해줄 수 있으리라 생각했다. 하지만 결국 중요한 것은 왕의 뜻이었다. 모어는 심문관들에게 이렇게 말했다. "나는 누구에게도 해가 되는 행동을 하지 않고 누구에게도 해가 되는 말을 하지 않으며 누구에게도 해가 되는 생각을 하지 않고 모두가 잘되기를 기원한다. 이렇게 하는 것이 목숨을 부지하는 데 충분하지 않다면 나는 맹세코 더 이상 살고 싶지 않다." 실제로 그 정도로는 충분하지 않았고 그래서 그는 죽었다.

감옥에 있는 토머스 모어를 마지막으로 방문하는 딸 마거릿

앤 볼린의 삼촌 노포크 공작이 주재한 재판이 끝난 후 앤 볼린은 간통과 근친상간 및 왕에 대한 살인 모의 혐의로 1536년 처형되었다. 크롬웰은 1540년 이단죄로 처형되었고 크랜머는 16년 후 같은 이유로 화형당했다. 얼마 후, 여자들을 고문하기를 좋아했다는 리치는 온갖 영예를 누리고 자신의 침대에서 편히 죽었다.

토머스 모어는 일부 로마 가톨릭교도로부터 오랫동안 자유주의자로 여겨졌고 로마 가톨릭 교회는 1886년에 가서야 모어를 시복하였다. 모어는 1935년 순교자로 시성되었다. 모어의 개인 예배당이 있는 첼시 올드 교회 뒤쪽은 한때 모어의 집 과수원 자리였다. 앤 볼린이 사형되고 며칠 후 바로 이 교회에서 헨리는 세 번째 부인 제인 시모어와 결혼했다.

1834년 톨퍼들 희생자들 재판

1831년에서 1832년 사이, 노동자 계층에서는 전반적으로 임금 인상운동이 일어났는데, 내가 살던 교구의 노동자들도 다 같이 모여 고용주들을 만나 임금 인상을 요구하여 서로 합의에 이르렀다. 톨퍼들의 고용주들은 그 지역의 다른 고용주들이 주는 것과 같은 금액의 임금을 노동자들에게 약속했다. 합의에 이르는 데는 두 시간도 걸리지 않았고, 그런 다음 모두들 일하러 갔다. 합의 과정에서 위협이나 협박의 말은 전혀 없었다. 우리 주변의 거의 모든 직장에서 주당 10실링의 임금, 또는 그에 해당하는 급여를 받는다는 사실을 알게 된 직후에 우리도 그만큼을 받게 될 것이라고 기대했지만 우리는 9실링을 받았다. 몇 달 후 우리의 급여는 주당 8실링으로 줄었다. 그러자 엄청난 불만이 터져나왔고 병약자 두세 명을 제외한 마을의 모든 노동자들은 인근의 치안판사에게 탄원서를 냈다.

나는 노동자 측 대표로 출석하여, 고용주에게 특정 금액의 급여를 지급하라고 강제할 법이 없기 때문에 노동자는 고용주가 적당하다고 생각하는 금액에 따라 일할 수밖에 없다는 말을 들었다. 고용주와 합의를 했다고 항의했지만 소용없었다. 이때부터 우리 급여는 주당 7실링이 되었고 얼마 후 고용주들은 주당 6실링으로 낮추겠다고 말했다. — 조지 러브리스,《휘그당파의 희생자들》(1837년)

제인 오스틴의 작품을 대충 봐도 짐작하겠지만 19세기가 시작된 첫 10년 동안 영국은 만족스러운 사회가 아니었다. 영국 전역은 인클로저 운동(enclosure, 공유지에 울타리를 치거나 담을 쌓아 사유지로 만드는 것 - 옮긴이)으로 인해 자유 토지 보유자들은 노동자로, 노동자들은 부랑자로 전락했다. 이런 상황은 기계의 도입으로 더욱 악화되었다. 1810년 즈음 노팅햄에서 시작된 산업화에 대항하여 일어난 폭력적 저항운동은 공장 밀집 지역 전역으로 확산되었다. 이 운동은 기계를 파괴한 신화적 인물 네드 러드(Ned Ludd)의 이름을 딴 러디즘(Luddism)으로 알려져 있다. 비밀 회합이 열렸고 공장들은 무장 폭력단의 공격을 받았다. 정부는 군대를 불러 대응했다. 양측 모두 사망자를 내는 격전이 벌어졌다. 마침내 문제는 사그라졌지만 20년 후 다른 형태로 다시 발생했다.

1829년과 1830년 혹독한 겨울과 흉작으로 인해 빈민 구제 대상이 수천 명이나 늘어났다. 이로 인한 납세자의 부담은 걷잡을 수 없이 커졌고 빈곤층에 대한 혜택 감소로 엄청난 불만이 쏟아졌다. 신화적 인물 '캡틴 스윙(Captain Swing)'이 이끄는 대규모 폭동이 남부 전역에서 발생했다. 지주들은 협박 편지를 받았고 헛간은 불타고 기계는 박살났다. 이런 상황은 겨우 4년 전 영국해협 너머 파리에서 바리케이드를 세우고 프랑스 국왕 샤를 10세를 폐위시켰던 사건을 연상시켰다. 영국 전역에서 600명의 폭동 가담자들이 투옥되고 500명이 추방형을 선고받고 19명은 처형되었다. 빈곤이 극심한 런던 주변 여러 주에서 잡아들인 죄수들을 재판하기 위해 판사들로 구성된 특별위원회를 구성해야 했다. 수많은 노동자들이 최근에 합법화된 노동조합에 도움을 청했다.

1833년 11월, 도체스터에서 동쪽으로 15킬로미터 가량 떨어진 작은 마을 톨퍼들의 거대한 무화과나무 아래에서 한 무리의 남자들이 농업노동자친목회조합을 구성했다. 다음해 초, 이 조합 회원들은 주당 10실링 이하의 근무 조건은 받아들이지 말자고 결의했다. 지방 치안판사들은 크게 동요했다. 이 판사들의 리더는 제임스 프램튼(James Frampton)이었다. 프램튼은 피비린내 나는 프랑스 대혁명이 일어났던 1789년에 파리에 있었고, 사회 불안을 통제하지 못하면 어떤 결과가 오는지 잘 알고 있었다. 또한 영국에서 이미 그런 문제를 다룬 경험도 있었다. 그는 비어 리지스에서 폭도들을 쫓아버린 적도 있었고 윈프리스에서 폭동법을 낭독하기도 했었다. 그는 낯선 사람들이 도셋에서 노조 회원을 모집하고 있으며 한 번에 20에서 30명 정도의 남자들이 호기심 많은 사람들의 눈을 피해 외지고 황량한 장소의 여러 집에서 심야 모임을 갖는다는 정보를 입수했다. 노조 가입을 거부하는 사람은 누구나 집 창문이 깨지는 일을 당하곤 했다.

한동안 도셋 지역 판사들은 이 노조들이 무슨 일을 꾸미고 있는지 알아내려고 힘을 쏟았다(톨퍼들 지역 검찰은 적어도 한 명의 정보 제공자의 증언에 일부 의존했다). 이제 자문을 구할 때였다.

1834년 1월 말, 프램튼은 많은 동료 판사들을 대표해서 멜번 내무부 장관에게 편지를 썼다. '비밀 서약' 의식을 하는 '위험한 결사 조직'에 가입하도록 노동자들을 부추기는 도셋 지역의 조합에 대해 우려를 표명하는 편지였다. 사실 노동조합 ― 당시의 표현으로는 결사(combination) ― 은 더 이상 불법이 아니었다. 또 단결금지법(Combination Act)도 폐지되었지만 노조활동은 여전히 법에 의해 엄격하게 제한되었고 권력층은 노조활동을 의심의 눈초리로 보았다. 내무부는 도셋에서 진행되는 상황이 기존 질서를 전복하기 위한 더 큰 음모의 일부라고 보고 이를 타도하기 위해서는 '단호한 조치들'을 취해야 할 것이라고 판사들에게 충고했다. 듣던 중 반가운 소리였다.

멜번의 충고에 따라, 프램튼을 포함한 치안판사 9명이 서명한 포고문이 2월 22일 톨퍼들 지역에 게시되었다. 포고문은 굵은 글씨로 "경고문"이라고 쓴 제목 아래, 불법 서약 의식을 하거나 주재하는 행위는 7년의 추방형에 처할 수 있는 중죄임을 경고했다. 그러나 치안판사들도 잘 아는 사실이었지만 신입회원 5명이 이미 12월 9일 새로운 조합에 가입했다.

해골과 서약식

19세기 초 영국에서 서약은 많은 의미가 있었다. 군인, 경찰관, 치안판사들, 사실상 모든 사람들이 합법적으로 선서나 서약을 했다. 선서로 맹세한 내용을 깨는 것은 자신의 영혼을 영원히 위험에 빠뜨리는 행위로 여겨졌다. 따라서 이제 겨우 불법의 굴레를 벗은 노조활동을 당국에 들키지 않기 위해 노동자들이 서약의 힘을 빌려야 했다는 것은 별로 놀랍지 않다.

일부 서약은 상당히 소름 끼치는 것이었다. 가령 러다이트 운동가들은 이렇게 맹세했다. "이 비밀 위원회에 속한 사람에 대해서 결코 그 이름을 밝히지 않을 것이며 이를 어길 경우에는 나와 만나게 되는 첫번째 형제에 의해 이 세상에서 쫓겨나는 형벌을 받을 것이다. 또한 배신자가 생겨 도망갈 경우 끝까지 추적하여 복수할 것임을 맹세한다." 황량한 들판의 오두막에서 열린 야밤의 모임에서 실제로 무슨 일이 있었을까? 서약식에 대한 공식 기록은 없지만 재판 당시 증언을 통해 대략의 상황을 재구성해 보면 다음과 같다.

5명의 신입회원은 손수건으로 눈이 가려진 채 오두막 위층으로 인도되었다. 누군가 종이에 적힌 내용을 읽어주었는데 그들은 그 내용은 기억하지 못한다고 주장했다. 누군가 그들에게 무릎을 꿇으라고 했고 성경으로 생각되는 책에서 인용한 내용을 낭독해 주었다. 눈가리개를 떼어내자 방 한쪽 구석에 해골 같은 것이 보였다(실은 해골 그림이었다). 흰 옷을 입고 서약식을 주재하는 사람이 그 해골을 보며 "너희들의 최후를 기억하라"고 말했다. 신입회원들이 다시 눈가리개를 하고 무릎을 꿇는 사이, 또 무슨 말소리가 들렸다. 그런 다음 누군가 "비밀을 지키지 않으면 영혼이 지옥에 떨어질 것"이라는 서약을 하라고 했다. 선서를 한 그들은 어떤 책에다 입을 맞추었는데, 그들은 그 책 역시 성서일 것이라고 짐작했다. 마침내 다른 회원들이 눈가리개를 완전히 벗겨주고 조합의 규칙들을 설명해 주었는데 그 자세한 내용은 신입회원들의 기억 속에 별로 남아 있지 않았다.

체포와 기소

경고문이 나붙고 나서 이틀 후, 톨퍼들 주민 6명이 한 치안판사의 명령에 따라 경찰에 체포되어 인근 도체스터로 넘겨졌다. 이 지역 노조활동의 주모자로 생각되는 6명은 서로 아주 가까운 사이였다. 이들의 이름은 제임스 브라인(이들을 체포한 경찰도 같은 이름이었다), 제임스 해메트, 조지 러브리스와 그의 동생 제임스 러브리스, 토머스 스탠드필드와 아들 존 스탠드필드였다. 서약 장소는 존 스탠드필드의 오두막이었지만 리더는 제임스 러브리스로, 12월의 그 운명의 밤에 흰 옷을 입고 신입회원들에게 서약을 시킨 장본인이었다.

러브리스 형제는 정치적 목적을 위한 행동주의에 이미 경험이 있었다. 1830년 폭동 당시 조지는 그가 요구한 수준 이하의 급여를 받고 일하는 자는 누구든 머리통을 박살내겠다고 말하고 다녔다고 한다. 진위 여부는 확실치 않지만 판사들은 토머스 스탠드필드를 "대단히 불만이 많은 사람"으로 평했다. 토머스의 스물한 살짜리 아들 존은 "대단히 건방진 친구"로 여겨졌는데, 이는 그가 적극적으로 자신을 변호하는 성향이라는 의미 이상은 아니었을 것이다.

제임스 해메트는 "매우 게으르고 나쁜 짓을 잘하는" 인물로 낙인 찍혔다. 이 표현은 아마 사실인 것 같다. 1829년 그는 쇠를 훔친 혐의로 유죄판결을 받고 4개월의 징역형을 선고받았다. 제임스 브라인의 유일한 직업은 노조 회원 모집이었던 것 같다. 그러나 판사들이 6명에 대해 어떻게 생각했든지 간에 재판에 나온 증인들은 6명 대부분이 열심히 사는 사람이라고 증언했다. 하지만 법정에서 피고들에게 부정적인 이미지를 심어준 요인이 있었는데 그들이 모두 비국교도라는 점이었다.

러브리스 형제는 모두 감리교 목사였는데 각자 결혼을 했고 자식들은 아직 어렸다. 조지는 나중에 어떤 글에서 "나는 비국교도다"라고 했다. 토머스 스탠드필드는 가끔씩 목사 활동을 했다. 이와 대조적으로 유산 계급(지주 계급)은 거의 모두 영국 국교도였는데, 그들 눈에 비국교도는 기성 종교의 본질을 공격하는 것처럼 보였다. 감리교도보다 더 멸시당하는 비국교도는 거의 없었다. 부자와 권력자들이 보기에 감리교 노조주의자는 이중으로 의심스러운 자였다. 러브리스 형제와 그들의 친구는 이 범주에 딱 들어맞았다.

체포된 후 이들 6명은 프램튼의 이복동생이자 도체스터 기록

관리자인 C. B. 윌래스턴의 집으로 끌려갔다. 문제의 서약 당시 그들이 현장에 있었음을 확인하는 공식 증거가 제시된 후 6명은 모두 구금되었다. 몸수색을 하자 조지 러브리스의 주머니에서 판사들의 경고문이 한 장 발견되었고 그의 집에서는 노조 규정집이 담긴 상자가 잠긴 상태로 발견되었다. 그러나 이 사건에서 홍미로운 한 가지 사실은 훨씬 더 후에야 밝혀지는데, 재판 당시 '앤드류 레그'라는 증인은 제임스 해메트가 서약식 모임에 있었다고 증언했지만 제임스는 거의 확실히 그곳에 없었다는 점이다. 용감한 제임스는 동생을 보호하기 위해 침묵을 지키고 자신의 운명을 받아들이기로 했던 것 같다.

죄수들은 판사들 앞으로 불려갔고, 판사들은 이들을 도체스터 감옥에 수감할 것을 판결했으며 이에 따라 죄수들은 다음 순회 법원 재판에 서게 되었다. 몇 분 후 처벌을 피할 수 있는 마지막 기회가 조지 러브리스에게 찾아왔다. 변호인을 통해 노조와 그 회원에 대한 정보를 제공하면 자유를 주겠다는 판사들의 제안을 받은 것이다. 하지만 그는 용감하게 이 제안을 거절했다.

하지만 이 사람들은 무슨 혐의로 재판을 받았을까? 6명을 체포하기 전에 판사들이 이 문제에 대해 많은 생각을 한 것 같지는 않다. 정부의 법률 관리들과 상의한 후에야 1797년에 제정된 의회법에 의거해 기소장이 작성되었다.

3월 15일 토요일, 피고들은 오늘날에도 그대로 남아 있는 도체스터의 올드 샤이어 홀 법정의 대배심 앞에 불려갔다. 대배심의 목적은 피고를 재판에 회부할 증거가 충분한지를 판단하기 위한 것이었다(이 제도는 영국에서는 폐지되었지만 미국에서는 유지되고 있다).
도체스터 대배심이 완전히 공정했다고 보기는 어려울 것이다. 당
시 관례에 따라 대배심은 경고장에 서명한 제임스 프램튼과 다른
세 명을 포함한 지방 판사들로 구성되었는데 이들이 사실상 검사
들이었다.

대배심 대표인 W. S. 폰슨비는 멜번 내무부 장관의 처남으로,
톨퍼들 검찰에게 조언을 하고 기소장 작성에도 도움을 주었다.
하지만 여기에 불법적인 부분은 전혀 없었다. 당시에는 이 모든
것이 관행으로 인정되었다.

판사는 최근 임명된 윌리엄스(Baron Williams, 여기서 바론은 귀족 작
위가 아니라 법관 직위임)였다. 판사는 법에 따라 배심원에게 법적 절
차를 설명하는 것으로 소송 절차에 들어갔다. 그는 법의 명칭과
원래 목적에도 불구하고 1797년 반란선동법의 적용 범위가 치안
방해적 행위에 국한되지 않고 모든 불법 단체 결성에 확대 적용
된다고 선언했다. 그는 신성한 서약을 가볍게 여기는 행위는 중
대한 문제이며, 특히 사람들로 하여금 낯선 자들의 무책임한 뜻
에 따르도록 강제하는 것이 서약의 목적일 때는 더욱 그러하다고
했다. 그는 노동조합(정확히 그 용어를 쓰지는 않았다)의 해악에 대해
언급하며, 그로 인해 사람들이 스스로 선택한 고용주의 불만을
사서 자신이 원하는 곳에서 일할 권리를 잃었고 목숨과 신체를
위험에 빠뜨렸다고 했다. 대배심은 예상대로 행동했고 정식 기소
장을 제출했다.

취약한 변론, 불충분한 증거

정식 재판은 다음 월요일에 시작되었다. 이번에는 당시 '소배심'이라고 했던 배심원단도 출석했다. 소배심은 '자신의 의무가 무엇인지 아는 것으로 생각되는' 11명의 요우먼(yeoman, 연소득 40실링 정도의 자유토지보유자, 젠트리보다는 낮고 단순 노동자보다는 높은 중산적 농민 - 옮긴이)과 농부 한 명으로 구성되었다. 한 명이 농부가 아닌 것으로 드러나자 당시로서는 완벽하게 적절한 절차에 의거하여 배심원에서 제외시켰다. 이렇게 대표성 없는 배심원이 지금 보면 대단히 부적절해 보일지 몰라도 당시에는 지역 사회에서 상당한 입지가 있는 사람만이 재판 과정에 참여해야 한다는 생각이 보편적이었다.

러브리스 형제와 스탠드필드 부자의 변호는 더비셔라는 사람이 맡았고, 다른 피고들은 버트라는 인물이 맡았는데 둘 다 법정변호사로 노조가 고용한 사람들이었던 것 같다.

법정에서 드러난 노조의 규칙은 전혀 혁명적이지 않은 것이었다. 가령, 규칙 23은 이런 내용이었다. "이 조합의 규칙들은 결코 폭력적인 행위로 추진할 수 없으며 오히려 그런 폭력적인 과정은 조합의 대의를 방해하고 조합 자체를 파멸로 이끌 수 있다. 이 조직은 법률 위반 행위를 결코 찬성하지 않는다." 그러나 검찰 측이 내세운 핵심은 서약 부분이었다. 서약과 관련한 주요 증인은 제임스 프램튼의 정원사 아들인 존 록과 에드워드 레그였다. 기억력이 나빠서인지, 피고들을 유죄로 모는 것이 내키지 않아서인

지, 또는 '형제들'의 보복이 두려워서인지 몰라도 록과 레그는 스
탠드필드의 오두막에서 일어났던 일에 대해 흥미롭게도 애매하
게 증언했다. 두 사람은 자신들이 했던 서약의 구체적 내용이나
그 요지도 기억나지 않는다고 했다. 레그의 법정 증언처럼, 그들
이 확실히 말했던 유일한 사실은 "우리는 비밀을 지켜야 하며 그
곳에서 말하고 행동했던 어떤 내용도 발설해서는 안된다"는 것이
었다. 노조의 비밀을 폭로하면 죽음을 맞게 된다고 경고를 받았
기 때문이다.

당시 법에 의해 피고들은 자신을 직접 변론할 권리가 없었지만
피고의 요청으로 판사는 조지 러브리스가 쓴 짧지만 위엄 있는
진술서를 배심원에게 읽어주었다.

우리가 법을 위반했다면 그것은 의도적인 행동이 아니었습니다.
우리는 그 누구의 인격과 명예도 손상하지 않았고 사람이나 재산에
해를 끼치지도 않았습니다. 우리는 일방적인 임금 삭감과 굶주림
으로부터 우리 자신을 보호하기 위해 뭉쳤을 뿐입니다. 우리가 위
에서 진술한 것과 다르게 행동했거나 그런 의도를 가졌음을 증명할
사람이 있다면 그가 누구든, 몇 명이든 우리는 싸울 것입니다.

피고 측 변호인은 노조의 목적은 단지 '일종의 농업 저축은행'
같은 기금을 마련하는 것일 뿐이라는 다소 취약한 변론을 내세웠
다. 그러나 노조 규칙에 '임금 인상을 위한 파업 규정'이 있었기
때문에 이는 분명 사실이 아니었다. 하지만 문제는 피고들이 단

지 노조 회원이라는 점이 아니라 불법 서약을 했다는 충분한 증거가 없다는 점이었기 때문에 피고 측은 이 부분에 대해 문제를 제기했다. 그들은 또 1797년 반란선동법은 반란 및 선동 사건에 국한되며 노동조합에는 적용되지 않는다는 문제를 제기했는데, 이 점에 대해서는 지금도 공감하는 사람들이 많다.

최고형

판사는 반란선동법에 대한 피고 측 의견을 기각했고 배심원은 유죄 평결을 내렸다. 그리고 이 과정은 별로 오래 걸리지 않았다. 지금까지도 분명히 밝혀지지 않은 이유로 판사는 며칠 동안 휴정했다. 지금은 관례적인 일이지만 당시 휴정은 흔치 않은 일이었다. 왜 그런 조치를 내렸는지, 휴회 기간에 누구와 어떤 논의가 있었는지는 오직 추측만 할 수 있을 뿐이다. 확실한 것은 법정이 다시 개정되었을 때 윌리엄스 판사는 각 피고에 대해 최대 형량인 7년의 추방형을 선고했다.

선고 직후, 윌리엄스 판사는 훗날 많은 비난을 받은 발언을 했다. "모든 법적 처벌의 목적이 오직 피고들에게 영향을 주기 위한 것만은 아니며, 본보기를 보이고 경고를 하는 의미도 있다." 어떤 사람들은 판사의 그런 견해는 잘못된 것이며 부당하다고 생각했다. 그러나 유사 범죄를 억제한다는 것은 과거뿐만 아니라 지금도 판결의 적절한 목적이며 판사가 충분히 고려할 수 있는 부분이었다. 문제가 되는 부분은 윌리엄스의 다음 발언으로, "나는 이 문제에 대해 재량권이 없지만 의회법이 정한 형량을 선고하지 않을 수 없다"고 말한 것이었다.

1797년 의회법의 규정은 그 법에 따라 유죄판결을 받은 자에게 "7년을 초과하지 않는 기간 동안 추방령을 내릴 수 있다"는 것이었다. 즉 7년은 판사가 내릴 수 있는 최대 형량이었지 반드시 내려야 하는 형량이 아니었다. 판사는 "이 사건의 특정한 상황에 대하여 임의로 처리할 재량권이 없으며 의회법이 허용하는 최대 형량을 선고할 수밖에 없다"고 말하려고 했을 수도 있지만 그렇게 말했다는 보도는 없다. 실수였다 하더라도 그것은 엄청난 실수였는데, 윌리엄스는 새로 임명된 판사였지만 어설픈 법률가였던 것 같지는 않다. 불의가, 그것도 대단히 중대한 불의가 저질러졌을지도 모른다는 불편한 마음이 드는 대목이다.

그리고 또다른 문제가 있었다. 법이 규정한 최대 형량은 해당 범죄가 가장 중대한 상황으로 벌어지는 경우에만 적용하기 위한 것이다. 이 톨퍼들 노동자들의 엉터리 서약식에서 법이 허용하는 최대 형량을 선고해야 할 만한 처벌 가중 요인이 있었다고 보기는 어렵다. 판사가 자신의 권한을 잘못 해석했을지도 모른다는 소름 끼치는 가능성을 뒷받침해 주는 부분이다.

유형지로 가는 길

판결 직후, 병에 걸린 조지 러브리스를 제외한 모든 피고들은 쇠사슬에 묶인 채 포츠머스에 정박되어 있는 감옥선으로 끌려갔고 거기서 기결수 운반용 선박 서리호로 옮겨졌다. 이 배는 죄수들을 뉴사우스 웨일즈의 죄수 유형지로 싣고 갈 예정이었다. 몸이 회복되자 러브리스는 곧 친구들이 있는 서리호에 탔지만, 동료들과 떼어놓기 위한 조치로 인해 나중에 유형지의 다른 지역으로 가는 배로 옮겨졌다.

19세기 초 죄수용 선박의 여건은 기나긴 항해에서 흔히 겪는 궁핍함 외에도 죄수를 위한 위생시설이 거의 없었던 탓에 특히 더 나빴다. 가령 1790년, 한 죄수용 배에 탔던 938명 중 251명은 바다에서 죽었고 상륙한 후에 50명이 죽었다. 항해 중 규율은 엄격하여 죄수에게 채찍질을 하기도 하고 낙인을 찍는 일도 있었다. 다행히 톨퍼들 죄수들은 규범을 잘 지킨 덕분인지 이런 식의 잔혹행위는 당하지 않았던 것 같다.

14주 동안 바다를 항해한 후 죄수들은 보타니 만(오스트레일리아 시드니 부근에 있는 유배지)에 도착했다. 정부 노역에 필요 없는 죄수들은 제비뽑기로 두당 1파운드에 주인들에게 할당되었는데, 주인들은 어떤 이유로든 전적으로 죄수들의 목숨을 좌우할 수 있었다. 가혹한 처벌을 받을 수도 있었지만 톨퍼들의 여섯 사람은 모범적인 행동 덕분에 다시 한 번 최악의 상황은 면할 수 있었던 것 같다. 어느 정도 시간이 지난 후 존 스탠드필드는 아버지 토머스의 면회까지 허락받았다. 토머스는 근처 정착지에 살고 있었는데 식민지 생활의 고단함으로 건강이 안 좋은 상태였다(45살의 토머스는 6명 중에서 가장 연장자였다). 나중에 두 부자는 시드니로 소환되어 정부 노역을 하게 되는데, 이는 분명 런던에서 내려온 조치였을 것이다.

조지 러브리스는 태즈메이니아 포트 아서의 유형지로 배치되었는데 이곳은 가장 다루기 어려운 죄수들과 탈옥수를 위한 곳이었다. 여기서 동료 조합원의 활동에 대해 심문받았을 때 그는 어떤 사실도 발설하지 않겠다며 답변을 거부했지만 그 때문에 고초를 겪은 것 같지는 않다. 목장 일을 소홀히 했다는 혐의를 받았을 때에도 조지의 담당 관리자가 평소 그의 부지런함을 확인해 주어 처벌을 면했다.

항의 시위

유죄판결 직후 6명의 톨퍼들 노동자에 대한 판결에 반대하는 항의시위와 더불어 이들을 지지하기 위한 기금 마련이 시작되었다(피고들의 가족들은 노조의 재정 지원을 받는다는 이유로 빈민 구제 지원을 받지 못했다). 변호사들은 관련법의 불확실성을 지적했다. 심지어 노조에 반감을 가진 의회 의원들조차 톨퍼들 노동자들의 주장을 지지했다. 여러 위원회가 구성되고 대중 집회가 열렸다. 그 중 최대 규모는 런던의 코펜하겐 필즈에서 열린 집회였는데, 5만 명이 넘는 군중이 쏟아져 나왔다. 혼란을 우려한 정부가 군대를 소집하고 특별 경찰을 추가로 동원했지만 집회는 별다른 문제 없이 끝났다.

톨퍼들 죄수들에 대해 뭔가 조치를 취하라는 압력이 거세지자 정부는 조지 러브리스의 아내에게 호주까지 자유롭게 통행할 수 있도록 했다. 아내가 호주에 도착하자 조지는 강제노역에서 면제되었고 약간의 어려움이 있었지만 혼자 힘으로 평범한 일자리를 찾았다.

정부 내의 수많은 변화를 거친 후 멜번이 1835년 4월 두번째로 수상에 임명되었다. 신임 내무부 장관이 된 존 러셀은 공직에 있지 않았을 때 톨퍼들 노동자들의 사면을 지지한 인물이었다. 장관이 된 러셀은 해메트와 스탠드필드 부자, 브라인은 2년 후에 사면해 주되 주동자인 러브리스 형제는 귀국을 금지할 것을 제안했다. 그러나 이것도 여론을 잠재우기에는 부족했다. 한 의원은, 톨퍼들 노동자들이 기소되었다면 서약식도 별로 다르지 않고 왕가 혈통인 컴벌랜드 공작을 대표로 하는 아일랜드 신교도들의 비밀 집회소도 탄압해야 한다고 비꼬기도 했다.

정부 측의 추가 양보가 뒤따랐지만 아무도 만족하지 않았고, 마침내 1836년 3월, 6명 전원에게 무조건적이고 완전한 사면이 내려졌다. 그해 8월에 보타니 만에 필요한 서류가 도착했고 6명에게 이 사실이 전달되기까지는 시간이 약간 걸렸다. 다행히 조지 러브리스는 고용주의 지난 신문을 보고 사면 소식을 읽었다. 우여곡절 끝에 러브리스는 1837년 1월 영국으로 출발했고, 눈에 띄지 않게 도착하여 톨퍼들에 정착한 뒤 자신의 경험에 대해 짧은 글을 썼는데, 서두에 실은 인용문은 거기서 발췌한 것이다. 브라인, 제임스 러브리스, 스탠드필드 부자도 그해 9월 그의 뒤를 따랐다. 이들이 귀국할 때 탄 배의 선장은 이들의 고난에 깊은 감동을 받아 각자에게 5파운드를 주면서 고국에 가서 새 출발 하는

데 보태 쓰라고 했다.

1838년 3월, 런던과 도셋에서 큰 환영을 받으며 귀향한 이들은 사람들이 기부금으로 마련해 준 에섹스의 농장에 가서 살았다. 1839년 8월, 해메트도 영국으로 돌아와 이 농장에 정착했다(호주 내륙 지방에서 일했던 그는 다른 사람들과 소식이 끊어져 연락을 받지 못했다). 6명의 가슴 속에서 극단주의의 불꽃은 꺼지지 않았고, 곧 그 지역에서 차티스트 협회를 구성하여 지방 젠트리 계급을 공포로 몰아넣었다(차티스트는 그들 시대를 훨씬 앞서가는 사상을 가진 급진적 정당이었다).

사면 이후

국외 추방 경험으로 불안한 마음이 들었는지, 아니면 그저 다른 사람들과 같은 이유로 그랬는지는 모르지만 6명 대부분은 1844년 캐나다로 이민을 갔고 거기서 여생을 보냈다. 지적이고 용감하고 심지어 고결한 조지 러브리스는 새 고향 마을에 감리교 교회를 세우는 데 도움을 주었다. 동생 제임스는 지역 교회의 교회지기가 되었다. 존 스탠드필드는 호텔을 운영하다가 지역 시장(면장)이 되었다. 해메트는 영국에 남아 1841년 톨퍼들로 돌아갔다. 그의 무덤은 교회 부속 묘지에 있다. 제임스 브라인은 1839년 존 스탠드필드의 동생 엘리자베스와 결혼하여 11명의 자녀를 두었다. 여섯 순교자 중 가장 오래 살았던 존은 1902년에 사망했다.

유죄판결은 적절했나?

톨퍼들 노동자들의 기소에 1797년 반란선동법을 적용한 것을 놓고 오랫동안 논란이 계속되었다. 법 적용에는 분명 복잡한 논리가 있었는데, 풀어 쓰자면 다음과 같다.

첫째, 1797년 의회법에 의거하여 불법적 결사에서 불법적 서약식을 하는 것은 위법 행위였다.
둘째, 재판 당시 노동조합은 더 이상 불법적 결사가 아니었다.
셋째, 그러나 1799년 법에 따라 노동조합이 불법적 서약식을 하면 불법적 결사로 간주하였다.
넷째, 따라서 노동조합에서 불법적 서약식을 시행한 것은 위법 행위였다.

당시 농업 노동자가 이렇게 복잡한 법을 이해하지 못한 것은 이해해 줄 수도 있다. 그러나 톨퍼들 노동자들은 자신들의 행동이 잘못되었다는 점은 분명히 알고 있었다(그렇지 않다면 왜 외딴 곳에서 한밤중에 모임을 가졌겠는가?). 하지만 1797년 의회법의 적용 범위가 정부나 판사의 판단처럼 그렇게 넓었을까?

1797년 의회법은 스피트헤드와 노어 지방에서 일어난 해군 반란에 즉각 대응하기 위해 통과된 법이었고 불법적 서약 행위도 처벌 대상에 포함시켰다. 이 같은 내용은 이 법을 제정하는 이유를 설명하는 법의 전문에 나와 있다. 노동당 법무차관을 지낸 바 있는 스태포드 크립스 경을 포함한 많은 사람들은 이 법의 적용 범위가 반란선동이나 그와 유사한 행위에 한정되는 것이라고 보았다. 이 견해는 옳은 것일까?

이 주장은 새로운 것은 아니었다. 재판 당시 윌리엄스 판사는 자신의 견해를 뒷받침하는 충분한 법적 근거와 의견에 따라 이 같은 주장을 기각했었다. 의회법 전문은 그 의미에 대한 안내문으로 사용될 수도 있지만 현대의 한 법률 권위자가 언급하듯이 "법정은 법의 전문과 실효적 규정에 모순이 있을 때 전문이 규정보다 우선하는 것을 인정하지 않는다." 의회법의 실효적 규정은 결코 전문에 제한되지 않았고 분명 톨퍼들 서약식을 포함할 만큼 그 범위가 충분히 넓었다. 톨퍼들 노동자들이 기소된 법은 비록 끔찍하게 복잡하지만 이 사건의 상황에 적용할 수 있었고 종종 지적받는 것처럼 법적 속임수는 아니라는 것이다.

그러나 재판에서 미처 파악하지 못한 것으로 보이는 흥미로운 오류 하나가 있다. 기소장에는 6명의 서약식이 2월 24일에 있었다고 했는데, 실제 날짜는 12월 9일이었다. 그러나 날짜의 정확성은 범죄행위의 핵심적 요소가 시간일 경우에만 법적으로 의미가 있는데, 이 경우에는 그렇지 않았기 때문에 이 점은 중요하지 않을지도 모른다.

공정한 재판이었나?

하지만 피고 측이 부인했듯이 스탠드필드의 오두막 위층에서 실제로 서약식을 했다는 충분한 증거가 법정에서 제시되었나? 물론 성경인지 뭔지 모르는 책에 입을 맞추고 비밀 유지 명령을 하는 등 이상한 의식을 했다는 증언은 있었지만 그 외에 별다른 내용은 없었다. 서약 내용에 대한 증언도 모호할 뿐이었다. 이 핵심적인 문제에서 배심원단은 통상의 법률가와는 다른 방식으로 '그들의 상식을 적용' 했다는 결론을 부인하기 어렵다. 이 문제에서 그들은 어쩌면 변호사들보다 더 현명했을지 모른다.

담당 판사 역시 배심원에게 유죄 평결 압력을 가하고 노동조합에 대한 비판적 시각을 가진 데 대해 비난을 받았다. 이런 비난 속에는 그만한 실체가 있을지도 모르며 만약 그랬다면 재판을 무효로 하기에 충분했을지도 모른다. 하지만 재판 기록이 절대적으로 빈약하여 이 점에 대해 확실한 판단을 내리기는 어렵다. 물론 그렇다고 해서 사람들이 나름대로 판단하는 것까지 막을 수는 없을 것이다.

전체적으로 당시의 기준으로만 판단한다면 이 희생자들의 재판 과정에서 비난할 수 있는 부분은 별로 없다. 그러나 양형에 대해서는 그렇게 말할 수 없다. 판사의 발언은 그가 자신의 의무를 오해했음을 강력히 시사했다. 오해가 없었다고 하더라도 최대 형량을 판결한 것은 이 사건의 사실에 비추어 볼 때 온전히 정당하다고 인정할 수 없다. 그 당시 적절한 항소제도가 있었다면 판결은 번복되었을 것이다.

무엇이 잘못되었나?

톨퍼들의 6인은 오늘날 매체에서 흔히 지칭하는 것처럼 초기 노동조합운동의 주요 '순교자'로 간주되며, 오늘날 톨퍼들 마을에서 정기적으로 열리는 집회에는 많은 군중들이 몰린다. 그러나 이 여섯 노동자의 이야기는 일부에서 말하는 것처럼 그렇게 흑백이 분명하지는 않다.

학계는 최근, 19세기 초 도셋 지역의 농촌 빈곤의 정도에 대해 이의를 제기했지만 상대적으로 또 절대적으로 빈곤이 존재했다는 사실에는 의심의 여지가 없다. 안정된 토지 보유권도 없었고 많은 지주들이 소작인들을 거만한 태도로 대했기 때문에 농촌 노동자들의 삶은 결코 만족스러울 수 없었다. 하지만 변화의 바람이 불어오고 있었다. 정보 전달과 교육 수준 향상으로 빈곤층에서는 부의 분배를 요구하는 의지가 피어나기 시작했다. 정부와 젠트리 계급 사이에서는 불안과 폭력의 기억이 아직 생생한데, 이제 겨우 합법화된 빈곤층 노동자 단체들이 비밀스럽고 소름끼치는 서약식을 하는 것을 권력층이 두려워하지 않았다면 그것이 오히려 더 이상했을 것이다. 그런 서약식이 사회 조직을 위협하는 더 큰 음모의 일부일 수도 있다는 의심이 들었을 때는 특히 그랬을 것이다. 이런 문제를 싹부터 잘라내지 않으면 영국은 위기에 처할 수도 있으리라 생각했을 것이다. 오늘날 평등주의적 관점에서 보면 그런 태도에 담긴 이기심을 쉽게 간파할 수 있다. 초기 노동운동의 호전성에 대한 권력층의 반응을 꽉 막혔다고 비난할 수도 있겠지만 당시 관점에서는 사회 파괴 세력에 대한 합리적 대응으로도 보였을 것이다.

도셋노동자협회(Dorset Society of Laborers)는 당연히 친목단체로 드러났지만 당시 사법부의 눈에는 그렇게 보이지 않았다. 기나긴 투쟁의 중심에 놓이게 된 러브리스와 그의 친구들 ― 어떻게 보아도 비국교도였던 ― 은 운이 나빴다. 의도가 무엇이었든 간에, 다소 터무니없는 그 서약식에 참여한 자신들의 행동이 추방형에 처해질 수도 있는 범죄행위라는 사실을 인식할 수는 없었을 것이다. 그렇다고 해서 판사들의 경고문이 좀더 일찍 게시되었더라면 서약식을 막을 수 있었을까? 아마 그렇지 못했을 것이다.

현대인의 눈으로 보면 판사들과 내무부 사이에 있었던 논의는 재판을 주재할 사람들에게 용납할 수 없을 정도로 독립성이 결여되어 있었음을 드러내는 것 같다. 하지만 당시에는 정부와 재판관의 구분이 오늘날만큼 명확하지 않았다. 당시의 재판관들은 순수하게 사법적인 임무 외에도 많은 임무가 있었는데, 그 중에 공공질서 유지는 아마 가장 중요한 임무였을 것이다. 그들은 현실적으로 자신들에게 주어진 여러 가지 임무 중 일부를 수행했을 뿐이다. 재판 그 자체에 쏟아진 비난은 상당 부분 핵심에서 크게 벗어났다.

그럼에도 불구하고 이 재판은 경험 없는 판사가 주재한 문제 있는 사법 절차라는 인상을 지울 수가 없다. 그 판사는 이유가 무엇이었든 간에 주어진 상황이 허락하는 것보다 훨씬 더 가혹한 형량을 부과했다. 바다 건너 지구 반대편으로 가는 여정은 분명 끔찍했겠지만 그곳에 도착해서 겪은 여섯 순교자들의 고난은 이 새로운 대륙을 제 발로 찾아간 많은 노동자들이 겪은 것보다 크게 심하지는 않았을 것이다. 더 짧게 끝났을 수도 있었던 4년간의 유배형 — 해메트의 경우는 5년 — 은 관료들이 시간을 끄는 바람에 더 길어졌다. 톨퍼들 사건은 불확실한 정의, 가혹한 판결, 얼마간의 고난, 감형, 그리고 명예회복으로 요약될 수 있을 것이다. 그런 것이 '순교'라면 톨퍼들의 경우는 대단히 영국적인 순교였다.

1921년 사코와 반제티 재판

출납계원과 경호원을 잔인하게 살해한 혐의로 두 젊은이가 전기의자로 처형당하고 50년이 지난 후 매사추세츠 주지사가 다음과 같은 포고령을 발표했다.

나 마이클 듀카키스(Michael Dukakis)는 1977년 8월 23일 화요일을 '니콜라 사코와 바르톨로메오 반제티 기념일'로 선포한다. 또한 니콜라 사코와 바르톨로메오 반제티, 그들의 가족과 후손들에 대한 모든 오명과 불명예는 영원히 씻겨졌음을 선언한다. 나아가 매사추세츠 주의 모든 주민들이 바쁜 일상을 잠시 멈추고 이 비극적인 사건을 돌아보고 이 사건이 주는 역사적 교훈을 거울삼아 편견과

두려움, 증오의 세력이 우리의 법체계가 간절히 열망하는 이성과
지혜, 공정함을 압도하는 일이 다시는 재발하지 않도록 결의를 다
질 것을 촉구한다.

흥미롭게도, 이 포고령은 문제의 재판이 부당했다는 점은 인정
했지만 피고들의 무죄를 선언하지는 않았다.

20세기 미국에서, 범죄 혐의를 맹렬히 부인했지만 결국 사형을
선고받은 두 이탈리아인 이민자의 재판만큼 더 많은 논란을 일으
킨 재판은 거의 없다. 니콜라 사코(Nicola Sacco)와 바르톨로메오 반
제티(Bartolomeo Vanzetti)가 추구한 대의명분은 전세계 수많은 작가
와 지식인들의 지지를 받았고 여기에는 피고인들이 직접 쓴 글도
한몫을 했다.

이제 막 미국에서 이민 생활을 시작한 사코가 서투른 영어로
쓴 것이든, 아니면 7년간의 수감생활을 하면서 보다 세련된 영어
를 구사하게 된 반제티가 쓴 것이든 그들의 편지는 늘 사람들 사
이에서 돌아다녔다. 수십 권의 책에서 그들은 타락한 법집행 관
리와 편견에 사로잡힌 판사, 그리고 편협한 사회의 무고한 희생
자로 그려졌다. 그들을 옹호한 사람들 중에 가장 인상적인 인물
은 하버드 대학의 저명한 법학 교수이자 훗날 미국 대법원장이
되는 펠릭스 프랭크퍼터(Felix Frankfurter)로, 유죄판결을 받은 두 피
고의 사형 예정일 5개월 전에 문제의 재판이 "영미 사법제도의
규범을 준수하지 못했다"고 강력하게 비판하는 기사를 썼다. 이
같은 의견은 얼마 후 자신의 책에서도 소개되었고, 물론 사람들

로부터 크게 인정받았다. 하지만 그것이 옳은 의견이었을까? 이 대단히 흥미로운 사건에 대해 어떠한 평가를 내리기 전에 우리는 재판의 배경을 이해할 필요가 있다.

아나키즘(무정부주의), 또는 국가 권력에 대한 거부는 19세기 이탈리아에서 널리 퍼진 운동으로, 당시 이탈리아에서는 아나키즘의 '행동하는 프로파간다' 철학이 폭탄 투하와 살인으로 발전해 갔다. 20세기 초 가난한 이탈리아인들이 신대륙에 집단 이민을 오면서 이 폭력적인 철학도 따라 들어왔다. 이런 이민자들 중에서 가장 주도적 인물이 루이지 갈레아니(Luigi Galleani)였다.

갈레아니의 정기간행물 《반체제 인물들(Cronaca Sovversiva)》은 독일과의 전쟁을 반대한다는 이유로 1918년 탄압을 받았다. 그의 추종자들은 재빨리 대응에 나섰다. 뉴잉글랜드 각 도시에 전단이 나붙었다.

"미국을 지배하는 낡아빠진 생각을 가진 인간들은 붉은 피를 보리라! 이제 곧 폭풍이 휘몰아쳐 너희들은 피와 불 속에서 산산이 부서지고 전멸할 것이다. 너희는 우리에게 일말의 동정심도 보이지 않았다! 우리도 똑같이 해주겠다. 너희들을 다이너마이트로 폭파시켜 버리겠다!"

이런 글을 쓴 사람들은 약속을 지켰다. 미국 전역 8개 도시에서 사업가, 판사, 공무원들이 폭탄과 산(酸)이 든 우편물을 받았다. 그 중 하나가 전 상원의원의 집으로 배달되었고 우편물을 받은 가정부는 양 손이 날아가고 상원의원 부인은 얼굴과 머리에 화상을 입었다. 갈레아니는 1919년 5월 체포되었으나 6월에 또다시 일련의 폭발사건이 이어졌다. 이번에는 판사와 공무원들의 집이 폭파되고 한 야간 경비원이 목숨을 잃었다. 미국 검찰총장의 집 역시 폭탄에 날아갔고 폭파범도 목숨을 잃었다. 뒤따른 체포 작전은 훗날 '적색 공포(Red Scare)'로 알려지는데, 전국적인 소탕작전에서 만 명 이상의 공산주의자와 무정부주의자들(당시에는 이 둘 사이의 구분이 모호했다)이 체포되었다. 대다수는 풀려났으나 갈레아니를 포함한 200명 이상은 국외 추방되었다.

이 같은 폭파사건이 발생하고 몇 달 후 조용한 매사추세츠의 한 마을에서 잔인한 범죄가 발생했고 이는 20세기 가장 악명 높은 재판으로 이어졌다.

브리지워터의 강도미수 사건

1919년 크리스마스이브의 이른 아침이었다. 급여 운반 트럭 하나가 여느 때처럼 3만 달러가 넘는 현금을 싣고 매사추세츠 주 보스턴 남쪽에서 약 40킬로미터 정도 떨어진 작은 마을 브리지워터에 소재한 LQ 화이트 제화회사로 달리고 있었다. 트럭에는 운전사 외에도 그 회사의 회계주임과 무장한 경호원이 타고 있었다. 트럭이 천천히 전차 선로를 건너는데 근처에 세워둔 차에서 세 남자가 나오더니 트럭을 향해 서라고 했다. 아무 반응이 없자 검은 턱수염을 기른 남자가 무릎을 꿇고 트럭을 향해 엽총을 쏘기 시작했고 다른 두 명은 권총을 쏘았다. 경호원이 응사했고 트럭은 방향을 틀어 전신주를 들이받았다. 마침 지나가던 전차가 세 남자와 트럭 사이를 가로막았다. 상황이 끝났음을 깨달은 세 사람은 자신들의 차로 되돌아가 인근 마을 코체셋 방향으로 차를 몰고 도망갔다. 목격자들은 범인들이 "거무스름하고 외국인 같았다"고 했고 뷰익이나 허드슨 오버랜드를 몰고 있었다고 했다.

브리지워터 경찰국장 마이클 E. 스튜어트는 이 노상강도 사건이 외지 출신의 러시아인 일당의 소행으로 보인다고 언론에 발표했고 뷰익과 오버랜드 차량에 대한 수색 명령을 내렸다. 석 달 반이 지난 후에도 브리지워터 사건과 관련해 체포된 사람은 아무도 없는 가운데 인근의 사우스 브레인트리 마을에서 또다른 강도사건이 발생했다. 이 사건은 훨씬 더 심각한 결과를 초래하게 된다.

사우스 브레인트리 강도사건

매주 목요일이면 아메리칸 익스프레스의 지역 담당 직원은 사우스 브레인트리 마을 기차역에 와서 그 지역의 구두 공장 두 곳에 임금으로 지불할 현금을 가지러 왔다. 1920년 4월 15일, 이 직원은 슬레이터 모릴 제화 공장 사무실에 1만 6,000달러를 가져왔고, 담당 직원들이 급여 봉투에 돈을 분류해 넣고 두 개의 강철 상자에 담았다. 작업이 끝나고 그날 오후 3시 즈음, 이 회사의 경리부장 프레드릭 파멘터와 경비원 알레산드로 베라르델리는 사무실에서 두 개의 상자를 넘겨받았다.

파멘터와 베라르델리는 상자를 하나씩 들고 공장 쪽으로 걸어가다가 짙은 색 옷에 모자를 쓴 채 울타리에 기대 선 두 남자를 스쳐 지나갔다. 그 중 한 명은 베라르델리를 아는 것처럼 보였고 그를 잡으려는 듯 손을 내밀었다. 갑자기 총성이 들렸다. 첫번째 총알이 베라르델리의 배에 맞아 심장과 연결된 동맥이 끊어졌다. 그를 쏜 자는 몸을 굽혀 베라르델리가 떨어뜨린 총을 주웠다. 또 다른 강도의 총에 맞은 파멘터는 상자를 떨어뜨리고 비틀거리며 도로를 가로질러 갔다. 강도는 돈을 갖고 곧장 도망가지 않고 파멘터를 쫓아가서 그를 다시 쏘았다. 그런 다음 두 남자는 베라르델리에게 다시 돌아와 바닥에 쓰러져 살려달라고 애원하는 그에게 세 발을 더 쏜 후 도로에 쓰러진 그를 버리고 도망갔다.

또다른 남자 두 명을 태운 청색 7인승 뷰익 한 대가 섰다(그날 사건 발생 시간 이전에 이 차가 근처를 운행하던 모습이 목격되었다). 두 강도는 강탈한 현금 상자를 던져넣고 차에 올라탔다. 벽돌 더미 뒤에 숨어 있던 제3의 남자도 차에 올랐다. 차는 재빨리 마을을 빠져나갔고 자동차 뒷좌석 창문으로 엽총이 튀어나와 있었다. 철도 건널목에 이르자 한 명이 권총을 휘두르며 건널목 차단기를 올리라고 했다. 강도들은 추적 차량의 타이어에 펑크를 내려고 못이 붙어 있는 고무 조각들을 창 밖으로 내던졌다.

뷰익은 숲이 우거진 지역으로 사라졌다. 이틀 후 숲에서 버려진 뷰익이 발견되었다. 현장을 조사해 보니 좀더 작은 차의 바퀴 자국으로 이어졌다.

겉보기에는 서로 연관성이 없는 일인데, 브레인트리 강도사건 다음날 브리지워터 경찰은 이탈리아인 무정부주의자 페루치오 코아치(Ferrucio Coacci)가 왜 국외 추방 심리에 출석하지 않았는지 알아봐 달라는 이민국의 요청을 받았다. 경관이 집으로 찾아갔을 때 코아치는 짐을 싸고 있었다. 어디론가 떠나려는 것이 분명해 보였다. 당국에 아내가 아프다고 했던 얘기는 거짓임이 드러났고 코아치는 체포되었다.

코아치의 정원에 있는 헛간에서 뷰익 바퀴 자국과 비슷한 타이어 자국이 발견되었다. 코아치의 집은 버려진 뷰익이 발견되었던 숲과 3킬로미터도 안되는 거리에 있었고, 경찰 국장 스튜어트는 코아치가 브레인트리 강도사건에서 강탈한 돈을 가지고 도망갈 준비를 하고 있었다는 성급한 결론을 내렸다(코아치의 차 안에 있던 물건들은 강도사건과 아무런 관련이 없는 것으로 밝혀졌다). 코아치는 또다른 무정부주의자 마이크 보다(이전 이름은 마리오 보다)와 집을 같이 쓰고 있었다. 보다의 오버랜드 차가 수리를 위해 코체셋의 정비소에 들어가 있음을 알아낸 경찰은 정비소 주인에게 차를 가지러 오는 사람이 있으면 연락하라고 지시해 두었다.

5월 5일 저녁, 보다와 또다른 무정부주의자 리카르도 오르치아니는 사이드카 오토바이를 타고 정비소에 도착했다. 같은 시각 사코와 반제티는 걸어서 그곳에 나타났다. 차를 달라고 하자 정비소 주인은 자동차 번호판이 낡았다며 시간을 끌었고 그 동안 그의 부인이 옆문으로 가서 경찰에 전화했다. 낌새를 눈치챈 보다와 오르치아니는 오토바이를 타고 도망갔고 사코와 반제티는 걸어서 그곳을 떠났다(나중에 체포된 오르치아니는 브리지워터와 브레인트리 강도사건에 대해 모두 알리바이를 댈 수 있어서 풀려났다. 보다는 체포되지 않았다).

얼마 지나지 않아 경찰은 전차를 타고 가는 사코와 반제티를 발견했다. 몸수색을 하자 반제티의 바지 뒷주머니에서 살해된 경비원이 가지고 있던 것과 같은 종류의 장전된 38구경 권총과 12구경 엽총 탄환 4발이 발견되었다. 사코에게서는 허리띠 앞쪽에 장전된 32구경 콜트식 자동소총 한 정과 주머니에서 23개의 실탄이 발견되었다. 그는 또 무정부주의자 모임에서 쓸 전단을 가지고 있었는데 이 모임에서 반제티가 연설을 할 예정이었다.

그날 밤, 정비소에 간 이유와 무기를 소지한 이유에 대해 사코와 반제티가 진술한 답변들은 나중에 상당 부분 거짓말로 드러났다. 둘은 보다와 코아치와 오랫동안 친구이자 동지로 지냈으면서도 이들을 모른다고 했다. 다음날 두 사람은 지방검사 프레드릭

사우스 브레인트리 강도 혐의로 체포된 사코(오른쪽)와 반제티(왼쪽)

카츠만(Frederick Katzmann)의 심문을 받았다. 브레인트리 강도사건 당일 어디에 있었느냐고 묻자 사코는 직장에 있었다고 했지만 나중에 말을 바꾸었다. 그는 또 브레인트리에는 한 번도 간 적이 없다고 주장했지만 사실 그는 가명으로 3년 전에 그 마을에서 일을 했었다. 반제티는 사건 당일 40킬로미터 정도 떨어진 플리머스에서 생선을 팔고 있었다고 주장했다. 그날, 두 강도사건과 관련하여 30여 명의 증인이 경찰서에 불려와 체포된 두 사람을 알아보는지 확인했다.

다음날, 사코와 반제티는 무기 소지 혐의에 대해서는 죄를 인정했다. 그러나 추가 증거가 드러나면서 둘은 사우스 브레인트리의 무장강도 및 살해 혐의를 받게 되었다. 브리지워터 강도 미수 사건의 경우 사코는 사건 당일 알리바이가 확인되었기 때문에 반제티만 고발당했다.

어느 날 갑자기 세상의 주목을 받게 된 두 젊은이는 도대체 어떤 사람들일까?

사코와 반제티

1908년, 열여섯 살의 니콜라 사코는 형 사비노와 함께 미국으로 이민을 와서 매사추세츠에 정착했으나 형은 그 다음해 이탈리아로 돌아갔다. 1912년 사코는 이탈리아 여성 로지나와 결혼하여 이듬해 아들을 낳았고 체포된 후인 1920년에 딸이 태어났다. 1913년부터 사코는 무정부주의자 모임에 참석하기 시작했고 반제티처럼 아나키스트 잡지 《반체제 인물들》을 위해 직접 기금도 내고 기금 조성 활동도 했다. 체포될 당시 사코는 지역 공장에서 구두 직공으로 안정적인 일자리를 갖고 있었다. 그의 나이 스물아홉 살이었다.

스무 살의 바르톨로메오 반제티의 삶도 비슷했다. 이탈리아 피에몽 출신의 빵집 직원이던 반제티는 오래 병을 앓던 어머니가 세상을 떠나자 그 다음해인 1908년 역시 미국으로 이민을 왔다. 9년 후 그는 미국 시민권을 신청했다. 무정부주의자 모임에서 사코를 만난 것은 바로 이 즈음이었다. 얼마 후, 60명쯤 되는 이탈리아 무정부주의자들과 함께 두 사람은 자신들이 반대하는 전쟁에 징집되는 것을 피하기 위해 가명으로 멕시코로 피신했다. 이 중 한 명이 나중에 미국 검찰총장의 집 밖에서 자살 폭탄 테러를 저지른다.

1918년, 1차 세계대전 종전이 선언되자 사코와 반제티는 미국으로 돌아왔다. 그때까지 갖가지 노동 일을 전전했던 반제티는 손수레를 하나 구해서 생선을 팔았다(그는 자신을 생선 행상인이라고 했다). 체포될 당시 그의 나이는 스물두 살이었다.

반제티의 재판

1920년 여름, 브리지워터의 강도 미수 혐의에 대한 반제티의 첫 재판이 열렸다. 검찰 측이 유죄를 주장하는 근거는 세 가지로, 피고를 '엽총 강도'라고 확인한 목격자들, 전차에서 체포될 당시 소지한 엽총 탄환 증거, 체포된 후 경찰에 진술한 수많은 거짓말들이 그것이었다. 피고 측 변론에서, 반제티와 친한 친구들 몇 명은 강도사건 당일 그가 뱀장어를 팔고 있었다고 했다(뱀장어를 먹는 것은 이탈리아의 크리스마스이브 전통이다). 그들의 진술은 받아들여지지 않았다. 하지만 피고에게 가장 치명적인 것은 피고가 직접 증언을 하지 않은 것이었다(훗날 반제티는 그의 급진적 배경이 드러날까 두려워 변호인이 증언하지 말라고 했다고 불평했다).

이렇게 강력한 유죄의 증거가 있었기 때문에 반제티가 강도 미수 혐의에 대해 유죄판결을 받은 것은 놀랍지 않다. 그러나 당시 지방 관행과는 달리, 또 그의 좋은 성격에도 불구하고 그는 10년에서 15년에 이르는 최대 형량을 받았다. 범인을 확인하는 증언 과정에서 모순된 점이 있었음에도 불구하고 반제티는 유죄판결이나 형량 선고에 대해 항소하지 않았고, 재판 과정도 당시에는 대중의 관심을 끌지 못했다.

얼마 후, 사코와 반제티 기소 결정에 대한 명백한 복수로 보이는 폭탄 테러 사건이 터졌다. 뉴욕 J. P. 모건 은행 사무실 밖에서 구식 폭탄이 터져 33명이 죽고 수백 명이 부상당했으며 엄청난 재산 피해가 발생했다.

재앙이 된 변호사

브레인트리 강도 및 살해 사건과 관련한 사코와 반제티의 재판은 삼엄한 경계 속에 1921년 5월 31일 보스턴 교외의 조용한 주택

가 데덤에서 시작되었다. 주재 판사와 지방검사는 웹스터 세이어
(Webster Thayer)와 프레드릭 카츠만으로, 앞서 열린 반제티 재판
때와 같았다.

아나키스트 신문 편집자 카를로 트레스카(Carlo Tresca)의 의뢰를
받아 캘리포니아 출신의 급진주의 변호사 프레드 H. 무어(Fred H.
Moore)가 두 사람의 변호를 맡았는데, 이는 의뢰인에게 재앙이었
다. 재판 내내 무어의 전술은 철저히 비도덕적이었다. 무어를 보
좌한 유진 라이언스(Eugne Lyons)는 나중에 이렇게 말했다. "무어
는 일단 의뢰인이 무죄라고 판단되자 양심 따위는 버렸다. 그는
전혀 망설임 없이 증거를 조작하고, 증인을 매수하고, 조수들이
엉뚱한 증인들에게 시간과 노력을 들이게 만들었다. 나는 그가
점찍었던 증인들을 모두 불쌍하게 생각한다."

무어는 유능하지도 않았다. 증인을 제대로 준비시키지 못해 노
련한 카츠만의 공격에 쉽게 무너졌다. 펠릭스 프랭크퍼터의 말에
따르면 무어는 "사람을 짜증나게 하고 타협을 몰랐다. 개인적인
의견이기도 하고 또 사실이지만, 그는 아웃사이더였다. 매사추세
츠 법정의 전통에 대해서 잘 모르고, 심지어 매사추세츠 변호사
협회 회원도 아니었으며, 세이어 판사의 특징도 모르는 그는 전
문가답지도 않았고 판사와 개인적인 교감도 없었다." 무엇보다
도, 재판을 정치화하려는 그의 행동은 논란을 일으켰고 결국 자
멸로 이어졌다.

7월 14일, 재판은 검찰 측 증인 59명과 피고 측 증인 99명이 소
환되며 7주 가량 계속되었다. 재판이 끝난 후 두 피고는 강도 및

1급 살해 혐의에 대해 유죄판결을 받았다. 그러나 이것은 시작에 불과했다.

기나긴 항소

그후 2년간 피고 측은 배심원의 편파적 발언이나 새로운 증인, 증인 진술 삭제 및 새로운 법의학 증거 등을 이유로 재판을 다시 받게 해달라고 여덟 차례나 요청했다. 피고 측은 판사와 검사의 편견을 수차례 고발하고 심지어 피고에게 유죄판결을 내리기 위해 검찰과 법무부 간에 공모가 있다고 주장하기도 했다. 매사추세츠 주 법에 따라 이 같은 신청은 담당 판사가 처리하게 되어 있었는데 세이어 판사는 이 신청을 모두 기각했다.

시기는 다르지만 반제티와 마찬가지로 자신의 변호사에 의해 범죄 성향 정신이상자들을 위한 병원에 수용된 사코는 무어가 자신의 재판을 "파렴치한 도박의 도구"로 이용한다고 비난하면서 특히 수임료로 피고 측 자금을 쥐어짜내고 있다며 무어를 해고했다. 무어의 자리는 존경받는 한 보스턴 출신 변호사로 교체되었다.

1926년 5월 매사추세츠 주 대법원은 세이어 판사의 판결에 대한 모든 항소를 기각했다. 이것은 재심(再審)이 아니었다는 사실에 주목할 필요가 있다. 항소법원은 원심 판결이 법의 오류나 재량권 남용에 의해 무효화되는 경우에만 개정될 수 있었다. 이 같은 규정은 항소법원 결정을 평가절하한다는 지적이 있기도 했지만 이 사건에서는 세이어 판사의 결정이 법적으로 옳았을 뿐 아니라 합리적 범위에 있었다고 대법원이 판단했다는 점이 중요하다.

항의의 물결

사코와 반제티가 수감되어 있던 데덤 교도소에서 놀라운 일이 벌어졌다. 1925년 11월, 전과가 화려한 젊은 포르투갈 이민자 셀레스티노 F. 마데이로스는 살인 혐의에 대한 유죄판결 및 사형 판결에 대한 항소 결과를 기다리고 있었다. 브레인트리 강도사건에 대한 신문기사를 읽은 후 그는 신문사와 사코에게 다음과 같은 짧은 메모를 보냈다.

나는 사우스 브레인트리 제화회사 범죄 현장에 있었으며 사코와 반제티는 위의 범죄 현장에 없었음을 고백한다. — 마데이로스

마데이로스는 화물차에서 구두를 훔치는 '모렐리 갱단'의 일원이었는데, 이들이 훔친 구두에는 사우스 브레인트리의 슬레이터 모릴 회사의 제품도 있었다. 마데이로스는 자신이 브레인트리 강도에 가담한 5인조 일당의 일원이었고 세 명은 이탈리아인이었다고 주장했다. 체포 당시 마데이로스는 사우스 브레인트리 급여 총액의 5분의 1에 해당하는 돈을 갖고 있었다. 이 강도단의 우두머리인 조 모렐리(Joe Morelli)는 사코와 비슷하게 생겼다. 모렐리의 동생은 뷰익을 몰았고 강도단 중 한 명은 사건에 사용된 것과

같은 콜트식 32구경 권총을 갖고 있었다.

마데이로스의 '자백'이 나오자 피고 측은 당연히 재심을 청구했다. 1926년 10월, 세이어 판사는 약 2만 5,000단어에 달하는 의견서에서 재심 청구를 기각했다. 그는 아무것도 잃을 게 없는 '도둑이자 강도, 거짓말쟁이'의 진술은 극도로 주의해서 검토해야 한다고 했다. 판사가 보기에 마데이로스는 범행에 가담했던 강도라면 당연히 알아야 하는 문제들에 대해 이상하게도 몰랐고, 강도단의 다른 사람들에 대한 정보를 제공하려 하지 않았기 때문에 그의 이야기는 사실이 아닌 것 같았다. 매사추세츠 주 대법원은 세이어의 견해를 검토한 후 이번에도 번복하지 않았다.

1927년 4월 27일, 사코와 반제티에 대해 전기의자에 의한 사형 선고가 내려졌다. 법정에서 둘은 계속 무죄를 주장했다. 반제티는 이렇게 말했다.

나는 급진주의자이기 때문에 고통받고 있고 사실 나는 급진주의자이다. 나는 이탈리아인이기 때문에 고통받았고, 사실 나는 이탈리아인이다. 나는 나 자신보다는 내 가족과 사랑하는 사람을 위해 더 고통받았다. 하지만 당신들이 나를 사형시킨다 해도 나는 내가 옳다고 확신하며, 다시 태어나서 다시 산다 해도 지금까지 했던 것과 똑같이 할 것이다.

전세계적인 항의의 물결이 이어졌다.

"나는 죄가 없습니다"

사형선고를 받고 한 달 후, 반제티는 매사추세츠 주지사 앨번 T. 풀러에게 사면 청원을 냈다. 사코는 청원서에 서명하기를 거부했지만 주지사는 서명한 것으로 간주하기로 했다.

풀러 주지사는 자신의 임무를 진지하게 받아들여 법률자문 조셉 위긴의 도움을 받아 반제티와 마데이로스, 그리고 수많은 관련자들을 만나보았다. 결국 그는 하버드 대학의 A. L. 로웰 학장, 전직 판사 로버트 그랜트와 매사추세츠 공과대학 학장 사무엘 W. 스트래튼으로 구성된 자문위원회를 구성했다. 이른바 로웰위원회는 재판에서 증언했던 사람들 외에 102명을 인터뷰했다.

두 달 후, 위원회는 "사코는 합리적 의문의 여지없이 유죄이며 반제티 역시 전체적으로 합리적 의문의 여지없이 유죄라는 의견"이라고 주지사에게 보고했다(로웰은 나중에 "전체적으로"라는 말은 "개별적으로는 확정적일 수 없는 여러 정황을 종합한 것"이라는 의미라고 설명했다).

8월 3일, 풀러 주지사 역시 자체 조사를 한 후 "행정적 개입을 정당화할 충분한 근거를 찾지 못했다"고 발표했다. 그는 "사코와 반제티가 유죄라는 배심원의 판단을 믿으며 피고들이 공정한 재판을 받았음을 믿는다"고 했다.

피고들은 이제 사법적 편견, 사실 오인과 법률상 오류를 주장하며 매사추세츠 주 대법원에 항소했다. 하지만 너무 늦었다. 판결이 나오고 1년이 지난 후에 항소를 했기 때문에 시효가 지난 것이다. 그 다음날, 심판 절차를 늦추기 위한 필사적인 시도로 연방

대법관, 순회상소법원 판사, 순회재판관에게 각각 항소 신청을 했지만 모두 재판 개입을 거절했다.

사코와 반제티는 1927년 8월 23일 전기의자에 앉았다. 사코가 마지막으로 남긴 말은 다음과 같다.

> (이탈리아어로) 무정부주의 만세! (그리고는 영어로 차분하게) 나의 아내와 아이, 그리고 내 친구들이여, 안녕. (증인들을 보며) 안녕히 계십시오, 여러분.

반제티는 이렇게 말했다.

> 나는 무죄임을 여러분에게 말하고 싶습니다. 몇 가지 잘못은 저질렀지만 범죄를 저지른 적은 결코 없습니다. 여러분이 나를 위해 해준 모든 일에 감사합니다. 나는 이 범죄뿐 아니라 그 어떤 범죄에 대해서도 무죄입니다. 나는 죄가 없습니다.

역시 항소에서 패소한 마데이로스는 그날 사코와 반제티에 앞서 사형되었다.

두 아나키스트의 장례 행렬에 8,000여 명이 동참했다. 장례식장에 헌정한 꽃에는 "복수의 시간을 기다리며"라는 메시지가 담겨 있었다. 전세계적으로 항의시위가 이어졌다. 영국에서는 버킹엄 궁 밖에서 군중들이 〈붉은 깃발〉 노래를 불렀다. 독일 항의시위에서는 6명의 사망자가 나왔다. 6개월 후, 두 사람의 사형집행인은 집에 폭탄을 맞았다. 세이어 판사의 집도 4년에 걸쳐 폭탄 공격을 받았고 그의 아내는 부상을 입었다. 세이어는 보스턴으로 이사를 갔고 거기서 7개월 후 죽었다. 사코와 반제티만큼 자신의 무죄를 증명하기 위해 집요하게 싸운 사람도 거의 없지만 그들은 실제로 유죄였을까, 무죄였을까?

재판 당시 검찰은 사코가 콜트식 자동권총으로 베라르델리를 쏘는 동안 반제티는 차에 있었으며 알려지지 않은 제3의 인물이 파멘터를 쏘았다고 주장했다. 이러한 주장을 뒷받침하는 검찰 측 증거는 대략 세 가지로 나눌 수 있다. 피고들이 범죄 현장에 있었다고 확인한 증인들, 체포 당시 피고에게서 발견된 권총이 범죄에 사용되었음을 확인한 전문가 증언과 매사추세츠 주 법에 의한 이른바 '죄의식' 확인 증언이 그것이다.

사코와 반제티의 사형선고 이후 전세계적인 항의시위가 잇달았다.

증인들

7명의 증인들은 사코가 사건 당시 브레인트리나 그 근처에 있었다는 취지로 증언했다. 일부 증인은 사코가 강도 중 한 명과 닮았다고 했다. 한 증인은 사코가 범인의 모습과 똑같다고 했지만 그는 2층 창문에서 사건을 목격했을 뿐이다. 반제티가 범죄 현장 근처에 있었다고 증언한 사람은 없었지만 두 명은 반제티가 도주 시 사용한 차량에 있었다고 확인했고 또다른 두 명은 반제티가 그날 아침 브레인트리 마을 근처에 있었다고 했다. 모든 범인 확인 과정은 정식 라인업(증인에게 범죄 혐의자를 한 줄로 세워놓고 식별하게 하는 경찰의 수사 과정 – 옮긴이) 과정 없이 이루어졌다.

한편 피고 측 증인 5명은 반제티가 사건 당일 플리머스에서 생선을 팔고 있었다고 증언했으며 7명은 보스턴의 식당에서 사코를 보았다고 주장했다. 베라르델리의 살인범은 총을 쏘기 전에 어두운 색 야구모자를 쓴 모습이 목격되었으나 범죄 현장에서 도망칠 당시에는 모자가 보이지 않았다. 사코는 한 증인이 사건 현장에서 주웠다는 모자가 자신이 갖고 있는 모자와 비슷하게 생겼다는 점은 인정했고 법정에서 그 모자를 써보니 딱 맞았다. 하지만 검찰은 이 모자에 대해서는 별로 신뢰하지 않았고 로웰위원회도 그 의견에 동의했다.

영(Young)과 카이저(Kaiser)는 이 재판을 꼼꼼하게 분석한 결과 증인들의 범인 확인 절차에 심각한 의혹을 제기했고 오직 그러한 증언에만 의존하는 데서 생기는 문제점들을 지적한다. 로웰위원회도 범인 확인 증언만으로는 유죄를 선고하기에 충분하지 않다는 점에 동의했지만 그 증언은 검찰 측 논거의 일부일 뿐이라고 보았다.

체포를 맡았던 경관 한 명은 반제티가 체포된 후에 한 손을 뒤쪽 호주머니에 넣는 걸 보고 "두 손 모두 무릎에 두지 않으면 후회하게 될 거야"라고 말했다고 했다. 경찰서에 도착해 몸수색을 한 결과 반제티의 뒷주머니에서 권총이 발견되었다. 이 경관이 법정에서 증언할 때 반제티는 "거짓말쟁이"라며 항의했다. 하지만 세이어 판사는 나중에 이 에피소드에 대해 어느 정도 무게를 두게 된다.

문제는 중요한 의미가 있는 것으로 보이는 이 권총 에피소드와 관련한 주요 증인인 경관이 반제티의 이전 재판에서 증언했을 때는 이 일에 대해 아무런 언급이 없었으며 사코와 반제티의 대배심 재판 증언 때도 역시 언급이 없었다는 것이다. 그리고 또다른 경관은 반제티의 이 '위협적인 제스처'와 일치하도록 진술을 바꾼 것처럼 보인다. 이유가 무엇이든 간에 경관이 이 권총 사건에 대한 증언을 '윤색' 했다는 결론은 피하기 어렵다.

총과 총알

법의학 증거에 따르면 베라르델리는 콜트식 자동권총에서 발사된 총알에 맞아 사망했다. 세이어 판사는 "베라르델리를 죽음에 이르게 한 총알이 (사코의) 권총에서 발사되었다"는 증거가 있다고 배심원에게 통고함으로써 지나친 행동을 했다. 이는 엄밀히 말해 정확한 얘기가 아니었다. 검찰이 내세운 (다소 미숙한) 전문가의 증언은 총알의 상태가 그 권총에서 발사된 것과 '일치한다'는 것이었다. 다시 말해 사코의 총에서 발사된 총알일 '수도 있다'는 뜻일 뿐이었다(피고 측 증인 두 명은 반대로 증언했다).

2년 후, 증언 수고비 지급과 관련해서 카츠만 검사와 사이가 틀어진 그 증인은(증언하는 것은 경찰관의 의무라며 카츠만이 수고비 지불을 거부했다) 검사의 요청으로 고의로 모호하게 증언했다고 주장했다. 그러나 관련자 전원을 인터뷰한 후 로웰위원회는 이 증인의 대답이 배심원을 오도하기 위한 것이었다고 추정할 만한 충분한 근거가 없다고 결론지었다.

법정에서 베라르델리를 죽게 한 총알은 단종된 제품이라는 증언이 나왔다. 체포 당시 사코의 주머니에서 발견된 카트리지 역시 동일한 단종 제품이었다.

1961년, 기술적으로 보다 발전된 테스트를 실시한 결과 문제의 총알은 실제로 사코의 총에서 발사된 것이라는 결론이 나왔으며, 이러한 사실은 1983년 추가 테스트에서 다시 확인되었다. 사코의 무죄를 확신한 사람들은 유죄판결을 이끌어 내려고 안달이 난 누군가가 총알을 바꿔놓은 것이 틀림없다는 결론을 내렸지만 로웰위원회는 이를 뒷받침할 신뢰할 만한 증거가 없다며 이 주장을 인정하지 않았다. 위원회는 "증거가 없는 주장은 더 언급할 필요 없이 기각할 수 있다"고 결론지었다. 하지만 체포 당시 피고인들에게서 발견된 무기는 어떤가?

반제티는 38구경 권총을 갖고 있었는데 그 총은 경비원 베라르 델리가 평소에 소지한 총과 비슷했고 베라르델리의 총은 강도사 건 당시 범인 중 한 명이 가져갔었다. 반제티는 노상강도가 두려 워 그 총을 샀다고 주장하며 판매자를 불러 구매 사실을 확인했 으나 법정에서 그 총에 몇 개의 약실이 있는지에 대해서는 대답 하지 못했다. 뿐만 아니라 그가 갖고 있던 권총 탄약은 총에 든 것 뿐이었다. 살인사건 직전에 경비가 갖고 있던 총은 공이 부분을 수리받았는데 반제티의 권총도 같은 흔적이 있었다. 마지막으로, 반제티는 그 총을 얼마에 샀는지, 총알을 어디서 구했는지에 대 해 경찰에 거짓말을 했고 또 이런 거짓말에 대해 아무런 설명도 하지 못했다.

죄의식

그러나 피고 측에 가장 결정적으로 불리한 증거는 매사추세츠 주의 법률적 표현에 따르면 이른바 '죄의식'이었다. 세이어 판사 는 "의도적인 거짓 진술, 기만, 진실의 은폐는 죄의식의 증거이 며, 그런 죄의식이 기소장에 적시된 범죄와 관련이 있는 경우에 한해 피고에게 불리하게 사용될 수 있다"는 사실을 배심원에게 적절히 주지시켰다. 두 피고가 경찰과 검사의 수많은 질문에 완 전히 거짓 답변을 했다는 점은 부인할 수 없는 사실이었다. 유일 한 문제는 그들이 왜 그랬느냐는 것이다.

사코와 반제티가 솔직하지 못했던 이유는 강도사건 하루 전 뉴욕에서 발생한 사건에서 찾을 수 있다. 보다, 사코, 반제티의 아나키스트 동지인 안드레아 살세도(Andrea Salsedo)가 폭탄 테러와 관련하여 심문을 받고 있던 법무부 14층 사무실에서, 스스로 뛰어내렸는지 아니면 누군가 밀었는지 몰라도, 떨어져 죽는 일이 벌어졌다. 그 다음날 사코와 반제티는 문제가 되는 "문건을 숨기고 친구들에게 연방경찰을 조심하라고 알려주라"는 경고를 받았다. 사코와 반제티는 바로 그런 목적으로 보다의 차를 가지러 정비소에 갔었다고 주장했다. 그들은 강도 및 살인 혐의 때문이 아니라 무정부주의 활동 때문에 체포된 것이라고 생각했기 때문에 경찰에 거짓말을 했다고 말했다.

체포되던 날 밤 경찰 심문은 주로 두 사람의 정치적 신념에 초점을 두었기 때문에 무정부주의 활동이 드러날까 두려워 거짓말을 했다는 두 사람의 주장은 어느 정도 설득력이 있다(브레인트리 사건은 무정부주의 활동 자금을 대기 위한 강도사건이었다는 것은 경찰의 가설이었다는 점을 기억하자). 그러나 그 다음날 심문에 대해서는 같은 말을 할 수가 없다. 두 건의 강도사건과 관련한 수많은 목격자들이 체포된 두 사람의 신원을 확인했을 뿐 아니라 지방검사의 심문 내용은 분명 브레인트리 강도사건에 관한 것이었다.

그리고 사코와 반제티의 설명이 신뢰를 얻지 못한 또다른 이유가 있었다. 로웰위원회는 "피고들의 해명은 그들의 모든 거짓말을 전혀 설명하지 못하며, 일부 거짓말은 그들이 빨갱이인 것과 전혀 아무런 관계도 없고, 오히려 사우스 브레인트리 강도사건과 대단히 밀접한 관계가 있음을 보여준다"고 했다. 이러한 지적은 사코의 첫번째 거짓 알리바이에 대한 적절한 평가로 볼 수 있다.

알리바이

체포된 다음날, 사코는 카츠만 검사에게(한 번 이상, 그리고 아주 분명히) 자신은 강도사건 당일 회사에 있었고 사건이 발생한 다음날 신문을 통해 사건에 대해 알게 되었다고 말했다. 그러나 법정에서 그는 완전히 다른 진술을 했다. 그는 사건 당일 회사를 하루 쉬고 이탈리아 영사관에 여권을 받으러 보스턴(기차로 약 40분 거리)에 갔다고 했다. 어머니가 돌아가셔서 아버지가 고향으로 돌아오라고 편지를 했기 때문이라고 했다.

그날 오전 9시 35분 보스턴에 도착한 그는 친구 한 명을 만나 점심을 같이 했다. 오후 2시, 사코는 영사관에 갔으나 가져온 사진이 너무 크다는 이유로 여권을 받지 못했다. 영사관에서 걸린 시간은 10분 정도였다. 사코는 식료품 몇 가지를 산 다음 커피를 마시러 한 식당에 갔고 거기서 두 명의 친구를 만났다. 그는 4시즈음 식당을 나와 약 2시간 후 집에 도착했다. 영사관 방문을 입증할 서류 증거는 제시되지 않았지만 7명의 피고 측 증인들이 그날 식당에서 사코를 보았다고 증언했다(이 중 한 명은 나중에 소속 아나키스트 조직의 요청으로 위증을 했다고 인정했다). 사코와 아내, 그리고 딸의 단수 여권은 그가 체포되기 전날 발급되었다. 그 여권은 결국 쓸 일이 없어졌다.

반제티는 법정에서 사건 당일 플리머스에서 생선을 팔고 있었

다고 증언했으며 이 주장을 증명하기 위해 6명의 증인을 불렀는
데 대부분은 그의 친구였다. 검찰 측은 증인들이 날짜를 혼동했
다고 주장했다.

배심원은 두 피고의 알리바이 모두 인정하지 않았고 로웰위원
회도 동의했다. 반제티의 증언에 대해 위원회는 이렇게 보고했다.

반제티의 알리바이는 명백히 취약하다. 위원회가 보기에 증인 가
운데 로젠은 반대심문에서 거짓말을 하는 것으로 보였다. 또 브리
니 부인은 브리지워터 사건에서 이미 반제티를 위해 알리바이 증
언을 했고, 다른 두 증인은 날짜에 대한 의견 교환을 끝내기 전까
지는 사건 날짜에 대해 확신이 없는 것처럼 보였다.

마데이로스의 자백은?

그렇다면 세이어 판사가 그토록 경멸하고 무시했던 마데이로
스의 자백은 어떤가? 프랭크퍼터는 세이어의 의견에 대해 다음과
같이 통렬하게 비판했다.

두 가설을 한번 비교해 보자. 모렐리가 범인이라는 이론을 적용하
면 브레인트리 강도살인범 일당과 인원수가 일치한다. 사코와 반
제티가 범인이라는 이론에 따르면 범인이 두 명밖에 없다. 만약 마
데이로스가 거기 있었음을 인정한다면 사코와 반제티는 사건 현장
에 없었다. 모렐리 이론은 피살자들에게서 발견된 총알 수가 모두

설명이 되지만 사코와 반제티 이론은 6발 중에 한 발밖에 설명되지 않는다. 모렐리 이론에는 범행 동기도 있다. 모렐리 일당은 중범죄 혐의에 대한 재판이 임박하여 소송비용을 위해 돈이 절실하게 필요한 범죄자들이었기 때문이다. 반면 사코와 반제티 이론을 뒷받침해 주는 동기는 없다. 뿐만 아니라 모렐리 일당이 탈취한 돈에서 마데이로스가 자기 몫으로 2,800달러를 갖고 있었던 반면, 사코와 반제티 이론에서는 탈취된 돈이 어디로 갔는지 한 푼도 설명이 되지 않았다. 모렐리 이론을 적용하면 마음대로 차를 훔치고 거의 1만 6,000달러를 챙긴 전문 강도범들이, 체포되던 날 밤 사코와 반제티처럼 한 친구의 6년 된 오버랜드 차를 빌리려고 저녁 내내 전차를 탔다는 터무니없는 가정을 하지 않아도 된다. 모렐리 강도단의 성격은 이 범죄가 전문가의 소행으로 보인다는 경찰 수사관들의 소견과 범죄의 본질적 사실들과 일치한다. 반면 사코와 반제티의 성격과 전력을 감안하면 그들이 즉흥적으로 지극히 전문적인 솜씨로 대담한 살인을 저질렀다는 사실은 도무지 믿기 어렵다. 특정일에 근무지를 이탈했으나 분명한 사유가 있었고 정식 일자리를 가진 한 성실한 숙련공과 공공연히 정치적 선전활동에 참여한 꿈 많은 생선 장수가 어느 날 갑자기 전문 강도범으로 돌변하지는 않으며 그럴 수도 없다.

프랭크퍼터는 마데이로스의 자백에 대한 세이어 판사의 서면 의견서가 "잘못된 인용, 허위 진술, 은폐, 문서 훼손이 뒤섞여 있으며 문자 그대로 명백한 오류투성이에 통상적인 법률가의 어투와는 다른 분위기가 전체에 스며 있다"고 무시했다. 그러나 모두가 그의 의견에 동의하지는 않았다. 노스웨스턴 대학 로스쿨 학장 존 H. 위그모어(John H. Wigmore)는 프랭크퍼터가 앞부분의 지적에서는 사실을 왜곡했고 뒷부분의 지적에서는 사소한 실수를 이용했다고 주장했다.

수감된 마데이로스를 방문하는 등 증인에 대한 철저한 조사를 마친 후 로웰위원회는 세이어 판사의 의견을 지지하는 쪽으로 기울었다. 브레인트리 강도가 '전문가적' 특징을 보인다는 주장은 무시했다. "위원회가 보기에 이 범죄와 브리지워터 사건 모두 전문가의 특징이 있는 것으로 보이지 않고 오히려 그런 범죄에 서투른 자의 소행으로 보인다"고 했다. 풀러 주지사 역시 비슷한 의견을 보였다. "나는 마데이로스의 자백에 전혀 무게를 두지 않는다. 마데이로스가 내 앞에서 증언할 때 그는 세부사항을 기억하지 못했고 사건 인근 지역에 대해서도 설명하지 못했다. 사우스 브레인트리 살인사건에 대해 마데이로스가 알고 있는 내용은 매우 부실했다."

시대의 편견

이 재판에 쏟아진 가장 중대한 비판은 피고들의 국적과 정치적 견해에 대한 대중의 편견 속에서 재판이 열렸다는 점일 것이다. 검찰은 최선을 다해 이 점을 부각시키려 했다. 프랭크퍼터는 이렇게 주장했다. "피고들이 외국인이며, 영어를 잘 못하고, 대중이 호응하지 않는 사회관을 옹호하고, 전쟁을 반대한 점을 계획적으로 이용하여 검사는 피고들에 대한 정치적 반감과 애국심을 선동했다.” 하버드 대학의 아서 슐레진저(Arthur Schlesinger) 교수는 이렇게 표현했다.

사코와 반제티는 이민자였고 가난했으며 무신론자에 양심적 병역 거부자였고 무정부주의자였다는 점을 기억해야만 한다. 그들이 무슨 짓을 했든 미국인들은 무조건 유죄라고 생각했을 만한 바로 그런 종류의 사람들이었다. 그리고 사코와 반제티는 많은 무정부주의자들이 그렇듯이 사회의 부정을 바로잡는 방법으로 폭력의 정당성을 믿었던 무정부주의자였다.

편견적인 분위기가 재판에 영향을 준다는 주장은 언제나 매우 까다로운 문제이다. 이 주장을 받아들인다면 대다수가 증오하는 범죄행위로 고발된 사람들은 결코 기소할 수 없다는 뜻이 될 것이다. 그러나 사코와 반제티 사건 담당 판사와 배심원, 검사가 편견을 가졌다는 점만은 분명해 보인다.

세이어 판사는 편견을 가졌나?

1857년 출생인 웹스터 세이어는 다트머스 대학을 졸업하고 신문기자가 되었다. 그는 1917년 매사추세츠 주 대법원 판사에 임명되었고 브레인트리 재판 당시 그의 나이는 63세였다. 그는 이 재판 주재를 자청했다고 한다.

세이어 판사가 주로 비난을 받은 부분은 피고인들의 급진적 견해에 대해 편견을 갖게 하는 증언을 재판에서 허락했다는 것이다. 이는 중대한 문제로서 만약 사실이라면 유죄판결을 무효로 할 수 있는 충분한 이유가 될 수 있었다. 그러나 사실은 완전히 달랐다. 재판이 시작되기 전, 세이어는 변호인을 불러 피고들의 급진주의를 왜 언급해야 하는지 이유를 모르겠다고 말했다. 피고들의 정치적 견해를 재판에서 언급한 사람은 바로 반제티 자신으로, 증언 과정에서 이를 밝힌 것이다. 로웰위원회는 왜 피고 측이 이런 전술을 택했는지에 대한 견해를 밝혔다.

정부 측에서 이미 범인 신원에 대한 일부 증거를 제시했고 피고들과 살인의 연관성을 보여주는 다른 정황들도 있었는데(그들이 체포 당시 완전 무장했다는 점과 거짓 진술을 했다는 사실과 함께), 이는 뉴잉글랜드 양키 사건에서 거의 확실히 1급 살인 평결이 나올 만한 성격의 것이었다. 알리바이 증거로는 당할 수 없는 결과였다. 이런 상황에서 피고 측 변호인은 피고들의 거짓말이 사우스 브레인트리 살인에 대한 죄의식이 아닌, 다른 이유에 있다는 전략으로 맞서야겠다고 생각했던 것 같다.

다시 말해 검찰 측 논거가 견고함을 깨닫고 의뢰인들의 행동을 설명하기 위해 그들의 무정부주의적 신념을 법정에서 증언하게 했던 것은 바로 피고 측이었다. 일단 피고들의 무정부주의 문제가 거론된 후에 검사가 그 사실을 최대한 이용한 것을 비판하기는 어렵다. 검사에게 허용되는 행동의 범위에 대해서는 문제삼을 수도 있지만 판사에 대한 동일한 비판은 근거가 없다.

세이어 판사는 또 법정 밖에서 피고들에 대한 개인적 편견을 드러내는 어리석은 발언을 많이 했다는 비난을 받았다. 이 부분에 대해 심도 있게 조사한 후 로웰위원회는 이렇게 말했다.

"세이어 판사가 재판이 진행되는 동안 외부인과의 대화에서 경솔했다는 결론을 내리지 않을 수 없다. 판사석을 벗어나 사건에 대해 얘기해서는 안되는 일이었고 그런 행동은 판사의 행동 규범을 심각하게 위반한 것이다. 그러나 우리는 그가 정말 소문대로 문제가 되는 특정 표현을 썼다고는 믿지 않으며, 판사와 얘기했던 사람들이 그 얘기를 전달하는 과정에서 과장이 있었다고 생각한다."

어쨌든 중요한 것은 판사의 개인적 견해나 사석에서 친구들에게 한 발언이 아니라 그의 재판 방식이다.

세이어 판사가 배심원에게 한 발언에 명백한 편견의 징후는 없다. 21세기의 시각으로 보면 판사의 발언은 거창하고 또 어떤 부분에서는 과장도 있지만 매사추세츠 주 법에 따라 판사는 배심원에게 어떤 조언도 할 수 없게 되어 있었고, 오히려 세이어의 조언은 편견에 대한 적절한 경고로 가득했다. 세이어의 법정 발언에서 아무런 결함도 찾을 수 없자 피고 측은 판사가 얼굴 표정을 이용해서 피고에 대한 불신을 드러냈다고 주장했다. 그러나 만약 그랬다 해도 배심원은 아무것도 알아차리지 못했다. 풀러 주지사는 나중에 판사에 대해 이런 글을 썼다. "나는 그의 재판 방식에서 편견의 증거를 찾을 수 없다. 판사가 증언을 듣고 나서 피고들의 유죄 여부에 대해 개인적인 의견을 갖는 것은 당연하며 또 불가피한 일이다.”

피고 측 차석 변호인 제레마이어 J. 맥아나니가 재판 당시 최종변론에서 다음과 같이 말한 것도 별로 놀라운 일이 아니다. “저는 피고들을 대신하여 말씀드리고 싶습니다. 피고들과 그 친구들에게 말씀드립니다. 법정은 피고들에게 모든 기회를 주었고 최대한의 인내와 배려를 베풀었습니다.” 그리고 배심원이 평결 심의를 위해 물러나자 변호인 프레드 무어는 세이어 판사에게 배심원이 어떤 결정을 내리든 피고들이 공정한 재판을 받지 못했다고는 아무도 말하지 못할 것이라고 말했다.

배심원들은 편견을 가졌나?

사코와 반제티의 수많은 항소 과정에서 배심원 구성과 배심원의 공정성 문제 역시 제기되었다. 정상적인 배심원 선발 과정에서 배심원 대상자가 소진되자 세이어 판사는 법집행관의 부관들에게 배심원을 더 확보하라고 지시했다. 나중에 피고 측은 이 관리들이 유죄판결로 기울어진 사람들로 추가 배심원을 선발했다고 주장했다. 이 주장을 뒷받침하는 증거는 전혀 없다. 세이어 판사는 담당 직원들의 선택을 지지했으며, 피고 측도 재판에서 배심원 기피권을 행사할 수 있었다. 매사추세츠 주 최고법원이 이 점에 대해 원칙적으로 잘못된 부분이 없다고 한 것도 별로 놀랍지 않다. 연락이 닿은 모든 배심원과 얘기를 해본 로웰위원회 구성원들은 "배심원들이 대단히 지적이고 독립적인 사람들이며 대표성도 있는 것 같다"고 보고했다.

카츠만 검사는 두 외국인 피고와 마주한 배심원 앞에서 최종 진술을 하는 과정에서 배심원의 애국심에 호소하기 위해 부적절하게 계산된 발언을 했다는 비난을 받았다. 이른바 '노포크 사람들' 발언이다. 잔인한 두 건의 살인에 대해 피고들의 유죄를 확신한 카츠만이 유죄판결을 받아내기 위해 모든 법의학적 무기를 동원하려 했다는 데는 의심의 여지가 없다. 하지만 최종 진술에서 그가 배심원에게 했던 발언에서는 흠을 잡기가 어렵다.

> 배심원은 사법적으로 사실만을 판단해야 합니다. 베라르델리 부인에 대한 동정심과 파멘터 부인에 대한 동정심은 이 사건에서 완전히 배제하십시오. 여기 계시는 열두 분은 이 법정의 자문위원들입니다. 피고들이 유죄냐 무죄냐, 이 문제에 대해 여러분은 진실이 무엇인지 밝혀주시기를 부탁합니다. 배심원 여러분, 여러분의 의무를 다하십시오. 남자답게 하십시오. 노포크 주민 여러분, 일치단결하십시오.

노포크는 배심원들이 선발된 지역 이름이었다.

재판이 끝난 후, 배심원 한 명은 "이른바 피고들의 급진주의는 평결에 아무런 영향도 주지 않았다"고 말했다.

외국의 이방인

재판이 끝나기도 전에 사코와 반제티 사건은 좌파의 상징이 되어버렸다. 여기에는 두 사람이 쓴 글이 적지 않은 역할을 했는데, 두 사람의 글은 75년이 지난 지금에도 읽는 사람에게 감동을 준다. 가령, 자신의 멕시코 도피에 대해 사코가 명확하지 않은 발음으로 재판에서 웅변한 내용을 보자.

전쟁이 무엇입니까? 전쟁은 에이브러햄 링컨과 에이브 제퍼슨 같은 사람들을 쏘아 죽이는 것이 아니라 자유 국가를 위해, 더 나은 교육을 위해, 다른 민족 출신, 백인만이 아니라 흑인과 다른 사람에게도 기회를 주기 위해 싸우는 것입니다. 그런 사람들 역시 다른 사람들과 똑같은 인간이라고 믿고 있고 그것이 사실이기 때문입니다. 하지만 이 전쟁은 큰 부자를 위한 전쟁입니다. 인간의 문명을 위한 전쟁이 아닙니다.

사형 직전에 풀러 주지사에게 쓴 편지에서 반제티의 좀더 다듬어진 글을 보자.

나는 이탈리아인이고, 타국에 사는 이방인이며, 내 증인들도 나와 같은 사람들입니다. 나는 거의 미국인 증인들의 증언에 의해 고발되고 유죄판결을 받았습니다. 저는 모든 조건이 불리합니다. 내 인종, 내 의견, 그리고 내 초라한 직업까지도 말입니다. 나는 그 같은 범죄들을 저지르지 않았지만 단지 경찰이 유죄로 몰아넣으려 하고, 존경할 만한 미국인들을 데려다 우리에게 불리한 증언을 시킴으로써 나와 내 증인들을 믿어주지 않는다면 어떻게 내 무죄를 증명할 수 있겠습니까? 대다수의 미국인들은 진실을 조금 왜곡하여 무정부주의자에게 유죄판결을 내려도 좋다고 생각하는 것 같습니다. 하지만 그들이 내 입장에 있다면 그렇게 생각하지 않을 것입니다.

반제티의 반체제적 감정은 강하게 불타올랐다. 감옥에서 동료 아나키스트에게 쓴 편지에서, '압제자들'이 '억압받는 자들'에게 가한 만행들을 묘사한 후에 반제티는 "나는 복수를 촉구할 것이다. 내 결백이 입증되었음을 세상에 알린 후에 나는 기꺼이 사형 집행관 손에 죽겠다고 말할 것이다. '눈에는 눈, 귀에는 귀'로 복수해야 한다. 아니 그보다 더 심하게 해야 한다. 이기기 위해서는 한 명당 100명의 적을 쓰러뜨려야 하니까." 복수에 대한 생각이 반제티 글에서 강하게 드러난다.

자신이 추구하는 대의의 정당성을 확고하게 믿다 보면 폭력과 무력으로 치우치기 쉽다. 사코와 반제티가 지지했던 대의는 자선사업이나 평범한 정당이 아니었다. 두 사람도 이 점을 충분히 인식했고, 몽고메리 변호사가 말했듯이 그들의 대의는 '혁명과 미국의 파괴'에 몰두하는 일이었고 그 명분이 선택한 도구는 총알과 폭탄이었다.

피고들은 자신들의 주장처럼 소박하고 건실한 시민도 아니었다. 재판 27일째, 피고 측은 사코와 반제티가 '평화를 사랑하고 법을 준수하는 시민'이라는 취지의 증언은 모두 무시하라고(이유는 밝히지 않고) 배심원에 요구했다. 이 같은 요구 이면에 정확히 어떤 이유가 있었는지는 여전히 논란이 있지만 분명 어떤 이유가 있었을 것이다. 의뢰인이 사형된 후, 담당 변호인 프레드 무어가 작가 업톤 싱클레어(Upton Sinclair)에게 한 말에 따르면, 사코와 반제티가 체포되던 날 두 사람은 동지들로부터 다이너마이트를 받아오려고 보다의 차를 가지러 브리지워터에 갔다고 한다. 그 다이너마이트를 어디에 쓰려고 했는지는 오직 상상에 맡길 뿐이다. 그날 두 사람은 치명적인 무기와 탄약으로 완전 무장을 했고 그 점에 대해 그들은 납득할 만한 해명을 하지 못했다.

사코는 숲에서 사냥을 하려고 총을 가져갔다고 주장하면서 자신에게 예비 탄창이 있었고 장전된 총이 허리띠에 꽂혀 있었다는 사실은 완전히 잊고 있었다고 했다(그런 무기를 가졌던 사람이라면 누구나 알겠지만 이 주장은 별로 신빙성이 없다). 반제티는 "아주 험한 시절이고 호신용 총을 갖고 싶어서" 가명으로 산 총을 갖고 다녔다고 주장했다. 자신들의 계획을 방해하려는 자나 당국에 대해 쓰려고 이런 무기들을 소지했다는 설명이 좀더 그럴듯하지 않을까? 이 두 젊은 아나키스트들은 분명 스스로를 인도주의자라고 생각했지만 체포 당시 그들은 방해가 되는 자라면 누구에게든 폭력을, 심지어 치명적인 폭력을 사용할 준비가 되어 있었다.

사코와 반제티는 줄곧 자본주의 국가의 비굴한 사법부에 의해 파멸된 패배자로 알려져 왔다. 사실 그들은 비싼 변호사들의 변호를 받았고 그 비용은 거대 기금에서 나왔는데, 구소련도 일부 지원했다. 재판은 성급하게 판결을 내리지도 않았다. 재판은 두 달 반 정도 지속되었고(그 당시 기준으로는 긴 시간이었다) 그후 6년간 가능한 모든 사법기관에 수많은 항소가 이어졌고 주지사에 의한 사면 검토와 저명한 인사로 구성된 위원회 활동도 있었다. 저명한 변호사이자 학자인 앨런 더쇼비츠(Alan Derschowitz)가 로웰위원회의 의장을 가리켜 "반 이탈리아 편견에 차 있고 공공연한 인종 차별주의자"라며 비난한 것은 사실이다. 하지만 로웰이 어떤 사람이었든 나머지 두 위원인 은퇴한 판사와 MIT 학장 모두 로웰의 요구에 따라 좌지우지된다는 생각은 받아들이기 어렵다. 어쨌든 로웰은 훗날 한 친구에게 처음에는 두 아나키스트의 무죄에 대한 확신을 갖고 사코와 반제티 사건 조사를 시작했다고 말했다. 1936년, 하버드에서 은퇴하고 4년 후 그는 여전히 위원회의 결론을 지지했다.

재판은 공정했나?

사형에 처해질 수도 있다는 불안감을 갖고 있는 사람을 7년간 감금하도록 하는 법률체계가 과연 인간적이라고 말할 수 있는지에 대해서는 의문이 들 수 있다(주지사 풀러는 "놀랄 만큼 다재다능하고 근면한 변호사의 집요하고 단호한 노력, 판사의 질병, 세 지방검사의 선거를 위한 노력, 관련자들 대부분의 꾸물거림으로 인해 이 사건에서 '용서할 수 없는 지연'이 있었다"고 결론지었다). 재판의 공정성과 관련해 제기된 수많은 문제 중에서 진지하게 살펴볼 만한 가치가 있는 유일한 한 가지는 매사추세츠 주 법의 특이한 규정으로서, 이 규정에 따르면 담당 판사의 공정성에 대해 제기된 이의는 판사 자신이 판결을 내리게 되어 있었다.

피의자의 가장 근본적인 권리는 독립적이고 공정한 법정에서 공정한 재판을 받는 것이다. 공정성이 결여되었다는 혐의를 받는 사람이 자기 자신의 공정성에 대해 공평무사한 판단을 내리기를 기대하는 것은 명백한 난센스이다. 규정상 공정성에 대한 세이어 판사의 판결에 항소할 수는 있었지만 판사의 판단을 항소법원이 기각할 권한은 없었기 때문에 이런 문제점을 충분히 해소해 주지 못한다.

따라서 사코와 반제티의 재판은 딱 이만큼의 결함이 있었다. 하지만 이는 엄밀히 말해 법적 규정의 문제일 뿐이다. 세이어 판사의 공정성 문제를 검토했던 기관이나 사람(항소법원, 주지사, 재조사위원회) 중에 의심할 만한 이유를 발견한 자가 있었다면 그 누구도 조용히 있지는 않았을 것이다. 실제로 이 문제에서 손톱만큼이라도 의혹을 표시한 자는 아무도 없었다. 오히려 그 반대였다.

이 재판에 대한 가장 통렬한 비판은 펠릭스 프랭크퍼터의 펜 끝에서 나왔다. 그는 사코와 반제티가 죽고 10년 이상 지난 후에 존경받는 미 대법원 판사가 되었다. 프랭크퍼터가 자신의 글에서 밝히지 않은 사실은, 비공식적이기는 하지만 그가 사코와 반제티의 주요 변호고문이었다는 점이다. 이는 이 사건과 관련이 없다는 그의 주장에 흠집을 내는 사실이다(이 존경받는 법률가의 명백한 거짓말은 그 자신이 열두 살 때 영어도 모르는 이민자로 미국에 왔다는 사실과 혹시 관련이 있을까?).

세이어 판사는 대단히 훌륭한 판사였을 수도 있고 아닐 수도 있지만 그가 편견이 있는 판사라는 사실은 증명되지 않았다. 근본적으로, 사코와 반제티 사건은 검찰 측 증거의 어떤 부분도 형사재판에서 요구하는 충분한 수준으로 피고들의 유죄를 입증하지 못한 사건이다. 배심원이 유죄판결을 내린 것은 그들이 들은 모든 증언을 종합한 결과이거나 그 증언들의 축적된 효과에 근거한 것이 분명하다. 그런 판결은 부적절한 것도, 드문 것도 아니지만 종종 논란을 불러일으킨다. 만약 이 사건을 혁명적인 '유명한 재판'으로 변질시키려고 안달이 난 무능한 변호사가 아니라 평범한 형사사건으로 다룰 유능한 변호사가 피고들을 변호했다면 평결은 아주 쉽게 반대로 나왔을 수도 있다. 하지만 이 두 사람이 사형선고를 받은 또다른 이유는 없을까?

순교자의 피

사코와 반제티는 잔인한 살인자인가, 무고한 희생자인가? 우리는 결코 확실한 답을 알 수 없을 것이다. 사코에 대한 검찰 측 논거는 대단히 탄탄했기 때문에 재판 도중 변호사는 사코는 유죄를, 반제티는 무죄를 주장해야 한다고 제안했을 정도이다. 반제티는 "사코를 살려요. 그는 아내와 자식이 있어요"라며 그 제안을 거부했다. 좌파의 위대한 우상 카를로 트레스카(Carlo Tresca)는 암살되기 2년 전인 1941년, 그의 공산주의자 친구에게 "사코는 유죄지만 반제티는 아니다"라고 말했다고 한다.

1982년, 이 재판에 대한 책을 쓴 프랜시스 러셀(Francis Russell)은 조반니 감베리의 아들로부터 편지 한 통을 받았다. 감베리는 사코와 반제티 변호인단 네 명 중 한 명이며 사코, 반제티, 코아치, 보다가 모두 회원으로 있는 아나키스트 조직 '아우토모노 그룹(Il Gruppo Autonomo)'의 일원이었다. 그 편지에 따르면 "(보스턴 아나키스트 집단의) 모든 사람들은 실제 살인에 가담한 것으로 따졌을 때 사코는 유죄이며 반제티는 무죄라는 사실을 알고 있었다." 역시 그 편지에 따르면 변호인단은 아나키스트의 명분을 대중에 좀더 많이 노출시킬 수 있다고 생각했기 때문에 피고인 추방 제안을 거절하고 재판을 택했다. 그리고 이 사실이야말로 문제의 핵심일 지도 모른다.

어린 시절부터 반제티는 순교자의 피는 교회의 씨앗이라는 초기 기독교 작가 테르툴리아누스의 금언을 잘 알고 있었다. 죽음을 앞에 두고 반제티는 한 기자에게 이렇게 말했다.

이런 일들이 아니었다면 나는 평생 거리 모퉁이에서 우리를 경멸하는 사람들과 이야기나 나누며 살았을지도 모릅니다. 나는 눈에 띄지 않고, 세상에 알려지지 않고, 실패자로 죽었을지 모릅니다. 이제 우리는 실패자가 아닙니다. 이것은 우리의 전진이며 우리의 승리입니다. 인내와 정의, 인간에 대한 이해를 위해 우리가 지금 우연히 하게 된 이런 일을 할 수 있으리라고는 평생 결코 생각지도 못했습니다. 우리의 말과 삶, 우리의 고통은 아무것도 아닙니다!

우리의 목숨(선량한 구두공과 불쌍한 생선 장수의 목숨)을 앗아가는 일, 이것이 전부입니다! 이 마지막 순간은 우리의 것입니다. 이 고통은 우리의 승리입니다.

사코와 반제티는 살아서 성취하고자 했던 것보다 죽음으로써 자신들의 불쾌한 대의명분을 위해 더 많은 것을 성취했는지도 모른다.

INJUSTICE

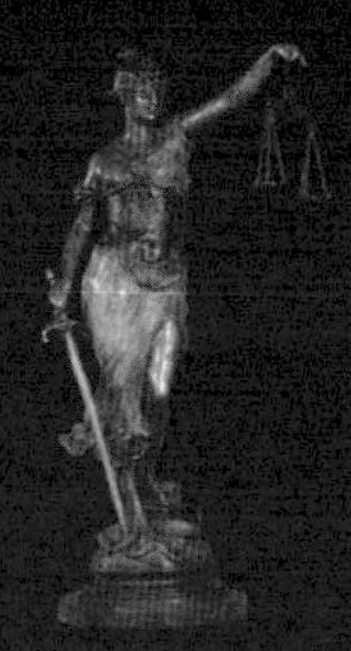

제4부

이단자들

신앙심이 깊은 인간일수록 같은 인간에게 더 잔인하게 행동한다는 사실은 인류에게 매우 슬픈 얘기다. 제4부에서 소개하는 두 재판을 다룬 법정, 즉 신앙교리회 또는 종교재판소로 알려진 법정보다 이런 사실을 더 잘 증명하는 것은 없다.

에드가 앨런 포에서 몬티 파이튼(Monty Python, 영국의 코미디 그룹으로, 그들이 출연한 프로그램 중 '스페인 종교재판'이라는 코미디물이 있었다 - 옮긴이)까지 오늘날 우리에게 가장 익숙한 종교재판은 스페인 종교재판소의 재판인데, 늘 좋은 평가를 받지는 못했다. 가톨릭으로 개종한 유대인들이 몰래 유대교를 믿는 것을 막기 위해 15세기에 세워진 스페인 종교재판소는 초대 재판소장 토마스 데 토르케마다의 지휘 아래 이교도에 대한 고문과 화형으로 무시무시한 악명을 떨쳤다. 그러나 이 책에서 우리가 관심을 두는 것은 스페인 종교재판소가 아니라 완전히 다른 것으로, 스페인 종교재판소보다는 덜 압제적이지만 역시 문제가 많은 법정이었다.

가장 초창기의 종교재판소라고 해도 잔 다르크를 재판한 종교재판소에 규칙 따위는 없었을 거라고 생각하는 것은 잘못이다.

종교재판에는 나름대로 엄격한 절차가 있었고 재판 과정도 꼼꼼하게 기록되었다. 그래서 오늘날 우리가 잔 다르크의 운명에 대해 소상히 알 수 있는 것이다. 잔 다르크 재판에서 잘못된 점은 수많은 규칙으로도 막을 수 없는 것이었다. 즉 담당 재판관이 피고의 적에게 고용된 인물이었고 피고의 죽음을 위해서라면 무엇이든 할 준비가 되었던 것이다. 이런 점에서 적어도 역사는 그 잘못을 바로잡아야 한다.

잔 다르크는 특별한 소녀였다. 나이에 비해 용감하고 총명하며, 신앙심이 깊었고, 일부에 따르면 예언 능력이 있었다고 한다. 잔 다르크는 천사의 목소리를 듣는다고 스스로 믿었는데 요즘 세상에 그런 얘기를 한다면 사회에서 격리될 수도 있다. 다행히 15세기 프랑스에서는 그렇지 않았다. 일부에서 얘기하는 것처럼 그렇게 대단하지는 않지만 잔 다르크의 군사적 성공은 영국의 분노를 사기에 충분할 만큼 광범위하고 중요했다. 그 분노가 어느 정도였는지 영국은 그녀를 수중에 넣자마자 보복을 다짐했다. 잔 다르크의 재판에서 자행된 끔찍한 부당함과 비극적인 죽음의 진실은 훗날 밝혀지지만 그때는 그녀의 재가 바람에 흩어지고 오랜 세월이 지난 후였다.

잔 다르크가 처형된 지 한 세기가 지난 후 종교재판은 완전히 개혁되었고 잔 다르크의 재판처럼 여론 조작을 위한 공개재판은 불가능하게 되었다. 새로 거듭난 로마 종교재판소에서 재판을 받는 피고인들은 변론을 위해 직접 증언하고(19세기까지 영국에서는 이런 권리가 허용되지 않았다), 증인을 부르고, 자신에 대한 혐의 내용을 상세하게 통지받고, 법적 대리인의 도움을 받을 권리가 주어졌다. 심지어 법적 대리인을 고용할 능력이 없으면 법정이 그 비용을 부담했다. 고문에 의한 심문(당시 세속 재판소에서는 여전히 흔했다)은 극히 제한된 경우에 한에서만 허용되었고 실제로는 거의 쓰이지 않았다.

로마 종교재판소 법정에 선 가장 유명한 인물은 지동설을 주장한 죄로 재판을 받게 된 천문학자 갈릴레오 갈릴레이였다. 이 재판의 심리과정은 교회에 완전히 재앙이었고 지금껏 성직자의 편협함을 보여주는 최악의 본보기로 남아 있다. 재판 과정은 공정함과는 거리가 멀었다. 하지만 그보다 더 나쁜 것이 있었다. 최근 발견된 사실에 따르면 갈릴레오의 운명은 잔 다르크의 경우처럼 거의 확실히 부당한 소송 절차의 결과였다. 갈릴레오를 재판했던 종교재판소의 모든 결론은 지금 보면 결함투성이다. 하지만 갈릴레오가 조금만 신중했더라면 이 안타까운 사건이 결코 일어나지 않을 수 있었다는 점은 아이러니다.

1431년 잔 다르크 재판

열아홉 살 소녀로부터 '자백'을 강요하기 위해 종교재판소는 소녀를 화형에 처하겠다고 협박했다. 하지만 소녀의 적들은 여기서 만족하지 않았다. 주도면밀하게 '이교도'의 낙인을 찍어 소녀를 화형대에 세울 구실을 확보했다. 소녀의 종말은 끔찍했다. 우연인지 고의인지 소녀의 화형대는 유난히 높아서 사형집행관은 죄수를 고통에서 빨리 벗어나게 해줄 수 없었다. 오를레앙의 소녀는 예수와 온갖 성인의 이름을 부르며 고통 속에 죽어갔다. 조국의 적에게 다시는 회복하지 못할 막대한 군사적 패배를 안겨준 한 독실한 신자이자 무고한 처녀의 삶은 그렇게 끝났다. 어떻게 이런 일이 일어났을까?

영국은 프랑스와 거의 100년간 전쟁을 벌이고 있었는데 1420년 트루아 조약을 맺으면서 비록 잠깐이지만 전쟁을 멈추었다. 이 조약에 따라 영국의 헨리 5세가 프랑스의 합법적인 왕위 계승자가 되어, 프랑스의 샤를 6세가 죽으면 즉시 왕위를 계승하기로 했다. 부르고뉴 공작 살해에 연루된 것으로 알려진 샤를 6세의 아들, 즉 왕세자의 계승권은 박탈될 참이었다. 하지만 헨리 5세가 샤를 6세보다 먼저 죽으면서 이 만족스러운 조약을 망쳐버렸다. 프랑스의 왕세자가 샤를 7세가 되자 영국과의 전쟁은 새로이 불붙었다.

영국은 당시 루아르 강 이북 전역을 포함하여 프랑스의 상당 부분을 지배하고 있었다. 프랑스군은 왕을 지지하는 오를레앙파와 영국을 지지하는 부르고뉴파로 양분되어 있었다. 이런 전쟁에서는 늘 그렇듯이 서로 치열하게 싸우는 양측 사이에서 국민은 말할 수 없는 고통을 받았다. 보주 지역의 로렌 근처 작은 마을 동레미가 그 좋은 예다. 동레미는 왕세자를 지지했으나 영국군이 장악한 지역과 인접해 있어서 끊임없이 양측 군대에 짓밟혔다. 1425년, 군대의 습격으로 마을 일부가 불탔을 때 한 어린 소녀가 처음으로 환상을 경험했다.

잔 다르크(Jeannette Darc 또는 Jeanne d'Arc, 영어로는 Joan)는 1412년 농부의 가정에서 다섯 형제 중 막내로 태어났다. 이 조용하고 신앙심 깊은 아이는 열세 살 때 아버지의 정원에서 금식을 하다가 신의 소리를 경험했다. 잔은 이렇게 말했다.

내 도움과 인도가 필요하다는 신의 목소리를 들었습니다. 처음 이 목소리를 들었을 때는 너무나 무서웠습니다. 나는 이 목소리를 교회 방향인 오른쪽에서 들었습니다. 이런 목소리가 들릴 때면 거의 항상 빛이 보였습니다. 나는 그 빛이 하느님이 보낸 것이라고 믿습니다. 이 목소리를 세 번째 들었을 때 나는 그것이 천사의 목소리임을 알았습니다.

잔이 말한 '목소리'는 환청을 의미하는 것 같다.

오늘날 환청을 듣는 것은 측두엽 간질 같은 정신질환의 징후로 간주된다. 하지만 중세 말에는 그렇지 않았다. 또 신앙심과 애국심, 불안감이 지배하는 동레미 마을의 혼란스러운 분위기에서 자란, 진지하지만 문맹인 소녀가 그런 영적 경험을 했다는 것도 그리 놀라운 일은 아니다. 그럼에도 불구하고 잔이 가족이 있는 농장을 떠나지 않았더라면 그녀의 이름은 세상에 알려지지 않았을 것이다. 그녀의 영광과 비극은 그 시대의 무자비한 정치 상황에 휘말리면서 시작되었다.

순수한 성녀

잔이 처음 대중의 주목을 받은 것은 '소리'의 계시에 따라 영국군이 장악한 프랑스 도시 오를레앙을 구하기 위해 동레미 근처 보클뢰르 마을의 로베르 드 보드리쿠르 사령관을 찾아갔을 때였다. 사령관은 처음에는 잔 다르크를 푸대접했다. 그러나 그녀가 전투에서 프랑스의 승리를 정확히 예측한 사실과 그녀의 끈기에 마음이 움직였다. 보드리쿠르는 마침내 샤를 왕세자에게 보내는 편지와 함께 호위병을 딸려서 잔 다르크를 왕세자가 있는 시농으로 보냈다. 이 여행에서 잔은 처음으로 남장을 했는데 아마 실용적인 이유에서였을 것이다. 또 이때부터 잔은 스스로를 '처녀(the Maid)'라고 부르기 시작했다.

시농의 왕궁에 있던 왕세자는 잔이 자신을 알아보는지 시험하려고 왕좌에 앉아 있지 않고 대신들 사이에 서 있었다고 한다. 왕을 알아봄으로써 이 테스트를 무사히 통과한 잔은 나중에 "목소리의 인도로 많은 사람들 가운데서 왕세자를 알아볼 수 있었다"고 주장했다.

잔은 또 왕 이외에는 누구에게도 보여주지 않겠다고 약속한 '비밀 증표'를 제시했다고 한다(잔은 나중에 이 증표가 천사한테서 받은 황금 왕관이라고 했지만 이에 대한 그녀의 진술은 일관성이 없다). 당시 민망하게도 '오를레앙의 사생아'로 알려진 샤를 왕세자는 자신의 적통성에 심각한 회의가 있었기 때문에 그에게 확신을 준 것은 마법의 왕관보다는 잔이 들었다는 신의 목소리가 자신을 왕으로 인정했다는

샤를 7세 대관식 전야제에서의 잔 다르크

사실이었을 것이다.

그러나 잔을 확실하게 지원하기 전에 샤를은 우선 잔을 푸아티에에 있는 랭스 대주교에게 보낸 다음, 대주교에게 위원회를 구성하여 잔의 임무가 '종교에 반하는지' 확인하라고 지시했다. 3주간의 심문과 기도 끝에 위원회는 "잔에게서 어떤 사악함도 찾을 수 없었다. 오직 선과 겸손, 순결, 신앙심, 정직, 순수함뿐이었다. 그리고 그녀가 자신의 출생과 삶에 대해 말한 몇 가지 놀라운 일들은 사실"이라고 선언했다. 그러자 샤를 왕은 "잔이 병사를 이끌고 오를레앙으로 가는 것을 막아서는 안되며 잔이 하느님을 믿으며 명예롭게 행동하도록 해야 한다"고 결론내렸다. 잔이 처녀라는 사실은 시칠리아의 왕비에 의해 확인되었다.

잔의 고결함과 그녀가 처녀임을 확신한 왕세자는 잔에게 무장한 호위대를 내주었는데 그 정확한 규모는 확실하지 않다. 잔은 이 병사들과 고해신부 한 명을 데리고 블루아로 가서 오를레앙으로 진격할 군대의 지휘를 맡는다(정식 훈련도 받지 않은 소녀가 군대를 이끈다는 것이 현대인들에게는 이상하게 들릴지 모르지만 중세 시대에는 그렇게 이상한 일이 아니었다). 잔은 왕으로부터 일체형 갑옷을 받았지만 검은 받지 않았다. 대신 자신이 예언한 대로 교회 제단 뒤에 놓인 궤에서 발견된 검을 택했다. 누군가 하느님에게 봉헌하려고 가져다놓은 것으로 보이는 이 검에는 '예수 마리아' 라는 말이 새겨져 있었다. 잔은 자신의 깃발에 그 말을 수놓도록 했다. 잔의 여정이 시작되었다.

전쟁과 평화

잔의 가장 비범한 점은 그녀의 예언 능력이다. 가령 시르 드 로 슬레르에서 1429년 4월 22일에 보낸 편지에서 편지 작성자는 잔이 아래와 같이 예언했다고 썼다. 이 편지는 잔이 예언한 사건들이 발생하기 훨씬 전에 부친 것이다.

> 잔 다르크는 자신이 오를레앙을 구하고 영국군을 몰아내 포위를 풀도록 할 것이며, 자신이 오를레앙을 구하는 전투에서 화살을 맞고 부상을 입겠지만 죽지는 않을 것이고, 오는 여름에 왕께서 랭스에서 대관식을 올릴 것이라고 주장했습니다.

명예롭게 후퇴하라는 잔의 요구를 영국군이 여러 차례 거부한 다음달, 잔의 군대는 포위된 오를레앙을 구하기 위해 진격했다. 이 전투에서 잔은 실제로 화살을 맞아 잠시 전투에서 빠져야 했다. 다시 전투에 나섰을 때 영국군은 '공포에 떨었다'고 하며 오를레앙은 마침내 포위에서 벗어났다. 영국군은 한 달 안에 프랑스군의 연이은 공격을 받고 루아르 계곡에서 밀려났고, 잔의 예언대로 샤를 왕은 랭스에서 대관식을 치렀다. "고통을 함께 했으니 승리도 함께 하는 것이 옳다"며 오를레앙의 처녀는 깃발을 들고 대관식에 참석했다. 잔은 이제 영국에 화해를 요청했으나 거절당했다.

하지만 항상 성공만 있었던 것은 아니다. 파리를 탈환하려는 시도는 값비싼 실패로 돌아갔고 전투 중에 잔은 석궁의 공격을 받아 허벅지 부상을 입었다. 군대는 겨울 동안 루아르 강으로 철수해야 했다. 프랑스 왕은 귀향을 허락해 달라는 잔의 요청을 거부했다. 대신 잔에게 '흰 백합' 작위를 내렸다(흰 백합은 프랑스 왕가의 고대 문장이다). 잔 다르크가 초기의 승리한 전투에서 어떤 역할을 했는지는 확실히 말하기 어렵다. 잔의 용맹과 기백이 승리에 상당한 영향을 미친 것은 분명하지만 군 지휘자로서 대단한 자질을 보인 것은 아니었고 그녀는 사령관이라는 지위를 포기했다.

체포와 배신

1430년 5월 23일 교전이 다시 시작되어 콩피에뉴 성 밖으로 출정했던 잔 다르크는 배반인지 우연인지 알 수 없지만 후퇴하다가 코앞에서 성문이 닫히는 바람에 부르고뉴파에게 붙잡혔다. 잔은 나중에 '성 요한의 날'(6월 24일) 전에 자신이 붙잡힐 것이라고 '목소리'가 경고했었다고 주장했다.

잔이 가장 두려워한 것은 영국군에 넘겨지는 것이었다. 포로가 된 잔은 절망하여 감금된 성탑에서 뛰어내린 적도 있다. 체포된 지 석 달 후 잔의 악몽은 현실이 되었다. 그녀는 1만 리브르에 영국군에 팔렸다. 샤를 7세는 잔과 맞교환할 만한 영국 포로들이 있었지만 잔의 자유를 위해 손가락 하나 까딱하지 않았던 것 같다. 그렇다면 영국은 잔을 어떻게 하려고 했을까? 그들은 잔을 직접 죽일 수도 없었고 자신들을 패배시킨 젊은 여인을 직접 재판할 수도 없었다. 하지만 그 일을 대신해 줄 사람이 누군지는 알았다.

영국의 헨리 왕은 충실한 고문인, 보베 지역의 주교 피에르 코숑에게 편지를 써서 남장과 살인, 신이 보낸 성녀라고 거짓 주장을 한 잔 다르크를 종교재판소에 세우라고 요청했다. 코숑은 기꺼이 동의했고 잔은 루앙으로 호송되어 재판을 기다리며 성에 감금되었다(재판은 당연히 파리에서 열렸어야 했는데 치안이 너무 불안하다는 이유로 루앙으로 정해졌다). 잔을 가두기 위해 작은 강철 감방이 만들어졌지만 그녀는 감방에서도 족쇄를 찼던 것 같다. 이는 명목상의 보안 조치가 아니었고 족쇄는 법정에 출두할 때에만 풀어주었다.

보베의 수사신부인 장 데스티베가 종교재판의 검찰관으로 위촉되었다. 코숑과 마찬가지로 데스티베 역시 영국에 고용된 인물이었다. 약 60명이 자문관으로 임명되었고 이들 대다수는 코숑이 학장을 지낸 파리 대학의 신학자와 성직자들이었다. 헨리 왕은 한 편지에서 이 고분고분한 무리들을 가리켜 "이 재판을 진행하기 위해 우리가 이 마을(루앙)에 소집한" 사람들이라고 했다. 곧 드러나게 되지만 이 법정은 공정함과는 거리가 멀었다.

재판이 시작되기 전 코숑은 동레미에서의 잔의 과거를 조사하도록 했다. 잔의 말을 의심할 만한 사실은 아무것도 발견되지 않았다. 신체검사에서도 잔은 여전히 처녀임이 밝혀졌다(따라서 마녀도 아니었다). 그러나 이런 사실은 공개재판에서 전혀 보고되지 않았다. 또 잔이 푸아티에에서 코숑의 상관으로부터 예전에 받았던 검사와 랭스 대주교가 구성한 위원회가 내린 결론들도 전혀 보고되지 않았다.

이러한 재판 절차에 모두가 만족한 것은 아니었다. 코숑 주교교구의 경계는 루아르 강이었는데 일부 자문관들은 잔이 체포된 곳이 강 다른 쪽이었다고 이의를 제기했다. 법정은 그런 탁상공론에 응할 만큼 바보는 아니었다. 어떤 자문관들은 교회법에 따라 잔을 수도원에 감금하지 않고 일반인 감옥에 감금한 조치에 이의를 제기했다. 코숑은 이를 기각했다. 아브랑슈의 주교 장 드 생타비는 코숑에게 "의문스러운 종교 문제에서는 항상 교황이나 공의회에 자문을 구해야 한다"는 규칙을 상기시켰다. 코숑은 이의를 제기한 사람을 자문관 명단에서 삭제함으로써 이 문제를 간단히 해결했다. 그 외에 의문을 제기한 자문관 중에 힘없는 인물들은 감옥에 가거나 익사 협박을 받았다.

영국 병사들은 감옥에 갇힌 잔을 굴욕적으로 대한 것으로 보이는데, 이들의 철통같은 감시 아래 감금된 지 8개월 후 잔은 마침내 법정에 섰다. 다행히 공증인 기욤 망숑이 당시 재판 과정을 세심하고 완벽하게 기록했다. 망숑의 기록은 설득력 있고 공정한 것으로 보인다. 영국인들은 법정에 두 명의 또다른 서기들을 숨겨두었는데, 망숑은 이들이 자신의 기록에 영향을 주려 했고 자신은 그에 저항했다고 주장한다.

재판

재판은 프랑스 종교재판소 규칙에 따라 이루어졌다. 재판은 피고에 대한 심문으로 시작되었고, 이를 바탕으로 기소장을 작성할 수 있었다. 일단 피고가 기소 내용에 대해 답변할 기회를 갖고 나면 법정은 판결을 내렸다. 이런 절차라면 공정한 결과를 낳지 못할 이유가 없지만 잔이 받은 재판은 공정하지 않았다.

1431년 1월 9일 루앙 성에서 예비조사가 시작되었다. 처음에는 60명의 자문관이 참석했지만 재판이 진행되면서 그 수는 하루하루 달라졌다. 일부는 모든 심리에 출석했고 어떤 이는 거의 나오지 않았다. 처음에는 반대했지만 잔은 법정에서 증언하는 데 동의했다. 단, 프랑스 왕과의 비밀스런 논의 등 특정 문제에 대해서는 양심상 공개할 수 없음을 분명히 했다. 잔은 또 처음에는 환영(幻影)에 대한 세부적인 질문에 답변을 거부했다.

재판 초, 잔은 출신 배경과 왕세자의 군대를 지휘하게 된 경위에 이어 '목소리'에 대한 질문을 받았다. 잔은 법정에서 그 목소리들이 미카엘 대천사와 성녀 마르가리타, 성녀 카타리나를 포함한 천사들의 목소리였다고 했다. 천사들은 단순히 마음의 눈으로 본 환상이 아니라 "지금 여러분을 보듯이 바로 이 두 눈으로 천사들을 보았다"고 했다. 잔은 '목소리'에게 세 가지를 부탁했다고 했다. 첫째는 그녀의 석방, 두번째는 하느님이 프랑스를 도와 영국의 수중에 있는 마을을 돌봐달라는 것이며, 마지막은 자신의 영혼을 구제해 달라는 것이었다.

잔이 성탑에서 뛰어내린 것도 당연히 심문의 주제가 되었다. 잔은 자살이라는 중죄를 범한 것이었을까, 아니면 마녀들의 신비한 비행 능력에 의존했던 것일까? 잔은 오직 영국의 손에 떨어질까봐 두려워서 뛰어내렸다고 답했다. 그녀는 '목소리'의 충고를 무시하고 그런 행동을 한 것을 후회했다. 심문관은 또 잔이 반지와 깃발을 미신적으로 사용한 것과, 마법을 써서 잃어버린 물건을 찾은 사실을 증명하려 했다. 하지만 그는 아무런 성과도 얻지 못했다.

12주 동안 하루에 서너 시간씩 계속된 심문은 처음에는 공개로 진행되었지만 일단 잔에게서 더 이상 건질 게 없음이 분명해지자 좀더 작은 방으로 장소를 옮겼고 출석자는 코숑이 세심하게 선별한 소수의 사람들로 제한되었다.

잔 다르크의 재판 과정을 담은 공식 기록을 읽은 사람이라면 이 문맹의 처녀가 삼엄한 감시 아래 친구 하나 없이 감금된 상황

감옥에서 심문을 받는 잔 다르크

에서, 사순절 기간에는 금식까지 하느라 건강까지 약화된 상황에서 그처럼 당당하게 자신을 변호한 모습에 감탄하지 않을 수 없을 것이다. 학식도 높고 언변에 능한 심문관들은 교활하고 집요했으며 정신없이 주제를 바꾸었지만 잔은 그들의 술수에 능숙하고, 분명하며, 지적이고, 용감하게 대응했다. 이미 대답한 질문을 받을 때는 "그 질문은 이 재판과 관계가 없습니다"라거나 "다음 질문으로 넘어가시죠"라며 무뚝뚝하게 응수했다. 자신이 말하고 싶지 않은 문제를 질문하면 잔은 다음날 대답하겠다고 했다. 또 이전 심리의 재판 기록을 뒤져보면 질문에 대한 답이 있을 것이라고 신랄하게 지적하기도 했다.

한번은 잔이 '목소리'가 자신에게 천국에 갈 것이라고 장담했다고 말하자 심문관은 재빨리 꼬투리를 잡아 피고는 지옥에 떨어질 죄를 지을 수 없는 존재라고 믿는 것이냐고 물었다. 잔은 "이 문제에 대해서 나는 아무것도 모릅니다. 하지만 나는 모든 것을 주님의 뜻에 맡깁니다"라고 대답해서 심문관을 곤란하게 했다. 또 은총의 상태에 있는지를 묻자 잔은 재치 있게 이렇게 말했다. "내가 만일 은총의 상태에 있지 않다면 하느님께 은총을 내려주십사 기도드릴 것이며 만약 은총의 상태에 있다면 하느님께 이를 지켜주십사 기도드릴 것입니다." 왕세자가 부르고뉴 공작을 죽인 것을 찬성하느냐는 질문에 대해서는 그 일은 왕국에 커다란 비극이었지만 둘 사이에 어떤 일이 있었든 자신은 왕을 도우러 왔다고 대답해 다시 한 번 심문관의 질문을 재치 있게 맞받아쳤다.

노련한 심문관들은 모든 기술을 총동원해서 잔을 함정에 빠뜨리려 했다. 예들 들어 그들은 지금 교황이라고 주장하는 세 사람 중 누구의 명령에 복종해야 하느냐고 물었다. 잔은 로마에 있는 교황이라고 답했다. 또 '목소리'가 부상당할 것이라고 미리 경고했는데 왜 오를레앙에서 전투를 했느냐는 질문에 대해 잔은 왕에게 그 경고에 대해 말했으나 자신은 임무를 포기할 수 없었다고 답했다. 마법의 효능이 있는 것으로 알려진 맨드레이크 식물의 뿌리에 대해서 질문할 때 심문관은 가장 낡은 수법을 동원했다. 그런 식물을 갖고 있었느냐고 묻는 대신 그 뿌리가 어디 있었느냐고 물었던 것이다. 잔은 그런 것을 가진 적이 없다고 부인했다. 그녀를 함정에 빠뜨리기 위한 또다른 질문은 신이 영국군을 미워하느냐는 것이었다. 잔은 그건 모르지만 신은 프랑스에서 죽은 이들은 제외하고 모든 영국군을 프랑스에서 몰아낼 것이라는 사실은 안다고 답했다.

남장을 하는 것은 당시 심각한 죄였다. 이 문제에 대한 잔의 대답은 일관성이 없었다. 하지만 잔은 남자 옷이든 여자 옷이든 주님을 맞이하는 데는 아무 차이도 없다고 적절히 대답했다. 여자로서의 의무를 지적하자 그런 일을 할 여자는 자기 말고도 많다고 신랄하게 말했다. 다음은 의사록에 분명히 기록되어 있는 말인데, 영감을 받은 순간 잔은 이렇게 예언했다. "앞으로 7년 내에 영국은 오를레앙보다 훨씬 더 큰 것을 잃을 것입니다." 실제로 1437년 11월 12일 파리가 프랑스군의 수중에 떨어졌다. 예언이 있은 지 6년 8개월 후의 일이었다.

가증스러운 친절

예비조사가 끝나고 3월 27일 주교, 부심문관, 자문관 앞에서 정규 재판이 시작되었다. 잔 다르크에 대한 고발 항목은 70개에 달했으나 대부분은 비현실적인 것이었다. 가령 마술, 요정, 마법의 나무, 맨드레이크 뿌리, 잔 다르크의 '부도덕한 삶', 아이들 머리에 주문을 걸고 밀랍을 녹였다는 등의 내용이 포함되었다.

코숑은 잔 다르크에게 '복수나 신체적 처벌'을 요구하는 것이 아니라 잔에게 가르침을 주고 진실과 구제의 길로 이끌기를 바라며 오직 '온화함과 동정'으로 재판을 진행하려는 '친절하고 자비로운' 사람들로 법정이 구성되었다는 말로 재판을 시작했다. 잔 다르크를 반드시 죽음으로 이끌겠다고 결심한 자의 입에서 나온 가증스러운 친절의 말이었다.

고발 항목이 모두 낭독되자 잔은 모든 혐의를 부인했다. 잔이 유일하게 인정한 것은 자신이 행한 모든 것은 하느님의 말씀에 따른 것이었다고 어느 편지에서 주장한 사실이었다. 잔은 자신이 행한 모든 '좋은' 일을 글로 써서 남겼어야 했다고 말했다. 거짓 예언을 했다고 지적하자 잔은 "그 결실을 보면 알게 될 것입니다"라고 대답했다. 그녀에게 지상의 교회에 복종하느냐고 묻자 잔은 "그렇습니다. 하지만 주님의 말씀에 가장 먼저 복종합니다"라고 답했다. 모든 피고들이 이처럼 능숙하게 대처한다면 유죄판결을 받을 사람은 거의 없을 것이다.

잔에 대한 고발 항목은 대폭 축소되어, 보다 비현실적인 내용들은 삭제되었다. 최종 고발 항목은 다음과 같다.

1. 피고가 본 환상은 '사악하고 악마적인 정신'에서 나온 '거짓말이며, 유해하고 사악한 것이다.'
2. 잔이 프랑스 왕에게 주었다는 증표는 '뻔뻔한 거짓말이며, 현혹적이고 악의적이며, 교회 및 천사의 고결함을 모욕하는 사기 행위'이다.
3. 천사들과 성인들에 대한 잔의 믿음은 '너무 얄팍하며' 자신의 믿음을 '너무 무분별하게' 사실이라고 주장했다.
4. 잔의 예언들은 '미신이며 뻔뻔스러운 주장이자 허영심으로 인한 과시'에 불과하다.
5. 잔은 남장을 하여 하느님의 신성함을 모독했으며 신의 율법과 성서, 교회법을 위반하였다.
6. 잔은 잔인한 살인자이며, 인간의 피에 굶주렸고, 선동적이며, 폭력을 유발하고 신을 모독하였다.
7. 부모님을 떠나 가출하여 어머니와 아버지를 공경하라는 계명을 어겼으며, 프랑스에서 적을 몰아내겠다고 '뻔뻔하고 경솔하게' 왕에게 약속했다.
8. 탑에서 뛰어내린 것은 비겁한 자살행위였다. 그리고 용서를 받았다고 말하여 자유의지의 교리를 잘못 이해했음을 보여주었다.
9. 처녀로 남아 있으면 천사들이 천국으로 데려갈 것이라고 약속했다고 주장하는 것은 '경솔하고 뻔뻔스러운' 행동이다.
10. 하느님이 잔보다 다른 사람들을 더 사랑한다고 주장하는 것은 무분별한 추측이다.

11. 천사들과 성인들에게 절을 했다고 주장한 것은 잔이 우상숭배
    자이자 악마를 부르는 자이며 믿음을 벗어나 사도에 빠진 자임
    을 보여준다.
12. 교회에 반항함으로써 잔은 교회 분리적인 행동을 했으며 사악
    한 잘못을 저질렀다.

이 범죄 항목 대부분은 사실에 기초하지 않았다. 법정은 잔의 직접 증언 외에는 다른 증거가 거의 없었기 때문에 이른바 '기소'는 법리적으로 정당했다고 결코 말할 수 없다. 어쨌든 두 가지 고발 항목에 대해서만큼은 확실히 대답할 수 있다. 잔 다르크의 환상에 대한 고발은 '목소리'가 잔에게 교회로 가라고 했다는 사실을 무시한 것이다. 그리고 남장에 대한 혐의는 성 토마스 아퀴나스의 가르침, 즉 여성은 필요에 의해 남성의 옷을 입을 수 있다는 가르침을 인정하지 않았다. 이처럼 불완전한 고발장은 면밀하게 편집 수정한 심문 요약서와 함께 검토를 위해 자문관들에게 넘겨졌다. 그런 다음 파리 대학에 제출하여 16명의 신학자와 6명의 자격 있는 학자들의 검토를 거쳤다.

4월 중순 즈음 건강이 약해진 잔은 식중독을 앓기 시작했다. 다시 한 번 죄를 자백하라는 요구에 잔은 로마의 교황에게 심판받겠다며 교황에게 데려가 달라고 요구했다(사건 심사관이었던 라퐁텐은 잔이 로마에서 재판을 받겠다는 의사를 밝힌 사실이 법정 기록에서 삭제된 사실을 나중에 발견하고 심사관 자리에서 물러난다). 비타협적인 태도 때문에 잔은 성 안의 커다란 지하감옥으로 끌려갔고 코송 측은 고

잔 다르크가 오를레앙의 포위를 푼 뒤의 모습을 그린 클레망 드 포캉베르그가의 스케치.
당시 알려진 잔 다르크의 외모와 일치하지는 않지만 유일하게 현존하는 당시 초상화이다.

문 도구를 보여주며 주장을 철회하라고 했다. 잔은 이렇게 답했다. "진정으로 당신들이 내 수족을 잘라내고 나를 죽이려 한다면 더 이상 아무 말도 하지 않겠습니다. 그렇게 하도록 강요한다면 나는 당신들이 폭력으로 자백을 강요했다고 말할 것입니다." 사형집행관은 나중에 "잔이 너무나 침착하게 대답해서 참석자 모두가 놀랐다"고 말했다.

영국이 장악한 파리 대학에서 보낸 보고서가 마침내 도착했다. 보고서는 사소한 유보 조항을 첨부하여 공소장의 모든 항목에 동의했다. 자문관들은 이제 잔에게 마지막으로 '자비의 경고'를 했다. 루앙의 수사신부인 피에르 모리스는 잔의 감방으로 와서 파리 대학의 장문의 유죄판결문을 읽어준 다음 잔에게 교회에 굴복하라고 요구했다. 잔은 용감하게 이렇게 말했다. "내가 유죄판결을 받아 나를 불태울 화형대에 불을 붙이고 땔감을 준비하는 모습을 보더라도, 나를 불 속에 던져넣을 사형집행관을 보더라도, 심지어 불 속에 있더라도, 내가 이미 말한 것 말고는 아무 말도 하지 않을 것입니다. 나는 죽을 때까지 내가 말한 것을 그대로 고수할 것입니다." 그러나 잔 다르크의 용기는 오래 가지 못한다.

사형 협박

다음날 잔은 생투앙의 묘지로 끌려갔다. 그곳에 비계와 화형대가 세워져 있었다. 사형집행관이 참석한 가운데 잔 다르크를 위한 강론이 낭독되고 혐의 내용도 낭독되었다. 코숑 측은 잔에게 다시 한 번 영혼과 육신의 구제를 위해 교회에 굴복하라고 요구했다. 이번에도 잔은 교황에게 항소하겠다며(이단 혐의를 받은 피고인은 로마에 항소할 권리가 있었다 – 옮긴이) 뜻을 굽히지 않았다. 이것은 법정이 듣고 싶은 대답이 아니었다. 이들은 잔에게 법정은 합법적이며 교황 성하께서는 멀리 계시다고 말해주었다. 화형이라는 끔찍한 선고를 읽어내려 가자 잔은 마침내 용기를 잃고 교회와 재판관들이 원하는 것은 무엇이든 하겠다고 외쳤다. 그 뒤에 일어난 일은 코송의 사악함이 어느 정도인지 아는 사람이라면 전혀 놀랍지 않다.

영국 왕의 앞잡이들은 신앙 철회 문서를 작성하여 글을 읽지 못하는 잔에게 그 내용을 읽어주지도 않은 채 서명을 요구했다. 서명을 했을 때 잔은 웃었다고 한다(역사학자이자 잔 다르크 전기를 쓴 작가 레지네 페르노는 잔이 웃은 이유는 철회 문서의 내용이 자신의 의도가 아니라는 것을 몰래 나타내기 위해 예전 편지에서 썼던 것과 동일한 십자가 표시를 했기 때문이라고 추측했지만 그냥 불안해서 웃었을 수도 있다). 문서의 내용은 다음과 같다.

오를레앙의 처녀라고 불리는 불쌍한 죄인, 나 잔 다르크는 내 잘못을 깨닫고 이제 신의 은총으로 교회의 품으로 돌아왔습니다. 거짓이 아니라 진정으로 교회로 돌아왔음을 분명히 하기 위해 나는 하느님과 천사들, 성 카타리나와 성 마르가리타 등으로부터 계시를 받은 것처럼 거짓으로 행동하여 중대한 죄를 지었음을 자백합니다. 교회에 반하는 나의 모든 말과 행동을 철회하며, 다시는 교회의 품을 떠나지 않고 교회의 가르침에 따라 살고 싶습니다. 그에 대한 증거로 직접 서명합니다.

이보다 더한 기만행위가 또 있었다는 것이 믿기 어렵지만 실제로 그런 일이 일어났다. 나중에 누군가 공식 기록에서 이 문서 대신 더 긴 자백서로 바꾼 것이다. 잔이 결코 자백한 적이 없는 수많은 다른 죄목을 인정하는 취지의 자백서였다.

자백하면 처벌하지 않겠다는 법정의 약속에도 불구하고 잔 다르크는 물과 빵만으로 연명해야 하는 종신형을 선고받았다. 그날 밤 다시 영국군 감옥에 갇힌 잔은 여자 옷을 입어야 했다. 감금생활로 길게 자란 머리는 잘려나갔고 강철 족쇄가 채워졌다. 그후에 일어난 일은 확실하지 않지만 나흘 후 잔은 다시 남자 옷을 입고 있었다. 코숑이 남몰래 쾌재를 부르며 이 문제를 심문하자 잔 다르크는 자발적으로 옷을 갈아입은 사실을 인정했다고 하는데, 이 부분은 의심할 이유가 있다. 이후의 재판에서 잔은 감옥에서 폭력적인 대우를 받았다며 불만을 토로했다. "조롱당하고 매맞고 학대당했으며, 한 영국인 귀족이 자신을 모욕했다"고 했다. 잔은 또 누군가 여자 옷을 벗겨갔는데 감방의 자루 안에 남자 옷이 있었다고 했다. 이 문제의 진실이 무엇이든 우리는 의문을 품을 수밖에 없다. 철저한 감시 아래 감금된 상태의 종신형 죄수가 남자 옷을 어디서 구했겠는가?

다시 남장을 하여 잔은 '재범자'가 됐지만 잔의 적들은 이 정도로 만족하지 않았다. 며칠 후 코숑과 부심문관 그리고 자문관 몇 명이 잔 다르크의 감방을 찾아와 이번에도 '목소리'를 들었는지 물었다. 법정 기록에 따르면 잔은 그냥 '그렇다'고 대답한 것으로 되어 있는데 이 말과 달리 법정 기록인은 '치명적 대답'이었다고 했다. 코숑은 자문관들에게 어떻게 해야 할지 물어야 했다. 대답을 한 40명 중에 이 문제에 대해 즉각 판결을 내려야 한다고 주장한 사람은 단 두 명뿐이었으나 코숑은 다수의 의견을 기각하고 소수의 의견을 따랐다. 그날 감방을 떠나면서 코숑은 자신을 고용한 영국인들에게 영어로 이렇게 외쳤다고 한다. "잘 가시오. 기뻐하시오. 이제 끝났소." 그때부터 일은 일사천리로 진행되었다.

화형대

다시 이단에 빠졌다는 혐의를 받게 된 잔은 오직 '화형에 대한 두려움 때문에' 했던 자백을 철회했다. 잔은 "더 이상 감금의 고통을 견디느니 죽음으로써 참회하겠다"고 했다. 다음날 잔에게 처음으로 영성체가 허용되었다.

1431년 5월 30일 오전 8시 잔은 루앙의 올드 마켓으로 끌려갔고, 담당 관리는 '하느님의 이름으로' 죄인은 다시 이교도에 빠진 자로서 버림을 받았고 더럽혀진 몸으로 교회로부터 쫓겨났으며 세속에서 정의의 심판을 받았음을 알려주었다. 그리고는 "너의 생명과 팔다리에 대해 친절함과 자비로움이 함께 하기를 기도한다"고 했다(이 말은 이런 상황에서 흔히 쓰는 상투적 문구로 진지한 것은 아니었다).

잔 다르크의 처형 장면

더 이상의 절차 없이 한 영국인 관리가 근처에 준비된 화형대로 잔을 데려가라고 명령했다. 잔은 화형대에 오르기 전에 십자가를 달라고 했다. 한 영국 병사가 나무 조각 두 개를 대충 엮어서 잔에게 건네주었다. 잔은 그것을 옷 안에 넣었다. 나중에 장작에 불이 붙자 한 사제가 근처 교회에서 가지고 온 십자가를 잔 다르크 앞에서 꺼냈다. 잔은 "예수님"을 외치며 죽어갔다. "그리고 귀족과 농민을 막론하고 많은 사람들이 영국군에 대해 큰 불만을 터뜨렸다"고 법정 기록은 전한다.

전설에 따르면 잔 다르크가 죽는 순간 하얀 비둘기가 광장에서 날아올라 프랑스 전선을 향해 날아갔다고 한다.

기만, 부정, 불합리, 명백한 오류

현대의 사법 개념을 15세기 재판에 접목시켜 잔 다르크의 재판이 결함투성이였다고 결론 내리는 것은 불필요한 일이다.

주재판관은 피고의 적에게 몰래 고용된 인물이었다. 교회법에 따른 합당한 권리였는데도 잔 다르크는 변호인도 없이 가장 무거운 혐의를 받고 재판을 받아야 했다(망송의 기록을 보면 잔 다르크는 변호인 제의를 거부했으나 여기서 말하는 변호인은 독립적인 변호인이라기보다는 '종교계 권위자의 조언'을 의미하는 것으로 보인다). 증거는 고의적으로 삭제되고 법정 기록은 조작되었다. 법정에서 조언 임무를 맡은 자문관들은 재판 과정에 꾸준히 출석하지 않았고 파리 대학 당국자들처럼 잔 다르크의 조작된 증언 기록만 보았을 뿐이다.

교회법뿐만 아니라 자문관 대부분의 충고에도 반하는 것으로 잔 다르크는 로마에 항소할 권리도 얻지 못했다. 잔이 최종 공소장에 적시된 혐의 내용에 대해 발언할 기회를 얻었는지 여부도 의심스럽다. 고발 내용들은 거의 증거가 없었다. 이 문맹의 어린 처녀가 읽지도 않고 억지로 서명한 자백서는 고문과 끔찍한 죽음의 협박으로 얻어진 것이며, 자백서를 나중에 철회한 것은 거의 확실히 속임수에 의한 것이었다. 결국 잔은 적법한 절차인 법정 명령도 없이 영국군에 의해 불법적으로 사형당했다.

이 수치스러운 재판 과정의 오류들이 공식적으로 인정되기까지는 거의 25년이 걸렸다. 시간이 지나면서 잔 다르크 재판에 대한 조사 명령을 내리는 것이 새로 임명된 교황에게 정치적으로 유리해졌다. 조사 담당자는 주교 한 명과 대주교 한 명이었으나 실제로 조사를 진행한 사람은 종교재판관 장 브레알이었다. 잔 다르크의 가족이 공식 기소자였고 잔 다르크를 재판했던 담당 재판관들의 변호는 그들의 후임자들이 맡았다. 이제 고인이 된 코숑의 경우에는 그의 가족이 변호를 맡았다.

수개월에 걸쳐 수많은 증인들의 증언을 들은 후 법정은 1456년 7월 7일 다음과 같이 선언했다.

> 문제의 재판 절차와 판결들은 사실과 법률에 있어서 기만과 불법 행위, 모순, 명백한 오류투성이였다. 이에 따라 문제의 재판 과정과 판결, 그에 따른 후속 조치는 불법이고 무효이며 과거에도 현재에도 미래에도 법적으로 무효임을 밝힌다.

'로마 가톨릭에 대한 명백한 악의와 이단'에도 불구하고 잔의 재판 절차에 관련된 사람 중 누구도 이 끔찍하고 부당한 재판 이후 처벌받지 않았다.

이 판결에 의해 코숑의 종교재판은 정의를 조롱한 것으로 유죄 판결을 받았다. 하지만 재심은 잔 다르크가 신을 보았다는 환상에 대한 주장, 정통성, 신성은 인정하지 않았다. 재심의 목적은 주로 세속적인 것으로 프랑스 왕의 합법성을 높이려는 것이었다. 잔 다르크가 1909년 시복되기까지는 400년 이상이 걸렸다. 잔 다르크는 11년 뒤 성녀로 시성되었고 오늘날 그녀가 목숨을 바쳐 지킨 조국 프랑스의 수호성녀로 추앙받고 있다.

1633년 갈릴레이 재판

지구가 평평하지 않고 둥글다는 사실을 깨닫기 전에는 태양이 매일 동쪽에서 떠서 서쪽으로 지고 지구 주위를 돈다는 것이 '상식'이었고, 지구가 태양 주위를 돈다는 생각은 분명 말도 안되는 얘기였다. 적어도 그것이 2세기의 천문학자 프톨레마이오스의 견해였다.

1,500년 후 폴란드인 천문학자이자 수학자 코페르니쿠스는 자신의 책에서 이러한 견해에 이의를 제기한다.《천체의 운동과 그 배열에 관한 주해서(Little Commentary)》에서 그는 지구가 아니라 태양이 우주의 중심이며(엄밀히 말해 중심 근처에 있으며) 별들이 움직이는 것처럼 보이는 것은 지구의 자전 때문이라고 했다. 이러한 이

론이 실제 관측으로 확인되기까지 약 20년이 걸렸고 그 사실을 확인한 사람은 그 때문에 엄청난 대가를 치렀다.

갈릴레오 갈릴레이는 1564년 파도바에서 뛰어난 수학자이자 음악가의 장남으로 태어났다. 가족이 피렌체로 이사 갔을 때 갈릴레이는 수도회에 들어갈까 생각했으나 그의 아버지는 의학 공부를 시키려고 아들을 피사로 보냈다. 의학은 어린 소년의 관심 분야가 아니었고 우연히 지리학 강의를 들으면서 아버지가 사랑한 수학에 관심을 갖게 되었다. 1585년 수입이 부족했던 갈릴레이는 학위도 따지 못하고 대학을 그만두어야 했지만 그는 반드시 성공하겠다고 다짐했다. 마침내 독학으로 피사 대학에서 수학 강사 자격을 얻은 후 나중에는 수학과 학과장이 된다. 그는 또 피사에서 물체는 무게에 비례하는 속도로 떨어진다는 아리스토텔레스의 주장이 틀렸음을 증명했다(기울어진 피사의 사탑에서 낙하 실험을 통해 이를 증명했다는 이야기는 뉴턴의 사과 이야기만큼이나 의심스럽다). 1592년 갈릴레이는 고향 파도바에서 수학 교수가 되어 18년간 성공적인 삶을 살았다.

1604년, 지금은 초신성으로 알려진 뱀자리 성좌의 출현으로 갈릴레이는 천문학에 관심을 갖게 되었다. 다음해 1월, 이 새로운 별이 달보다 더 멀리 떨어져 있음을 확인한 갈릴레이는 세 번의 강연에서 천체들이 전통적인 가르침처럼 영원히 변하지 않는 존재가 아니라고 주장했다. 이 같은 주장을 뒷받침하기 위해서는 인간의 맨눈보다 천체를 더 잘 관측할 수 있는 도구가 필요했다.

그러던 중 네덜란드의 안경 제조자 한스 리퍼셰이가 우연히 새로운 형태의 소형 망원경을 개발했다. 1609년 이 소식을 접한 갈릴레이는 배율이 더 높은 비슷한 장치를 개발했고, 그해 말 무렵에는 배율을 30배로 높이는 데 성공했다. 하지만 망원경이라는 장치를 통해 갈릴레이가 본 천체들이 모든 문제의 발단이었다.

별들의 전령

1610년 1월 갈릴레이는 자신의 정원에서 '망원경'을 통해 목성 주변에 있는 네 개의 작은 '별'을 발견하고 재빨리 그것이 목성의 위성임을 깨달았다. 그는 자신이 발견한 내용들을 《별들의 전령(Starry Messenger)》이라는 책으로 출판했다. 갈릴레이의 제자 중에 메디치 가의 토스카나 대공 코지모 2세가 있었는데, 대공이 후원자가 되어주기를 기대하며 갈릴레이는 이 위성들을 '메디치가의 위성'이라고 이름 붙였다. 이 아부 작전은 효과를 거두었다. 파도바 대학에서 급여 인상과 종신 교수직을 제안했음에도 불구하고 갈릴레이는 피사 대학의 수학 주임교수 겸 대공의 수학자 및 철학자로 임명되었고 다시 한 번 파도바를 버리고 토스카나로 향했다.

결코 재능을 감추는 법이 없었던

갈릴레오 갈릴레이

갈릴레이는 자신이 만든 망원경을 로마의 퀴리날리스 궁 정원에 전시했다. 싸늘한 반응을 보인 사람도 있었지만(망원경을 들여다보는 것조차 거부한 사람도 있었다) 로마 대학의 예수회 수사들도 갈릴레이가 본 것을 확인했다. 그러나 망원경으로 본 것에 대한 해석은 갈릴레이와 달랐다. 그후 몇 년 동안은 천문학자 갈릴레이에게 위대한 성취의 기간이었다. 특히 태양의 흑점을 발견함으로써 천체운동에 대한 자신의 견해를 확인할 수 있었다. 하지만 여러 가지 문제가 곧 표면으로 떠올랐다.

교회는 태양계에서 지구가 차지하는 위치에 대한 코페르니쿠스의 이론에 대해서는 심하게 불편한 심기를 드러내지 않았다. 어쨌든 코페르니쿠스는 교황에게 자신의 저서를 헌정했던 수도원 사제였다. 일반적인 믿음과는 반대로 당시 많은 성직자들은 지식을 탐구했으며 그들의 저서는 널리 읽혔다. 한계를 벗어나지만 않는다면 정통에서 벗어난 견해도 너그럽게 용인해 주었다. 하지만 모든 조직에는 반계몽주의자들이 있게 마련이고 일부 그런 사람들이 보기에 코페르니쿠스의 태양중심설은 도를 지나쳤다. 문자 그대로 해석한다면 성경의 내용과 모순되는 것으로 보였다. 그들이 문제삼은 부분은 '여호수아 10장 12~13절'이다.

그때 야훼께서 아모리 사람들을 이스라엘 백성에게 붙이시던 날에 여호수아는 이스라엘이 보는 앞에서 외쳤다. 해야, 기브온 위에 머물러라. 달아, 너도 아얄론 골짜기에 멈추어라. 그러자 원수들에게 복수를 마칠 때까지 해가 머물렀고 달이 멈추어 섰다. 이 사실은 야살의 책에 기록되어 있지 않은가? 해는 중천에 멈추어 하루를 꼬박 움직이려 하지 않았다.

새로운 천문학을 반대하는 목소리들이 제기되기 시작했고 1613년 만성절에 도미니크회 수사이자 교회사 교수인 니콜로 로리니 신부가 미사 중에 코페르니쿠스의 태양중심설이 성서에 위배된다고 주장했다. 이에 대해 갈릴레이는 친구이자 제자였던 베네딕트회 수사 베네데토 카스텔리에게 이른바 '카스텔리에게 보내는 편지'를 썼다. 갈릴레이는 현대인에게도 도움이 될 만한 의견을 드러내며 다음과 같이 썼다.

인간의 감각으로 확인하거나 실험을 통해서 나중에 반대로 드러날 수도 있는 자연의 이치를 진실이라고 믿도록 억지로 강요하는 식으로 성서의 구절을 적용하지 않는 것은 훌륭한 지혜라고 생각합니다. 인간의 이해의 범주는 누가 정합니까? 세상의 그 모든 진리가 이미 밝혀졌음을 누가 과연 장담할 수 있습니까?

그러나 이 편지는 반대자들을 침묵시키지 못했다. 그 다음해 또다른 도미니크회 수사인 토마소 카치니는 피렌체의 산타마리아 노벨라 성당에서 강론 중에 갈릴레이의 견해를 이단이라고 비난했다. 이 일과 관련하여 도미니크 수도회 전도책임자가 갈릴레이에게 사과 편지를 보냈지만 이미 문제는 불거진 상태였다.

위험한 학자

로리니 신부는 흔히 종교재판소로 알려진 이단심문회에 갈릴레이에 대한 공식 고발장을 제출했다. 갈릴레이가 의도적으로 성서를 비판하는 것처럼 보이도록 '카스텔리에게 보내는 편지'를 조작한 문서도 함께 제출하였다. 로리니는 오직 "신성한 대의를 위한 열정" 때문에 고발한 것이라고 주장했지만 걱정이 된 갈릴레이는 결국 자신에게 우호적인 바티칸 관리 몬시뇰 피에로 디니에게 편지를 써서 자신의 견해를 옹호하였다. 그러나 상황은 불리하게 돌아가고 있었다.

1615년 3월 카르멜회(중세에 창설된 탁발수도회로 집단적, 개인적 청빈을 위해 구걸해 생활함 - 옮긴이) 수사인 파올로 안토니오 포스카리니가 코페르니쿠스의 우주론이 성서와 양립할 수 있다고 주장하는 편지를 썼을 때 갈릴레이와 포스카리니 모두 어떤 영향력 있는 친구로부터 그런 견해가 "대단히 위험한 태도"라는 경고를 받았다. "글은 마음대로 쓰되 성구실(聖具室) 밖에서 하라"고 충고한 그 친구는 바로 교회의 최고 신학자인 로베르토 벨라르미네 추기경으로, 갈릴레이 사건에서 중대한 역할을 하는 인물이 된다. 벨라르미네는 반계몽주의자는 아니었지만 성서 구절에 의문을 제기하기 전에 강력한 증거를 제시해야 한다는 점을 분명히 했다.

한편 피렌체 출신의 빈센초 마쿨라노 신부가 개입했다. 그는 갈릴레이가 제시한 코페르니쿠스적 이론들을 11명의 신학자들로 구성된 위원회에 회부했다. 오랫동안 몽매주의(蒙昧主義)의 표본으로 남을 언어로 이들은 태양이 우주의 중심이라는 개념에 대해 다음과 같이 결론을 내렸다.

> 성서 구절의 문자적 의미와, 교황들과 신학자들의 공통된 해석과 이해에 따라 이 개념은 많은 부분에서 성서의 의미에 명백히 모순되므로 철학적으로 어리석고 터무니없으며, 공식적으로 이단이다.

또 위원회는 지구가 태양 주위를 돈다는 개념은 철학에서도 비난받는 내용이며 신학적 진실의 측면에서 볼 때도 신앙과 어긋난다고 보았다. 이 신학자들의 결론은 가톨릭 금서성성(禁書聖省, 지금은 신앙교리성성으로 이름이 바뀐 교황청의 한 부서 이름 – 옮긴이)의 칙령에 의해 확인되었는데 위험한 단어인 '이단'이라는 말만 빠졌다. 마침내 이 문제는 교황의 귀에까지 들어갔다. 로마 교회에는 자랑할 만한 위대한 학자들이 수없이 많았지만 교황 바오로 5세는 예외였다. 피렌체 대사는 한때 교황을 두고 "지적인 것은 너무나 싫어하여 그의 환심을 사려는 사람은 우둔하고 무지하게 굴어야 한다"고 했다. 그러나 교황의 행동은 갈릴레이에게 심대한 영향을 미치게 된다.

1616년 2월 25일 벨라르미네 추기경은 바티칸의 지시를 받고 로마에 있는 자신의 집으로 갈릴레이를 불렀다. 그 자리에서 오간 대화 내용은 갈릴레이의 재판에서 핵심 쟁점으로 떠오른다. 그러나 이 만남은 이제 시작에 불과했다. 몇 주 후, 코페르니쿠스의 견해를 이단이라고 선언하고 그의 위대한 저서《천체의 회전에 대하여》는 '수정'될 때까지 금서로 지정하는 교령이 발표되었다(흥미롭게도 '수정'된 내용은 거의 없었고 실제로는 금지되지 않았다). 포스카리니의 저서는 완전히 금지되었다. 갈릴레이는 이 모든 소동에서도 무사히 살아남았고 심지어 교황을 알현하는 영예를 누리기도 했다. 1618년 세 혜성의 출현으로 갈릴레이의 연구는 더욱 큰 결실을 거두었다. 갈릴레이의 오랜 친구이자 숭배자 마페오 바르베리니 추기경이 존경의 뜻으로 직접 시를 써 보냈을 때 갈릴레이는 대단히 기뻐했다.

1623년 바오로 5세가 사망했다. 바르베리니가 교황 우르바누스 8세로 등극하자 갈릴레이는 더욱 기뻐했다. 갈릴레이의 표현대로 "7년간 학문적 은퇴 생활"을 했던 그는 이제 관측에 의한 천문학의 장점을 다룬 《분석자(The Assayer)》라는 책을 출판할 수 있게 되었다. 이 책에는 코페르니쿠스에 대한 언급은 전혀 없었고 새 교황이 쓴 서문까지 있었다. 갈릴레이는 교황을 여러 번 알현할 영예를 얻었고 자신의 사생아 아들까지 교황이 주는 연금을 받았다. 이러한 바티칸의 따뜻한 대접은 영원히 계속되지는 못했는데 거기에는 갈릴레이 자신도 어느 정도 책임이 있었다.

걸작인가, 재앙인가

갈릴레이는 자신의 걸작 《대화(Dialogo)》를 한동안 준비해 오고 있었다. 그는 교황의 비서 치암폴리와 교황의 출판 승인 책임자 니콜로 리카르디의 격려 속에 이 작업을 진행했다. 갈릴레이는 새 교황이 1616년에 했던 경고를 후회한다는 암시까지 받았다. 그러나 이 책의 초고를 읽은 리카르디는 갈릴레이가 제시한 우주론이 가설 수준이 전혀 아니라는 사실을 알고는 경악했다. 그는 즉시 서문과 결론을 수정해야 한다고 주장했다.

1632년 2월, 천문학에 대한 이해가 깊지 않았던 리카르디는 별로 내키지는 않았지만 결

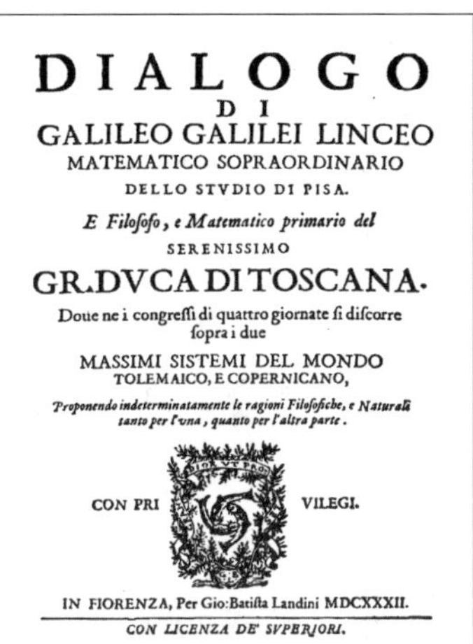

갈릴레이의 저서 《대화》 표지

국 수정된 원고를 승인했고 책은 출판되었다. 이 시기에 바티칸의 지식층 가운데 프톨레마이오스의 우주관을 믿는 사람은 거의 없었고 대신 네덜란드의 천문학자 티코 브라헤의 절충안을 선호했다. 브라헤의 관측 결과는 행성들이 태양 주변 궤도를 돌고 태양은 지구 주위를 회전한다는 것이었다. 갈릴레이의 진짜 죄는 티코의 우주관을 비판한 데 있다는 얘기도 있다.

《대화》는 과학서로서는 훌륭한 업적임에도 불구하고 처세의 측면에서 볼 때 대재앙이었다. 그 책을 읽는 사람이라면 저자가 확실한 태양중심론자이며 다른 모든 의견은 부정한다는 사실을 누구나 알 수 있었다. 이 책은 여기서 그치지 않고 저자의 가장 영향력 있는 후원자의 기분을 상하게 했다. 《대화》는 세 베네치아 귀족들이 나흘간에 걸쳐 대화를 나누는 형식을 취하고 있다. 세

귀족은 합리적인 살비아티(갈릴레이를 대변하는 인물), 우둔하고 거드름 피우는 심플리치오(전통적 견해를 대표), 지적인 평민 사그레도이다(살비아티와 사그레도는 갈릴레이 친구의 이름으로, 책 출판 당시에는 사망했다. 심플리치오는 6세기 아리스토텔레스학파의 대표적인 인물의 이름을 딴 것이다).

이 일은 교황의 기분을 상하게 하였다. 교황은 조수(潮水)의 기원에 대해 직접 글을 쓰기도 한 지식인이었다. 갈릴레이는 이 문제에 대한 후원자의 견해를 멍청하고 단순한 캐릭터인 심플리치오의 입을 통해 말하게 하는 어리석고 무례한 행동을 저질렀던 것이다. 심플리치오라는 이름 자체가 '단순함'을 암시한다. 갈릴레이는 심지어 이런 우스꽝스러운 의견이 "대단히 높은 직위에 있는 학식 높은 유명인사"의 의견이라고 명시함으로써 그 유명인사가 누구인지 분명히 알 수 있게 했다. 갈릴레이의 비판은 교황에게 분명 깊은 상처가 되었을 것이다.

《대화》가 세속어로 쓰여져 성직자들뿐만 아니라 평민들 사이에서도 즉각 베스트셀러가 되었다는 사실 때문에 갈릴레이의 죄는 더욱 커졌다(갈릴레이에게 우호적인 한 성직자는 "라틴어로만 썼더라도!"라며 안타까워했다). 갈릴레이의 가장 통렬한 비판 세력인 예수회는 격분했고 기분이 상한 교황은 이들의 움직임을 방해할 생각이 없었다. 즉각 출판 금지 조치가 내려졌다. 리카르디는 혹독한 징계 조치를 받았고 치암폴리는 로마에서 먼 곳으로 좌천되었다. 그뿐이 아니었다. 갈릴레이의 견해를 조사하기 위한 예비위원회가 구성되었다. 위원회의 보고서는 치명적이었는데, 주요 조사 결과는 다음과 같다.

- 갈릴레이는 가설 수준에서 벗어나 지구가 움직이며 태양은 정지해 있다고 명백히 주장함으로써 1616년의 경고를 따르지 않았다.
- 갈릴레이는 태양은 고정되어 있고 지구가 움직이기 때문에 조수 현상이 일어난다는 잘못된 주장을 하였다.
- 갈릴레이는 1616년 검사성성(檢邪聖省)이 내린 명령에 대해 기만적으로 침묵해 왔다.

이 모든 '수치스러운' 사건은 이제 교황청 종교재판소로 넘어갔다.

재판

교황은 친히 종교재판 회의를 주재하여 갈릴레이를 로마로 소환하였다. 이제 일흔을 바라보는 늙은 천문학자는 자신의 만용을 쓰라리게 후회하고 있었다. "정도를 벗어나 이런 연구에 시간을 바친 것을 저주한다. 세상에 내 글을 내보인 것을 후회한다. 남은 책을 화염 속에 던져버려 내 적들의 누를 길 없는 증오를 달래고 싶다." 이 사건을 로마가 아닌 피렌체에서 다루도록 해달라는 요청이 받아들여지지 않자 갈릴레이는 건강이 너무 좋지 않아 재판에 출두할 수 없다고 주장했고 세 의사가 이런 취지의 진단보고서를 제출했다. 하지만 종교재판소는 동정하지 않았고 재판에 나오지 않으면 체포하여 족쇄를 채워 끌고 올 것이라고 했다. 그때까지 갈릴레이는 가까운 친구이자 페르디난드 대사인 니콜리니(토스카나 공국의 교황청 대사)의 지지를 받고 있었다. 니콜리니는 토스카나의 대공 코지모 2세의 계승자였다. 그러나 이제는 그조차도 교황의 뜻에 따라야 할 때라는 사실을 깨달았고 갈릴레이는 내키지 않았지만 그의 설득에 따라 로마로 갔다. 로마에 도착한 갈릴레이는, 대공과의 친분을 감안한 재판소 측의 배려로 재판일까지 대공의 메디치 저택에 머물 수 있었다.

갈릴레이는 1633년 4월 12일 검사성성 심문을 받고 즉시 종교재판소 자체 숙소로 옮겨졌는데, 갈릴레이 자신도 숙소가 매우 안락했다고 인정했다. 심문은 마쿨라노 신부와 세 명의 조수들이 실시했다(갈릴레이 재판을 묘사한 일부 그림과는 달리 재판에 참석한 사람은 이들뿐이었다). 재판은 갈릴레이가 지금은 세상을 떠난 벨라르미네 추기경과 16년 전 나눈 대화에 대한 질문으로 시작되었다. 재판소 측은 갈릴레이가 추기경으로부터 "코페르니쿠스적 견해를 어떤 식으로도 유지하거나 가르치거나 옹호하지 말라"는 경고를 분명히 받았다고 주장했다. 갈릴레이는 이를 맹렬하게 부인하며, 추기경이 "그런 견해를 갖거나 옹호할 수는 없지만 가설로는 이용할 수 있다고 말했다"고 주장했다. 이는 당시 이단의 화살을 피하기 위해 흔히 쓰던 수단으로, 진보적인 교회가 용인해 주던 전략이었다. 갈릴레이는 그런 다음 비장의 카드를 제시했다.

16년 전 갈릴레이를 만나고 얼마 지나지 않아 벨라르미네 추기경은 그들의 만남에 대해 유언비어를 퍼뜨리고 있던 '비방' 세력에 대해 갈릴레이가 자신을 방어할 수 있도록 갈릴레이에게 일종의 증서를 주었던 것이다. 그 내용은 다음과 같다.

> 나 로베르토 벨라르미네 추기경을 포함한 우리는 갈릴레이가 우리의 명령에 따라 자신의 견해를 철회하고 그로 인해 보속 명령을 받았다는 비방을 받고 있다는 소문을 들었다. 이 문제에 대한 진실을 밝히라는 요구가 있어 우리는 갈릴레이가 우리나 이곳 로마의 다른 사람들, 또는 다른 지역 사람들의 명령에 따라 그의 의견이나 이론을 포기한 적이 없으며, 보속 명령을 받은 사실이 없음을 밝힌다. 갈릴레이는 교황 성하께서 제정하신, 금서성성이 공포한 칙령을 통보받았을 뿐이다. 그 내용은 코페르니쿠스적 학설(지구가 태양 주위를 돌며 태양은 동쪽에서 서쪽으로 움직이지 않고 우주의 중심에 그냥 서 있다는 학설)은 성경에 반하며 따라서 옹호하거나 주장해서는 안된다는 것이다.

표면상 이 문서는 갈릴레이가 추기경으로부터 어떠한 경고도 받지 않았다는 결정적 증거로 보였다. 그러나 놀랍게도 이 문서는 아무런 효과도 없는 듯했고, 재판관들은 갈릴레이에게 추기경과 만나는 자리에 누가 배석했는지를 물었다. 어리둥절한 갈릴레이는 도미니크회 수사들이 몇 명 있었지만 모르는 사람들이었다고 대답했다. 그 자리에서 추기경에게 또 어떤 말을 들었느냐고 묻자 갈릴레이는 "어떤 명령이 있었는지도 모르지만 오래전 일이

종교재판관들 앞에 선 갈릴레이

라 기억이 나지 않습니다. 나는 결코 그 명령을 어겼다고 생각하지 않습니다. 나는 결코 지구가 움직이며 태양이 정지해 있다는 의견을 옹호하거나 주장한 적이 없습니다"라고 답했다.

그런 다음 갈릴레이는 오늘날의 베스트셀러 작가들처럼 이런 말을 덧붙였다. "프랑스, 독일, 베네치아로부터 상당히 후한 제안을 받았지만 나는 모두 거절하고 3년 전에 곧장 로마로 와서 내 책을 수석검열관 손에 맡겼습니다." 이처럼 갈릴레이는 뒤늦게 겸손한 태도를 취하며 그 책에 어떤 결점이 있다면 그것은 "정직하지 못한 의도가 있어서가 아니라 인기 작가들보다 좀더 똑똑해 보이려는 헛된 야심과 욕심에서 비롯된 것"이라고 말했다.

《대화》 출판 허가를 요청할 때 수석검열관에게 벨라르미네 추기경의 '명령'에 대해 언급하지 않았다는 비난에 대해서는 다소 정직하지 못하게 대답했다. "그 책에서는 지구가 움직이고 태양이 정지해 있다는 의견을 주장하거나 옹호하지 않았기 때문에 그 명령에 대해 언급하지 않았습니다. 오히려 나는 그 책에서 코페르니쿠스와 정반대의 의견을 제시하며 그의 논리가 타당성이 없고 확실하지 않음을 보여주고 있습니다." 그러나 공정한 독자들은 그렇게 생각하지 않았다. 종교재판소의 명령에 따라 세 검열관이 《대화》를 검토했는데 그들은 이 책이 명백히 코페르니쿠스를 지지한다고 보고했다. 그 중 한 검열관은 갈릴레이가 심지어 천동설을 지지하는 사람들을 "멍청이들"이라고 부르며 인간으로 불릴 가치조차 없다고 매도했다며 화를 냈다.

매사추세츠 공과대학의 이탈리아인 과학사 교수 조르조 데 산틸라나는 심문이 끝날 무렵 갈릴레이가 동요하기 시작했던 것으로 추측한다. "그는 더 이상 자신의 입지가 어떤 상태인지 알 수 없었고, 교황이 그에게 했던 격려의 말들을 인용하거나 권력자들을 동원할 때가 아님을 깨달았다." 그날 갈릴레이가 선서 증서에 했던 서명의 떨리는 필체는 그의 심리상태를 잘 대변해 준다.

그런 후에 마쿨라노 신부와 갈릴레이가 이례적으로 비공식적인 만남을 가졌다. 이 만남은 바르베리니의 주도로 성사되었다고 알려져 있다. 마쿨라노 신부는 이 만남에 대해 다음과 같이 기록한다.

수많은 논쟁과 답변 끝에 하느님의 은총으로 나는 목적을 달성했습니다. 갈릴레이는 완전히 잘못을 깨닫고 그의 저서에서 도를 넘었음을 분명히 인식하였습니다. 그리고 잘못을 깨달은 데서 크나큰 위안을 경험한 사람처럼 이 모든 일에 대해 진심이 담긴 말로써 자신의 마음을 표현했고 또 기꺼이 사법적 자백을 하겠다고 말했습니다. 다만 가장 적절한 자백의 형식에 대해 생각할 시간을 요구했는데, 그 내용에 관한 한 지시를 따를 것이라고 생각합니다.

마쿨라노 신부와의 이 만남에서 갈릴레이는 명시적이든 암시적으로든 자신의 잘못을 인정하고 자백하면 형이 가벼워질 것이라고 믿게 된 것 같다. 그러나 나중에 마쿨라노 신부와의 '거래'가 자신이 기대한 것과 다른 결과로 나타나자 갈릴레이는 신부를 좋지 않게 생각하게 된다. 그러나 마쿨라노 자신은 선의로 행동했지만 바티칸의 반 갈릴레이 세력에 의해 그의 뜻이 관철되지 못했다고 믿는 사람도 있다. 하지만 이 문제를 누구보다 더 면밀히 검토했던 데 산틸라나는 이 점에 대해 그다지 확신이 없다. 그는 마쿨라노 신부를 "속을 알 수 없는데다가 자신이 속한 교단의 교의와 전례의 신비로 둘러싸인 수수께끼 같은 인물"이라고 했다. 갈릴레이는 다시 한 번 건강상의 이유로 가택 연금 상태로 대공의 저택에 머무를 수 있었다.

2주 후 두 번째 심문에서 갈릴레이는 태도를 바꾸어 약간의 비굴함을 드러냈다. 며칠 동안 이전 심문들에 대해 "끊임없이 올바로 생각한 후에" 그는 《대화》를 다시 읽어봐야겠다는 생각이 들었다"고 말했다.

오랫동안 그 책을 보지 않았기 때문에 마치 다른 사람이 쓴 책 같았습니다. 솔직히 고백하자면 실제로 몇 군데의 경우 내 본래 의도를 모르는 독자들은 논쟁의 요지를 잘못 이해할 소지가 있는 것으로 보였습니다. 저의 진의는 잘못된 이론을 반박하는 것임에도 불구하고, 독자의 입장에서는 반박이라기보다는 오히려 대단히 설득력 있게 그 이론을 주장하는 것처럼 기술되어 있다는 사실을 알게 되었습니다.

갈릴레이는 "보통 사람보다 더 똑똑하다는 것을 과시하는 데서 느끼는 자연스러운 만족감"에서 그런 행동을 했다고 인정하면서 키케로를 인용했다. "나는 올바른 것보다 영예를 더 탐하는지도 모른다." 갈릴레이는 그 책을 다시 쓴다면 잘못된 주장들을 순화시켜 평범한 독자들에게 혼란을 주지 않겠다고 했다. 숙소로 돌아온 갈릴레이는 자신의 고백이 충분하지 못했을지도 모른다는 불안감이 들었던 것 같다(겨우 30여 년 전에 파도바 대학 수학부 학과장 선임자였던 조르다노 브루노가 지구가 태양 주위를 회전한다고 주장하여 로마에서 이단으로 몰려 화형당했다는 사실이 떠올랐을지도 모른다). 몇 분 만에 그는 심문관들에게 돌아가 《대화》의 부록을 쓰겠다고 제안하며 코페르니쿠스의 견해를 사실로서 지지하지 않는다는 점을 분명히 했다. 자신의 행동을 깊이 후회하는 이 천문학자는 이 행동이 주효했다고 생각했을 것이다. 다시 메디치 저택에 머물러도 좋다는 허락을 받았기 때문이다.

5월 10일 다시 재판에 불려갔을 때 갈릴레이는 어느 정도 용기를 회복하여 벨라르미네와의 만남에 대해 다시 한 번 반박했다. 그는 금서성성의 칙령을 제대로 이해했으며 벨라르미네의 명령을 검열관에게 알리지 않은 데 대해서는 "합리적으로 용납될 수 있다"고 생각했다고 말했다. 그런 다음 그는 형량을 낮춰줄 것을 호소했다.

> 부디 저의 허약하고도 가련한 건강상태를 고려해 주시기를 재판관들에게 요청합니다. 저는 일흔이라는 나이에 지난 열 달 동안 끊임없이 정신적 고통을 겪었고 또 1년 중 가장 혹독한 계절에 힘겨운 장거리 여행을 해서 이 지경이 되었습니다. 과거의 건강했던 몸이라면 앞으로 수년간 할 수 있을 일들을 이제 못하게 되었다는 생각이 듭니다.

갈릴레이는 온갖 질병에 시달리는 것으로도 충분한 처벌이 되지 않는다고 생각한다면 그의 노쇠함과 고령을 고려하여 용서해주기를 재판관들에게 간청했다. 그런 다음 재판 과정에 대한 다소 편향된 요약문이 교황과 금서성성에 제출되었다. 재판 서류는 첨부되지 않았다.

6월 21일 마지막 심문이 이어졌고 갈릴레이는 진실을 말하지 않으면 고문이 있을 것이라는 협박을 받는다. 하지만 이 말은 형식적 절차에 불과했던 것 같다. 갈릴레이에 대한 고문은 없었고 고문 도구를 보여준 적도 없었다. 아직도 마쿨라노 신부와의 '거래'에 기대를 걸고 있던 갈릴레이는 "나는 (코페르니쿠스의) 견해를 지지하지 않으며 교회 당국의 결정 이후 그 저주받을 견해를 보유한 적이 없다"는 입장을 반복했다. 하지만 이것도 별 소용이 없었다.

판결

그 다음날 미네르바 동산의 산타마리아 수도원의 많은 사람들 앞에서 마지막 재판이 진행되었다. 흰색 참회복을 입은 갈릴레이는 재판관들 앞에 무릎을 꿇고 판결을 받았다. 갈릴레이가 예상하지 못한 상황이었다. 법정은 추기경이 준 증명서 내용을 제대로 이해했다는 갈릴레이의 '거짓말'을 경멸했다. 또 추기경의 '명령'을 검열관에게 알리지 않은 것을 비난했다. 갈릴레이는 잘못된 학설을 믿고 지지했던 데 대해 '강력한 이단의 의혹'을 자초했음을 시인했다. 《대화》는 금서로 지정되고 갈릴레이는 검사성성 '공식 감금형'을 받았다. 참회의 뜻으로 3년간 매주 한 번씩 일곱 개의 참회 시편을 외우라는 처벌도 받았다.

갈릴레이는 자신의 잘못과 이단적 이론들을 "포기하고, 저주하고, 경멸한다"는 내용의 고백서를 낭독해야 했다. 갈릴레이는 동요했으나 그래도 자백 내용에서 두 가지 양보를 요구하는 만용을 보였고, 이는 수용되었다. 첫번째는 그가 진실한 가톨릭 신자가 아니라는 내용과 두번째는 자신의 저서와 관련하여 사람들을 기만했다는 내용은 자백서에 넣지 말라는 것이었다. 철회 맹세문 낭독을 끝낸 갈릴레이가 일어나면서 "그래도 지구는 돈다"는 그 유명한 말을 정말 했는지는 결코 알 수 없을 것이다. 그랬을 가능성은 적어 보인다.

갈릴레이는 선고와는 달리 감금되지 않았고 토스카나 대공 저택에 머물러도 좋다는 허락을 받았으며 나중에는 시에나 대주교의 관저로 가게 되었다. 갈릴레이의 우정은 여전히 바티칸에서 힘이 있었던 것이다. 그럼에도 불구하고 갈릴레이는 여생을 가택 연금 상태로 보내게 된다. 재판 과정은 갈릴레이에게 혹독한 고통을 안겨주었지만 우울감은 곧 사라졌다. 사생아로 낳은 딸 마리아 첼레스테 수녀는 아버지가 참회 시편 암송 의무에서 벗어날 수 있도록 교회의 허가를 얻어냈다. 갈릴레이는 새로운 프로젝트인 '두 개의 새로운 학문에 대한 담화'에 착수하여, 그 다음해 역학에 대한 혁신적인 논문을 출판했다. 1636년에는 목성 위성의 식(蝕) 현상을 이용하여 바다에서 경도를 결정할 수 있다는 의견을 제시했다. 그 다음해에는 달의 칭동(秤動) 현상을 발견했다. 그러나 그의 사생활에는 점점 슬픔의 그림자가 드리워졌다.

1634년, 아버지의 시련 등으로 깊은 우울증에 빠졌던 딸 마리아가 33살의 나이에 병으로 세상을 떠났다. 이미 왼쪽 시력을 잃은 상태였던 갈릴레이는 3년 후 완전히 장님이 되었다. 관용을 베풀어달라는 그의 탄원은 받아들여지지 않았지만 아르체트리에 있는 자신의 농장으로 돌아가도 좋다는 허락을 받았다. 죽기 얼마 전 갈릴레이는 시계의 진자 사용을 제안했다. 1642년 1월, 아이작 뉴턴의 탄생을 몇 달 앞두고 위대한 천문학자 갈릴레이는 세상을 떠났다.

거짓 명령

갈릴레이의 재판 기록을 읽는 사람이라면 누구나 의문을 품게 된다. 사실 갈릴레이도 재판 당시 의아하게 생각했던 문제인데, 심문관들의 심문 방향, 그리고 그들이 벨라르미네의 증서에 담긴 명백한 내용을 무시하는 듯한 결론을 내린 이유가 궁금해진다. 우리는 이제 그 이유를 안다. 당시 법정은 갈릴레이에게는 결코 제시되지 않았던 중요한 증거를 입수했다. 그 증거는 바티칸 문서고에서 나왔다는 서명이 없는 의사록으로, 갈릴레이의 회고나 추기경의 증서 내용과는 달리 1616년의 만남에 대해 완전히 다르게 기록하고 있다. 이 의사록에 따르면 검사성성 집행관의 입회 하에 추기경은 이렇게 경고했다.

위에서 언급한 견해는 오류이며 갈릴레이는 그 견해를 버려야 한다. 그리고 그 즉시 추기경과 증인들이 있는 가운데, 집행관이 교황 성하와 검사성성 전체의 이름으로, 그 자리에 있던 갈릴레이에게 태양이 우주 중심에 정지해 있고 지구가 움직인다는 견해를 완전히 버리라고 명령하고 요구했다. 그리고 말이든 글이든 어떤 식으로도 그 의견을 유지하거나 가르치거나 옹호하지 말라고 하였다. 그러지 않으면 검사성성은 그에 대한 재판 절차에 들어갈 것이라고 했다. 갈릴레이는 이 명령에 동의했으며 복종하겠다고 약속했다.

이것이 정확한 기록이라면 갈릴레이는 두 가지 주요 혐의에 대해 유죄로 볼 수 있다. 그러나 이 문서는 많은 이유로 의심스럽다. 무엇보다도 이 문서의 내용은 교황이 벨라르미네 추기경에게 내린 지시사항과 반대된다. 교황의 지시사항은 지금까지도 기록이 남아 있는데 그 내용은 다음과 같다.

> 추기경은 갈릴레이를 불러서 이런 의견들을 포기하라고 경고하도
> 록 한다. 만약 갈릴레이가 복종을 거부한다면 공증인과 증인 입회
> 하에 이 학설과 견해를 가르치거나 옹호하거나 논의하는 것을 완
> 전히 금하라고 집행관이 명령을 내릴 것이다. 갈릴레이가 이 명령
> 에 승복하지 않으면 감금 조치하도록 한다.

여기서 교황의 지시사항을 정확히 이해하는 것이 중요하다. 첫
째, 교황은 갈릴레이에게 코페르니쿠스적 견해를 버리도록 '경
고'를 주라고 지시했다. 이 경고에 따르기를 거부하는 경우에 한
해서 이런 견해를 가르치거나 옹호하거나 토론하는 것을 금지하
는 명령이 발부되는 것이다. 사건 기록을 담은 종교재판소 의사
록을 보면 갈릴레이가 경고를 받았을 때 순순히 따랐음을 알 수
있다. 그러므로 이 명령의 조건에 따라 벨라르미네는 명령을 내
릴 필요가 없었다. 명령을 내릴 필요가 없었기 때문에 감옥에 보
내겠다는 협박을 할 필요도 없었다. 벨라르미네가 이 지시를 다
르게 해석했다면 로마 교황청의 명령을 무시했다는 의미가 된다.
추기경이 교황의 명령을 무시하는 것은 일반적인 일이 아니며 신
앙심 깊은 벨라르미네는 그럴 사람도 아니었다.

앞뒤가 맞지 않는 부분은 또 있다. 코페르니쿠스의 견해를 "어
떤 식으로도" 논의하지 말라는 경고를 받았다는 사실을 갈릴레이
가 격렬히 부인한 것은 이 문제에 대한 교회의 태도와 완전히 일

치한다. 문제의 의사록에는 교황의 명령서에 있어야 할 서명이나 공증이 없었다. 실제로 공증인은 그 모임에 참석하지 않았던 것으로 보인다(그 때문에 심문관들이 그 자리에 누가 있었는지 관심을 보인 것이 아닐까?). 마지막으로, 바티칸의 다른 모든 의사록들은 각각 다른 페이지에 기록되어 있는데 문제의 의사록은 전날 의사록과 같은 페이지에 기록되어 있다.

증거를 세심하게 검토한 데 산틸라나는 서명이 없는 의사록은 1616년 그날의 집행관이나 그의 조수가 위조한 것이라고 결론지었다. 만약 그렇다면 갈릴레이에 대한 주요 혐의는 근거가 없는 셈이다. 그리고 그러한 혐의가 해소된다면 검열관에게 그 명령에 대해 알릴 필요도 없어진다. 다시 말해 갈릴레이는 두 가지 주요 혐의에 대해 무죄였고 그의 유죄판결은 증거 조작의 결과였다. 그러나 재판 과정에서 잘못된 점은 그뿐만이 아니었다.

현대인에게는 이상하게 들릴지 모르지만 "강력하게 이단의 혐의를 받는다"는 것은 교회법에서 명백한 이단과 별 차이가 없는 심각한 범죄였다. 그러나 오늘날 로마 가톨릭 교회가 솔직히 인정하듯이 갈릴레이 사건에서 이단이 거론된 것은 이상한 일이었다. 로마 가톨릭교회는 공식 웹사이트를 통해 조심스럽게 당시 종교재판소의 결정에 대해 언급하고 있다. "통상 교도권이나 비상 교도권 어느 곳에서도 코페르니쿠스적 사상을 이단으로 선언한 적이 없기 때문에 단어의 선택에 논란의 여지가 있다." 종교재판소는 학설에 대해 이단이라고 선언할 권한이 없으므로 갈릴레이에 대해 이단이라고 할 근거가 없는 것이다.

역사의 심판

갈릴레이 재판에 대해 현대인이 떠올리는 이미지는 무엇보다도 베르톨트 브레히트의 감동적인 연극 〈갈릴레오〉에 바탕을 두고 있지만 이 연극은 오해를 불러일으키는 것이기도 하다. 17세기 교회는 결코 새로운 사상에 완전히 적대적이지 않았다. 교회의 저명한 관리 중 많은 사람들은 지식이 풍부했고 진보적이며 관대했다. '예의'(그들은 분명 이렇게 생각했을 것이다)만 지켜준다면 말이다. 갈릴레이는 바티칸에 친구들이 많았지만 이 천문학자는 근시안적인 오만함 때문에 이런 '예의'에는 신경쓸 겨를이 없었다. 성실한 가톨릭 신자인 갈릴레이는 순진하게 바티칸의 친구들이 그를 보호해 주리라 믿었지만 잘못 판단한 글과 행동들이 자신의 가장 영향력 있는 후원자를 얼마나 멀리 밀어내버렸는지에 대해서는 고려하지 못했다. 그럼에도 불구하고 그의 재판은 분명 공정하지 못했다. 거의 확실히 위조된 증거가 비밀리에 사용되었고, 권력을 남용해 갈릴레이의 행동을 이단이라고 선언했다. 다행히 처벌은 당시 잣대에 비추었을 때 자비로운 편이었다.

교회는 1757년 코페르니쿠스의 가르침에 대한 반대 입장을 철회했고 갈릴레이의 《대화》는 1822년 금서 목록에서 제외되었다. 그러나 갈릴레이에 대한 선고는 1932년에 이르러서야 공식 취소되었다.

이 책의 제목인 '인저스티스(Injustice)'는 'justice(정의)'의 반대 말이다. 즉 정의롭지 못했던 여러 사건들, 혹은 그렇게 알려졌던 재판들을 다루는 것이 이 책의 목적이다. 표지를 장식한 것은 정의의 여신(또는 법의 여신)으로, 눈을 가린 채 한 손에는 기울어진 저울을, 다른 한 손에는 검을 들고 있다. 눈을 가리는 것은 정의와 불의의 판정에 있어 사사로움을 떠나 공정하게 시비를 가리고 결정을 내려야 한다는 상징일 것이다. 판결을 내리는 자가 당사자들의 이해관계에 대해 맹목인 상태에서 시비를 가리는 것이야말로 법의 중립성과 정의를 실현하는 기반이겠지만 동서고금을 막론하고 이 눈가리개를 벗은 상태에서 이루어진 재판은 무수히 많으며 그로 인해 억울한 판결을 받고 심지어 목숨까지 잃은 사람도 부지기수다.

이런 '불의'를 가능하게 하는 것은 물론 권력이다. 이상적으로 국가는 국민의 것이어야 하지만 사실 많은 사람들이 공감하듯이 21세기가 된 지금에도, 세계의 많은 국가들이 민주주의를 표방하고 있음에도 불구하고, 소수의 권력자들이 국가를 좌지우지하는 것이 현실이다. 권력자에 눈에 벗어나 돌이킬 수 없는 길을 가는 사람들을 지금도 심심찮게 볼 수 있다. 저자는 이 책에 소개한 악명 높은 재판들을 통해 권력자 또는 국가가 자신의 존재를 위협하는 대상을 자신의 목적에 따라 또는 이익을 위해 어떻게 희생시켰는지를 자세히 살펴보고, 그 과정에서 저질러진 불의는 어떤 것이었는가를 법률가의 시각에서 들여다보고 있다.

1부에 등장하는 빙 제독만 해도 권력자였던 영국 정부가, 해군 제독이기는 했지만 그들보다 약한 개인이었던 빙 제독에게 영토 상실의 책임을 전가하여 희생양으로 만들었다. 충신이었던 토머스 모어는 권력자 헨리 8세의 이혼과 권위를 인정하지 않은 죄로 사형을 당했고 갈릴레이는 교황과 바티칸이라는 거대한 권력 집단에 밉보이는 과오를 저질러 이단의 의혹을 받고 자신의 이론을 철회하는 굴욕을 겪어야 했다.

위에서 말한 '법률가의 시각'은 일반인이 간과할 수 있는 측면도 놓치지 않고 집어낸다는 점에서 중요하다. 왜냐하면 상식에 바탕을 두고, 그리고 감정적이기도 한 자세로 사건을 들여다보는 일반인과는 달리 법률가들은 (상식과는 가끔 별개일 수도 있는) '법리'를 바탕으로 판단하기 때문이다. 예를 들어 뉘른베르크 전범재판을 보자. 뉘른베르크 법정에서 피고인들은 여러 다른 죄목과 함께 반 인류 범죄라는 죄목에 대해서도 기소되어 재판을 받았으나 이는 나치 전범들이 만행을 저지를 당시에는 세계 어느 곳에도 제정되어 있지 않던 법이다. 따라서 이 경우는 형법 조항의 소급적용이라는, 우리나라 헌법에서도 분명히 금지하고 있는 법리적 모순이 발생한다. 이러한 모순에도 불구하고 전범에 대한 응징은 당연한 것이었으리라. 그렇지 않았다면 인류 역사의 한 페이지가 제대로 닫히지 않았을 것이다. 다만 우리가 상식만으로는 미처 보지 못하던 측면, 그러니까 여기서는 소급적용 같은 점들을 법률가의 시선으로 지적해 주는 데서도 이 책을 읽는 묘미를 찾을 수 있다.

저자의 분석에 따르면 이 책에 거론된 재판이 반드시 부당한 재판이었던 것은 아니었다. 예를 들어 톨퍼들 순교자 재판처럼 많은 논란과 항의시위를 불러일으켰지만 재판 자체는 부당하다고 볼 수 없는 재판도 있었고, 잔다르크 재판처럼 사법 살인이라고 할 만한 재판도 있었다. 그리고 오늘날까지도 재판 당사자와 증인들에 대한 엇갈린 평가와 주장 때문에 그 판결에 대해 논란이 끊이지 않는 재판들도 있었다.

국가는 자신의 존재를 위협하는 대상이나 이념을 인정하지 않는다. 정권을 비판하며 조금만 과격 시위를 해도 철창 신세를 지기 쉬운 세상에서 권력자의 눈에 적극적인 '반대자'로 찍힌 사람들에 대한 처벌은 어디까지 용인할 수 있을까? 국가가 위기에 처한 상황에서는 반대자를 제거하는 행위가 정당화될 수 있을까? 사회 정의를 향한 불타는 신념이 테러를 정당화할 수 있는가? 설사 처벌은 면하더라도 재판이나 조사를 받는 과정에서 명예는 시궁창에 처박히고 몸과 마음이 피폐해지는 고통을 겪은 피의자들은 어디서 보상을 받아야 하나? 이 책을 옮기면서 역자는 많은 의문을 갖게 되었다. 독자들도 이 책을 읽으면서 이런 문제를 한번 쯤 고민해 보는 기회가 된다면 역자로서 보람이 될 듯하다.

번역가가 누리는 또다른 보람으로는, 책 한 권을 번역하면서 다양한 새로운 사실을 알게 되고 또 올바른 번역을 위한 무수한 리서치를 통해 더욱 많은 것을 배운다는 점이다. 그런데 이 책을 번역할 때만큼 참고 서적을 많이 구입하고 인터넷을 뒤진 적은 별로 없었으며, 이 기록을 깨기도 쉽지 않을 듯하다. 물론 그만큼 보람도 컸다. 이 책이 나오기까지 도움을 주신 모든 분들께 감사 드린다.

2009년 5월
이보경

【 링컨 암살자들 재판 】

Carter III, Samuel, *The Riddle of Dr. Mudd* (New York, Putnam, 1974)

Chamlee, Roy Z., *Lincoln's Assassins: A Complete Account of their Capture, Trial and Punishment* (Jefferson, NC, McFarland, 1990)

Sandburg, Carl, *Abraham Lincoln* (New York, Harcourt Brace and World, 1939)

Swanson, James, and Weinberg, Daniel, *Lincoln's Assassins: Their Trial and Execution* (Santa Fe, Arena Editions, 2001)

Trindal, Elizabeth Stegner, and Trindal, *Mary, Mary Surratt: An American Tragedy* (Gretna, LA, Pelican, 1996)

Winkler, H. Donald, *Lincoln and Booth* (Nashville, TN, Cumberland House, 2003)

【 빙 제독 재판 】

Clowers, W.L., assisted by Markham, Sir D., Mahan, Captain A.T., Wilson, H.W., Roosevelt, Theodore, Langton, L.C., and others, *History of the Royal Navy of England: From the Earliest Times to the Present Day*, vol. 5 (Boston, Little, Brown & Co., 1898)

Fortescue, Sir J., *A History of the British Army*, vol. 2 (London, Macmillan, 1913)

The Newgate Calendar (1846)

Pope, Dudley, *At Twelve Mr. Byng Was Shot* (London, Secker & Warburg, 1962)

The Trial of the Hon. Admiral Byng at a Court-Martial, Held on Board His Majesty's Ship the St. George in Portsmouth Harbour, Tuesday, Dec. 28, 1756 (London, J.

Lacy, 1757)

Tunstall, B., *Admiral Byng and the Loss of Minorca* (London, Philip Allan, 1928)

Wragg, H., *Letters Written in our Time* (Oxford, Oxford University Press, 1915)

【 뉘른베르크 전범재판 】

Conot, R.E., *Justice at Nuremberg* (London, Weidenfeld & Nicolson, 1983)

Elliot, G., *Twentieth Century Book of the Dead* (Harmondsworth, Penguin, 1972)

Kagan, D., *On the Origins of War* (London, Pimlico, 1995)

Goerlitz, W., *Hitler's Generals*, ed. C. Barnett (London, Weidenfeld & Nicolson, 1989)

Overy, R., *Interrogation: Inside the Minds of the Nazi Elite* (Harmondsworth, Penguin, 2002)

Sereny, Gitta, *Albert Speer: His Battle with Truth* (London, Macmillan, 1995)

Speer, Albert, *Inside the Third Reich* (London, Weidenfeld & Nicolson, 1970)

Taylor, A.J.P., *The Origins of the Secon World War* (London, Hamish Hamilton, 1961)

Taylor, Telford, *The Anatomy of the Nuremberg Trials* (London, Bloomsbury, 1993)

Tusa, Ann, and Tusa, John, *The Nuremburg Trial* (London, Macmillan, 1983)

【 찰스 1세 재판 】

Carlton, C., *Going to the Wars* (London, Routledge, 1992)

Edwards, Graham, *The Last Days of Charles I* (Stroud, Sutton Publishing, 1999)

Fraser, Antonia, *Cromwell: Our Chief of Men* (London, Weidenfeld & Nicolson, 1973)

Hyde, Edward, *The History of the Rebellion and Civil Wars in England begun in the Year 1641* (Oxford, Oxford University Press, 1993)

Kishlansky, M., *A Monarchy Transformed* (Harmondsworth, Penguin, 1996)

Muddiman, J.G., *The Trial of King Charles the First, Notable British Trials* (London, William Hodge, 1928)

Partridge, Robert B., *'O Horrable Murder'* (London, Rubicon Press, 1998)

Robertson, Geoffrey, *The Tyrannicide Brief* (London, Chatto & Windus, 2005)

The Trial of Charles The First: A Contemporary Account Taken from the Memoirs of Sir Thomas Herbert and John Rushworth (London, Folio Press, 1974)

Wedgwood, C.V., *The King's Peace, 1637-1641* (London, Collins, 1964)

Wedgwood, C.V., *The Trial of Charles I* (London, Collins, 1964)

【 로젠버그 부부 재판 】

Feklisov, A., *The Man behind the Rosenbergs* (New York, Enigma Books, 2004)

Meeropol, R., and Meeropol, M., *We Are Your Sons*, 2nd edn (Chicago, University of Illinois Press, 1986)

Nizer, Louis, *The Implosion Conspiracy* (New York, Coubleday, 1973)

Philipson, Ilene, *Ethel Rosenberg: Beyond the Myths* (New York, Franklin Watts, 1988)

Radosh, R., and Milton, J., *The Rosenberg File: A Search for the Truth* (London, Weidenfeld & Nicholson, 1983)

Roberts, S., *The Brother: The Untold story of the Rosenberg Case* (New York, Random House, 2003)

West, Nogel, *Venona: The Greatest Secret of the Cold War* (London, harperCollins, 1988)

United States of America v. Julius Rosenberg, Ethel Rosenberg, Anatoli A. Yakovlev, David Greenglass, and Morton Sobell, US District Court, Southern District of New York, C.134-245, 6 March-6 April 1951 (republished in 8 vols, 1952).

【 윌리엄 조이스 재판 】

Hall, J.W.(ed.), *Trial of William Joyce*, Notable British Trials (London, William Hodge, 1946)

Joyce, William, *Twilight over England* (London, Imperial War Museum. 1992)

Kenny, M., *Germany Calling* (Dublin, New Island, 2003)

Lauterpacht, H., 'Allegiance, Diplomatic Protection and Criminal Jurisdiction over Aliens', *Cambridge Law Journal*, 9(1947), 330-48

West, R., *The Meaning of Treason* (London, Phoenix Books, 1982)

Williams, Glanville, 'The Correlation of Allegiance and Protection', *Cambridge Law Journal*, 1(1948), 54

【 로저 케이스먼트 재판 】

Dudgeon, J., *Roger Casement: The Black Diaries* (Belfast, Belfast Press, 2002)

Hochschild, A., *King Liopold's Ghost* (London, Macmillan, 1999)

Hyde, H.M., *The Trial of Roger Casement* (London, William Hodge, 1960)

Inglis, B., *Roger Casement* (Harmondsworth, Penguin, 1973)

Weale, Adrian, *Patriot Traitors* (London, Viking, 2001)

【 소크라테스 재판 】

Cahill, T., Sailing the Wine Dark Sea (New York, Anchor Books, 2003)

Plato, The Four Socratic Dialogues of Plato, trans. B. Jowett (Oxford, Clarendon Press, 1903)

Stone, I.F., The Trial of Socrates (Boston, Little, Brown, 1988)

【 토머스 모어 재판 】

Ackroyd, Peter, *The Life of Thomas More* (London, Chatto & Windus, 1998)

Bridget Thomas Edward, *Life of Blessed Thomas More* (London, Burns Oates & Washbourne, 1924)

Derrett, J.D.M., 'The Trial of Sir Thomas More', *English Historical Review*, 312 (July 1964)

Farrow, John, *The Story of Thomas More* (New York, All Saints Press, 1963)

Harpsfield, Nicholas, 'The Life and Death of Sir Thomas More', in E.E. Reynolds (ed.), *Lives of Saint Thomas More* (London, Everyman's Library, 1963)

Roper, William, 'The Life of Sir Thomas More, Knight', in E.E. Reynolds (ed.), *Lives of Saint Thomas More* (London, Everyman's Library, 1963)

【 톨퍼들 희생자들 재판 】

Citrine, Walter (ed.), *The Book of the Bartyrs of Tolpuddle*, Trades Union Congress (London, Odhams Press, 1934)

Evatt, H.V., *Injustice within the Law* (Sydney, Law Book Company of Australia, 1937)

Loveless, George, 'The Victims of Whiggery', in *Trade Unions in the 1830s* (New Marlow, J., The Tolpuddle Martyrs (London, Andre Deutschk, 1971)

【 사코와 반제티 재판 】

Ehrmann, H.B., *The Case That Will Not Die* (London, W.H. Allen, 1970)

Fraenkl, Osmund K., *The Sacco-Vanzetti Case* (London, George Routledge & Sons, 1931)

Frankfurter, Felix, 'The Case of Sacco and Vanzetti', *Atlantic Monthly* (March 1927), p. 409

Joughin, Louis, and Morgan, Edmund M., *The Legacy of Saccon and Vanzetti* (repr.

Princeton, Princeton University Press, 1978)

Montgomery, Robert H., *Sacco and Vazetti: The Murder and the Myth* (New York, Devin-Adair Company, 1960)

Russeill, Francis, *Sacco and Vanzetti: The Case Resolved* (New York, Harper & Row, 1986)

The Sacco-Vanzetti Case: Transcript of the Record of the Trial of Nicola Sacco and Bartolomeo Vanzetti in the Courts of Massachusetts and Subsequent Proceedings, 1920-7. 5 Volumes. With a Supplemental Volume on the Bridgewater Case. Prefatory Essay by William O. Douglas (Mamaroneck, NY, Paul P. Appel 1969)

Young, Willia and Kaiser, David E., *Postmortem: New Evidence in the Case of Sacco and Vanzetti* (Amherst, MA, University of Massachusetts Press, 1985)

【 잔 다르크 재판 】

Michelet, Jules, *Joan of Arc*, ed. and trans. Albert Guerard (Ann Arbor, University of Michigan Press, 1957)

Pernoud, Regine, *The Retrial of Joan of Arc: The Evidence at the Trial for her Rehabilitation*, trans. J. M. Cohen (New York, Harcourt, Brace and Co., 1955)

Pernoud, Regine, *Joan of Arc* (London, Macdonald, 1964)

Scott, W.S. (ed. and trans.), *The Trial of Joan of Arc* (London, Folio Society, 1968)

Warner, M., *Joan of Arc: The Image of Female Heroism* (London, Weidenfeld & Nicolson, 1981)

【 갈릴레이 재판 】

Finocchiaro, Maurice A., *The Galileo Affair*, vol. 1 (Berkeley and Los Angeles, University of California Press, 1990)

Machamer, Peter (ed.), *The Cambridge Companion to Galileo* (Cambridge, Cambridge University Press, 1998)

De Santillana, Georgio, *The Crime of Galileo* (London, Heinemann, 1958)

Sobel, Dava, *Galileo's Daughter* (London, Fourth Estate, 1999)

Westfall, Richard S., *Essays on the Trial of Galileo* (Indiana, Ind., University of Notre Dame Press, 1989)